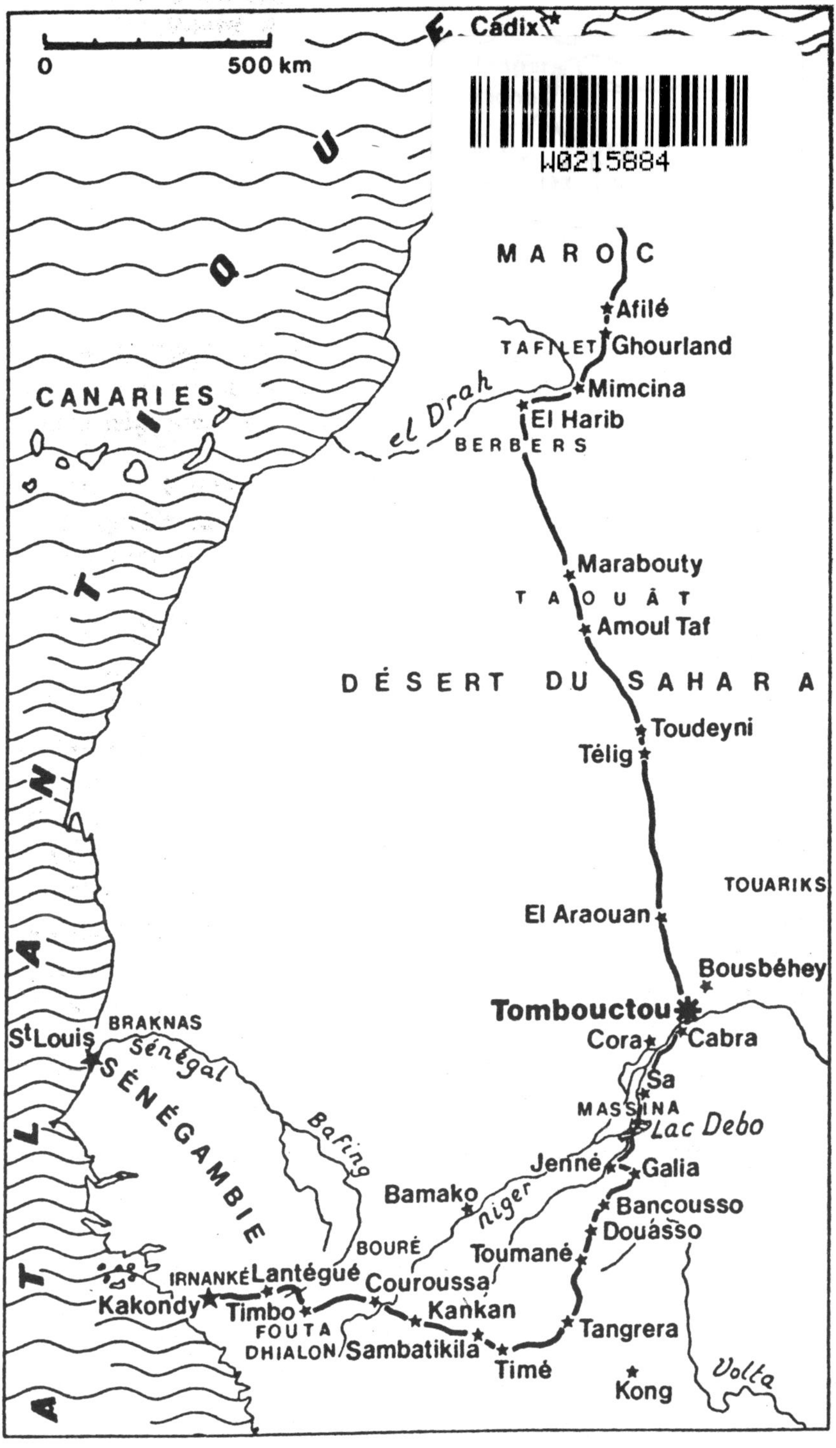

Itinéraire de René Caillié

ALTE ABENTEUERLICHE REISEBERICHTE

René Caillié

René Caillié

Reise nach Timbuktu

1824 – 1828

Herausgegeben von Heinrich Pleticha

Aus dem Französischen übersetzt
von Susanne Zanker

Mit zeitgenössischen Abbildungen und acht Fotographien
von Gerd Schäfer

Edition Erdmann

René Caillié,
Die Reise nach Timbuktu
ISBN 978-3-86503-037-7

Umschlaggestaltung: Nele Schütz Design, München
Satz und Reproduktionen:
Rund ums Buch – Rudi Kern – Kirchheim/Teck
Schrift: Berthold Garamond
Druck und Bindung: Friedrich Pustet, Regensburg
Printed in Germany.

5 4 3 2 1 06 07 08 09 10

Inhalt

Zur »Königin der Wüste«

»Das Königreich Tombut hat seinen Namen nach einer Stadt bekommen, die König Mense Suleiman im Jahre 1221 ungefähr drei Meilen von einem Arm des Niger und 180 Meilen von Dara oder Segelmesse gestiftet haben soll. In der Stadt Tombut hat man viel Brunnen mit frischem Wasser. Das Land gibt überflüssig Korn, Vieh, Milch und Butter; aber Salz ist selten und teuer ... man bringt es von Regaza über Land hin, welches über 100 Meilen von Tombut liegt.

Diese Völker, sonderlich in der Stadt Tombut, sind gemeiniglich fröhlich von Geiste und bringen einen großen Teil der Nacht zu mit singen und tanzen durch alle Gassen der Stadt. Sie haben eine große Anzahl Leibeigene. Und gelehrte Leute, deren eine fast unglaubliche Menge sich dort befindet, werden auf Kosten des Königs unterhalten und sehr hoch geachtet. In der Stadt Tombut hat man auch viel geschriebene arabische Bücher, die man aus der Barbarei dahin gebracht, und viel teurer zu verkaufen pflegt, als einige andere Kaufwaren. Sonst sind in mehr gemeldeter Stadt allerhand Kaufleute und Handwerker, sonderlich Baumwollenweber ... Die Stadt Tombut hat großen Zulauf von fezzischen, marockischen und alkairischen Kaufleuten wegen des Goldhandels. Denn es wird so überflüssig Goldes von den Mandingern dahin gebracht und für andere Waren vertauscht, dass sie es oftmals, wenn keine Waren, die sie dagegen annehmen könnten, mehr vorhanden sind, wieder zurücknehmen müssen ...«

So schrieb 1668 der holländische Arzt und Geograph Olfert Dapper (gest. 1690) in seiner »Umbständlichen und Eigentlichen Beschreibung von Africa«. Es ist nicht die älteste Nachricht über die Stadt Timbuktu im Zentralsudan. Schon 1354 hatte der arabische Gelehrte Ibn Battuta (Batutah) kurz über seinen Besuch und die Reichtümer Timbuktus berichtet, doch wurden seine Nachrichten in Europa erst im 19. Jahrhundert näher bekannt. In Deutschland hatte sie der Kosmograph Sebastian Münster (1488–1552) in seiner »Cosmographia« 1544 kurz erwähnt, und in Rom hatte der Afrikaner Leo im Auftrag des Papstes in seiner »Beschreibung Afrikas« um 1550 verhältnismäßig ausführlich von diesem Timbuktu erzählt, das er persönlich kannte. Etwa seit dieser Zeit ist die Stadt auch auf den Karten des Erdteils vermerkt, zwar etwas ungenau in der Lage, aber immerhin als einer der wenigen geografischen Fixpunkte südlich der Sahara.

Dapper gibt als Gründungsjahr 1250 an, doch ist Timbuktu nach modernen Erkenntnissen als Niederlassung der Tuareg schon kurz vor 1100 entstanden und entwickelte sich dank seiner günstigen Lage als südlicher Ausgangspunkt einer wichtigen Karawanenstraße durch die Sahara nach Norden zu einer bedeutenden Handelsmetropole. Im 14. Jahrhundert begannen die Bewohner mit dem Salzhandel, der viel Geld in die Stadt brachte, und das wiederum lockte Gelehrte aus der ganzen arabischen Welt an, sodass Timbuktu auch zu einem Zentrum islamischer Gelehrsamkeit wurde. Der erwähnte Leo Africanus schreibt dazu: »In Timbuktu sind viele Richter, Doktoren und Priester. Der König besoldet sie alle gut und ehrt die Gelehrten sehr.«

Der Reichtum weckte auch die Begehrlichkeit der umwohnenden Wüstenstämme. Ihre regelmäßigen kleineren Raubzüge waren noch verhältnismäßig harmlos, aber 1468 wurde Timbuktu von dem Songhai-Herrscher Sonni-Ali erobert, dessen Nachfolger dort bis 1591 regierten. Dann wurde es durch Sultan Mulai Ahmed el Mansur von Marokko besetzt und zum Mittelpunkt eines von ihm abhängigen Reiches gemacht. Zu diesem Zeitpunkt hatte Timbuktu allerdings schon den Höhepunkt seines Wohlstands überschritten. Wie ja Dappers Notiz aus dem 17. Jahrhundert beweist, hielt sich aber in Europa hartnäckig das Gerücht vom Reichtum der »Königin der Wüste«.

Merkwürdigerweise verschloss sich diese allen Bemühungungen europäischer Reisender, sie zu besuchen. Angaben über einige ganz frühe Reisen müssen mit einem Fragezeichen versehen werden. So soll schon um 1460 der Florentiner Kaufmann Benedetto Dio in der Stadt gewesen sein, 1670 erreichte sie angeblich der Franzose Paul Imbert von Marokko aus. Einen ebenso interessanten wie zweifelhaften Bericht verdanken wir dem amerikanischen Matrosen Robert Adams, der nach eigenen Aussagen an der afrikanischen Westküste Schiffbruch erlitten hatte. Während seine Gefährten umkamen, wurde er als Sklave nach Timbuktu verkauft und konnte erst nach Monaten von dort fliehen. Seine Aussagen wurden später von Gönnern in London durchaus ernst genommen und sogar 1816 unter dem Titel »The narrative of Robert

Adams« in einem heute sehr seltenen Buch veröffentlicht. Adams selbst kehrte nach Amerika zurück und verschwand dort in der Anonymität.

Um diese Zeit hatten europäische Reisende den Niger schon erreicht. Der junge schottische Arzt Mungo Park (1771–1806) war 1795 bis 1797 von der Westküste aus bis zum Oberlauf des Flusses vorgestoßen und hatte ihn ein Stück befahren, ohne jedoch Timbuktu zu erreichen. Das gelang erst einem anderen Schotten, dem Major Alexander Gordon Laing (1794–1826). Er zog 1826 von Tripolis aus auf dem strapazenreichen Weg durch die Sahara nach Süden, gelangte nach Timbuktu und hielt sich dort unbehelligt mehrere Wochen auf, obgleich er sich als Weißer und Christ bekannte. Auf dem Rückweg wurde er jedoch ermordet. Dabei gingen auch seine wertvollen Aufzeichnungen verloren, nach denen noch jahrelang vergeblich geforscht wurde.

Inzwischen hatte sich das Erreichen Timbuktus zu einer Art Prestigeobjekt zwischen den Geografischen Gesellschaften von London und Paris entwickelt. Dort setzte man einen Preis von 10 000 Francs für denjenigen Franzosen aus, der als Erster Timbuktu erreichen und glaubwürdige Nachrichten über die Stadt in die Heimat bringen würde.

Das gelang endlich René-Auguste Caillié, einem jungen Einzelgänger. Er wurde am 17. November 1799 in Mauzé in Westfrankreich geboren. Der Vater war von Beruf Bäcker, wurde aber kurz nach der Geburt seines Jungen ins Zuchthaus eingeliefert, das er nicht mehr lebend verließ. René wurde von der Mutter aufgezogen, die er aber schon mit zwölf Jahren verlor. Er lernte nach kurzem Schulbesuch Schuster, fand aber keinen Gefallen an dem Beruf und begleitete mit sechzehn Jahren einen französischen Offizier als Diener in den Senegal. Bis 1819 führte er ein unstetes Wanderleben erst in Afrika, dann in der Karibik und kehrte schließlich mittellos und krank in die Heimat zurück. Fünf Jahre später ermöglichte ihm ein Kaufmann aus Bordeaux die Rückkehr in den Senegal. Was dann geschah, erfährt man aus der von Caillié selbst geschriebenen Einleitung zu seinem späteren großen Reisebericht. Man kann nur die Zielstrebigkeit und Zähigkeit bewundern, mit der dieser junge Mann Timbuktu, sein selbst erwähltes Ziel, zu erreichen suchte. Und wenn man das Schicksal seines Vorgängers Gordon Laing betrachtet, darf man auch von dem großen Glück sprechen, das er dabei hatte.

In den letzten Sätzen seines großen Reiseberichts schreibt er auch bescheiden von der wohlwollenden Aufnahme in der Heimat nach seiner Rückkehr. In Paris zögerte die *Société de Géographie* nicht, ihm den ausgesetzten Preis und ihre Goldmedaille zu übergeben. Jomard, der Präsident der Gesellschaft, unterstützte ihn persönlich und selbstlos bei der Abfassung seines umfassenden Reiseberichts. Aber wie nicht anders zu erwarten, riefen Erfolg und Ehrung auch rasch Neider auf den Plan, die so weit gingen, die Echtheit seiner Angaben zu bezweifeln. Vor allem die Engländer verdächtigten ihn, weil sie Andenken und Leistung ihres Landsmannes Laing durch ihn gefährdet sahen.

Cailliés Gesundheit war durch die erlittenen Strapazen schwer erschüttert. Er musste darauf verzichten, wieder nach Afrika zurückzukehren, wie er gehofft hatte. Vielmehr ließ er sich mit einer kleinen staatlichen Rente in seiner engeren Heimat nieder, heiratete und hatte vier Kinder. Aber er starb schon am 17. Mai 1838, noch nicht einmal 39 Jahre alt, an den Folgen einer unbekannten Krankheit, die er sich in Afrika geholt hatte.

Wie großartig seine Leistungen gewesen waren, beweist allein schon die Tatsache, dass noch einmal Jahrzehnte vergehen sollten, bis ein dritter Europäer zu der »Königin der Wüste« gelangte. Diesmal war es ein Gelehrter, der deutsche Forschungsreisende Heinrich Barth (1821–1865). Er war auf seiner großen Reise 1850 von Tripolis aus quer durch die Sahara zum Tschadsee vorgestoßen. Nach ausgiebigen Forschungen in dessen Umgebung reiste er weiter zum Niger und gelangte durch die Länder des Nigerbogens im Herbst 1853, also 25 Jahre nach Caillié, nach Timbuktu, wo er fünf Monate verblieb. In seinem Reisebericht bestätigte er nicht nur die Beobachtungen Cailliés, sondern gab auch eine detaillierte Beschreibung der Stadt, die damals nur noch ein Schatten ihrer einstigen Größe war. Seine Unabhängigkeit konnte Timbuktu nur noch vier Jahrzehnte bewahren, dann besetzten es 1893 die Franzosen und fügten es ihrem Kolonialreich ein, in dem es bis 1960 verblieb. Heute gehört es zur Republik Mali.

Heinrich Pleticha, Würzburg 2006

René Caillié

Reise nach Timbuktu

1824 – 1828

Vorwort

Endlich lege ich der Öffentlichkeit den Bericht meiner Reise in das Innere Afrikas vor. Es gibt mehrere Gründe, warum er erst jetzt erscheint, obwohl es schon mehr als 15 Monate her ist, seit ich meinen Fuß wieder auf heimischen Boden gesetzt habe. Ich habe aus den Ländern, die ich durchquert habe, nur flüchtige, knappe Aufzeichnungen mitgebracht, die ich oft mit zitternder Hand und, so könnte man sagen, im Vorübereilen zu Papier brachte. Sie wären unerbittlich als Beweisstück gegen mich verwendet worden, hätte man mich dabei überrascht, wie ich in einer fremden Schrift schrieb und den Weißen sozusagen die Geheimnisse dieser Landstriche enthüllte. In Afrika und hier wiederum vor allem in den Ländern, die von den Mauren und Foulah besiedelt werden, gilt die religiöse Falschheit eines Fremden als schwerwiegender Verstoß, und es ist wohl hundertmal besser, als Christ angesehen zu werden, denn als falscher Moslem. Letztlich besteht der Erfolg meiner Reise in den vielen Notizen, die ich mir unterwegs über das, was ich erlebt und gesehen habe, gemacht habe. Gerade diese Notizen bargen aber auch schreckliche Gefahren: Stets trug ich in meiner Tasche mein Todesurteil mit mir herum, und wie oft musste ich diese Tasche feindlichen Händen anvertrauen! Bei meiner Ankunft in Paris waren meine Aufzeichnungen, die ich meistens mit einem Bleistift angefertigt hatte, so abgenutzt, die Schrift so verblichen, dass es einiger Beharrlichkeit und aller Anstrengungen meines Gedächtnisses bedurfte, um sie wiederherzustellen und als Grundlage meiner Beobachtungen und meiner Erzählung nutzen zu können. Die gewissenhafte Erforschung des Gedächtnisses, die jedem Reisebericht voranzugehen hat und die ich als das größte Verdienst meiner eigenen Erzählung ansehe, machte es notwendig, dass ich mir genügend Zeit nahm, um nichts Wesentliches auszulassen und die Ereignisses in der Reihenfolge zu schildern, in der sie stattgefunden und in der ich sie aufgeschrieben hatte. Ein anderer Grund für die verspätete Veröffentlichung liegt in einer langen und gefährlichen Krankheit, die mich einige Monate nach meiner Ankunft in Frankreich niederstreckte und mir die Kräfte raubte, die den immensen Anstrengungen und Entbehrungen meiner 17 Monate dauernden Reise auf glühend heißem Boden standgehalten hatten. Wie vielen unserer unerschrockenen europäischen Entdeckungsreisenden hatten diese Qualen zum Verderben gereicht! Hinzu kommt die große Menge der Aufzeichnungen, die sich ja auf fast drei Bände belaufen, meine mangelnde Erfahrung im Schriftlichen und die Entscheidung, keine fremde Hilfe in Anspruch zu nehmen, außer für einige stilistische Unreinheiten, die sich bei mir zwangsläufig in der schwierigsten und nuancenreichsten aller Sprachen einschleichen. Ich wollte den Lesern einen Bericht vorlegen, der auch wirklich von mir ist, sowohl was den Stil als auch was den Inhalt betrifft. Mag auch meine Sprache nicht besonders elegant oder auch nur gepflegt sein, so ist sie wenigstens einfach, klar und deutlich und gibt ehrlich die ganze Reise und den Reisenden mit all seinen Eigenschaften wieder. Auch wenn ich dies bedauere, enthält mein Bericht keine großartigen Betrachtungen zu den politischen oder religiösen Einrichtungen oder zu den Sitten und Gebräuchen der Völker, denen ich begegnet bin. Denn selbst wenn mich meine Ausbildung mit diesen Gebieten vertraut gemacht hätte, hätten es mir meine geringen Mittel und die dadurch bedingte gebotene Eile nicht erlaubt, mich lange genug in der jeweiligen Gegend aufzuhalten, um zu sicheren Erkenntnissen zu gelangen. Mein Ziel war es vielmehr, gewissenhaft und genau alles, was ich beobachten konnte, zu notieren; vor allem wollte ich mich den Dingen widmen, die ich für eine genauere Kenntnis der Geographie und für unsere Handelsinteressen in Afrika von Bedeutung hielt.

Ein längerer Aufenthalt in unseren Niederlassungen und Einrichtungen im Senegal und die dort gemachten Beobachtungen hatten mir gezeigt, wie sehr der seit nun schon so langer Zeit daniederliegende Handel neue Absatzmärkte und neue Partner im Inneren des Kontinents benötigte. Um aber unsere Handelsbeziehungen zu erweitern und auch entlegene Völker mit unseren Produkten zu versorgen, bedurfte es besserer geografischer Kenntnisse. Wie sonst sollten die Anstrengungen unserer Regierung erfolgreich sein und den Handel in den Niederlassungen an der Küste ankurbeln? Das Gefühl, dass unser Handel in Afrika dringend eines solchen Anschubs bedurfte, war sehr stark bei mir ausgeprägt und wurde sozusagen zur Seele meiner Unternehmung. Es bestimmte meine Entscheidungen und Optionen, die ich vor allem während eines bestimmten Teils meiner Reise traf. Ich war überzeugt, dass genaue, auf die Quellen selbst zurückgehende Informationen in den Händen der Regierung des Königs, eines eifrigen und aufgeklärten Förderers solch wichtiger Interessen, früher oder später einen bedeutenden Einfluss auf die Entwicklung unserer Kolonien und Handelsbeziehungen und damit auf den Wohlstand und vielleicht auch den inneren Frieden unserer Landes haben würden.

War mir das Glück beschieden, meine Wünsche in dieser Beziehung zu erfüllen und meine Hoffnungen, die ich mit meinen Landsleuten, die im Senegal lebten, teilte, zu verwirklichen? Habe ich die Aufgabe, die ich mir gestellt hatte, erfüllt und so meinen Teil zum Erfolg der Regierung meines Landes beigesteuert? Es ist an denjenigen, die heute die Früchte meiner Forschungen einfahren, diese Frage für mich zu beantworten. Richtschnur für das zu fällende Urteil ist auch der Erfolg der Unternehmungen, die auf meine Forschungsarbeiten zurückgehen. Was die Fortschritte betrifft, die Geographie und Naturkunde meiner Entdeckungsreise verdanken, so ist es ebenfalls nicht an mir, sie zu würdigen. Ich muss das Urteil darüber denen überlassen, die sie in der Hauptstadt der zivilisierten Welt vorstellen und deren Kenntnisse und Fähigkeiten mir sehr angenehm und nützlich gewesen wären, als ich mich alleine und mit geringen Mitteln jeden Tag einer unbekannten Welt ausgesetzt sah, die die Blicke des neugierigen und wissenschaftlich interessierten Europas noch nicht getroffen hatten. Hätte ich die Kenntnisse und Geräte, die wir ihnen verdanken, besessen, so hätte ich mir erhoffen können, den Wünschen der Gesellschaft für Geographie besser gerecht zu werden sowie ihrer schmeichelhaften und wohlwollenden Aufnahme, ihrer Auszeichnungen und Belohnungen, die sie aus Liebe zum Vaterland jenen zuteil werden lässt, die sie in ihren Anstrengungen unterstützen, würdiger zu sein. Diese Gesellschaft verfolgt mit so großem Einsatz und Erfolg das Ziel, die Wissenschaft voranzubringen! Ihr Programm, das bis zu den afrikanischen Stränden vorgedrungen war, wo ich es kennen lernte, bestärkte mich vollends in meiner Ansicht, dass die Reisen in das Innere Afrikas von größter Bedeutung seien, und ermutigten mich in dem Vorhaben, eines Tages die Erforschung Timbuktus zu wagen.

Wenn ich gegenüber der Gesellschaft für Geographie nun meine Hochachtung und Ehrerbietung ausdrücke, so darf ich eines ihrer ausgezeichnetsten Mitglieder nicht vergessen, Monsieur Jomard, Präsident ihrer wichtigsten Kommission und Mitglied des *Institut de France*. Er ließ mir seit meiner Rückkehr nach Frankreich seine wertvollen Ratschläge zuteil werden und behandelte mich mit ausgesuchter Freundlichkeit, er war sich nicht zu schade, meinen Namen neben den seinen zu stellen, und er hat zum Erfolg dieses Berichts beigetragen, indem er ihn mit einer Landkarte nach meinen Aufzeichnungen bereicherte sowie mit den Ergebnissen erdkundlicher Forschungen auf einem Kontinent, der ihm seit langem sowohl als Reisendem wie auch als Schriftsteller vertraut ist. Möge er hier ein öffentliches Zeugnis meiner tiefen Dankbarkeit entgegennehmen!

René Caillié

Einleitung

Da ich seit meiner frühesten Kindheit die Welt entdecken wollte, habe ich stets mit großem Eifer die Gelegenheiten wahrgenommen, die sich mir boten, um mich zu bilden. Aber trotz aller Anstrengungen, die mir fehlende solide Erziehung auszugleichen, konnte ich doch nur unzureichende Kenntnisse erwerben. Das Bewusstsein der Unzulänglichkeit meiner Mittel bedrückte mich oft, jedenfalls dann, wenn ich daran dachte, was mir alles fehlte, um die Aufgabe, die ich mir gestellt hatte, zu bewältigen. Obwohl ich also häufig an die Gefahren und Schwierigkeiten eines solchen Unternehmens dachte, so hoffte ich doch, dass die Aufzeichnungen und Informationen, die ich von meinen Reisen mitbringen würde, bei der Öffentlichkeit auf Interesse stoßen würden. Ich gab die Hoffnung, irgendein unbekanntes Land in Afrika zu erforschen, zu keinem Zeitpunkt auf. Nach und nach richteten sich all meine Gedanken auf Timbuktu. Diese Stadt wurde zum Ziel all meiner Anstrengungen. Meine Entscheidung stand fest: Timbuktu sehen oder untergehen. Heute, da ich mein Ziel erreicht habe, wird meine Leserschaft vielleicht eine gewisse Nachsicht gegenüber dem Bericht eines einfachen Reisenden walten lassen, der einfach nur das erzählt, was er gesehen hat, die Ereignisse, die ihm widerfahren sind oder deren Zeuge er war.

Ich wurde im Jahr 1800 in Mauzé im Département Deux-Sèvres als Kind armer Eltern geboren. Das Unglück wollte es, dass ich sie noch in meiner Kindheit verlor. Meine einzige Erziehung erhielt ich in der kostenlosen Volksschule meines Dorfes. Sobald ich lesen und schreiben konnte, ließ man mich einen Beruf erlernen, der mich aber schnell anwiderte, wozu nicht zuletzt die Bücher über Entdeckungsreisen beitrugen, in die ich mich in jeder freien Minute vertiefte. Vor allem die Geschichte von Robinson Crusoe begeisterte mich. Ich brannte darauf, so wie er Abenteuer zu erleben. Damals schon spürte ich in meinem Herzen den Ehrgeiz, mich durch eine bedeutende Entdeckung auszuzeichnen. Man lieh mir Erdkunde-Bücher und Landkarten. Die Karte Afrikas, auf der ich nur unbewohnte oder als »unbekannt« bezeichnete Länder sah, weckte mehr als alle anderen meine Neugier. Schließlich wurde dieses Interesse zur Leidenschaft, für die ich auf alles verzichtete. Ich nahm nicht mehr an den Spielen meiner Kameraden teil. Sonntags sperrte ich mich in mein Zimmer ein, um alle Reiseberichte und -bücher zu lesen, derer ich habhaft werden konnte. Ich erzählte meinem Onkel, der mein Vormund war, von meinem Wunsch zu reisen. Er missbilligte mein Ansinnen, malte mir die Gefahren, die eine Seereise bedeutete, sowie das Heimweh, das ich in der Ferne, weit weg von meiner Familie, haben würde, in allen Farben aus. Er unterließ nichts, um mich von meinem Vorhaben abzubringen. Aber meine Entscheidung stand fest. Aufs Neue drängte ich, losziehen zu dürfen, und er widersetzte sich nicht mehr.

Ich besaß nur sechzig französische Francs. Mit dieser geringen Summe begab ich mich 1816 nach Rochefort. Ich heuerte auf einem Frachtschiff namens *Loire* an, das nach dem Senegal segeln sollte. Bekanntlich fuhr dieses Schiff zusammen mit der *Méduse*, auf der sich Monsieur Mollien befand, den ich damals noch nicht kannte und der später so interessante Entdeckungen im Inneren Afrikas machen sollte. Glücklicherweise hatte sich unser Frachtschiff von der Route, die die *Méduse* nahm, entfernt und kam so sicher in der Bucht von Saint-Louis an, während die *Méduse* Schiffbruch erlitt. Von dort begab ich mich nach Dakar, ein Dorf auf der Halbinsel Cap Vert, zu dem die Überlebenden der *Méduse* mit der *Loire* gebracht wurden. Ich hielt mich einige Monate an diesem tristen Ort auf. Als die Engländer den Franzosen diese Kolonie übereignet hatten, kehrte ich wieder nach Saint-Louis zurück. Zu der Zeit, als ich dort ankam, stellte die englische Regierung eine Expedition unter der Leitung von Major Peddie zusammen, um das Innere Afrikas zu erforschen. Diese begab sich zunächst nach Kakondy, ein am Rio Nuñez gelegenes Dorf. Bei der Ankunft starb der Major. Die Leitung der Expedition übernahm Kapitän Campbell. Er machte sich mit einer großen Karawane auf den Weg, die hohen Berge des Fouta-Djalon zu durchqueren. In wenigen Tagen verlor er einen Teil der Packtiere und mehrere Männer. Trotzdem entschloss er sich, weiterzumarschieren. Kaum aber hatte er das Gebiet des *almamy* des Fouta-Djalon erreicht, wurde die Expedition auf Befehl dieses Herrschers angehalten. Es bedurfte einer hohen Abgabe an den *almamy*, nur um die Erlaubnis zu bekommen, umzudrehen und den Rückzug anzutreten, aufs Neue Flüsse zu durchqueren, deren Überwindung schon beim ersten Mal sehr unangenehm gewesen war, und ständigen Verfolgungen ausgesetzt zu sein. Um Letzteren zu entgehen und den Rückzug weniger beschwerlich zu machen, ließ der Kommandant die Trockenwaren verbrennen, die Gewehre zerbrechen und das Pulver in den Fluss streuen. Auf diesem katastrophalen Rückzug verloren Kapitän Campbell und mehrere seiner Offiziere das Leben an der Stelle, an der auch Major Peddie gestorben war. Sie wurden neben ihm begraben, unter einem Orangenbaum in der Handelsniederlassung des englischen Kaufmanns Bethmann. Die restlichen Truppen der Expedition segelten nach Sierra Leone.

Einige Zeit später stellte man eine neue Expedition zusammen, die Major Gray anvertraut wurde. Die Engländer scheuten keine Mühen und Mittel, damit diese noch gewaltiger und besser ausgestattet als die erste war. Um den schrecklichen *almamy* von Timbo zu umgehen, fuhr man zuerst auf dem Meer zum Gambia und dann den Fluss hinauf. Sobald die Expedition an Land gegangen war, durchquerte sie die Gebiete von Oulli und Gabu und kam dann schließlich in das Bondou. Dieses bewohnt aber ein Volk, das dem im Fouta-Djalon ähnelt und genauso fanatisch und böse ist und dessen König sich nicht weniger feindlich gegenüber den Engländern zeigte. Seine Forderungen waren noch willkürlicher als die des *almamy* von Timbo. Unter dem Vorwand von ich weiß nicht welchen alten Schulden, die die englische Regierung angeblich bei ihm habe, forderte er so viele Waren, dass Major Gray bald keinerlei Ressourcen mehr hatte und, wie man weiter unten noch sehen wird, gezwungen war, einen Offizier in den Senegal zu schicken, um neue Waren zu beschaffen, mit deren Hilfe er hoffte, die Erlaubnis zur Weiterfahrt zu erlangen.

Mir waren diese unangenehmen Neuigkeiten nicht bekannt, als man mir von der englischen Expedition erzählte. Da ich nicht daran zweifelte, dass Major Gray Leute brauchte und meine Dienste annehmen würde, obwohl ich für ihn ein Fremder war, beschloss ich, auf dem Landweg nach Gambia zu reisen. Ich brach in Begleitung zweier Neger auf, die nach Dakar zurückkehrten, und schlug den Weg ein, der von Gandiolle zur Halbinsel Cap Vert führt. Wir gingen zu Fuß. Ich war noch sehr jung und meine beiden Begleiter waren tüchtige Marschierer, sodass ich mich anstrengen musste, um mit ihnen mitzuhalten. Mit Worten lässt sich die Strapaze, die die drückende Hitze und der glühende Sand für mich bedeuteten, kaum ausdrücken. Wenn ich wenigstens etwas Wasser gehabt hätte, um meinen brennenden Durst zu stillen! Süßwasser findet man jedoch nur in einiger Entfernung vom Meer, und um auf einigermaßen festem Boden zu laufen, mussten wir am Strand bleiben. Meine Füße waren mit Blasen übersät und ich glaubte, ich würde zusammenbrechen, bevor wir in Dakar ankämen. Trotzdem erreichten wir schließlich dieses Dorf. Ich hielt mich dort nicht auf, sondern begab mich auf ein Boot, das mich nach Gorée brachte.

Die Qualen, die ich bis dahin erlitten hatte, ließen mich über die noch viel größeren Leiden nachdenken, denen ich mich aussetzen wollte. Diejenigen, die sich für mich interessierten, allen voran Monsieur Gavot, hatten folglich keine große Mühe, mich von meinem Vorhaben abzubringen. Um meine Reiselust etwas zu stillen, verschaffte mir dieser ehrenwerte Offizier einen kostenlosen Platz auf einem Handelsschiff, das Segel nach Guadeloupe setzte.

Ich kam in dieser Kolonie mit einigen Empfehlungsschreiben an und erhielt eine kleine Stelle. Nach sechs Monaten regte sich aber wieder die Reiselust in mir. Die Lektüre Mungo Parks verlieh meinen Plänen neue Kraft. Und da meine Gesundheit einem längeren Aufenthalt sowohl im Senegal als auch in Guadeloupe standgehalten hatte, hoffte ich, diesmal meine Vorhaben mit Erfolg ausführen zu können.

Ich verließ Pointe-à-Pitre Richtung Bordeaux und kehrte von dort in den Senegal zurück. Als ich Ende des Jahres 1818 mit nur geringen Mitteln (durch unnütze Einkäufe hatten sie sich sehr verringert) in Saint-Louis ankam, ließ ich mich durch nichts entmutigen. Alles schien meinem abenteuerhungrigen Geist möglich, und der Zufall sollte meinen Absichten zu Hilfe kommen.

Monsieur Adrien Partarrieu, der von Major Gray losgeschickt worden war, um in Saint-Louis die vom König von Bondou geforderten Waren zu kaufen, schickte sich gerade an, zur Expedition zurückzukehren. Ich suchte ihn auf und schlug ihm vor, ihn zu begleiten, und zwar zunächst ohne jede Entlohnung oder andere Verpflichtung. Er antwortete mir, dass er mir auch für alles Weitere nichts versprechen könne. Es stehe mir aber frei, mich ihm anzuschließen. Mein Entschluss stand schnell fest: Ich war glücklich, eine solche Gelegenheit zu bekommen, unbekannte Gegenden zu durchstreifen und an einer Entdeckungsreise teilzunehmen!

Monsieur Partarrieus Karawane setzte sich aus 60 bis 70 Männern – sowohl Weißen wie auch Schwarzen – und 32 reich beladenen Kamelen zusammen. Wir brachen am 5. Februar 1819 von

Gandiolle auf, einem Dorf des Königreichs Cayor, das unweit des Senegal liegt. Der *damel* (König), den unsere Geschenke günstig gestimmt hatten, gab den Befehl, uns gut zu behandeln. So wurden wir überall gastfreundlich aufgenommen, und an einigen Orten waren die Einheimischen sogar so großzügig, uns ohne irgendeine Gegenleistung zu verköstigen. Als wir an der Grenze des Cayor-Reiches ankamen, stießen wir auf eine Wüste, die Cayor- und Ghiolof-Reich trennt. Man weiß, dass diese beiden Länder früher dem gleichen Herrscher unterstanden, der sie mit dem Titel *bour* (Kaiser) regierte, und dass der *damel* lediglich ein unabhängiger Vassall ist. Auch von den Völkern des *bour* von Ghiolof wurden wir sehr freundlich empfangen.

Doch schon wenige Zeit später dachten wir sehnsüchtig an die großzügige Gastfreundschaft der Ghiolof zurück. Als wir ihr Land verließen, kamen wir in eine Wüste, in der wir während des fünftägigen Marsches tausend Schwierigkeiten ausgesetzt waren. Man möge mir verzeihen, diese Einzelheiten zu erwähnen. Es sind die einzigen, die sich in das Gedächtnis eines noch sehr jungen Mannes eingegraben haben, der weniger um der Beobachtung als um der Abenteuer willen reiste. Unsere Kamele waren so mit Waren bepackt, dass wir nur sehr wenig Wasser mit uns führen konnten. Schnell war man gezwungen, jedem davon nur eine kleine Menge zuzuteilen. Auch die meine war nicht größer. Doch konnte ich mich beklagen, der ich ein unnützer Esser und Trinker und nur durch das Wohlwollen des Expeditionsleiters dabei war? Ich hatte nicht das Recht, Ansprüche zu erheben, aber ich litt sehr unter dem brennenden Durst. Manchmal war ich kurz vor dem Zusammenbruch, denn da ich kein Reittier hatte, musste ich zu Fuß nebenher laufen. Hinterher sagte man mir, ich hätte einen verstörten Blick gehabt, gekeucht und die Zunge sei mir aus dem Mund gehangen. Ich persönlich erinnere mich nur, dass ich bei jeder Rast kraftlos zu Boden fiel und nicht einmal die Energie hatte, etwas zu essen. Schließlich weckte mein schlimmer Zustand das Mitleid aller, und Monsieur Partarrieu hatte die Güte, mit mir seine Ration Wasser und eine Frucht, die er gefunden hatte, zu teilen. Diese Frucht ähnelt einer Kartoffel. Das Fruchtfleisch ist weiß und von angenehmem Geschmack. Wir fanden von da an viele solcher Früchte, die eine große Hilfe für uns waren.

Einmal hatte sich ein Matrose auf die Suche nach Früchten gemacht, nachdem alle anderen Versuche, seinen Durst zu stillen, vergeblich gewesen waren. Doch ihn täuschte die Ähnlichkeit mit der Frucht, die mir Monsieur Partarrieu gegeben hatte: Die, von der er aß, brannte wie Feuer in seinem Mund. Nach seinem Brechreiz und den heftigen Magenkrämpfen zu urteilen, dachten wir, er habe sich vergiftet. Alle beeilten sich, ihren Anteil an Wasser zu holen und ihm zu trinken zu geben. Er war aber so schnell wiederhergestellt, dass ich seitdem denke, dass diese Krankheit nur ein Trick war, um die Aufmerksamkeit auf sich zu ziehen und etwas mehr Wasser zu bekommen. Aber ich sollte weniger nachtragend sein: Ich selbst gehörte keineswegs zu den Unglücklichsten, da ich mehrere Männer ihren eigenen Urin habe trinken sehen.

Schließlich kamen wir in Boulibaba an, ein Dorf, das von Fulbe-Hirten bewohnt wird, die einen Teil des Jahres in Gegenden mit lichten Wäldern verbringen und sich nur von Milch ernähren, die mit Früchten des Affenbrotbaumes gewürzt wird. Boulibaba war ein Paradies für uns. Wir fanden dort reines Quellwasser in Hülle und Fülle, das wir gierig tranken. Es schien uns köstlich. Aber wir bezahlten es teuer, denn die Fulbe, auf deren Gebiet es sprudelte, waren arm und gewinnsüchtig. Wir schlugen unser Lager in unmittelbarer Nähe des Dorfes auf, dessen Strohhütten die Form eines oben gekappten Zuckerhutes haben. Ihre Tür ist so niedrig, dass man nur kriechend ins Innere gelangt. Sobald unsere Ankunft bekannt wurde, kam das ganze Dorf dahergelaufen, um uns zu begutachten. Ein Fulbe suchte mich bei dem Baum, unter dem ich mich ausruhte, auf und bat mich auf oulolof, das ich verstand, um einen *grigri* – ein niedergeschriebener magischer Spruch, den die Einheimischen als Talisman betrachten. Er sollte ihm zu Reichtum verhelfen. Ich schrieb ihm einen auf, und als Dank gab er mir eine Schale Milch. Trotzdem war ich auf ihn hereingefallen, denn kaum war er weg, bemerkte ich, dass er mir eine schwarze Seidenkrawatte gestohlen hatte.

Als wir Boulibaba verließen, mussten wir eine andere Wüste ohne Wasservorkommen durchqueren. Bevor wir sie betraten, hielten wir es für angebracht, uns von den vergangenen Strapazen etwas zu erholen und einige Tage bei den Fulbe-Hirten zu bleiben. Wie füllten unsere Wasservorräte auf, Führer wurden bestimmt, und dann ging es los.

Nach halbtägigem Marsch kamen wir in Paillar an, wo wir wiederum unsere Wasservorräte ergänzten. Es wäre nicht klug gewesen, das Fouta-Toro-Gebiet zu durchqueren, dessen Bewohner fanatisch und räuberisch sind. Wir vermieden es, indem wir etwas nach Süden auswichen. Die Vorsichtsmaßnahmen, die wir getroffen hatten, um keinen Wassermangel zu leiden, beruhigten unsere Gemüter. Das Land erschien uns über weite Strecken schön. Wir bewunderten Bäume von großer Höhe und dichtem Laub. Das Gezwitscher der Vögel, die sich darin tummelten, belebte die hier sonst herrschende Einsamkeit. Zweifellos waren es die angenehmen Gefühle, die dieses Schauspiel hervorrief, die uns unsere Erschöpfung vergessen ließen, obwohl wir von Sonnenaufgang bis zehn Uhr abends unterwegs gewesen waren und nur wenige kurze Pausen eingelegt hatten.

Am fünften Tag jedoch fehlten uns allen die Kräfte. Wir litten Durst, und unsere Wasservorräte waren fast aufgebraucht. Da kam uns die europäische Industrie zu Hilfe: Man teilte Pfefferminzbonbons aus, und bald war unsere Not gelindert. Unsere Kamele litten sehr unter dem Wasser- und Futtermangel. Ihre einzige Nahrung bestand in einigen jungen abgebrochenen Zweiglein, die sie hier und da fanden.

Endlich erreichten wir ein Dorf, dessen Neger sich beeilten, uns einige Kalabassen Wasser herbeizuholen. Wir vergeudeten nichts, was angesichts der großen Zahl Menschen und Tiere, die das Wasser erfrischen sollte, auch sehr klug war. Ich für meinen Teil erhielt nur ein großes Glas Wasser. Kaum aber begannen wir zu trinken, stürzten sich Bienenschwärme auf die Gefäße, die das Wasser enthielten, und machten es uns streitig. Dabei setzten sie sich sogar auf unseren Lippen fest. Das waren schreckliche Qualen, stechende Schmerzen, die wir mehrmals während unserer Reise erduldeten. Oft habe ich ganz mit Bienen bedeckte Lederschläuche gesehen. Um sie zu verjagen, musste man frisches Holz anzünden, dessen Rauch sie dann vertrieb.

Im Bondou-Gebiet, in dem wir uns ja jetzt befanden, hatte Monsieur Partarrieu große Angst, dem *almamy* zu begegnen und wollte deshalb Boulibané, den üblichen Aufenthaltsort des Herrschers, vermeiden und lieber Bakel auf schnellstem und direktestem Weg erreichen. Aber die Bewohner von Potako – das zweite Dorf, auf das wir stießen – wollten sich diesem Vorhaben widersetzen. Wir mussten also eine Rast einlegen, um hin und her zu verhandeln. Es folgten endlose Diskussionen. Wir befanden uns nahe der Brunnen, doch gab man uns weder Wasser noch Nahrung, niemand brachte Hirse. Man begann den Krieg, indem man uns aushungerte. Diese Angriffsstrategie gegen uns war die schlimmste und gefährlichste, ihr musste man Standfestigkeit und Entschlossenheit entgegensetzen. Monsieur Partarrieu, dem es an beidem nicht mangelte, schickte sich an, direkt nach Bakel weiterzuziehen. Wir machten uns gerade zum Aufbruch fertig, als Monsieur Gray, der Leiter der Expedition, zu Pferd erschien und bekannt gab, dass wir uns nach Boulibané begeben sollten. Er war der Meinung, dass der *almamy* sein Wort halten und uns nach Erhalt der Waren vorüberziehen lassen werde. Monsieur Gray war doch ein wenig leichtgläubig. Übrigens: Als die Einwohner sahen, dass wir einen anderen Weg einschlagen wollten, boten sie uns eifrig an, doch Wasser zu schöpfen, und brachten eilends vielerlei Nahrungsmittel herbei. Als der Frieden so wiederhergestellt war und alle sich einig zeigten, begannen die Tauschgeschäfte.

Am folgenden Morgen erhielten wir den Befehl, aufzubrechen und den Weg nach Boulibané zu nehmen. Wir mussten gehorchen. Damit aber die Einwohner der Hauptstadt nicht die große Menge Waren bemerkten, die wir mit uns führten, betraten wir sie erst nachts. Ich befand mich bei der Nachhut, zusammen mit einigen englischen Soldaten, die auf Eseln ritten. Diese armen Soldaten waren völlig erschöpft, noch nie hatten sie einen so harten Feldzug mitgemacht. Sie wollten zurückbleiben, ich hinderte sie aber daran und wir erreichten schließlich, wenn auch ein wenig spät, den vorderen Teil der Karawane, der schon in dem Lager schlief, das man außerhalb der Stadt aufgeschlagen hatte. Dieses Lager bestand lediglich aus einer Gruppe Strohhütten, die von einem vier Fuß hohen Palisadenzaun aus Baumstämmen und Zweigen umgeben waren.

Man war so ungeschickt gewesen, in die Lagergrenze nicht die Brunnen mit einzubeziehen, eine unverzeihliche Nachlässigkeit, die zu einem grausamen Wassermangel führen konnte. Gleich nach ihrer Ankunft gingen die Expeditionsleiter den *almamy* begrüßen und brachten ihm gleichzeitig wertvolle Geschenke dar, um ihn günstig zu stimmen. Dabei blieb es jedoch nicht. Jeden Tag bekam er neue Geschenke, denn der gierige *almamy* verlangte ständig mehr. Da ich neugierig war, diesen König zu sehen, begab ich mich zu seiner Residenz. Ich betrat sie ohne Schwierigkeiten und fand den Herrscher von Bondou auf einer Matte am Boden sitzend. Er betrachtete einen schwarzen Maurer unserer Expedition, um den er uns gebeten hatte, da er sich ein Pulvermagazin aus Stein bauen lassen wollte, um darin die Kriegsmunition aufzubewahren, die er von uns als Geschenk bekommen hatte. Der 70-jährige *almamy* von Bondou hatte schneeweißes Haar, einen sehr langen Bart und ein von Falten zerfurchtes Gesicht. Er trug zwei Baumwollüberwürfe und war bis zu den Füßen mit Amuletten bedeckt. Er sah mich gleichgültig an und schien viel beschäftigter mit der Arbeit des Maurers zu sein, als sich für meine Gegenwart zu interessieren, was mir die Gelegenheit gab, ihn in aller Ruhe zu betrachten, ohne dass er daran Anstoß genommen hätte.

Nachdem wir uns einige Tage in Boulibané aufgehalten hatten – in dieser Zeit hatten wir uns mit den Einwohnern gut verstanden – traf Monsieur Gray alle Vorbereitungen, um diese königliche Stadt wieder zu verlassen. Vor dem Aufbruch glaubte er aber, dem *almamy* ein Abschiedsgeschenk überreichen zu müssen. Es bestand aus einem Stück blauen indischen Baumwollstoffs und mehreren Kleinigkeiten. Sei es, dass der Prinz damit nicht zufrieden war, sei es, dass er fürchtete, die Engländer könnten sich mit den Franzosen zusammentun, um seine Territorien anzugreifen, sei es schließlich, dass er geschworen hatte, uns nicht ziehen zu lassen – er erklärte mit gespieltem Bedauern, er könne uns nicht erlauben, nach Bakel zu reisen. Er gestatte uns, nach Clégo zu gehen, wir sollten aber seine Länder und die von Kaarta durchqueren. Andernfalls hätten wir den Weg über das Fouta-Toro-Gebiet zu nehmen, um den Senegal zu erreichen. Diese beiden Strecken waren gleichermaßen unangenehm und gefährlich für uns, da wir sicher waren, in beiden Ländern auf Völker zu treffen, die genauso fanatisch und barbarisch wie die Bewohner des Bondou waren. Die Absicht des *almamy* bestand natürlich darin, uns plündern und vielleicht auch umbringen zu lassen. Unsere Lage war schrecklich geworden und führte dazu, eine Ratsversammlung einzuberufen. Die Empörung, die das Verhalten des *almamy* hervorrief, ließ den Entschluss fassen, sich gewaltsam den Weg nach Bakel zu bahnen. Schnell belud man die Tiere und machte sich zum Abmarsch bereit. Kaum aber wurde unser Vorhaben bekannt, besetzten 50 mit Lanzen und Gewehren bewaffnete Soldaten des Königs die Brunnen und umzingelten unser Lager. Infolge der Unvorsichtigkeit, die ich weiter oben angesprochen habe, waren wir nun von den Brunnen abgeschnitten. Und obwohl wir sparsam mit dem wenigen Wasser, das wir noch hatten, umgingen, hatten wir schon jetzt kaum mehr welches.

In Afrika ist es leichter, einen Ort durch Ausdursten als durch Aushungern der Menschen einzunehmen.

Diese Gefahr war nicht die einzige, die uns drohte, schon hallten von überall die Kriegstrommeln wider. Auf diese Signale hin eilten bewaffnete Männer in großen Mengen zu ihren Anführern, allseits herrschte ein entsetzlicher Lärm. In weniger als zwei Stunden stand eine große Armee bereit, die nur darauf wartete, gegen uns loszustürmen. Wir waren nur 130 Leute, sodass jeglicher Widerstand zwecklos wurde. Trotz der Leidenschaft und der Verzweiflung, die uns alle antrieb, konnten wir nicht hoffen, so vielen Feinden zu widerstehen. Es war demnach nutzlos, ans Kämpfen zu denken, wir konnten nur noch versuchen, durch neuerliche Verhandlungen das Unglück abzuwenden, das uns drohte. Dies war auch das Gefühl unserer Expeditionsleiter. Sie waren der Meinung, ein Kampf könne nur schlecht für uns ausgehen und würde, ganz abgesehen von den menschlichen Verlusten und der Plünderung der Waren, in Zukunft die Weißen zu etwas Schrecklichem und Verachtungswürdigem im Inneren Afrikas machen. Diese weisen Überlegungen ließen unseren Kommandanten um ein Gespräch bitten. Unsere Feinde stimmten zu – mit der Überlegenheit und der Arroganz von Leuten, die sich ihres Sieges sicher sind.

Der *almamy* war mit keinem einzigen Vorschlag unserer Leute einverstanden und diktierte hochmütig die Friedensbedingungen. Das einzige Zugeständnis, das man mühevoll und nur mithilfe von Geschenken von ihm erreichte, war die Erlaubnis, sich so weit wie möglich dem Senegal zu nähern, um keinen Wassermangel zu leiden. Aber er bestand auf dem Weg, den wir nehmen mussten: »Fouta-Toro oder kein Wasser«, war sein letztes Wort. Dankbar unterschrieb man dies alles. Als er sich unseres Gehorsams gewiss war, gab er den Soldaten, die die Brunnen bewachten, Zeichen, sich zu entfernen, und wir konnten in Sicherheit trinken. Die Hitze und die Angstgefühle, die wir während all dieser Unterredungen hatten, ließ uns die Erlaubnis des *almamy* als eine Wohltat ansehen, vor allem für unsere Tiere, die seit Sonnenaufgang beladen und ohne Nahrung und Wasser dastanden.

Der Aufbruch zum Fouta-Toro wurde auf den nächsten Tag verschoben. Unsere Karawane ähnelte einer langen Reihe von Gefangenen: Männer zu Pferd umkreisten uns von beiden Seiten, um uns daran zu hindern, den eingeschlagenen Weg zu verlassen. Der *almamy* bewachte uns dabei mehr als jeder andere. Dieser Verräter! Um sicherzugehen, dass die reiche Beute den Verbündeten des Fouta-Toro nicht entgehe, folgte er uns bis zu unserer ersten Rast und verließ uns erst, als er ein weiteres Geschenk erhalten hatte. Beim Weggehen übergab er die Aufsicht mehreren Prinzen aus seiner Familie, die uns mit einem großen Gefolge an Fußsoldaten und auch berittenen Soldaten begleiteten.

Als die Nacht gekommen war, zündeten wir ein großes Feuer an: Unser Gepäck hinderte uns daran, zügig vorwärts zu kommen, und so bekam ein jeder den Befehl, alles, was er besaß, zu verbrennen, mit Ausnahme von unbedingt notwendigen Kleidungsstücken. Dieses nützliche Opfer wurde vor den Augen der Fulbe begangen, die uns vergeblich anflehten, damit aufzuhören. In unserem gerechten Zorn gegen sie hätten wir uns eher töten lassen als hinzunehmen, dass sie nur ein Taschentuch aus dem Feuer bargen.

Als es Tag geworden war, betraten wir das Fouta-Toro-Gebiet. Uns eilte ein schlechter Ruf voraus. Die Bewohner von Bondou hatten uns ihren Nachbarn so »warm« empfohlen, dass wir überall auf feindselige Mienen und Gesten stießen. Nirgends ließ man uns Wasser schöpfen, ohne vorher den Preis genau festgelegt zu haben. Wird man mir glauben, wenn ich sage, dass uns eine Flasche Wasser oft sechs Francs kostete? Sobald wir uns von dem Weg entfernten, der nach den Abmachungen mit dem *almamy* auf einer Karte eingezeichnet war, besetzten unsere Feinde sofort die Brunnen, und wenn wir nicht verdursten wollten, mussten wir auf den vereinbarten Weg zurückkehren.

Ein anderes Mal wollte man uns in einem Dorf im Gegenteil dazu zwingen, diesen Weg zu verlassen und einen einzuschlagen, der uns vom Senegal entfernt hätte. Nur unter dieser grauenvollen Bedingung sollten wir Zugang zu den Brunnen erhalten. Ich weiß wirklich nicht, wie wir uns gegen diese neuerliche Bedrohung hätten wehren können, denn wir waren schon am Ende unserer Kräfte. Und unsere zwei schlechten Gewehre waren völlig unzureichend, um die Brunnen zu erobern. Zum Glück gelang es Monsieur Partarrieu, einen Häuptling zu gewinnen, der uns zwei volle Schläuche mit Wasser verschaffte. Sie kosteten fast zehn Francs die Flasche, aber als unser Durst gestillt war, fassten wir wieder genügend Mut, um uns von diesem Ort zu entfernen.

Als wir diese Gefahr überwunden hatten, erreichten wir ein Dorf, das unweit des Senegal liegt. Unser Ziel war es, die erste Gelegenheit wahrzunehmen, den Fluss zu erreichen. Wir hielten an, um uns zu beraten. Man kam überein, sich hier zur Ruhe zu legen und gegen Mitternacht heimlich aufzubrechen, um zum Flussufer zu gelangen. Dieser Entschluss von Monsieur Partarrieu rief den Widerspruch von Monsieur Gray hervor. Er wandte ein, dass wir unterwegs angegriffen werden könnten und als Deserteure behandelt und hingemetzelt werden würden, da wir uns nicht an die Abmachungen gehalten hatten. Er fügte hinzu, es sei besser, wenn er sich in Begleitung eines Dieners alleine in die französische Handelsniederlassung in Bakel begebe und dort Hilfe suche. Vergeblich versuchte Monsieur Partarrieu, ihn von den Nachteilen eines solchen Vorgehens zu überzeugen und ihm die Gefahr aufzuzeigen, in die uns seine Abwesenheit bringen würde. »Wenn die Fulbe«, fügte er hinzu, »erfahren, dass wir keinen Anführer mehr haben, werden sie uns als einen Körper ohne Kopf betrachten und nicht mehr zögern, uns anzugreifen.« Aber alles Reden war vergeblich. Monsieur Gray hörte nicht auf seine Worte und zog los. Bei Tagesanbruch bemerkten die Fulbe, dass er nicht mehr da war. Sie rotteten sich zusammen, schrien »Verrat« und stießen fürchterliche Drohungen aus. Sie wollten sogar auf uns schießen, als Monsieur Partarrieu die glückliche Eingebung hatte zu behaupten, er habe sich mit Gray überworfen und wolle lieber sterben als ihn noch einmal bei uns zu sehen. Man glaubte ihm, die Fulbe beruhigten sich und erlaubten uns, in ein in der Nähe des Flusses gelegenes Dorf zu gehen.

Monsieur Gray war also nach Bakel aufgebrochen, wo er sich ein paar Schwarze beschaffte, mit denen er sich auf den Rückweg zu uns machte. Er beging jedoch den gleichen Fehler wie wir und zog ohne Wasser los. Da nahe des Weges keine Brunnen lagen, schwärmten er und seine Männer aus, um nach Wasser zu suchen. Sie fanden aber nicht nur keines, sondern verirrten sich noch dazu in den Wäldern. Dort stießen sie auf die Fulbe, die, von ihrem Abmarsch unterrichtet, zahlreich unterwegs waren, um zu verhindern, dass sie sich wieder mit uns zusammenschlössen. Sie nahmen Gray und seine Begleiter gefangen. Bei dieser Gelegenheit fielen einige Gewehrschüsse. Mehrere französische Schwarze trugen gefährliche Verletzungen davon, einem wurde sogar der Oberschenkelknochen durchschossen. Ihm amputierte später Donzon in Bakel das Bein.

Die Nachricht dieser Katastrophe erreichte uns schnell. Monsieur Partarrieu begab sich sofort in das Dorf, wo Major Gray gefangen gehalten wurde. Bitten, Geschenke, Drohungen – nichts konnte die Fulbe dazu bewegen, ihn freizulassen. So wurde unsere Freude darüber, unseren Weg nicht allzu weit vom Fluss entfernt fortsetzen zu können, gehörig getrübt durch den Anblick des Majors, der zu Pferd und in Begleitung zahlreicher Wächter in entgegengesetzter Richtung weggeführt wurde. Dies taten die Fulbe nur deshalb, weil sie uns dazu bringen wollten, ihm zu folgen. Aber da wir wussten, dass unsere Aufopferung für den Major den sicheren Tod bedeuten würde, hüteten wir uns, in die Falle zu tappen und das Risiko einzugehen, für eine Unvorsichtigkeit des Majors, die kein Flehen und Bitten verhindern hatte können, die Zahl der Opfer unnütz zu erhöhen.

So marschierten wir weiter Richtung Norden. Nach einiger Zeit erreichten wir Adgar, ein Dorf, das eineinhalb Tagesreisen von Bakel entfernt liegt. Monsieur Partarrieu hielt an und ließ das Lager ganz in der Nähe aufschlagen, so als ob er die Absicht habe, sich hier länger aufzuhalten. Dann suchte er den Häuptling auf und sagte ihm, er wolle seine Kranken nach Bakel bringen lassen, um sich so anschließend leichter in das Fouta-Toro-Gebiet begeben zu können. Als er jedoch sah, dass dieses Vorhaben dem Häuptling nicht gefiel, benutzte er einen Trick, um seine Zustimmung zu bekommen. Er behauptete, einen Teil seiner Waren zurücklassen zu wollen, da er nicht genügend Tiere habe, um das ganze Gepäck zu tragen. Der Häuptling, der in diesem Vorschlag die Möglichkeit erblickte, sich später einer reichen Beute zu bemächtigen, stimmte zu. Sogleich ließ Monsieur Partarrieu einen Teil der Truhen, mit denen man gewöhnlich die Kamele belud, mit Steinen füllen, schloss sie ab und ließ sie zum Häuptling bringen. Die Kisten, die unsere Waren enthielten, brachte er beiseite. Man weiß, dass Kamele schreien, wenn sie beladen werden. Um der Gefahr zu entgehen, in die uns dieser Schrei – Signal des Aufbruchs – hätte bringen können, brachten wir unsere Kamele mehrere Nächte hintereinander dazu zu schreien, damit die Bewohner den Zeitpunkt unserer Flucht nicht erkennen konnten.

Als alles bereit war, wählten wir eine dunkle Nacht, und sobald wir glaubten, dass alle schliefen, brachen wir auf. Zelte, Hütten und Palisaden ließen wir stehen, die Feuer brennen, und selbst die Kochtöpfe, die wir für das Abendessen hergestellt hatten, blieben an Ort und Stelle, damit die Einwohner unseren Aufbruch so spät wie möglich bemerkten. Die Rechnung ging auf, unsere kluge Vorsicht zahlte sich aus. Ein Teil der Karawane ging voraus und bahnte den Weg. Ich selbst blieb bei der Nachhut, die von Monsieur Partarrieu und einem englischen Unteroffizier angeführt wurde, der die Aufsicht über das Gepäck hatte. Dieser Teil der Karawane brach eine Stunde später auf.

Wir hatten so große Angst, entdeckt zu werden, und fühlten die drohende Gefahr so stark, dass unser Marsch eher einer wilden Flucht als einem geordneten Rückzug glich. Überall sah man Truhen und verlassene Bündel liegen. Wie wenn auch die Tiere die Gefahr geahnt hätten und vermeiden wollten, waren sie so ungehorsam wie noch nie und stürmten querfeldein, nachdem sie sich ihrer Lasten entledigt hatten. Wir brauchten zwei Stunden, um die, die vorausgegangen waren, einzuholen. Mein Gott! Was für zwei endlos erscheinende Stunden! Wir wagten es kaum, daran zu denken, was unseren Kameraden vielleicht widerfahren war. Wir glaubten, dass man sie geschnappt hatte, und erwarteten das gleiche Schicksal. Von Zeit zu Zeit blies man in das Horn. Dieses Notsignal hatte inmitten der nächtlichen Stille und Einsamkeit etwas Unheimliches, das uns alle erschaudern ließ. Wenn wenigstens jemand geantwortet hätte! Aber nicht der geringste Laut, nicht einmal der Schrei eines Nachtvogels belebte den Wald, den wir eilig durchquerten. Bald sahen wir überall nur noch Fallen. Jeder Busch, jeder Baum verwandelte sich für unsere mitgenommenen Gemüter in bewaffnete Feinde. Jeden Zweig hielten wir für ein Gewehr im Anschlag. Schließlich griffen wir auf ein außergewöhnliches Mittel zurück: Damit man uns auch in großer Entfernung höre, schossen wir mit dem Gewehr in die Luft. Das Echo gab den Schuss mehrfach wieder und verwirrte uns noch mehr, ohne uns die Hoffnung zu geben, gehört worden zu sein. Ich verglich damals unsere Lage mit der der Opfer der *Méduse*, die ohne Aussicht auf Rettung auf der Arguin-Sandbank dem Meer preisgegeben waren. Schließlich gab uns die schreckliche Angst den Mut der Verzweiflung und wir machten mit unseren Hörnern einen solchen Lärm, dass uns die vorangehende Truppe hörte und uns antwortete. Jubelnd verdoppelten wir das Tempo, um sie einzuholen. Bei Tagesanbruch erreichten wir sie endlich. Schnell beratschlagten wir, wie es nun weitergehen sollte. Gefahren lauerten überall. Wenn wir uns aber weiter von dem Dorf entfernten, das wir nachts verlassen hatten, würden wir uns wenigstens dem Senegal nähern. Dieser Plan wurde einstimmig angenommen, und um die Chancen seines Gelingens zu erhöhen, ließen wir Gepäck, Tiere, Gegenstände aller Art zurück, denn Angst und Schrecken hatten sich unserer bemächtigt.

Es wurde Tag, und wir nahmen ganz in der Nähe ein Dorf wahr. Glücklicherweise schliefen aber seine Bewohner noch und man bemerkte uns nicht. Bald darauf stießen wir auf einen steinigen Weg, der uns die Nähe des Flusses verkündete. Die Hoffnung auf Erfrischung machte uns noch durstiger und trübte unsere Sinne so, dass wir planlos weitermarschierten, ohne uns zu orientieren. Wir hätten so weitergemacht, wenn wir nicht einen Neger getroffen und ihn gezwungen hätten, uns zum Fluss zu bringen. Er führte uns zunächst an einem Feld vorbei, wo einige Neger mit dem Ackerbau beschäftigt waren. Als sie uns erblickten, flüchteten sie in ihr Dorf. Um zehn Uhr morgens erreichten wir endlich eine kleine Ansiedlung am linken Ufer des Senegal, nicht weit von Bakel entfernt. Wir hielten aber nicht an, sondern beeilten uns, auf einer in der Nähe gelegenen Furt den Fluss zu überqueren. Obwohl der Pegelstand noch niedrig war, reichte einem das Wasser an manchen Stellen bis zum Hals und zwang alle, das Gepäck auf dem Kopf zu tragen, wenn es nicht nass werden sollte.

Da waren wir also am rechten Senegalufer. Es war auch höchste Zeit, denn einige von uns waren noch im Wasser, als am gegenüberliegenden Ufer ganze Scharen von mit Spießen und Pfeilen bewaffneten Fulbe erschienen. Hätten sie uns in den Wäldern abgefangen, wären wir verloren gewesen, denn es waren die Bewohner von Adgar, in dessen Nähe wir unser Lager aufgeschlagen hatten, und sie waren wütend, auf unser Täuschungsmanöver hereingefallen zu sein. Sie wagten es nicht, den Fluss zu durchqueren, gaben aber im Glauben an unsere Naivität Monsieur Partarrieu Zeichen, zu ihnen zurückzukommen, um sich mit uns zu besprechen. Dieser gab ihnen zu verstehen, dass er ihnen in Bakel Gehör schenken werde, dass sie ihn dort nur aufzusuchen brauchten. Diese Einladung konnte nicht nach ihrem Geschmack sein, sodass sie postwendend in ihr Dorf zurückkehrten.

Nachdem wir den Fluss überquert hatten, waren wir aber noch nicht in Bakel; ein Tagesmarsch lag noch vor uns. Obwohl es klüger gewesen wäre, ihn gleich in Angriff zu nehmen, waren wir alle so erschöpft, dass wir unser Lager unterwegs vor Einbruch der Nacht aufschlugen. Im Glauben, dass die Wachposten, die wir aufgestellt hatten, ihre Arbeit machten, schliefen wir im Gefühl völliger Sicherheit. Da aber die Wächter die gleichen Strapazen wie wir durchgemacht hatten, nickten sie ein und niemand passte mehr auf. Trotzdem passierte uns nichts Schlimmes mehr und am nächsten Tag erreichten wir in aller Frühe Bakel.

Man kann sich unsere Freude vorstellen, als wir dieses Fort betraten, vor allem als wir sahen, wie herzlich uns die Kommandanten des Ortes, die Herren Dupont und Dusseault, empfingen. Man ließ es uns an nichts fehlen: Wir wurden umsorgt und man reichte uns Erfrischungen aller Art; unsere Freude war nicht mehr zu überbieten, als Major Gray zu uns zurückkehrte: Die Neger ließen ihn frei, sobald sie einsahen, dass er ihnen als Geisel nichts nützte und uns nicht zum Umkehren bewegen konnte. Vielmehr gaben uns ihre Abgesandten, die unter dem Eindruck der Kanone des Fort Bakel viel handsamer waren, sogar einen Teil der Gegenstände zurück, die wir auf unserer Flucht zurückgelassen und die sie zusammengesammelt hatten.

Die Regenzeit, die nun anbrach, war für mich ebenso unheilvoll wie für die anderen. Ich bekam Fieber, das bald so bedrohlich wurde, dass ich die Expedition verließ und mich auf dem Senegal einschiffte um nach Saint-Louis hinunterzufahren. Ich hoffte, mich in dieser Stadt mithilfe der Medizin und eines besseren Klimas zu erholen, aber meine Krankheit war so schwer, dass meine Genesung lange und mühevoll war. Um meine Gesundheit vollständig wiederzuerlangen, sah ich kein anderes Mittel, als nach Frankreich zurückzukehren, und ich brach nach Lorient auf. Dort erfuhr ich, dass Major Gray neue Waren im Senegal gekauft hatte, um seine Reise in Innerafrika fortzusetzen, dass er aber in all seinen Unternehmungen gescheitert war. Seine Initiativen hatten auch dem französischen Handel geschadet – ein »Erfolg«, der ihn freilich kaum für die großen Verluste, die er England verursachte, entschädigt haben dürfte.

1824 kehrte ich in den Senegal zurück, um mein Glück mit einigen Handelswaren zu versuchen, die mir Monsieur Sourget, ein vornehmer Händler mit bestem Ruf, vorgeschossen hatte. Er zeigte mir gegenüber väterliche Gefühle, an die ich mich bis heute erinnere.

Ich brauche nicht zu sagen, dass ich tief in meinem Innersten immer noch das Vorhaben hegte, das Innere Afrikas zu besichtigen. Als ich erfuhr, dass der Gouverneur der Kolonie Baron Roger war, von dessen Menschenfreundlichkeit und aufgeklärtem Geist ich mir den Schutz aller großen und nützlichen Unternehmungen versprach, schien es so, als ob mich nichts mehr aufhalten könne. Ich bat ihn also um Erlaubnis, mit der Unterstützung und unter der Schirmherrschaft der königlichen Regierung Innerafrika zu bereisen. Aber Moniseur Roger versuchte mit größter Güte, meinen Eifer zu zügeln. Er stellte mir vor Augen, dass der Handel, den ich derzeit betrieb, gute Möglichkeiten bot, reich zu werden, und es unklug sei, dies aufs Spiel zu setzen. Außerdem könnten meine Jugend und Unerfahrenheit meine Zukunft und vielleicht sogar mein Leben gefährden. Diese Worte ließen mich Dankbarkeit empfinden, änderten aber nichts an meinem Entschluss. Ich drängte darauf, loszuziehen, und ich fügte hinzu, dass wenn die Regierung mein Angebot nicht annehme, ich auf eigene Kosten reisen werde. Diese Beharrlichkeit beeindruckte den Gouverneur, und er gestand mir einige Waren zu, damit ich bei den Brakna-Mauren leben könne, dort die arabische Sprache und die kultischen Riten der Mauren erlerne, um später leichter in das Innere Afrikas vordringen zu können, ohne ihren Neid und ihr Misstrauen zu erregen.

[Caillié zieht am 3. August 1824 los, wobei er sich stets dem einen oder anderen afrikanischen Reisenden anschließt. Sein Ziel ist das Gebiet der Brakna-Mauren, das rund 250 Kilometer nord-ost-östlich von Saint-Louis liegt. Dieses Königreich besteht, so berichtet Caillié, aus mehreren Stämmen, die wiederum in fünf Kasten unterteilt sind. Oben stehen die Krieger (hassane) und die *marabout*, führende Persönlichkeiten mit Priesterfunktion, gleichzeitig aber auch Geschäftsleute. Am unteren Ende der sozialen Leiter finden sich die Nachkommen von Mauren und schwarzen Sklavinnen und schließlich die Sklaven selbst, die alle Schwarze sind und die niederen Arbeiten verrichten.

In dieser Zeit beginnt Caillié schon, seine Beobachtungen schriftlich festzuhalten. Er beschreibt – mit unterschiedlicher Genauigkeit – die Dorfanlagen mit ihren Hütten und Befestigungen, den Ackerbau und die Viehzucht, Glaube und Aberglaube. Einzelne Bereiche, wie zum Beispiel die Art, zu fischen oder Musik zu machen, stellt er ausführlich dar. Einen größeren Platz erhalten die Darstellung der sozialen Struktur und Organisation, die Erziehung der Kinder sowie die Beschreibung einzelner Bauwerke, vor allem der Moscheen. Auch das Aussehen von Frauen und Männern, ihre Kleidung, Nahrung, ihr Lebenswandel sind immer wieder Gegenstand eingehender Beschreibung.

Ende des Monats August kommt Caillié in Podor an, von wo aus er sich zum König der Brakna-Mauren begeben will, um möglichst viel über die arabische Kultur zu erfahren und sich so auf seine späteren Reisen ins Innere Afrikas vorzubereiten. Doch zunächst muss er dem »großen marabout« des Königs, der ihn unter seine Fittiche nimmt, Rede und Antwort über die Motive seines Hierseins stehen. Er behauptet diesem Mohammed Sidi-Moctar gegenüber, sich zum Islam bekehren zu wollen. Als Begründung gibt er an, in Frankreich eine französische Übersetzung des Korans gelesen zu haben und von dieser Schrift so begeistert gewesen zu sein, dass er fortan nur noch an seine Bekehrung gedacht habe. Die Möglichkeit dazu habe er aber erst nach dem Tod seines Vaters – der sich seinem Ansinnen natürlich widersetzt hatte – gehabt. Er habe dann das Erbe seines Vaters verkauft und sich in den Senegal begeben, um sein Vorhaben in die Tat umzusetzen. Da man ihm von der Weisheit der Brakna-Mauren viel Gutes erzählt habe, habe er sich dazu entschlossen, bei ihnen zu leben. Sobald seine arabische Erziehung abgeschlossen sei, beabsichtige er, sich ein paar Herden zu kaufen und sich mit diesen in der Gegend niederzulassen. Auch der König, in dessen Lager sich Caillié mit Mohammed Sidi-Moctar begeben hat, glaubt ihm diese Geschichte und bietet ihm seinen Schutz an: Mohammed Sidi-Moctar werde sich um ihn kümmern.

Abdallah oder Abdallahi – so nennt er sich selbst fortan, der Name beudeutet so viel wie »Diener Gottes« – lernt in der folgenden Zeït bei den Brakna-Mauren viel von dem kennen, was sein Leben in den nächsten Jahren bestimmen wird: spärliche Mahlzeiten, die meistens nur aus Kamelmilch, seltener aus »sanglé«, einem Brei aus Hirsemehl oder einer anderen Getreideart, bestehen, schwierige klimatische Verhältnisse, wobei ihm die Hitze und die Sandstürme am meisten zu schaffen machen, fast ständige körperliche Beschwerden, von denen Fieberanfälle und Durchfallerkrankungen noch die harmloseren, aber nichtsdestoweniger zermürbend sind.

Wo Caillié auch immer auftaucht, weckt er Neugierde und manchmal echtes Interesse. In dieser Zeit lernt Caillié aber auch, welchen seiner Aktivitäten seine Umgebung mit Misstrauen begegnet. Als er beispielsweise vom Lager des Königs aus das benachbarte Gebirge erforscht und einige Pflanzensamen aufsammelt, die er zu Studienzwecken mitnimmt, reagieren die Mauren äußerst ungehalten und verdächtigen ihn (nicht zu Unrecht), dass er diese den Weißen, sprich den Christen, mitbringen wolle. Hier wird zum ersten Mal die Grundgefahr für den Forschungsreisenden deutlich: Sobald die Einheimischen das Gefühl haben, ausspioniert zu werden, schwebt er in Lebensgefahr. So stellt auch das Aufschreiben seiner Beobachtungen eine ständige Gefahrenquelle für Caillié dar. Mehr als einmal muss er unverfroren lügen, was den Inhalt seiner niedergeschriebenen Texte betrifft. Glücklicherweise können die Mauren die lateinische Schrift ja nicht entziffern. Was ihr Misstrauen zusätzlich noch verstärkt, ist der Gedanke, dass ein Mann, der aus einem reichen und sicheren Land kommt, solche Strapazen auf sich nimmt, nur um eine andere Religion anzunehmen.

Letztlich erweist sich der Aufenthalt Cailliés im Lager des Königs als wenig fruchtbar: Da der Stamm, mit dem er reist, fast ausschließlich aus Kriegern besteht, erfährt er nichts über die Kultur oder die Religion. Und auch Mohammed Sidi-Moctar ist zu beschäftigt, um ihm Unterricht geben zu können. Zudem hat er von Tag zu Tag einen schwereren Stand, die Mauren machen sich über ihn lustig und kümmern sich trotz seines teilweise erbärmlichen Zustandes kaum noch um ihn. So bittet er den König um Erlaubnis, sein Lager verlassen und sich in das Mohammed Sidi-Moctars begeben zu dürfen, wo ihn dessen Söhne unterrichten wollen.

Auch auf dem dreitägigen Weg von Lager zu Lager beschreibt Caillié gewissenhaft Landschaft, Bodenbeschaffenheit, verschiedene Begegnungen mit Einheimischen. Wie schon im Lager des Königs erhoffen sich auch hier die Menschen von ihm Heilung ihrer Krankheiten oder zumindest Erleichterung. Caillié, der keinerlei medizinische Kenntnisse besitzt, laviert sich durch, indem er in Europa bekannte Heilpflanzen oder Kräuter verschreibt, die wenigstens keine negative Wirkung haben können. Auch das Leben in diesem Lager ist ein unstetes: Sobald die Weidegründe der Herden abgegrast sind, zieht man weiter und schlägt die Zelte an anderer Stelle auf.

Caillié wird im Lager Sidi-Moctars zwar besser verköstigt, aber große Unterstützung bei seinen Bemühungen, die arabische Schift zu lernen und den Koran zu studieren, findet er zunächst auch hier nicht. Erst im Laufe der Zeit nehmen sich andere marabout des Lagers seiner arabischen Erziehung an.

Caillié nutzt weiterhin die Gelegenheit, Sitten und Gebräuche der Einheimischen zu beobachten. Das geht von der Hirseernte über die Verarbeitung einzelner Pflanzen und ihrer Früchte, die Art und Weise, Diebe zu bestrafen, bis hin zu Heiratszeremonien. Mit Sidi-Moctar führt Caillié einige Gespräche, die das Verhältnis von Islam und Christentum zum Inhalt haben. Dabei wird das Dilemma des Franzosen deutlich: Er hat das natürliche Bedürfnis, die Meinung der Moslems über die Christen zu verbessern, und stellt dementsprechend die Tugenden des Christentums heraus. Gleichzeitig darf er seine Religion aber auch nicht zu sehr loben, da sonst seine Bekehrungsabsichten als nicht mehr glaubwürdig erscheinen würden.

Caillié verweilt bei den Brakna-Mauren bis Anfang März 1825. Dann äußert er den Wunsch, nach Saint-Louis zurückzukehren, um neue Kleider zu kaufen. In Wahrheit will er sich neue Unterstützung für seine Unternehmung beim Gouverneur erbitten. Die Mauren verfolgen misstrauisch seine Vorbereitungen. Sie sind überzeugt, dass er die Gelegenheit nutzen und zu den Christen zurückkehren wird. Umso größer ist ihre Überraschung, als er wenige Tage später zu ihnen zurückkehrt. In der Tat hat sich Caillié in Saint-Louis zunächst darauf beschränkt, dem Gouverneur schriftlich seine Lage mitzuteilen und ihn um einige Waren zu bitten. Die Rückkehr macht den Franzosen über jeden Zweifel erhaben. Die Mauren sind nun völlig überzeugt, dass er ihnen die Wahrheit erzählt hat und sich zum Islam bekehren will. Bis Anfang Mai begibt sich Caillié wiederholt an den französischen Handelsstützpunkt an der Küste, ohne aber eine Antwort des Gouverneurs zu bekommen, geschweige ihn zu sehen. Ein französischer Landsmann versorgt ihn allerdings mit Waren, die zunächst seinen weiteren Unterhalt sichern. Trotzdem muss Caillié befürchten, seitens der Regierung nicht mehr die notwendige Unterstützung zu bekommen, um seine Pläne verwirklichen zu können. Die Erforschung Timbuktus rückt in weite Ferne. So muss er wohl oder übel zunächst bei den Brakna-Mauren bleiben. Er erfährt die Entbehrungen, die der Ramadan mitbringt, am eigenen Leib, lernt aber auch die der Fastenzeit folgenden Feste kennen.

Am 11. Mai schifft er sich schließlich – wie immer in Begleitung eines Brakna – nach Saint-Louis ein. Dort muss er erfahren, dass Monsieur Roger, der Gouverneur, mit dessen Zustimmung er seine bisherige »arabische Erziehung« verfolgt hat, für einige Zeit nach Frankreich zurückgekehrt ist, sein Nachfolger sich aber weit weniger für die Pläne Cailliés interessiert. Die Zurückhaltung des neuen Gouverneurs und seine Weigerung, ihm die nötigen Mittel für einen weiteren Aufenthalt bei den Brakna und schließlich für die Erkundung Timbuktus zur Verfügung zu stellen, bringen den Franzosen in eine kritische Lage: Die ihn begleitenden Brakna-Mauren haben mittlerweile herausbekommen, dass mit der Geschichte, die ihnen der Weiße erzählt hat, etwas nicht stimmt, und halten ihn nun für einen Betrüger. Wenn Caillié also nicht unverzüglich zu den Brakna zurückkehrt und so die Verdächtigungen Lügen straft, muss er um sein Leben fürchten. Doch Caillié ist hartnäckig und lässt sich durch die herablassende Behandlung der französischen Kolonialbeamten nicht entmutigen. Als er schließlich nicht einmal mehr bei dem wieder nach Saint-Louis zurückgekehrten M. Baron Interesse findet, begibt er sich in das unter englischer Herrschaft stehende Sierra Leone. Doch auch dort will man ihm die erbetenen 6000 Francs nicht zugestehen, aus Angst, Calliés Forschungsreise könnte den Entdeckungen des eigenen Landsmannes, Major Laing, zuvorkommen.

So beschließt Caillié, die Reise auf eigene Kosten zu bestreiten und seine 2000 Francs Ersparnisse einzusetzen. Sein Ehrgeiz wird noch angestachelt, als er erfährt, dass die *Société de géographie* in Paris einen Preis für den Europäer ausgesetzt hat, der als Erster Timbuktu betritt.

In Freetown, Hauptstadt Sierra Leones, kauft Caillié die nötigen Waren für seine Unternehmung.]

Kapitel 1

Im Vorfeld der großen Reise

Aufenthalt in Freetown – erste Erfahrungen mit den Mandingo – Aufenthalt in Kakondy, wo Caillié seine arabischen Gewänder anlegt – Bekanntschaft mit französischen und englischen Geschäftsleuten sowie mit dem Oberhaupt der Landama – Beschreibung der Landama, Nalou und Baga – Geheimbund unter der Herrschaft des simo *– »Rechtsfindung« – Heiratsbräuche*

Während meines Aufenthalts in Freetown, Hauptstadt der Kolonie Sierra Leone, suchte ich die Nähe einiger Mandingo sowie einiger *saracolets*. Ich gewann ihr Vertrauen und nutzte dies, um sie über die Gegenden, die ich bereisen wollte, auszufragen. Um ihre Freundschaft endgültig zu gewinnen, schenkte ich ihnen schließlich auch ein paar Kleinigkeiten. Eines Tages setzte ich dann eine geheimnisvolle Miene auf und teilte ihnen unter dem Siegel der Verschwiegenheit mit, dass ich in Ägypten als Sohn arabischer Eltern geboren sei und dass mich noch im Kindesalter Franzosen, die mit ihrer Armee in Ägypten waren, nach Frankreich mitgenommen hätten. Später sei ich in den Senegal gereist, um für meinen Herrn Geschäfte zu machen, und da dieser mit meinen Diensten zufrieden gewesen sei, habe er mich freigelassen. Und ich fügte hinzu: »Da ich nun frei bin und gehen kann, wohin ich will, möchte ich natürlich nach Ägypten zurückkehren, um dort meine Familie wiederzufinden und die islamische Religion wieder anzunehmen.« Zunächst schienen die Mandingo meiner Geschichte keinen Glauben zu schenken und stellten auch meinen religiösen Eifer infrage. Als ich ihnen aber auswendig einige Passagen aus dem Koran vortrug und mich ihnen abends zum *salam* anschloss, legten sich ihre Zweifel. Nach und nach kamen sie zu der Überzeugung, dass ich ein frommer Moslem sei. Ich brauche wohl nicht zu erwähnen, dass ich heimlich die inbrünstigsten Gebete an den christlichen Gott schickte, damit er meine Reise segne. Die Mandingo ließen sich durch den Eifer, den ich bei der Befolgung der religiösen Gebote an den Tag legte, täuschen und schenkten mir ihr ganzes Vertrauen. Bald konnten sie gar nicht mehr ohne mich auskommen. Sie luden mich jeden Tag zum Essen ein, das aus gekochtem Reis mit Palmenöl bestand. Man wird aber noch sehen, wie wenig ich mich auf diese Freundschaftsbezeigungen verlassen konnte.

Eines Tages sprach mich auf dem Nachhauseweg einer meiner Mandingo-Freunde an und fragte mich, ob ich ihm sein silbernes Zahnstäbchen weggenommen habe, das er nicht mehr finde. Und der Gauner fügte hinzu: »Mach keinen Lärm, gib mir das Zahnstäbchen wieder, und ich werde nichts davon erzählen.« Man stelle sich meine Überraschung und meine Wut vor! Ich erkannte nur zu gut die Absicht des Negers und warf ihm sein schändliches Manöver gegenüber einem hilflosen Freund in einem fremden Land vor. Ich war so empört, dass ich ihm hinterherlief und die Händler, die sich bei ihm zu Hause versammelt hatten, als Zeugen anrief. Diese wollten sich aber nicht einmischen. So holte ich einen Neger, der Englisch und Mandingo sprach. Sobald der Mann, der mich beschuldigt hatte, meinen Übersetzer sah, bekam er Angst und sagte, dass ich seine Worte falsch verstanden hätte, da er mich einfach nur gefragt habe, ob ich den gesuchten Gegenstand gesehen oder gefunden hätte. Er fügte noch hinzu, er sei außerordentlich betrübt, mit mir auch nur die geringste Meinungsverschiedenheit zu haben. Ich gab mich mit dieser »Erklärung« zufrieden. Aber ich verließ meine früheren Gefährten mit verächtlichen Blicken und warf ihnen vor, sich sehr ungeschickt verhalten zu haben, wenn sie etwas von mir bekommen wollten. Dann aber dachte ich daran, dass ich diesen Leuten unterwegs wiederbegegnen könnte, und ich hielt es für besser, so zu tun, als ob ich mich nicht mehr an ihre Anschuldigungen erinnere. Ihrem Anführer machte ich ein paar Geschenke, und wir wurden wieder Freunde.

Ich zog aus diesem kleinen Zwischenfall meine Lehren: Ich musste sehr vorsichtig vorgehen und vor allem vorgeben, sehr arm zu sein, um keinerlei Begierde zu wecken. Unserer Aussöhnung zum Trotz hielt ich es nicht für klug, mich mit meinen Mandingo-Händlern auf die Reise zu begeben, und ich suchte nach einer besseren Gelegenheit, um das Fouta-Djalon zu durchqueren. Ich glaubte, eine solche Gelegenheit in einem Mandingo zu finden, der sich als sehr fromm bezeichnete und außerdem noch den ehrenvollen Titel eines *chérif* trug. Ich zögerte also nicht, ihn um Erlaubnis zu bitten, ihn bis nach Timbo, der Hauptstadt des Fouta-Djalon, begleiten zu dürfen. Er war einverstanden.

Und als ich eine Belohnung erwähnte, antwortete er mir sogar mit gesenktem Blick, dass er nur aus Liebe zu Gott und den Propheten handeln wolle; nur eine Sache erbitte er: vom Statthalter von Sierra Leone einen Pass zu bekommen. Aber obwohl ich in dieser Sache vieles unternahm, hatte der Statthalter bis zum Tag unserer Abreise immer noch keine Antwort gegeben. Ich suchte Ibrahim – so hieß mein Führer – auf, um ihm diese unerfreuliche Tatsache mitzuteilen. Er aber wollte nicht länger warten. Eilig brach er auf und nahm dabei meine arabische Kleidung mit, die ich für mich hatte anfertigen lassen und die ich ihm am Tag zuvor übergeben hatte. Sobald ich dies merkte, rannte ich dem frommen *chérif* hinterher, um mein Päckchen von ihm einzufordern. Zunächst tat er sehr erstaunt, dann schlug er sich an die Stirn und rief betrübt: »Ach, mein Gott! Diese Schelme von Sklaven sind schon vorausgeeilt und haben deine Kleider mitgenommen. Aber rege dich nicht auf, ich werde sie dir zurückschicken.« Das Sicherste wäre es gewesen, den Dieb als Unterpfand festzuhalten. Aber da es gefährlich gewesen wäre, mir Feinde zu machen, ließ ich ihn ziehen und kehrte nach Hause zurück, wobei ich traurig über den diebischen Charakter meiner neuen afrikanischen Freunde nachdachte.

Seit ich in Freetown angestellt war, hatte ich mich wieder französisch gekleidet. Vielleicht, so sagte ich mir, hatten sie erkannt, dass ich mich verstellte. Ich gab mich als Araber und als Moslem aus, ohne auf meine europäischen Sitten und Gebräuche zu verzichten. Ich konnte meine Rolle nur weiterspielen, wenn ich mich meiner französischen Kleidung entledigte. Sierra Leone kam aber hierfür nicht infrage, denn seine Einwohner, die mich ja alle kannten, hätten kaum mehr Verständnis für mich aufgebracht als die von Saint-Louis. Ich wollte also Freetown verlassen und einen Ort aufsuchen, an dem ich ohne Probleme in mein arabisches Gewand schlüpfen konnte. Ich wählte hierfür Kakondy, ein Dorf am Ufer des Rio Nuñez, 50 Meilen nördlich von Sierra Leone, in dem es keine europäischen Einrichtungen gab. Bevor ich nach Kakondy aufbrach, tauschte ich meine 2000 Francs teils in Silbermünzen, teils in Waren um. Es handelte sich um mein gesamtes Vermögen, aber ich glaubte, es ganz und gar für meine Reise einsetzen zu müssen. Für 1700 Francs kaufte ich Pulver, Papier, Tabak, verschiedene kleine Glaswaren und Glasperlen, Bernstein, Korallen, Seidentaschentücher, Messer, Scheren, Spiegel, Gewürznelken und schließlich Guinea-Stoffe sowie einen Regenschirm. All dies war nicht sehr schwer, wog nicht mehr als hundert Pfund, denn ich hatte von jedem nur eine kleine Menge gekauft, da die Preise für europäische Artikel zu dieser Zeit in den Handelsniederlassungen sehr hoch waren. Den Rest meiner 2000 Francs versteckte ich – halb in Silber, halb in Gold – in meinem Gürtel. Dank der Gefälligkeit einiger Freunde in Sierra Leone brauchte ich keine Medikamente zu kaufen, sie versorgten mich mit allem Nötigen.

So schiffte ich mich am 22. März 1827 in Sierra Leone auf dem Schoner *Thomas* ein, der mich zur Mündung des Rio Nuñez brachte. Mit mir führte ich, der ich nun mein arabisches Gewand trug, all die nützlichen Dinge, die ich in Sierra Leone erworben hatte, und außerdem zwei Taschenkompasse, um die Richtung bestimmen zu können. In meinem Gepäck trug ich die herausgerissenen Blätter eines Korans mit mir. Wegen ungünstiger Winde kamen wir erst am 31. März an der Mündung des Rio Nuñez an, wo ich das Glück hatte, einen Franzosen namens Castagnet zu treffen, der mich, ohne mich zu kennen, zu sich nach Hause einlud und mir versprach, alles zu tun, um mir meine Reise in das Innere Afrikas zu erleichtern. Die Bekanntschaft mit Monsieur Castagnet war ein wirklicher Glücksfall für mich. Ich werde die großzügige Gastfreundschaft, die mir in seinem Haus in Kakondy zuteil wurde, immer in Erinnerung behalten.

Am 5. April führte mich Mister Bethmann, englischer Geschäftsmann und Eigentümer eines Ladens in der Nachbarschaft von Monsieur Castagnet, nach Rebeca. Er wollte mich Macandé, dem künftigen Oberhaupt der Landama, vorstellen. Da der König vor einigen Monaten gestorben war, wartete man nun auf die Regenzeit, um den Nachfolger zu bestimmen. Mister Tudsberry, der eine gut gehende Handelsniederlassung am Fuße des Gebirges hatte, war so freundlich uns zum Prinzen zu begleiten, der unter der Galerie vor seinem Hause ohne größere Förmlichkeiten empfing. Der Prinz der Landama ist kein Moslem und trinkt deshalb auch starke Liköre, wie alle seine Untertanen. Man stellte ihm das Ziel meiner Reise dar sowie meinen Wunsch, mich zum *almamy* im Fouta-Djalon zu begeben. Mein Besuch schien ihm ziemlich gleichgültig zu sein. Er sagte sogar lachend, er glaube, dass ich ein Christ sei. Man versicherte ihm, ich sei wirklich ein Araber. Er sprach mich nicht an, konnte aber seinen Blick nicht von mir wenden, so eigenartig kam ihm mein arabisches Gewand vor.

Bald wusste das ganze Dorf von meiner Ankunft und einige Einwohner kamen aus Neugierde herbeigelaufen, um mich zu betrachten. Alle gaben mir die Hand als Zeichen des Friedens. Unter den Leuten befand sich auch ein Mandingo, der schon lange hier wohnte. Dieser Mann hatte die Ufer des Senegal bereist und hatte von den dort ansässigen Mauren Grundelemente der Sprache gelernt. Er stellte mir einige Fragen, die ich beantwortete. Ich bat ihn, dem Prinzen zu erklären, dass mich Christen als Kind gefangen genommen hätten und ich deshalb lange Zeit nicht in meiner Heimat gewesen sei. Nun aber, da ich frei war, wolle ich zu meinen Eltern zurückkehren. Der Mandingo übersetzte meine Worte getreu und sagte anschließend dem Prinzen und seinen Ministern, dass sie großes Glück hätten, mich kennen zu lernen, und dass sie Gott dafür danken sollten, dass er ihnen einen Araber aus dem Land des Propheten schicke, um ihnen die Pforten des Himmels zu öffnen; ja, dass sie heute etwas sähen, was ihre Väter niemals zu Gesicht bekommen hatten. Nach diesem kurzen Gespräch verabschiedeten wir uns und kehrten zu Mister Tudsberry zurück.

Vor einigen Tagen war in Rebeca eine Karawane aus Kankan angekommen, die eine ansehnliche Menge Gold mit sich trug. Diese Karawane hatte bei unserem Gastgeber Halt gemacht. Bald lernte ich ihre Befehlshaber kennen. Sie waren nicht wenig überrascht, als sie von dem Grund meiner Anwesenheit in diesem Land erfuhren. Sie beglückwünschten mich zu meiner Verbundenheit mit den islamischen Geboten und versicherten mir, dass mich der Häuptling von Timbo gerne sehe und sicherlich alles tun werde, um mir bei meiner Rückkehr in die Heimat behilflich zu sein.

Ich verrichtete das Gebet mit meinen neuen Freunden. Von diesem Moment an hielten sie mich für einen echten Moslem und drängten mich, ihr Abendessen – es bestand aus etwas Reisbrei – mit ihnen zu teilen. Da die Zeit des Ramadan war, gab ich vor, erst nach Sonnenuntergang essen zu wollen. Ich begab mich in der Dämmerung zu Tisch und nahm nur ein Stück getrocknetes Rindfleisch an, das mir ein Mandingo servierte. Da es schon spät war, übernachtete ich bei Mister Tudsberry, der mich sehr freundlich aufnahm und mir versprach, sein Ansehen und seine Stellung geltend zu machen, um mir die Reise ins Innere Afrikas zu ermöglichen.

Der Ramadan zwang mich, meine Abreise um einige Tage hinauszuschieben: Ich wollte auf die großen Karawanen warten, die nach dieser Fastenzeit eintreffen sollten. Mit ihnen war es leichter, in das Kankan-Gebiet zu gelangen. Um die Zeit sinnvoll zu nutzen, informierte ich mich über die Sitten und Gebräuche der Baga – ein kleines Volk, das die Inselgegend nahe der Flussmündung bewohnte und über das ich interessante Dinge gehört hatte. Bevor ich von diesem Volk erzähle, möchte ich aber dem Leser die Landama und die Nalou vorstellen. Beide siedeln in der Umgebung des Rio Nuñez. Diese Völker sind sehr abergläubisch. Sie unterstehen den Fulbe des Fouta-Djalon und sind lieber dem *almamy* tributpflichtig, als dass sie auf ihren Aberglauben verzichten und die islamischen Riten ausführen. Die Abgaben werden vom Herrscher der Landama gesammelt und dann vom Oberhaupt von Labé in Empfang genommen, der sie nach Timbo weiterleitet. Jeder gibt nach seinen Möglichkeiten. Die Herrschaft bleibt immer in der gleichen Familie. Allerdings folgt der Sohn nicht seinem Vater nach, sondern man wählt vorzugsweise einen Sohn der Schwester des Königs. Dadurch glaubt man sicherer zu gehen, dass der König immer vom gleichen Blut ist. Diese Vorsichtsmaßnahme liegt in dem geringen Vertrauen begründet, das man gegenüber den Frauen dieser Gegend hat.

Bei den Völkern, die die Ufer des Rio Nuñez bewohnen, gibt es einen Geheimbund, der an die Freimaurerei erinnert. Er wird von einer Art Richter angeführt, den man *simo* nennt. Er diktiert die Gesetze, die auf seinen Befehl hin ausgeführt werden. Dieser Mann lebt in den Wäldern und bleibt denjenigen, die keine Mitglieder des Geheimbundes sind, unbekannt. Als Gehilfen hat er junge Leute, die nur teilweise in seine Geheimnisse eingeweiht sind. Der *simo* trägt verschiedene Verkleidungen. Manchmal tritt er als Pelikan auf, manchmal hüllt er sich in Tierhäute und wieder andere Male zeigt er sich von Kopf bis Fuß mit Laub bedeckt, was ihn recht unförmig aussehen lässt.

Mehrmals im Jahr nimmt er neue Adepten in seinen Geheimbund auf. Die Familien der verschiedenen Dörfer, die wünschen, dass ihre Kinder in diesen Bund eintreten, versammeln die zwölf- bis vierzehnjährigen Jungen und setzen den *simo* davon in Kenntnis. Dieser begibt sich verkleidet an den angegebenen Ort, um die Kinder zu beschneiden. Zu dieser feierlichen Handlung sind nur die Anwärter selbst zugelassen. Danach geben die Eltern der neu Geweihten ein großes Fest, zu dem jeder seinen Möglichkeiten entsprechend etwas beisteuert. Dieses Fest dauert manchmal zwei oder drei Tage. Nach der Beschneidung zieht sich der *simo* mit den Jungen in die Wälder zurück. Von diesem Augenblick an haben die Kinder keinerlei Kontakt mehr zu ihren Eltern. Sie führen ein angenehmes Leben, haben reichlich Nahrung und sind in kleinen, aus Zweigen errichteten Hütten untergebracht. Ihre ganze Kleidung besteht aus einigen Palmenblättern, die geschickt um die Hüften gewunden sind und bis zur Hälfte des Oberschenkels reichen. Ansonsten sind sie vollständig nackt. Ich bin des Öfteren welchen von ihnen begegnet, die zwei Kalabassen mit Palmenwein an den beiden Enden eines Stockes aufgehängt hatten, den sie über der Schulter trugen. Sie sind immer sehr schnell unterwegs und scheinen Angst zu haben, dass man sie sieht. Wenn der *simo* oder die Eingeweihten jemandem in den Wäldern begegnen, fragen sie nach dem Passwort. Ist die Antwort richtig, so ist der Fremde unter ihnen geduldet; kennt die Person aber das Passwort nicht, wird sie mit Peitschen und Stöcken verfolgt. Nachdem der *simo* und die Jungen wie wild auf den Fremden eingeschlagen haben, verlangen sie ein hohes Lösegeld. Wenn ihnen ein nicht beschnittenes Kind in die Hände fällt, zwingen sie ihm den Eingriff auf und behalten es als Eingeweihten. Frauen gegenüber sind sie unerbittlich und schlagen sie mit Stöcken nieder. Man hat mir sogar versichert, dass sie manchmal die Barbarei noch weiter treiben und sie töten.

Die Adepten führen dieses faule und unstete Leben sieben oder acht Jahre lang. Diese Zeit benötigen sie, so sagt man, für ihre Ausbildung. Wenn ihre Eltern sie aus den Wäldern holen wollen, um sie wieder in die Gesellschaft einzugliedern, stellen sie aus Baumwollstoffen einen schönen Gürtel her, an dem sie Kupferglöckchen befestigen, und schicken ihn – zusammen mit Tabak und Rum für den *simo* – ihren Kindern. Nur bei dieser Gelegenheit erlaubt der *simo,* dass man ihn sieht.

Der Vortag dieses Festes wird in den nahen Wäldern begangen. Der *simo* lässt durch lautes Geschrei wissen, dass er für alle sichtbar sein wird. Ohne diese Kundgebung würde es außer den Eingeweihten niemand wagen, ihn anzusehen, denn die Eingeborenen sind so einfältig zu glauben, dass ihnen dies Unglück bringen würde. Und wenn ihnen hinterher nicht wohl wäre, würden sie unweigerlich diesen unheilvollen Blick dafür verantwortlich machen.

Am Festtag kündet der *simo* seine Ankunft immer durch Furcht erregende Schreie an, die von seinen Schülern mithilfe von Kuhhörnern nachgeahmt werden. Alle sind mit einer Peitsche ausgerüstet, die ihre Überlegenheit ausdrückt. Auch die früheren Adepten versammeln sich, um an dem Fest teilzunehmen. An diesem Tag ziehen sie ihre schönsten Kleider an. Sie führen, gleich hinter den Musikanten, den Festzug an. Nachdem sie dem *simo* Komplimente gemacht haben, überreichen sie ihm ein kleines Geschenk. Dann geleiten sie ihn unter dem Klang des Tamtam in einem Triumphzug in das Dorf. Die Anwesenden begleiten die Musik mit ihren monotonen Gesängen und feuern zahlreiche Gewehrschüsse ab. Die Frauen kommen mit einer Kalabasse Reis herbeigelaufen. Gleichsam als Gabe werfen sie dem *simo* inmitten der Tänze und Freudenschreie die Reiskörner entgegen.

Diese Feste sind immer sehr fröhlich. Man trinkt viel Palmenwein und Rum, schlachtet Rinder und Schafe und veranstaltet ausgiebige Festessen, die mehrere Tage dauern. Am Ende kehren die Jungen, deren Eltern nicht die Mittel haben, dem *simo* Geschenke zu machen, mit ihm in die Wälder zurück und führen weitere sieben bis acht Jahre dasselbe Leben wie bisher. Wenn sie alt genug sind um sich nützlich zu machen, helfen sie jedoch zu Beginn der Regenzeit ihren Eltern bei der Feldarbeit. Anschließend kehren sie in die Wälder zurück, wo sie ihr Anführer seine Äcker bearbeiten lässt.

Wenn die Adepten zu ihren Familien zurückkehren, pflanzen sie vor ihrer Türe einen Baum oder stellen einen Stab auf, an dessen Spitze sie ein kleines, in der Regel weißes Stück Stoff aufhängen. Der Baum oder Holzstab ist ein Geschenk des *simo*, nach dem sie es auch benennen und das ihr Schutzheiliger wird. Sie haben große Ehrfurcht vor ihm, die so weit geht, dass es genügt, den *simo* aufzustellen, um jemanden daran zu hindern, diesen Ort zu betreten. Außerdem schwören sie auch auf ihn und glauben, dass jemand, der einen falschen Eid leistet, die Rache dieses geheimnisvollen Dämonen auf sich zieht. Wenn sie bestohlen worden sind, richten sie ihre frommen Gebete an dieses Stück Holz, bewerfen es mit Reis, Honig oder Palmenwein und feuern an seinem Fuß einen Gewehrschuss ab. So formulieren sie gegenüber dem *simo* eine Art Klage, um ihn zu bitten, Gerechtigkeit walten zu lassen.

Wenn von diesem Zeitpunkt an jemand aus der Familie des Schuldners krank wird, führt man dies auf die Rache des *simo* zurück. Die Angst lässt die Familie dann schnell die Schulden zurückzahlen oder die gestohlenen Gegenstände zurückgeben oder auch, wenn eine Beleidigung vorlag, Genugtuung leisten.

Teilansicht von Timbuktu im 18./19. Jahrhundert

2
7
7
2
Nord

Diese Menschen glauben an Zauberer und Zauberei. Diejenigen, die der Hexerei verdächtigt werden, werden sofort dem *simo* ausgeliefert, der der oberste Richter ist. Er befragt sie zunächst, und wenn sie die Tat eingestehen, verurteilt er sie zu einer Strafe. Wenn sie hingegen ihre Unschuld beteuern, zwingt man sie, ein Getränk zu sich zu nehmen, das aus einer Baumrinde hergestellt wird, die dem Wasser eine schöne Rotfärbung gibt. Angeklagter und Ankläger werden gezwungen, diese Arznei – oder vielmehr dieses Gift – zu trinken. Sie müssen dabei völlig nüchtern und ganz nackt sein. Nur dem Angeklagten gibt man eine Art weißen Lendenschurz. Man gießt den Likör in eine kleine Kalabasse und zwingt beide, gleichermaßen davon zu trinken – so lange, bis sie nichts mehr hinunterschlucken können und die Flüssigkeit erbrechen oder sterben. Wenn der Angeklagte das Gift ausspuckt, wird er als unschuldig anerkannt. Findet es durch die Gedärme seinen Weg nach draußen, gilt er als nicht völlig unschuldig. Scheidet er es aber gar nicht aus, wird er als schuldig verurteilt.

Man hat mir gesagt, dass diese Unglücklichen nur selten diese Prozedur überleben. Denn sie müssen eine so große Menge von diesem Gift trinken, dass sie innerhalb kürzester Zeit daran sterben. Wenn jedoch die Familie des Angeklagten zustimmt, eine Entschädigung zu zahlen, darf der Arme aufhören zu trinken. Man setzt ihn dann in ein Bad mit lauwarmem Wasser, drückt mit zwei Füßen auf seinen Bauch und hilft ihm so, das Gift zu erbrechen. Diese grausame Prüfung wird bei allen möglichen Verbrechen durchgeführt. Die Folge ist, dass die Angeklagten aus Angst, diese Prozedur über sich ergehen lassen zu müssen, ihr Unrecht zugeben oder sich schuldig erklären, selbst wenn sie es nicht sind.

An dem Ort, an dem der geheimnisvolle Richter wohnt, ist es verboten, sich zu streiten oder gegeneinander zu kämpfen. Wenn Krieg geführt werden muss, warnt man ihn, damit er sich mit seinem Gefolge zurückziehen kann. Gegner, die ihren Streit in seiner Nachbarschaft austrügen, müssten ihm postwendend ein Geschenk darbringen, als Ausgleich dafür, ihn belästigt zu haben. Täten sie dies nicht, so würden sie ständig in der Angst leben, dass ihnen irgendein Unglück widerfährt. Wenn solche »Ruhestörer« dem *simo* ihr Geschenk überreichen, müssen sie ihm den Rücken zuwenden und mit den Händen ihr Gesicht verbergen. Der Richter nimmt die Gabe entgegen, spricht ein langes Gebet und hebt etwas Erde auf, die er zum Zeichen der Vergebung in ihre Richtung wirft. Nach dieser lächerlichen Zeremonie gehen die Gegner zufrieden nach Hause.

Die Vielweiberei ist bei den Landama und den Nalou weit verbreitet. Die Männer haben nicht nur mehrere rechtmäßige Frauen, sie besitzen darüber hinaus auch so viele Konkubinen, wie sie ernähren können. Man hat mir versichert, dass die Reichen bis zu 200 haben, eine Zahl, die mir aber doch recht übertrieben erscheint. Diese Sitte beruht wahrscheinlich darauf, dass die Frauen ihren Männern erst dann wieder zu Willen sind, wenn ihre Kinder laufen können. Es ist wirklich bemerkenswert, dass Eintracht und gegenseitiges Verständnis unter diesen Frauen herrschen, die doch dasselbe Ehebett teilen. Nicht alle sind ihrem Mann treu ergeben. Wenn dieser argwöhnt, dass ihm eine seiner Frauen untreu ist, zwingt er sie, den Schuldigen zu nennen, indem er ihr mit dem *simo* droht. Sie widersteht dann nicht lange seinen eindringlichen Fragen und Drohungen: Aus Angst, die Prüfung des Richters bestehen zu müssen, räumt sie ihr Fehlverhalten ein und nennt denjenigen, dem sie ihre Gunst erwiesen hat. An diesem Tag wird der Geliebte zum unglücklichen Sklaven des Ehemannes, der ihn ohne Mitleid Sklavenhändlern oder anderen Negern verkauft.

Ein junger Mann benötigt nicht die Zustimmung der Frau, die er liebt, um sie zu heiraten. Er trägt Sorge, eine alte Frau und einen alten Mann für seine Interessen zu gewinnen. Er bittet sie, den Eltern des jungen Mädchens ein Geschenk zu überbringen, um sie für seinen Antrag günstig zu stimmen. Wenn diese Gabe angenommen wird, umwirbt er weiter die Eltern seiner Auserwählten, bis er ihre Zustimmung bekommt. Dann schickt er ihnen ein letztes Geschenk, das aus Rum, Tabak, Stoffen und einigen Kolanüssen besteht, die am Ufer der Rio Nuñez in Hülle und Fülle vorkommen und verschiedene Farben haben müssen. Der Vater der Braut nimmt zwei Kolanüsse, eine weiße und eine rote, schneidet sie in der Mitte auseinander und wirft je eine Hälfte in die Luft, um ein günstiges Vorzeichen aus ihnen abzulesen. Nachdem er untersucht hat, in welcher Position sie auf die Erde gefallen sind, ruft er, falls er mit der Lage der Kolanüsse zufrieden ist, seine Tochter, die von den Geschehnissen noch keine Ahnung hat und meistens den Mann, der sie begehrt, gar nicht kennt. Er lässt sie ein Stück jeder Kolanusshälfte, aus denen er die Vorzeichen gewonnen hat, essen und teilt ihr vor den Anwesenden mit, dass sie die Frau des Mannes, der die Geschenke geschickt hat, werden wird. Ohne sie nach ihren Gefühlen zu fragen, führt man die Unglückliche noch am selben Tag zu ihrem Mann, den sie vielleicht niemals lieben wird. Sie wird von den Alten geleitet, die schon für die Vorverhandlungen eingesetzt waren. Im Gefolge singen ihre Jugendfreundinnen Loblieder auf sie. Die alte Frau wird damit beauftragt, die Strohhütte vorzubereiten, die das junge Paar bewohnen wird. Nachdem sie alles, was dem Besitzer der Hütte gehört, beiseite geschafft hat, legt sie auf das Bett zwei weiße Tücher, die den Eheleuten für ihre erste Nacht dienen sollen. Am folgenden Morgen werden die Tücher den Hochzeitsgästen gezeigt, die sie, tanzend und singend, durch die Reihen gehen lassen und gemeinsam die Keuschheit der jungen Frau feiern. Diese Zeremonie wird stets von einer ländlichen Musik und von Freudengesängen begleitet, was zu einer lebendigen Veranstaltung beiträgt.

All diese Feste dauern in der Regel zwei oder drei Tage. Die Eltern des Brautpaares nehmen daran nicht teil, sie besuchen ihre Kinder erst eine Woche nach der Hochzeit. Am siebten Tag nach der Geburt eines Kindes feiert man ein großes Fest. Die Mutter verlässt erst dann ihr Zelt, vorher widmet sie sich ganz ihrem Kind. Wenn die acht Tage vorbei sind, opfern die Eltern ein Rind und man tanzt einen ganzen Tag und eine ganze Nacht lang.

Auch dem Tod bringen die Landama und Nalou ein Opfer dar. Am Tag der Beerdigung tötet die Familie des Verstorbenen ein Schaf und besprengt mit seinem Blut das Grab. Dieser Zeremonie gehen einige Musketensalven voran. Anschließend wird das Schaf unter den Nachbarn aufgeteilt. Nach einem Monat veranstaltet man eine neuerliche Totenfeier. Wenn die Familie des Toten viele Viehherden besitzt, lässt sie mehrere Rinder töten und alle Dorfbewohner dürfen an dem Festmahl teilnehmen, das oft mehrere Tage dauert. Für die ausgelassene Stimmung auf diesen Festen sorgen die Musik der Eingeborenen, einfache Tänze sowie der Dunst des Palmenweins. Die Landama und die Nalou lieben solche Unterhaltung sehr. Oft verzichten sie auf das Allernötigste um die Kosten ihrer Feste bestreiten zu können.

Die Nahrung dieser Menschen besteht hauptsächlich aus gekochtem Reis, dem sie manchmal die Früchte der Palmen hinzufügen. Sie sind zu faul um daraus Öl zu machen. Fisch essen sie nur wenig, denn sie sind zu ungeschickt um ihn zu fangen. Sie züchten etwas Geflügel, Schafe und Ziegen. Rinder oder gar Pferde besitzen sie kaum und ich habe keinen einzigen Esel in Kakondy gesehen. Handel treiben diese Völker kaum; sie verkaufen nur Salz, das sie bei den Baga erstehen. Ansonsten sind sie überaus faul. Der Großteil der Bevölkerung bebaut lediglich ein Feld, um etwas Reis zu säen und Maniok anzubauen. Nicht einmal die Erde graben sie um, die wesentlich fruchtbarer wäre, wenn sie gepflügt würde.

Da sie nicht den Gesetzen des Islam unterliegen, trinken sie viele starke Liköre. Die zahlreichen Palmen, die in diesem Land wachsen, liefern ihnen süßen Wein im Überfluss. Aus Pflaumen – sie nennen sie *caura* –, die sie zerquetschen und dann gären lassen, gewinnen sie ebenfalls ein angenehmes und berauschendes Getränk, das, so habe ich mir sagen lassen, Ähnlichkeit mit unserem Cidre aufweist. Die Landama und Nalou wohnen in kleinen, schmutzigen Strohhütten. Sie kleiden sich auf verschiedenste Art und Weise. Ich habe in der Umgebung von Kakondy viele Menschen gesehen, die Kniehosen wie in Europa trugen, dazu ein Baumwollhemd und einen Hut. Andere waren mit einer *coussabe* und einer Weste bekleidet. Die Frauen tragen lange Baumwollgewänder.

Der Boden in der Umgebung des Rio Nuñez ist sehr fruchtbar. Alle einheimischen Baumarten würden hier gut wachsen, wenn man sie anpflanzte. Die Eingeborenen, die wegen des heißen Klimas an ein müßiges Leben gewöhnt sind, kümmern sich aber nicht darum, nur in den Gärten der Europäer wachsen einige Bäume.

Sehr häufig kommen Bienen in diesen Gegenden vor. Die einheimischen Völker schätzen den Honig sehr. Sie gewinnen ihn, indem sie Bienenstöcke in den Bäumen anbringen. Um ihn gefahrlos gewinnen zu können, lassen sie die Bienenstöcke mithilfe eines Seils ein Stück herab und zünden darunter ein großes Feuer an. Das feuchte Laub, das sie hierfür verwenden, führt zu einer beträchtlichen Rauchentwicklung. Der Rauch vertreibt die Bienen und die Neger können sich so gefahrlos der Bienenstöcke bemächtigen. Das Wachs verkaufen sie an die Europäer. Diese Insekten kommen so zahlreich vor, dass sie sich nicht selten in den Hütten niederlassen und die darin lebenden Familien vertreiben. Auch in diesen Fällen behilft man sich, indem man die Bienen ausräuchert.

Da ich in den wenigen Tagen, die ich in Kakondy verbracht habe, nicht die Zeit fand, das Volk der Baga aufzusuchen, werde ich hier nur die Informationen wiedergeben, die ich durch Dritte erhalten habe. Die Baga sind abergläubisch. Sie haben bis heute ihre Unabhängigkeit bewahrt. Einer der Gründe, weshalb der *almamy* des Fouta-Djalon ihre Ruhe nicht stört, liegt in ihrer Nähe zu den Inseln, die nicht weit vom Meeresufer liegen und auf die sie sich leicht zurückziehen können. Sie leben an der Flussmündung, das flache und fruchtbare Land bietet ihnen genügend fette Weiden um ihr zahlreiches Vieh zu ernähren. Es überrascht, dass diese eigenartigen Völker nicht erkannt haben, von welchem Vorteil es für sie wäre, ihre Kühe und Schafe zu melken: Ihre Milch wäre so wertvoll für sie! Wenigstens gedeihen aber ihre Tiere gut und sie verlieren weniger Vieh als die Neger, die ihre Kühe und Schafe melken.

Die Baga haben ganz andere Sitten und Gebräuche als ihre Nachbarn, die Landama. Sie sind viel fleißiger und folglich auch viel glücklicher. Sie siedeln auf einem fruchtbaren Boden, den sie sorgfältig pflegen. Am häufigsten bauen sie Reis an. Sie pflügen ihre Äcker, wie wir es in Europa tun. Dazu verwenden sie eine zwei Fuß breite Holzschaufel, deren Stil sieben oder acht Fuß lang ist. Da das Gelände sehr flach ist, legen sie Kanäle an, in denen das Wasser abfließt. Sie haben in ihren Feldern kleine Becken angelegt, in denen sich das Wasser bei Überschwemmungen sammelt. So sorgen sie für Trockenperioden vor und können die Reisfelder stets feucht halten, was diese sehr gut gedeihen lässt.

Gewöhnlich säen sie den Reis in der Nähe ihrer Dörfer an und verpflanzen ihn erst später, wenn er ungefähr sechs Zoll hoch ist, auf ihre Felder. Diese Arbeit verrichten die Frauen, die darüber hinaus auch das Unkraut jäten. Die Männer ernten den Reis in großen Mengen.

In diesem schönen Land, mit dem es die Natur so gut meint, sind die Frauen ihr ganzes Leben lang nackt. Ob alt oder jung tragen sie lediglich ein Baumwollband um die Hüften und zwischen den Oberschenkeln. Diese unglücklichen Geschöpfe verrichten fast die ganze Hausarbeit. Sie bereiten das Essen zu und arbeiten auf den Feldern und in den Salinen.

Die Baga verkaufen den Europäern, die in Kakondy Handel treiben, mit Gewinn das gewonnene Salz. Sie bekommen dafür Stoffe, Tabak, Rum, Glaswaren und andere Kleinigkeiten.

Die Regenzeit, die mit heftigen Niederschlägen einhergeht, hindert die Baga nicht daran, ihrer Arbeit nachzugehen. Um sich vor dem Regen zu schützen, haben Männer und Frauen eine rund 70 Zentimeter lange und 30 Zentimeter breite kleine Matte, in deren

Mitte sie ein Band anbringen, das sie sich unter dem Kinn um den Kopf herumführen und so befestigen. Dieses kleine Wetterdach schützt sie auch vor der brennenden Sonne. Vor allem die Frauen benutzen es um ihren Kindern, die sie ständig auf ihrem Rücken tragen, etwas Schatten zu spenden. Die Kinder binden sie mit einem Ende ihres Lendenschurzes an sich fest. Diese Last hindert sie aber nicht daran, zu arbeiten. Solange sie jung sind, rasieren sie sich vollständig den Kopf. Wenn die Wehen einsetzen, legen sie sich – selbst vor Fremden – einfach auf den Boden und bringen ihr Kind zur Welt, ohne einen einzigen Laut auszustoßen. Sobald die Geburt vorbei ist, waschen sie das Kind im Fluss und nehmen ihre Arbeit wieder auf.

Die Baga verheiraten ihre Kinder schon sehr jung. Die Verlobung findet statt, wenn sie sieben bis acht Jahre alt sind. Sobald die Eltern die Heirat beschlossen haben, muss der Vater des Jungen der anderen Familie eine Tochter als Gegenleistung für das Mädchen liefern, das man seinem Sohn gibt. Hat er keine Tochter, so greift man gewöhnlich auf die weitere Familie des Jungen zurück, die dies auch immer akzeptiert.

Wenn die jungen Leute erst einmal verlobt sind, wohnen sie, wie gesagt, in demselben Haus und werden zusammen aufgezogen. Sie gehören ja fortan zusammen. Von diesem Zeitpunkt an bringt der Junge seiner Verlobten jeden Morgen eine große Kalabasse Palmenwein, den ihm seine Eltern so lange zur Verfügung stellen, bis er selbst fähig ist, ihn herzustellen.

Die Kinder verstehen sich ganz von alleine gut. Hochzeit feiert man erst, wenn man feststellt, dass die kleine Jungfrau keine mehr ist, was gewöhnlich mit elf oder zwölf Jahren der Fall ist. Dann feiert man ein großes Fest. Man tötet ein Rind, um die stets sehr zahlreichen Gäste bewirten zu können. Das junge Mädchen, das bei dieser Gelegenheit den Eltern der Braut zum Ausgleich gegeben wird und ihnen bei der Arbeit hilft, verlässt diese ihrerseits kurz vor ihrer eigenen Verlobung und begibt sich zu den Eltern ihres zukünftigen Mannes. So leistet man sich gegenseitig gute Dienste. Die Männer müssen keinen »Ersatz« für sich liefern. Wie die Landama haben sie mehrere Frauen, die jeweils aus ziemlich weit entfernten Gebieten kommen.

Die Baga bringen auch Opfer bei der Geburt ihrer Kinder und beim Tod ihrer Eltern dar. Wenn das Familienoberhaupt stirbt, verbrennt man oft alles, was sich in seinem Haus befindet. Dazu verstaut man all seine Habseligkeiten in Truhen. Bevor man diese in das Feuer wirft, zählt man alle guten Eigenschaften des Verstorbenen auf und sagt dabei. »Seht, wie fleißig er war, welch gute Geschäfte er gemacht hat. Versucht es ihm nachzumachen, um so glücklich wie er zu sein.« Dabei bestehen die Reichtümer dieses armen Mannes oft nur aus einem europäischen Hut, Hosen, Hemden und anderen Kleidungsstücken dieser Art, die er möglicherweise nie getragen hat. Vor dem Bett des Toten gräbt man ein Loch von 6 Fuß Tiefe, in das man den Verstorbenen aufrecht hineinstellt. Jeden Abend zündet man ein Feuer über seinem Kopf an und man unterhält sich mit ihm in dem Glauben, dass er hört, was man ihm sagt. Die Familie des Toten, die durch diese abergläubischen Bräuche ruiniert ist, wird von den Dorfbewohnern bis zur nächsten Ernte unterstützt. Denn selbst der Reis wird mitverbrannt.

In diesem schönen und fruchtbaren Land wachsen viele Palmen, aus denen man Öl in großer Menge gewinnt, das in alle Speisen kommt. Die Menschen fetten auch ihren Körper und selbst ihre Kleider damit ein. Deshalb sind sie auch sehr schmutzig und riechen schon von weitem nach Palmenöl. Sie tragen lediglich einen Baumwollstoff um die Hüfte. Obwohl sie die Mittel hätten, sich ordentlich zu kleiden, geben sie sich auf diesem Gebiet keine Mühe. Ein Kupferring ist an ihrer Nasenscheidewand befestigt und auch ihre Ohren sind mit mehreren solcher Ringe geschmückt. Der Schmuck der Frauen besteht lediglich aus ein paar Glasperlen.

Ihre Nachbarn behaupten, die Baga würden stehlen. Dabei sind sie sehr gastfreundlich, was schlecht zusammenpasst. Wenn sie einen Fremden sehen, versäumen sie es nie, ihn zum Essen einzuladen, und man würde sie beleidigen, wenn man diese Einladung nicht annähme. Eine Ablehnung fassen sie als verächtliche Geste auf und reagieren darauf sehr empfindlich. Die Baga sind kriegerisch und bekämpfen sich oft gegenseitig. Manchmal bekriegen sich ganze Familien, um frühere Streitigkeiten auszutragen, die bisweilen noch von ihren Vorfahren herrühren. Als Waffe haben sie einen Dolch und sie bedienen sich geschickt eines großen Schildes aus Elefantenhaut, um die Schläge ihrer Gegner abzuwehren. Ihre Gefangenen machen sie nicht zu Sklaven, sondern töten sie mitleidlos. Sie haben keinen König, sondern jeder Ort wird von dem Dorfältesten regiert. Er regelt ihre Streitereien. In schwerwiegenden Fällen erfüllt der *simo* die Funktion des obersten Richters.

Die Baga feiern gerne Feste und trinken gern und viel. Oft versammeln sich Frauen und Männer um eine große Kalabasse Palmenwein herum und gehen erst auseinander, wenn sie sie ausgetrunken haben. Sie sind auch gute Esser. In ihren Speisen ist immer getrockneter Fisch und Palmenöl, das sie so ekelhaft macht, dass ein Europäer sie nicht probieren könnte. Wenn sie ein Schaf töten, mischen sie die Haut und die ungewaschenen Eingeweide in ihre Ragouts. Außerdem ernähren sie sich von Schlangen, Eidechsen und Affen.

Die Baga suchen niemals ihre Nachbarvölker auf. Sie können auch gut auf sie verzichten. Ihre Erde liefert alles, was für ein einfaches Leben nötig ist. Sie können sich nicht vorstellen, dass es glücklichere Menschen als sie selbst gibt, und halten sich allen anderen für überlegen. Über ihren Glauben habe ich nichts herausfinden können. Sie haben aber offenbar eine gewisse Vorstellung von dem Göttlichen, denn wenn sie Donnergrollen hören, tanzen und trinken sie zum Rhythmus der Trommel. Sie sagen dann, Gott freue sich und sie freuten sich mit ihm.

In den großen und komfortablen Häusern wohnen mehrere Familien zusammen. Alle Familienmitglieder schlafen in demselben Bett. Nur das Familienoberhaupt hat sein eigenes. Die Frauen essen nicht gemeinsam mit den Männern. Jede hat ihren Teller und bereitet ihr Mahl getrennt zu. Auch die Jungen essen woanders. Die Männer sind sehr gute Schwimmer. Sie haben Pirogen, die aus einem einzigen Baumstamm hergestellt sind. Mit ihnen fahren sie von Insel zu Insel. Die Baga haben eine dunkle Hautfarbe und krauses Haar. Vorne rasieren sie sich das Kopfhaar, hinten lassen sie es lang wachsen und schmieren es mit Palmenöl ein, was es wie Schafwolle aussehen lässt. Wenn sich die Männer nach Kakondy begeben müssen, um Geschäfte zu machen, ziehen sie eine Hose an und setzen einen Hut europäischer Machart auf. Sobald sie zurück sind, tauschen sie diese Kleider wieder gegen ihren Lendenschurz ein.

Kapitel 2

Von Kakondy bis Kankan

Aufbruch zu meiner großen Reise am 19. April 1827 – Einzelheiten über Sitten und Gebräuche meiner Reisebegleiter und über die Karawanen in diesem Teil Afrikas – Frucht des caura-Baumes – Lantégué-Gebirge – Fluss Doulinca – Beschreibung von Irnanké und seiner Bewohner – Aufenthalt in Popoco – Überquerung des Bâ-fing, Hauptzufluss des Senegals – Schulen – Albinos – der Reisende wird notgedrungen zum Arzt – Cambaya: Brückenbau über den Tankisso – das Fouta-Djalon-Gebiet – Charakter, Sitten und Gebräuche der Fulbe – das Kankan-Fodéa-Gebiet

Monsieur Castagnet gab mir kluge Ratschläge, wie ich mich gegenüber den Völkern, die ich besuchen wollte, verhalten solle. Er verschaffte mir viele wertvolle Informationen über ihre Sitten, ihre Eifersucht und über ihr Misstrauen gegenüber den Europäern. Und da er glaubte, dass seine Kenntnisse nicht ausreichten, ließ er einige Mandingo kommen, die in ihrem Land ob ihrer Redlichkeit, ihrer Erfahrung und ihres Reichtums ein verdientes Ansehen genossen. Er wünschte, dass mich diese Mandingo bis nach Timbuktu begleiteten. Er unterrichtete sie über meine Reisepläne, erzählte ihnen von meiner Liebe zu meiner Heimat und machte sie auf den Mut eines jungen Mannes aufmerksam, der beträchtliche Gefahren auf sich nahm, um seine Eltern wiederzusehen. Nach und nach entwickelte er die Geschichte meiner ägyptischen Herkunft und versuchte auf diese Weise, ihr Interesse zu wecken und ihre Unterstützung zu erlangen. Aber Monsieur Castagnet entfaltete seine Beredsamkeit vergeblich. Sie blieben unbewegt – bis zu dem Augenblick, wo er ihnen ein Geschenk als Dank für ihre Hilfe versprach. Da zeigten sie auf einmal großen Eifer, sich um mich zu kümmern, und versicherten schnell, dass sie mich wie ihren Sohn behandeln würden. Sie stellten mir auch die Strapazen vor Augen, die eine so beschwerliche Reiseroute für mich bedeuten werde, und machten mich darauf aufmerksam, dass ich solchen Anstrengungen vielleicht nicht gewachsen sei. Aber auf meine Antwort, dass ich alles erdulden wolle, um meine Heimat wiederzusehen, vereinbarten sie mit mir den Tag der Abreise.

Monsieur Castagnet schenkte ihnen Waren im Wert eines Rindes, und die Mandingo hielten Wort und beschafften mir einen Sklaven, der mein bescheidenes Gepäck tragen sollte. Diese Vorbereitungen nahmen nicht viel Zeit in Anspruch.

Am 19. April 1827 verabschiedete ich mich von Monsieur Castagnet. Soll ich es eingestehen? Ich weinte, als ich meinen großherzigen Freund verließ. Trotzdem konnte mein Bedauern, so aufrichtig es auch war, nicht die Freude schmälern, die ich empfand, als ich endlich die Reise, die ich seit so vielen Jahren herbeigesehnt hatte, beginnen konnte.

Unsere Karawane bestand aus fünf freien Mandingo, drei Sklaven, meinem Träger, der ein Fulbe war, meinem Führer und seiner Frau. Mit Ausnahme der beiden Letztgenannten und mir selbst trugen alle beträchtliche Lasten.Wir folgten dem linken Ufer des Rio Nuñez. Nach zweistündigem Marsch erreichten wir die Handelsniederlassung von Mister Bethmann. In seinem Garten erkannte ich die Gräber des Major Peddie und mehrerer Offiziere derselben Expedition wieder. Bei diesem Anblick schauderte es mich unwillkürlich: Dasselbe Schicksal erwartete mich vielleicht auch. Als ich mich von den Gräbern entfernte, waren diese traurigen Gedanken aber bald verschwunden und machten der Hoffnung Platz, dass es mir besser ergehen werde.

Um neun Uhr morgens wandten wir uns Richtung Süd-Süd-Osten. Mein Führer Ibrahim, dem ich bei unserem Aufbruch mehrere Stoffstücke übergeben hatte, blieb plötzlich stehen und ließ mir durch einen Neger, der Englisch sprach, sagen, dass er auf meiner Reise viele Geschenke werde machen müssen; trotzdem fürchtete er, dass es mir wegen meiner weißen Hautfarbe nicht gelingen werde, das Fouta-Djalon-Gebiet zu durchqueren. Diese Überlegung kam etwas spät, aber als er hinzufügte, dass ich ihm als guter Araber ein Stück Stoff geben sollte, verstand ich sehr schnell, worauf er hinauswollte. Es wäre nicht klug gewesen, seiner Aufdringlichkeit nachzugeben. Ich tat also so, als ob ich ihn nicht verstehe und marschierte in der gleichen Richtung weiter, ohne ihm etwas zu geben. Der Boden bestand in dieser Gegend aus roter Erde und einigen Steinen und brachte wunderschöne Pflanzen hervor. Besonders zahlreich kam hier eine mimosenähnliche Pflanze vor, deren Frucht eine stärkehaltige Substanz enthält und den Negern in diesem Teil Afrikas als Nahrung dient.

Bald trafen wir auf eine Gruppe Mandingo und Fulbe, die im Schatten einiger großer Bäume saßen. Sie stritten sich in Erwartung der üblichen Geschenke, die man ihnen überbringen werde. Die Handelskonkurrenz in Kakondy ist so groß, dass die Eigentümer jeder Niederlassung einige ihrer Leute den Karawanen entgegenschicken, um den Händlern Geschenke zu machen und sie so auf ihre Seite zu ziehen. Wenn sich viele Händler in der Niederlassung einfinden, schenkt man ihnen ein Rind und versorgt sie die ganze Zeit, die die Verhandlungen dauern, mit Reis. Bei ihrer Abreise macht man ihnen noch einmal ein Geschenk, dem man noch Vorräte für den Rückweg hinzufügt. Das Ganze geht so weit, dass die Besitzer der Handelsniederlassungen manchmal überhaupt keinen Gewinn mehr machen.

Steinige Hügel und große Bäume bestimmten die Landschaft auf dem weiteren Weg und dem Auge boten sich die verschiedenartigsten, oft malerischen Landschaften. Als die Hitze unangenehm wurde und die Träger erschöpft waren, legten wir an einem Bach eine Rast ein und labten uns an dessen klarem, köstlichen Wasser. Wir hatten ungefähr zwölf Meilen in östlicher Richtung zurückgelegt. Wir zündeten ein Feuer an, die Negersklaven suchten Brennholz und die Frau meines Führers machte sich daran, unser Abendessen zuzubereiten.

In ganz Afrika haben sich die Händler angewöhnt, eine ihrer Frauen mitzunehmen, um für die Mahlzeiten der Karawane zu sorgen. Diese Unglücklichen müssen mit Tontöpfen, Kalabassen, Salz und anderem beladen mitmarschieren. Sie tragen die schwersten Lasten, während ihre Männer im wahrsten Sinne des Wortes unbeschwert durch das Land ziehen.

Unterwegs trafen wir auf mehrere Fulbe, die mit Salz beladen waren und in das Fouta-Gebiet gingen. Andere trugen Lederwaren, Bienenwachs und Reis und waren auf dem Weg nach Kakondy, um dort Salz zu kaufen. Ich staunte nicht schlecht über diese unglücklichen Mandingo und Fulbe, die Lasten von fast 200 Pfund auf dem Kopf trugen und dabei schnell und mit unglaublicher Geschicklichkeit die Berge von Irnanké überwanden. Sie haben einen Stab in der Hand, mit dem sie die Last auf ihrem Kopf im Gleichgewicht halten. Die Waren selbst befinden sich in einem länglichen Korb, der aus dünnem, biegsamem Holz gemacht ist. Dieser Korb ist ungefähr drei Zoll lang und jeweils einen hoch und breit. Nachdem man die Waren in den Korb gelegt hat, schließt man ihn mit einem Deckel. Korb und Deckel verbindet man fest mit Seilen, die aus Baumrinde gefertigt sind. Wenn die Träger müde sind, legen sie ein Ende des Korbes auf den Zweig eines Baumes und stützen das andere Ende mit ihrem Stab ab. So legen sie die Strecke bis Kankan zurück, um dort ihr Salz zu verkaufen.

Wir ließen uns im Schatten eines imposanten Kapokbaumes nieder, um unsere bescheidene Mahlzeit einzunehmen, die aus gekochtem Reis bestand, dem wir ein paar geröstete und gemahlene Pistazien und etwas Palmenöl hinzufügten. Die sechs freien Mandingo und ich setzten uns um eine Kalabasse herum, die unser Abendessen enthielt, und jeder nahm der Reihe nach eine Hand voll Reis; die Sklaven und mein Träger aßen zusammen und die Frau speiste alleine. Sowohl unterwegs wie auch während der Pausen machen die Frauen die ganze Arbeit und der Mann bleibt auf Stroh oder trockenen Blättern liegen, die ihm seine Sklaven herbeischaffen. Nach diesem einfachen Mahl legte ich mich auch für einige Minuten hin. Mehrere Fulbe, denen wir uns unterwegs angeschlossen hatten, gaben mir eine Frucht, die in diesem Teil Afrikas häufig vorkommt und dem Reisenden sehr zustatten kommt: Sie ist sehr nahrhaft und erlaubt den Einheimischen, den Reis einzusparen, mit dem sie Salz kaufen.

Gegen halb drei Uhr machten wir uns wieder auf den Weg und marschierten in süd-östlicher Richtung weiter. Der Boden war von gleicher Beschaffenheit wie am Vormittag. Nachdem wir ungefähr sieben Meilen zurückgelegt hatten, stießen wir auf eine tiefe Schlucht. Wir hielten an, um hier die Nacht zu verbringen. Einer der Sklaven holte Wasser und unsere Köchin machte sich ans Werk.

Die Fulbe, denen man gesagt hatte, dass ich Araber sei, zeigten eine Art Verehrung für mich. Dauernd schauten sie mich an und bemitleideten mich. Ihre außerordentliche Frömmigkeit macht sie sehr warmherzig. Sie setzten sich zu mir, legten meine Beine auf ihre Knie und massierten sie, damit sie sich von den Anstrengungen des Tages erholten. »Du musst sehr leiden«, sagten sie zu mir, »denn du bist es nicht gewohnt, eine so beschwerliche Strecke zurückzulegen.« Ein anderer pflückte Blätter, um mir ein Bett zu bereiten. »Das hier ist für dich«, sagte er, »denn du hast nicht wie wir gelernt, auf Steinen zu schlafen.« So lag ich auf meinem Blätterbett, war glücklich und fühlte mich genauso wohl, wie wenn ich in einer Wohnung gewesen wäre. Der Himmel war heiter, eine wohltuende Frische ersetzte die Hitze des Tages, kurz: Alles trug dazu bei, uns unsere Lage angenehm zu machen. Mehrere Fulbe schenkten mir etwas Reis. Ich war ihnen dafür dankbar, denn es war das Einzige, was sie besaßen. Auch die Mandingo muss ich loben, sie bedachten mich mit tausend Aufmerksamkeiten und taten alles, um meine Wünsche zu erfüllen.

Dennoch ließ ich Vorsicht walten und zog mich in die Wälder zurück, um meine Beobachtungen niederzuschreiben und meine Aufzeichnungen zu ordnen. Im Laufe meiner Reise habe ich stets die gleichen Vorsichtsmaßnahmen ergriffen, denn jedes Wort von ihnen bewies, wie gefährlich es gewesen wäre, ihren Verdacht zu erregen.

Mein Führer Ibrahim hatte ein aufbrausendes Temperament. Trotzdem war er freundlich zu mir und schaffte es, dass wir das Fouta-Gebiet ohne Zwischenfall durchquerten, und dies obwohl er mir immer wieder drohte, mich nach Timbo zu führen. Er wusste ganz genau, dass mich der *almamy* dort festgenommen hätte.

Am 20. April machten wir uns um fünf Uhr wieder Richtung Osten auf den Weg. Wir kamen an einem reizenden Bächlein vorbei, das zwischen zwei Bergen in einem steinigen Flussbett nach Süden herabplätscherte. Nachdem wir neun Meilen zurückgelegt hatten, machten wir gegen elf Uhr am Ufer dieses Baches eine Pause. Meine Begleiter sagten mir, dass es sich bei dem Bach, der in der Gegend Tankilita heißt, um den Rio Nuñez handele.

Am 21. April rasteten wir unweit einer Quelle. Sie lag im Schatten hoher Bäume, deren majestätische Kronen bis zu den Wolken hinaufzureichen schienen. Die Quelle liegt in einer vierzig bis fünfzig Fuß tiefen Schlucht, die von mächtigen Felsen aus Quartz umgeben ist. In der Umgebung leben zahlreiche große rote Affen, die hierher zum Trinken kommen. Zwei von ihnen hielten bei meinem Anblick inne und begannen wie Hunde zu bellen. Sie kamen auf mich zu. Ich war nicht bewaffnet und bekam ein wenig Angst. Bald aber bemerkte ich zwei meiner Mandingo-Begleiter, die hierher gekommen waren, um Wasser zu schöpfen. Als die Affen die Männer sahen, flüchteten sie sich in die Wälder und überließen uns die Quelle. Gegen Mittag brachen wir wieder auf. Der Weg war weniger steinig als am Vormittag. Allerdings gibt es in der Gegend eine Menge Hügel, und man ist gezwungen, den zahlreichen Windungen des Weges um diese Erhebungen herum zu folgen. Da wir uns im Schatten der Wälder bewegten, nahmen wir die glühende Hitze des Tages nicht wahr. Unter den zahlreichen Bäumen sah ich wilde Feigenbäume und eine Art Pflaumenbaum, den die Neger *caura* nennen. Dieser Baum bringt eine exzellente Frucht hervor, die die Form einer Pflaume hat. Die Schale ist rötlich und weist kleine, helle Punkte auf. Unter der Haut findet man ein köstliches Fruchtfleisch. Der Kern ist so groß wie der eines Pfirsichs. Die Neger mögen diese Früchte sehr.

Nach neun Meilen Weges kamen wir an den Ruinen eines Dorfes vorbei. Um drei Uhr nachmittags erreichten wir Daourkiwar, ein hübsches Dorf, das ungefähr 400 Einwohner zählt. Es liegt an einem kleinen See mit gutem Trinkwasser, der unter anderem von Kapok- und Pflaumenbäumen umgeben ist. Wir waren sehr erschöpft und verbrachten hier die Nacht.

Am 22. April brachen wir um fünf Uhr morgens wieder auf. Der Weg war steinig und unangenehm und bald war ich gezwungen, barfuß zu laufen, da mich meine Sandalen drückten. Wegen der Steine war dies aber noch schmerzhafter. Ich bemerkte, dass die Sträucher von der Sonne verdorrt waren. Die Eingeborenen dieser Gegend bedienen sich des in der Umgebung häufig vorkommenden Schilfes, um ihre Hütten zu bauen. Für das Mittagessen kochten wir Reis. Anschließend stiegen wir einen Berg hinauf. Baumwurzeln versperrten den Weg. Gegen fünf Uhr abends kamen wir erschöpft in Coussotami, einem hübschen Dorf auf einer Anhöhe an. Man brachte uns Bananen, die wir für einige Glasperlen kauften. Mehrere Fulbe, denen man von meiner Ankunft erzählt hatte, kamen herbei, um mich zu betrachten. Und da es dunkel war, zündeten sie eine Kerze aus Wachs an, das man in dieser bergigen Gegend sehr häufig findet. Wir verbrachten die Nacht auf steinigem Boden unter hohen Bäumen.

Am 23. April hielten wir in der Nähe des kleinen Dorfes Mirayé an, das am Hang eines hohen Berges liegt. Mehrere Fulbe-Hirten, die in der Nähe ihre Herden hüteten, kamen zu uns und verkauften uns eine Art Brot, das sie *cagnan* nennen. Es wird aus Mais gemacht und enthält geröstete und gemahlene Pistazien, denen sie noch Honig hinzufügen. Diese Brote bilden einen Teil ihres Reiseproviants. Ich bemerkte einen jungen Fulbe, der nicht müde wurde, mich zu betrachten. Er schlug mir vor, ihn in sein Dorf zu begleiten, um dort Milch zu trinken. Da ich nicht alleine mit ihm gehen wollte, brachte er einen meiner Reisegefährten dazu, mich zu begleiten. Schließlich erklärten sich zwei Männer bereit, mit mir zu gehen. Der junge

Mann ging voran um uns den Weg zu zeigen und war bemüht, einige große Steine beiseite zu räumen. Als wir in seinem Dorf, das ganz in der Nähe unseres Rastplatzes lag, angekommen waren, brachte er sogleich eine Rinderhaut herbei und bat mich, darauf Platz zu nehmen. Das Dorf bestand aus fünf oder sechs runden, sehr niedrigen Strohhütten. Man musste sich tief bücken, um hineinzugelangen. Das Mobiliar setzte sich aus einigen Matten, Schafsfellen und Kalabassen für die Milch zusammen. Das Bett bestand aus vier in die Erde gerammten Pfosten, auf denen der Länge nach Holzstücke und darauf eine Kuhhaut lagen. Der Fulbe benachrichtigte seine alte Mutter und seine Schwestern. Er sagte ihnen, dass ich Araber sei, ein Landsmann des Propheten, und mich auf dem Weg nach Mekka befinde. Sie schauten mich mit großer Neugier an und schrieen: »La allah il-allah Mohammed rasoul oullahi« (Es gibt keinen anderen Gott, und Mohammed ist sein Prophet), worauf ich ihnen mit der üblichen Formel antwortete. Sie setzten sich in einiger Entfernung von mir hin und betrachteten mich ganz unverhohlen. Der junge Fulbe holte mir Milch in einer Kalabasse, die er vorher reinigte, was aus ihrer Sicht ein Akt großer Höflichkeit ist. Dann brachte er mir noch etwas frittiertes Fleisch. Ich forderte ihn auf, mit mir zu essen, er aber zeigte auf den Mond und sagte mir mit einem schüchternen Lächeln: »Ich faste, es ist Ramadan.«

Wir verabschiedeten uns von dem netten jungen Fulbe und kehrten zu unserem Rastplatz zurück. Unsere Leute kamen gerade aus dem Dorf Dougué zurück, wo sie Reis gekauft hatten, der für die weitere Reise als Proviant dienen sollte. Wir verbrachten die Nacht in einfachen, aus Zweigen gebauten Hütten, die mit Stroh bedeckt waren. Diese Hütten schützen die Reisenden vor dem Regen, denn Dougué liegt weitab der Straße.

Am folgenden Tag führt der Weg die Reisenden über Berge und Täler bis zum Dorf Dongol, das von Sklaven bewohnt wird, die ein kleines Feld bestellen und sich von seinen Erträgen ernähren.

Am 25. April trafen wir auf ein Gebirge, das die Eingeborenen Lantégué nennen. Es erstreckt sich von Nord-Osten nach Süden. Die Berge steigen steil bis zu einer Höhe von knapp 400 Metern auf. Pflanzen sieht man fast keine. Wir gingen zwischen großen, pyramidenförmigen Granitblöcken hindurch, die an die Ruinen eines alten Schlosses erinnerten. Nachdem wir in die Schluchten dieses Gebirges, das aus schönem grauen Granit besteht, vorgedrungen waren, durchquerten wir das Flüsschen Doulinca. Das Wasser reichte uns bis über die Knie. Wir legten ungefähr eine Meile in einer anmutigen, äußerst fruchtbaren Ebene zurück, die von großen Felsen aus demselben grauen Granit umgeben ist. In den Spalten dieser riesigen Felsen wachsen hohe Bambusstauden. Wir passierten den Doulinca noch einmal, und zwar an einer Stelle, wo er als Wasserfall herabstürzt. Der Reisende hört das muntere Plätschern schon von weitem. Ich setzte mich einen Augenblick am Ufer nieder, denn die armen Neger waren müde und ruhten sich ganz in der Nähe aus. Voller Bewunderung betrachtete ich die liebliche Landschaft. Trotz der zahlreichen hohen Berge ist sie äußerst fruchtbar; unzählige Bäche sorgen für ein ständiges Grün. In den Bergen wohnen Fulbe-Hirten weitab jeder Zivilisation. Ihre einzige Nahrung bilden die Milch ihrer zahlreichen Viehherden und etwas Reis, der hier sehr gut wächst. Ich sah kein einziges wildes Tier in diesen Bergen. Überhaupt scheint dieses schöne Land von der Natur bevorzugt zu werden: Unzählige Vögel in allen Farben bevölkern es. Ich erkannte Arten wieder, die ich schon am Ufer des Senegal beobachtet hatte. Auf unserem weiteren Weg kamen wir an den Hütten einiger Fulbe vorbei, die uns Milch brachten. Ich kaufte welche für einige Glasperlen. Alle sahen mich mit großer Neugier an und sagten, sie hätten noch nie einen Mauren gesehen, der eine so weiße Haut wie ich habe.

Gegen zwei Uhr nachmittags hörte man Donnergrollen im Nordosten. Der Tag war sehr heiß gewesen und den Himmel bedeckten dunkle Wolken. Es goss in Strömen. Wir suchten Schutz in den Hütten der Hirten, die uns zunächst nicht eintreten lassen wollten. Der Donner krachte nur so und ich glaubte, er werde uns erschlagen. Blitze folgten in kurzen Abständen aufeinander und der Himmel erstrahlte in feurigem Glanz. Auf runden Holzstücken, die auf in die Erde gerammten Pflöcken lagen, warteten wir in Ruhe auf das Ende dieser Sintflut. Als es aufgehört hatte zu regnen, verließen wir die Hütten. Die frische Luft verlieh der Natur einen neuen Reiz. Wir aßen etwas Reis, dann marschierten wir in östlicher Richtung weiter. Der Weg stand halb unter Wasser und war sehr schlammig, was ihn äußerst beschwerlich machte. Nach jeweils einer halben Meile Richtung Nord-Osten und Richtung Osten erreichten wir bei Einbruch der Dunkelheit das Sklaven-Dorf Lantégué.

Den 26. April blieben wir in Lantégué aus Rücksicht auf einen Sklaven der Karawane, der eine schwere Last trug und dessen Füße schmerzten. Ich verbrachte einen Teil des Tages damit, das Dorf und die etwa 150 Einwohner kennen zu lernen. Viele von ihnen fanden, dass ich für einen Mauren zu hellhäutig sei und hielten mich für einen Engländer. Um die Hütten herum pflanzen die Frauen Bananen, Ananas, Maniok, Jamswurzeln und tausend andere Nutzpflanzen an. Alles wirkt sehr gepflegt. Die Männer arbeiten unter anderem in den Reisfeldern. Die Hitze war tagsüber überaus groß, was, da wir uns der Regenzeit näherten, für den Abend ein Gewitter verhieß. In dieser gebirgigen Gegend beginnt die Regenzeit im April und dauert dann sechs Monate.

Im Laufe des Tages kam es zu einem kleinen Streit zwischen meinem Führer Ibrahim und zwei Mandingo seines Dorfes, die ihren Anteil an dem Wert eines Rindes beanspruchten, das ihnen Monsieur Castagnet in Kakondy gegeben hatte. Die beiden Mandingo kamen zu mir und wollten mich zum Schiedsrichter in ihrem Streit machen. Aber mein Schiedsspruch erhitzte die Gemüter nur noch mehr und verärgerte meinen Führer, der mir drohte, mich zu verlassen, was mich in große Verlegenheit gebracht hätte. Schließlich kam mir ein junger Neger zu Hilfe, der in Sierra Leone gewesen war und etwas Englisch sprach. Er übersetzte meine Worte besser und der Frieden zwischen uns war wiederhergestellt. Den Rest des Tages nutzten die Händler, um den Zustand ihrer Waren zu kontrollieren. In dieser Zeit durchstreifte ich die Umgebung des Dorfes. Ich sah mehrere Schmelzöfen für Eisen, das in den Bergen sehr häufig vorkommt.

Wir verließen Lantégué am 27. April um halb sechs Uhr früh und wandten uns nach Süd-Osten, um die gleichnamige Gebirgskette zu durchqueren. Einige Bergspitzen erheben sich ungefähr 359 bis 400 Faden über das Plateau, auf dem wir uns befanden. Ich sah schönen grau-weißen Granit. Der Weg führte uns an einem kleinen Dorf vorbei, in dem Fulbe ihre Rinder hüteten. Auf unserem Weg durch das Gebirge musste ich immer wieder die armen Neger betrachten, die mit ihrer Last von Fels zu Fels und über Schluchten und Abgründe sprangen. Jeden Augenblick fürchtete ich, sie in die schrecklichen Schluchten voller hoher Bambuspflanzen fallen zu sehen. Als wir wieder in der Ebene waren, marschierten wir weiter Richtung Osten und erreichten bald das Ufer des Kakiriman. Dieser kleine Fluss von vielleicht 70 bis 80 Schritt Breite fließt mit

T. III. Pl. 3.

Caillié beim Aufzeichnen seiner Notizen

schneller Strömung in einem Granitbett von Norden nach Süden. Wir durchschritten den Fluss an einer Furt, das Wasser reichte uns bis zum Gürtel. Ich kam deutlich vom Weg ab und wurde von der Strömung davongetragen. Bald reichte mir das Wasser bis zu den Achseln. Die Neger sahen, was passierte, und schrien mir sogleich zu, ich solle gegen die Strömung kämpfen. »La allah il-allah, Mohammed rasoul oullahi«, sagten sie alle zusammen. Sie schienen außerordentlich beunruhigt angesichts der Gefahr, in der ich schwebte. Der Fluss wurde etwas weiter sehr tief und die Strömung drohte mich zu verschlingen. Doch es gelang mir schließlich, das linke Ufer zu erreichen, ohne dass mir etwas zustieß, aber meine Sachen waren nass geworden.

Gegen elf Uhr morgens legten wir in der Nähe des Ufers eine Rast ein. Die armen Träger waren ganz erschöpft. Obwohl ich kein Gepäck trug, war ich ebenfalls sehr müde. Ich kaufte etwas *cagnan*, eine Brotart, von der ich weiter oben schon gesprochen habe, und bestritt damit meine erste Mahlzeit an diesem Tag. Mehrere Fulbe machten mir kleine Geschenke. Die Neger teilten mir mit, dass es sich bei dem Flüsschen um den Rio Pongo handele. Nach elf Meilen erreichten wir gegen halb ein Uhr das Dorf Pandeya, das am Fuße eines Berges liegt und ungefähr 150 bis 200 Einwohner zählt. Sie kamen alle um mich zu sehen, und jeder brachte mir etwas Milch als Geschenk. Nachdem wir uns eine Zeit lang im Schatten hoher Bäume ausgeruht und uns mit der Milch, die wir der Großzügigkeit der Fulbe verdankten, erfrischt hatten, kauften Ibrahim und seine Kameraden ein Rind um den Beginn des Ramadan zu feiern. Mein Führer ließ mich durch den jungen Fulbe, der Englisch sprach, fragen, ob ich mich an dem Kauf des Rindes beteiligen wolle. Ich lehnte mit der Begründung ab, dass noch ein langer Weg vor mir liege und ich nur wenig Mittel besitze. Er sprach mit mir nicht weiter darüber. Sie kauften zu zwölft oder fünfzehnt das Rind, denn die Fulbe, die mit uns unterwegs waren, schlossen sich dem Kauf an.

Am 28. April, dem großen Festtag, blieben wir in Pandeya. Gegen acht Uhr morgens reihten sich alle Händler auf, um ihr Gebet zu verrichten. Ich trug Sorge, mich auch unter ihnen zu befinden. Ich gab mir sogar den Anschein, der Frömmste von allen zu sein. Als das Gebet vorbei war, schickte man sich an, das Rind zu töten. Die Mandingo verbrachten fast eine Stunde damit, die Fleischportionen gerecht zu verteilen. Jeder nahm ein kleines Stück Holz, das ihnen als Maß diente. Das Fleisch räucherten sie, um es für die Reise haltbar zu machen. Dann kochte man – zusammen mit Reis – eine ordentliche Menge Fleisch, denn an diesem Tag wurde traditionell ein großes Festessen veranstaltet. Viele Fulbe suchten mich auf und machten mir neuerliche Geschenke aus Milch und Reis – das Einzige, was sie besaßen. Das Fest beging man in ausgelassener Stimmung. Vor allem die Mandingo feierten ohne Hemmungen freudig lärmend. Man feuerte mehrere Musketen-Salven ab. Dann versammelten sich alle Neger vor der Hütte meines Führers und sangen ein Loblied auf ihn. Wie oben schon erwähnt, war er der Karawanenführer und er war es auch, der das Pulver für die Gewehre lieferte. Sie haben die schlechte Angewohnheit, diese mit viel zu viel Munition zu laden. Aus diesem Grund explodierte auch eines in den Händen eines Negers, der aber glücklicherweise nicht verletzt wurde.

Gegen elf Uhr kamen Ibrahim und in seinem Gefolge die beiden Mandingo, die den Streit ausgelöst hatten, von dem ich erzählt habe, und luden mich zum Essen ein. Sie forderten mich noch einmal auf zu vergessen, was passiert war. Ich nahm ihre Einladung an. Als ich Ibrahims Hütte betrat, sah ich eine große Kalabasse mit gekochtem Reis, auf der eine ordentliche Menge Fleisch lag. Wir setzten uns um das Gefäß herum, und jeder nahm das Essen mit den Fingern, so wie es in allen von Negern bewohnten Ländern üblich ist. Nachdem der Reis aufgegessen war, verteilte Ibrahim das Fleisch. Ich stellte fest, dass die Mandingo viel mehr als sonst aßen, denn darin besteht eine ihrer größten Freuden an diesem Tag.

Am 29. April kamen wir in eine Region namens Irnanké, das westlich des Fouta-Gebietes liegt. Die gebirgige Gegend bewohnen Fulbe-Hirten, die ansehnliche Viehherden besitzen. Diese Fulbe sehen recht gut aus, haben eine hohe Stirn, eine Hakennase, schmale Lippen und ein fast ovales Gesicht. Mit den Mandingo teilen sie nur das krause Haar. Sie haben einen aufrechten und würdevollen Gang. Den anderen Negern gegenüber halten sie sich für weit überlegen. Ihre Kleidung ist wie die der Mandingo sehr einfach. Wenn sie unterwegs sind, führen sie Bogen und vergiftete Pfeile sowie Lanzen mit sich. Sie schmieren sich den Körper und vor allem den Kopf mit Butter ein, was zu einem sehr unangenehmen Geruch führt. Die Frauen zeichnen sich durch ihre sorgfältige Haartracht aus. Ihre Haarflechten schmücken sie mit verschiedenen Glasperlen und um den Hals tragen sie Bernsteinketten. Im Allgemeinen sind sie hübsch und recht lebhaft.

In diesen Bergen leben auch zahlreiche Dialonke, die früheren Herrscher des Fouta-Djalon, das die Fulbe dann eroberten. Sie zwangen einem Teil dieser Völker die islamische Religion auf. Diejenigen, die sich widersetzten und ihre alten Götter weiter verehrten, wurden dem *almamy* gegenüber abgabepflichtig und zahlten ihren Tribut in Form von Rindern. Diese Völker sind sanftmütig und freundlich gegenüber Fremden, die ständig ihr Bergland durchqueren. Sie haben eine eigene Sprache, die die Fulbe nicht verstehen, aber im Allgemeinen sprechen sie alle Mandingo.

Nachdem wir uns ein wenig ausgeruht hatten, gingen wir Richtung Osten weiter. Meine Sandalen drückten mich, ich sah mich gezwungen, sie auszuziehen und barfuß zu laufen. So waren die Felsen, die überall aus dem Boden ragten, äußerst unangenehm für mich. Wir kamen an Courgin vorbei, einem kleinen Dorf von 150 bis 200 Einwohnern. Auf die Felsen folgten in dieser Gegend Steine vulkanischen Ursprungs.

Nach neun Meilen erreichten wir gegen drei Uhr Comi-Sourignan, ein hübsches Dorf, das ungefähr 150 Einwohner zählt und auf einer Anhöhe liegt, von der aus sich dem Auge ein wunderbarer Ausblick auf die abwechslungsreiche Landschaft bietet. Das Dorf selbst schützt eine Hecke. Hier herrscht größte Sauberkeit. Um die Hütten herum werden Pistazien, Maniok, Kohl und andere Kulturpflanzen angebaut. Um die Pflanzungen, die in einem sehr guten Zustand sind, kümmern sich die Frauen oder auch Kinder. Sie fegen sogar die Wege zwischen den Beeten, die zu ihren Hütten führen. Der Häuptling des Dorfes, in dessen Gegenwart wir unser Gebet verrichteten, ließ Ibrahim und mich in seine Hütte kommen und lud uns ein, das Mahl mit ihm zu teilen. Es bestand aus gekochtem Reis, dem man etwas saure Milch hinzufügte. Wir setzten uns auf eine Matte in der Nähe eines kleinen Feuers, das man wegen der großen Feuchtigkeit nie ausgehen lässt. Nach dieser leichten Mahlzeit setzte sich die Frau des Häuptlings zu uns. Schweigend hörte sie der Unterhaltung zu, die sich um die Christen drehte, von denen sie stets mit großer Verachtung sprechen. Die Frau war so freundlich, mir etwas Milch anzubieten, dann holte sie ein paar Feigen und Bananen, die sie in eine saubere Kalabasse legte und meinem Führer und mir übergab. Die Frau hatte zarte

Züge, ihre Kleidung bestand aus sauberem Baumwollstoff, wie er in der Gegend hergestellt wird. Sie verbreitete keinen schlechten Geruch wie die Frauen der Fulbe-Hirten in Irnanké. Die Hütte war groß und gepflegt. Wir verbrachten die Nacht in dem Dorf.

Am 30. April verabschiedeten wir uns um fünf Uhr morgens von unseren freundlichen Gastgebern und brachen Richtung Süd-Osten auf. Unterwegs traf ich einen Neger, der nach eigenen Worten aus Boulibané, der Hauptstadt des Landes, kam. Er war auf dem Weg nach Kakondy, um Geschäfte zu machen. Als Tauschobjekt hatte er nur Gold dabei. Ich war sehr erstaunt, dass sich dieser Mann dafür entschied, eine so lange und schwierige Strecke zurückzulegen, wo er doch unsere Handelseinrichtungen in Bakel, in denen man alle möglichen Arten von Waren fand, in Reichweite gehabt hätte.

Später schloss sich mir ein Fulbe an, den eine seiner Frauen begleitete, die auf dem Kopf eine Kalabasse mit Milch trug. Sie bot mir an, davon zu trinken. Mein Führer Ibrahim, der kurz stehen geblieben war, sagte ihm, dass ich ein Araber aus der Umgebung von Mekka sei, und erzählte ihm meine Geschichte von Alexandria. Der eifrige Anhänger des Propheten glaubte Gott gegenüber ein gutes Werk zu tun, wenn er mir ein wenig Milch gebe. Zum Abschied reichte er mir die Hand und wünschte mir eine schnelle Rückkehr in die Heimat.

Der Weg wurde nun steiniger. Wir hielten eine Zeit lang unter hohen Bäumen, um auf unsere Gefährten zu warten, die etwas zurückgeblieben waren. Mehrere Frauen brachten uns Bananen oder Feigen. Ich kaufte vierzehn für drei Glasperlen. Um fünf Uhr abends rasteten wir in Gnéré-temilé. Wir hatten an diesem Tag zwölf Meilen zurückgelegt und waren dementsprechend müde. Bald zog ein heftiges Gewitter auf. Da ich große Neugier erweckte, kamen die Einheimischen in Scharen, um mich zu betrachten. Einige brachten mir kleine Geschenke: Milch und Rauchfleisch. Mehrere dieser Unglücklichen hatten Geschwüre am ganzen Körper. Ich hatte Mitleid und behandelte sie mit einem verätzenden Mittel (Silbernitrat). Als Dank schickten sie mir ein gutes Abendessen. Ibrahim fürchtete, dass ich meine ganzen Medikamente verbrauche, und riet mir eindringlich, ihnen keine mehr zu geben, da sie mich, so sagte er, sonst für einen Christen halten würden.

Am 1. Mai verließen wir um sechs Uhr morgens das hübsche Dorf. Durch den Regen war die Luft nun frisch und klar. Freudig marschierten wir Richtung Süd-Ost-Ost. Während einer Rast brachten uns Neger Orangen, die ich ganz köstlich fand. Später hielten wir in Popoco, wo wir mehrere Tage verbringen sollten.

Der 2. Mai diente dazu, uns neue Träger zu besorgen, da diejenigen, die wir seit Kakondy hatten, nicht mehr weitergehen wollten. Gegen drei Uhr nachmittags verließ uns ein Teil unserer Reisegefährten. Auch mein junger Übersetzer war dabei. Ich litt darunter, dass er nicht mehr bei mir war, denn manches Mal hatte ich mich mit ihm unterhalten, um die Langeweile während der Reise zu verscheuchen. Unsere Unterhaltungen drehten sich meistens um seine Heimat, der er sehr verbunden zu sein schien. Er bezeichnete sie als ein Opfer der Bürgerkriege, die es gab, seit sich zwei Herrscher – jeder mit einer beträchtlichen Anhängerschaft – den Platz streitig machten. Ich werde im Folgenden noch ausführlicher darauf eingehen.

Wir begleiteten sie zum Dorf hinaus. Da wir keine Träger fanden, mussten wir auch am 3. Mai noch bleiben. Die Einwohner, denen mein Führer Ibrahim gesagt hatte, wer ich sei, besuchten mich. Meine Hütte war den ganzen Tag voller Leute. Sie überhäuften mich mit lästigen Fragen. Mehrere von ihnen machten mir kleine Geschenke. Ich ließ für ein paar Glasperlen Maniok kaufen, doch man wollte nicht, dass ich irgendetwas dafür bezahle. Die Neuigkeit, dass ein Araber aus dem Land des Propheten angekommen sei, hatte sich auch in allen Nachbardörfern verbreitet. Ich erhielt den Besuch mehrerer *marabout*, den Priestern des Landes, die man hier *tierno* nennt. Ich erfuhr, dass das Fouta-Djalon-Gebiet seit dem Tod des *almamy* Gadry, unter dem Frieden geherrscht hatte, gezweiteilt war. Tierno-Boubacar und Tierno-Yayaye erhoben beide den Anspruch, seine Nachfolge anzutreten. So bekriegten sich Vater und Sohn. Yayaye, dessen Anhänger zunächst die Übermacht hatten, verließ das Gebiet eine Zeit lang, um Krieg gegen die Ungläubigen zu führen. Dieses gewagte Unternehmen ließ großen Unmut gegen ihn aufkommen und erlaubte es seinem Gegner, die Leute für sich zu stimmen. Als er von seinem Kriegszug, bei dem er mehrere Männer verloren hatte, zurückkehrte, schickte man im ganzen Land Rundbriefe herum, in denen verkündet wurde, dass Boubacar das neue Oberhaupt des Landes sei. Yayaye zog sich zurück, ohne aber auf seine Ansprüche zu verzichten, und behielt immer noch eine gewaltige Anhängerschaft.

Am 5. Mai – wir waren in Dité – brachte man mir etwas frisch gemolkene Milch. Ich war unvorsichtig genug, sie zu trinken: Ihr

Genuss führte dazu, dass ich einen Großteil des Tages an Erbrechen und Übelkeit litt. Dieser Zwischenfall zwang mich, mit meinem Führer in einem Dorf eine Rast einzulegen. Ich fürchtete, vergiftet worden zu sein, aber das Verhalten der Fulbe, die sich häufig nach meinem Zustand erkundigten und durch mein Unwohlsein sogar sehr beunruhigt zu sein schienen, zerstreute meine Bedenken. Einer von ihnen schenkte mir ein dickes Huhn, das mein Führer mit seinen Leuten aß; ich selbst konnte keinerlei Nahrung zu mir nehmen. Die Karawane zog weiter und ließ mich in dem Dorf zurück. Aber als es mir gegen drei Uhr etwas besser ging, brachen wir mit der Absicht auf, die Karawane wieder einzuholen.

In Digui hielten wir kurz vor Sonnenuntergang. Wir suchten einen Freund meines Führers auf, der uns sehr freundlich empfing. Der Häuptling des Dorfes rief Ibrahim und mich zu sich in seine Hütte. Er lud uns sein, sein aus Reis und saurer Milch bestehendes Abendessen mit ihm zu teilen. Ich aß nur wenig davon, denn dieses Gericht war kaum dazu angetan, meinen mitgenommenen Magen wiederherzustellen. Er schlug mir vor, den *almamy* zu besuchen, der mich sicher freundlich aufnehmen und mir schöne Geschenke machen werde. Ich aber verspürte keine große Lust, seine Großzügigkeit auf die Probe zu stellen, da ich fürchtete, dass er mich aufhalten werde. Mein Führer ergriff an meiner Stelle das Wort und sagte ihm, dass er mich nach Timbo führen und mich zum dortigen Häuptling bringen werde.

Am Morgen des 6. Mai gab es ein Gewitter, und es regnete ein wenig. Mehrere Frauen besuchten mich, von denen mir jede ein kleines Geschenk überreichte: Milch, Reis, Orangen, u.a. Ein Schuhmacher gab mir ein Paar Sandalen, die ich dankbar annahm, denn die meinen waren kaputt. Gegen neun Uhr hörte es auf zu regnen, und wir machten uns wieder auf den Weg in süd-ost-östlicher Richtung. Um fünf Uhr abends kamen wir in Doudé an. Der Häuptling empfing uns am Tor seines Palisadenzauns, mit dem sein Grundstück umgeben war. Ich bemerkte Baumwollpflanzen, die viel zu eng beieinander standen und deshalb nicht richtig wachsen konnten. Dies kommt daher, dass die Menschen hier die Samen einfach händevoll so ausstreuen, wie wir unser Gras säen. Ich sah eine kleine Negerin, die damit beschäftigt war, Baumwolle zu ernten, die mir von minderer Qualität zu sein schien.

Man brachte uns in einer großen und schönen Hütte mit zwei Türen unter. Unser Gastgeber fühlte sich sehr geehrt, bei sich einen Mann aus dem Land des Propheten zu haben, denn mein Führer hatte ihm schon die angeblichen Ereignisse meiner Kindheit erzählt. Er kam zu mir, rieb zuerst seine Hände, dann sein Gesicht an meinen Kopf, wie wenn diese Annäherung an einen »Landsmann des Propheten« etwas Heiliges oder Heilbringendes gewesen wäre. Dann verrichteten wir zusammen das Gebet. Der gute Alte hatte unter einem Orangenbaum eine Unmenge Kieselsteinchen angehäuft, auf die er sich – wohl zur Buße – hinkniete, um zu beten. Da ich es ihm nachtun musste, fand ich mich in einer äußerst unbequemen Position wieder.

Anschließend stellte er mir ein vier- oder fünfjähriges Kind vor, das eine Augenkrankheit hatte, und bat mich, es zu heilen. Ich war in großer Verlegenheit und sagte ihm, dass ich für diese Krankheit kein Medikament habe. Da mein Führer aber das Gegenteil gesagt hatte, glaubte der Alte, dass ich nicht wolle, und bot mir Geld. Ich machte ihn darauf aufmerksam, dass mein Gepäck schon unterwegs war und ich es erst am nächsten Tag zur Verfügung hätte. Er schwieg, schien jedoch mit meiner Antwort nicht zufrieden zu sein. Noch nie in meinem Leben hatte ich eine Krankheit gesehen, die der dieses Kindes ähnelte. Es hatte keine Schmerzen, sah aber sehr schlecht. Später habe ich mir des Öfteren gesagt, dass es sich um eine Art grauen Star gehandelt haben musste. Die *marabout* – auch Ärzte des Landes – hatten vergeblich ihr ganzes Wissen, ihre Amulette und Talismane eingesetzt. Sie konnten nichts für das Kind tun. Deshalb hatten sie es jetzt seinem Schicksal überlassen. Ich riet den Eltern, die Augen des Kindes mit der Flüssigkeit der Blätter des Affenbrotbaumes zu spülen, der eine ähnliche Wirkung wie die Malve hat, und es in Sierra Leone behandeln zu lassen. Sie aber reagierten mit Entsetzen auf den Vorschlag, ihr Kind in die Hände von Christen zu geben, und lehnten ab.

Am 7. Mai machten wir uns um sieben Uhr früh zum Aufbruch bereit. Beim Weggehen bemerkte ich, dass man für die Nacht die Ziegen in einen zehn bis zwölf Fuß hoch gelegenen Speicher gebracht hatte. Im Laufe des Tages braute sich ein schweres Gewitter zusammen und wir beeilten uns, das Plateau, auf dem wir uns gerade befanden, zu verlassen. Der Weg nach unten war mit großen Felsbrocken aus schwarzem Granit bedeckt. Die Erde war rot, und man sah auch eisenhaltiges Gestein. Zwischen den Felsen sprudelten zahlreiche Quellen hervor. Das Gewitter kam näher, und der Regen holte uns ein. Es schüttete wie aus Eimern. Ich bediente mich meines Regenschirmes, der mich aber freilich nur wenig schützte. Das Wasser floss von den Bergen herab und ließ die Bäche anschwellen. Wir beeilten uns, einige Hütten zu erreichen, die am Hang eines Hügels lagen. Der kleine Weiler heißt Bâfila, ein Name, der möglicherweise von dem nahe gelegenen Fluss Bâ-fing (schwarzer Fluss) kommt.

Wir traten in die Hütte einer guten alten Frau ein, die uns sogleich willkommen hieß. Sie schaute mich unentwegt an und sagte mir, noch nie einen Mauren gesehen zu haben. Die Frau war dabei, das Abendessen für ihre Familie zu bereiten, zu der auch zwei Jungen gehörten.

Kurz nach unserer Ankunft trafen die beiden jungen Neger ein, die lediglich einen kleinen Lendenschurz trugen. Sobald sie erfahren hatten, dass ein Maure auf dem Weg nach Mekka bei ihnen sei, suchten sie mich auf und erkundigten sich besorgt nach meiner Gesundheit. Sie luden mich in ihre Hütte ein, die viel geräumiger als diese hier war. Sie waren so aufmerksam, eine große Matte zu holen, um mich vor dem Regen zu schützen, der die ganze Nacht anhalten sollte. Donnerschläge krachten, und ein Blitz zuckte nach dem anderen. Als wir in der Hütte angekommen waren, forderten mich die guten Neger auf, auf einem Schaffell am Feuer Platz zu nehmen. Sie boten mir etwas saure Milch an, die sie wohl für ihr Abendessen aufgehoben hatten; ich hätte sie aber beleidigt, wenn ich die Milch nicht getrunken hätte. Ihre gute Mutter bereitete das Abendessen zu: Es gab *foigné*, eine Getreideart, die in den Bergen dieser Gegend im Überfluss wächst. Neben den großen Topf stellte sie einen kleinen, in dem sie die Kräuter und Gemüse kochte, die sie vorher gepflückt hatte: Kürbis, Piment, Sesam und einige andere, die ich nicht kannte. Jetzt erst bemerkte ich zwei kleine Mädchen, die in einer Ecke alleine aßen. Die Frau beließ ihre eigene Portion in dem Topf. Ich bekam Reis mit der sauren Milch, die mir die beiden jungen Neger gegeben hatten. Ich nahm aber nur eine Hand voll davon und zog mich dann zurück. Wie können diese Elenden nur solchen Reis essen? Ohne Salz oder Butter. Er war einfach widerlich. Wir verrichteten zusammen das Gebet und legten uns dann zum Schlafen auf Matten. Nachts wurde ich immer wieder durch den Donner geweckt.

Am 8. Mai verabschiedeten wir uns um sechs Uhr morgens von unserer Gastgeberin. Ihre Jungen waren schon bei der Feldarbeit.

Bald erreichten wir das Ufer des Bâ-fing. Er heißt »Schwarzer Fluss«, da sein Bett voller großer schwarzer Granitfelsen ist. Manche von ihnen sind sehr spitz und scharf und die Neger tun sich oft weh, wenn sie den Fluss durchqueren. Der Bâ-fing ist der größte Zufluss des Senegal. Seine Strömung ist äußerst schnell, sie wirft dicke Schaumblasen. Ich vermutete, dass der Bâ-fing eine Felswand hinabstürzt. Die Neger bestätigten meine Vermutung. Sie sagten, sie hätten den Wasserfall auf dem Weg nach Timbo gesehen. Er stürze mit großem Getöse hinunter. Wir befanden uns nahe der Quelle dieses Flusses, der hier etwa hundert Fuß breit und eineinhalb Fuß tief ist. Seine Durchquerung bereitete uns einige Mühe. Wir stützten uns auf Stöcken ab, um das Gleichgewicht zu halten. Ich sah mit Sorge einen jungen Neger, der mit seiner Last auf dem Kopf dauernd strauchelte. Schließlich kamen wir aber ohne größeren Zwischenfall am linken Ufer an. Mehrere Leute hatten sich die Füße an den scharfen Felskanten aufgeschnitten. Auch ich selbst hatte mich verletzt, obwohl ich noch nicht einmal etwas getragen hatte.

Am Abend erreichten wir ziemlich erschöpft Foudédia, wo wir die Nacht verbrachten und die Leute der Karawane wiedersahen, die schon vorausgegangen war. Der Häuptling gab uns eine schöne Hütte und ließ uns ein sehr gutes Abendessen schicken, das aus Milchreis bestand. Zu dieser Zeit trafen mehrere Männer aus dem Dorf ein, das an dem Kriegszug des *almamy* Yayaye in Firya teilnahm. Sie erzählten, dass der *almamy* eine Niederlage erlitten und mehrere Männer in der Schlacht verloren habe und dass auch ein Einwohner aus Foudédia unter den Toten sei. Die Familie des Getöteten stürzte diese schreckliche Nachricht in die größte Verzweiflung. Seine Frauen zogen, begleitet von mehreren weiblichen Familienangehörigen und Freundinnen, durch das Dorf, wobei sie mit kreischender Stimme sangen und sich in die Hände und gegen die Stirn schlugen. Nachdem sie mehrere Runden in dem Dorf gedreht hatten, kehrten sie zu ihren Hütten zurück, gefolgt von einer Menge anderer Frauen, die ihre Gebärden nachmachten. Ihre Schreie schienen ihren Schmerz noch zu vergrößern. Sie warfen sich auf die Erde, schlugen sich gegen den Körper und schluchzten jämmerlich. Die Kinder vergossen aufrichtige Tränen, die Frauen schrien die ganze Zeit. So herzzerreißend ihre Trauer auch anmutete – nach nur einer halben Stunde hatten sie sich beruhigt und schienen das Unvermeidliche zu akzeptieren. Sie kleideten sich ganz in Weiß und bald gingen sie wieder ihrer täglichen Arbeit nach. Die Männer hatten sich vor der Moschee versammelt. Sie saßen auf dem Boden und waren ganz offensichtlich über den Tod ihres Kameraden bestürzt. Das Verhalten ihres Herrschers tadelten sie mit deutlichen Worten.

Am 10. Mai erreichten wir das Dorf, aus dem mein Führer Ibrahim stammte. Meine Reisebegleiter kündigten ihre Ankunft mit einer Musketen-Salve an. Als wir den Hof meines Führers erreichten, feuerten sie eine zweite Salve zu Ehren unserer Ankunft ab. Freude war auf allen Gesichtern zu sehen. Ich bemerkte, wie diese guten Neger ihre kleinen Kinder in die Arme schlossen und sich nach ihrer Gesundheit erkundigten. Auch nach dem Wohlergehen ihrer Bekannten fragten sie. Die Frauen waren glücklich über die Rückkehr ihrer Männer, aber sie gaben sich nicht der kindlichen und offenen Freude hin, die in Europa bei der Ankunft eines Familienvaters herrscht. Schüchtern näherten sie sich ihren Männern und setzten zur Begrüßung ein Knie auf die Erde. Sie stellten ihnen keinerlei Fragen. Nachbarn strömten herbei, um ihre Freunde zu dem glücklichen Ausgang ihrer Reise zu beglückwünschen. Man setzte sich in einem Kreis auf Rinderhäute in der Mitte des Hofes, der vom Mondschein erhellt wurde. Die Unterhaltung drehte sich um die Ereignisse während der Reise und um den Preis einiger Waren, vor allem des Salzes. Bis dahin hatte sich niemand für mich interessiert, aber sobald man mich bemerkt hatte, richteten sich alle Blicke erstaunt auf mich, und einige riefen: »Wer ist dieser Mann?« Ibrahim erzählte ihnen sogleich meine ganze Geschichte, so wie ich sie ihm dargestellt hatte. Diese rief ihre Neugier hervor, und sie bestürmten mich mit Fragen, auf die mein Führer freundlicherweise für mich antwortete. Der Hof leerte sich den ganzen Abend nicht.

Gegen neun Uhr brachte man uns ein Abendessen, das aus Reis und einem recht gut zubereiteten Fleisch bestand. Wir waren mindestens 20 Personen, denn die meisten Anwesenden – alles Verwandte von Ibrahim – blieben, ohne dass man sie einzuladen brauchte. Wir aßen gierig, und trotzdem schien am Ende niemand satt zu sein. Als sich die anderen zurückgezogen hatten, rief mich Ibrahim herbei, um mir ein Couscous zu geben, das mit der guten Milch seiner Kühe zubereitet war. Dann lud er mich ein, mich auf einer Rinderhaut auszuruhen, die er in der Hütte einer seiner Frauen hatte ausbreiten lassen. Obwohl es noch ziemlich warm war, zündete man in der Hütte ein Feuer an. Ich litt sehr unter der Hitze und dem Rauch, der nur durch das Strohdach ins Freie gelangen kann. Die Frau meines Führers schlief in der Mitte der Hütte, umgeben von einigen Kindern.

Am 11. Mai begrüßte mich Ibrahim gegen acht Uhr morgens und schlug mir vor, seinen Vater zu besuchen, der das Oberhaupt von Cambaya war. Wir fanden den alten, blinden Mann in seiner Hütte. Er lag auf einer Art Bank aus Erde, auf der sich eine Matte befand. Der Alte schien mir mindestens 80 Jahre alt zu sein. Schon am Vorabend hatte man ihm von meiner Ankunft berichtet. Sein Sohn kündigte ihm meine Gegenwart an und sagte ihm, dass ich ihn begrüßen wolle. Er richtete sich mit Mühe auf, reichte mir die Hand und begrüßte mich mit dem üblichen *salam aleikum.* Dann strich er mit seiner Hand über meinen ganzen Körper, wobei er sagte: »El-Arab, el-Arab, acagnié« (Araber, du bist ein guter Mensch). Er schien zu bedauern, mich nicht sehen zu können. Er fragte mich, ob ich wirklich entschlossen sei, in mein Land zurückzukehren, versprach mir, mich dorthin führen zu lassen, und sagte gleichzeitig lachend, dass ich doch bei den Mandingo bleiben könne. Er war überaus freundlich zu mir und schenkte mir zwei Kolanüsse, die Ibrahim aß, da ich ihren bitteren Geschmack nicht vertrug. Mein Führer stellte mich mehreren seiner Freunde vor, die mich alle sehr freundlich empfingen. Den ganzen Tag lang kamen Neugierige in meine Hütte und stellten mir lästige Fragen. Einige sagten mir, sie seien in Sierra Leone, einer englischen Handelsniederlassung an der Küste, gewesen und hätten dort viele Weiße gesehen, denen ich ähnele. Deshalb glaubten sie nicht, dass ich Araber sei. Sie wiederholten untereinander: »La forto, forto« (Nein, das ist ein Europäer). Ibrahim unterstützte mich und versicherte ihnen, dass ich ein *souloca-tigui, tigui* (wirklicher Araber) sei. Manche sagten dies wohl nur, um sich zu amüsieren, andere meinten es ernst. Es wurde darauf hingewiesen, dass sich ein Christ niemals dazu entschließen würde, den Koran zu studieren und mit dem *salam* zu grüßen.

Im Laufe des Tages ließ Ibrahim von einer seiner Frauen Wasser erhitzen und forderte mich auf, ein Bad zu nehmen. Er quartierte mich bei einem guten alten *marabout* aus Bondou ein, der hierher als Lehrer gekommen war. Er lehrte die Kinder des Dorfes den Koran. Bei allen Moslems im Inneren Afrikas schreibt man die Koranverse auf kleine Tafeln. Die Kinder setzen sich um ein großes Feuer herum auf den Boden und singen die Verse. Der Lehrer, der sich sehr streng zeigt, schreibt die Lektion so lange auf, bis die Kinder fähig sind, es selbst zu tun. Auch die kleinen Mädchen nehmen am Unterricht teil. Ihre Erziehung wird aber sehr vernachlässigt. Man findet sie hinreichend gebildet, sobald sie die ersten Verse des Koran kennen, während die Jungen den ganzen Koran auswendig lernen müssen. Danach haben sie einen noch sachverständigeren Lehrer, der ihnen die schwierigen Textpassagen erklärt. Die Schüler müssen für den Unterhalt ihres Lehrers aufkommen. Sie beschaffen ihm Holz und Wasser, säubern seine Hütte, bebauen seine Felder und fahren die Ernte ein. Die Eltern machen dem Lehrer kleine Geschenke wie Stoffe und Tabak und geben ihm Sämereien für seinen Acker.

Der Lehrer von Cambaya hatte den Ruf eines Heiligen. Er war arm und wurde vom Häuptling verköstigt, der auch mich stets zu den Mahlzeiten hinzurief. Ich schlief in der Hütte des Mannes aus Bondou auf einer Matte, die mir Ibrahim gegeben hatte. Der gute alte *marabout* zündete jede Nacht ein Feuer in seiner Hütte an, und ich empfand den Rauch als sehr unangenehm. Sein religiöser Eifer führte dazu, dass er mich jede Nacht um drei Uhr weckte, um in der Moschee dem Herrn Dank zu sagen. Die Mandingo waren weit davon entfernt, die gleiche Beflissenheit zu zeigen. Sie verrichteten ihr Gebet um fünf oder sechs Uhr morgens in ihrer Hütte. Obwohl er unablässig die Gläubigen herbeirief, waren wir oft allein in der Moschee. Er beklagte sich offen, dass die Mandingo, was die Gebete betraf, nicht besonders fleißig seien. Wenn wir in unsere Hütte zurückkehrten, legte ich mich wieder auf meiner Matte nieder, während er von neuem anfing zu beten. Dieser gutmütige Alte bedachte mich mit vielerlei Aufmerksamkeiten.

Ich war in dem Dorf gerne gesehen. Man hatte sich an mein Gesicht gewöhnt und da ich die religiösen Vorschriften sorgsam beachtete, war jeglicher Zweifel diesbezüglich verflogen. Ein Mann jedoch bestand weiter darauf, dass ich ein Weißer sei. Er behauptete, Arabisch sprechen zu können. In Wahrheit verstand er einige Worte dieser Sprache, aber er sprach sie so schlecht aus, dass ich große Mühe hatte, ihn zu verstehen. Ich ärgerte mich ein wenig über den Mann, obwohl die anderen Einwohner seinen Worten nicht viel Beachtung schenkten.

Am 13. Mai – ich saß gerade vor der Tür meiner Hütte und hielt einige Blätter aus dem Koran in der Hand – sah ich diesen Mandingo auf mich zukommen. Er schien immer noch gegen mich eingenommen zu sein. Ich rief ihn herbei, forderte ihn auf, sich zu setzen, und bat ihn, eine Sure aufzuschreiben, die ich auswendig lernen wollte. Er fühlte sich durch mein Vertrauen geschmeichelt und beeilte sich, mich zufrieden zu stellen. Von diesem Augenblick an wurde er mein bester Freund. Er versicherte dem ganzen Dorf, dass ich wirklich ein Araber sei. Als wir das Dorf verließen, suchte ich ihn mit meinem Führer auf, und er gab mir ein *grigri* (Amulett), das mich vor jeglicher Gefahr schützen sollte. Mit großer Dankbarkeit nahm ich diesen kostbaren Talisman an.

Später brachte man mir ein hellhäutiges Kind, das jedoch von einer Negerin und einem Neger geboren war. Es war ungefähr 18 bis 20 Monate alt. Seine Mutter vertraute es mir an und ich setzte es auf meine Knie. Es hatte weißes, krauses Haar, Augenbrauen und Wimpern hatten die Farbe hellen Leinens, Stirn, Nase, Wangen und Kinn waren leicht rötlich. Die Pupille seiner ansonsten himmelblauen Augen war feuerrot, seine Lippen zeigten ein ziemlich dunkles Rot. Ich bemerkte, dass es offensichtlich nicht gut sah. Ich brachte es dazu, nach oben zu schauen, indem ich seine Aufmerksamkeit auf meinen Rosenkranz lenkte. Dies schien ihm Schwierigkeiten zu bereiten, es schrie und senkte augenblicklich seinen Blick. Seine Nase war ziemlich platt und seine Lippen dick. Es sah ganz wie ein Mandingo aus und schien bei guter Gesundheit zu sein. Die Neger haben keine Abneigung gegen diese Farbe, sondern betrachten sie als eine Krankheit. Man versicherte mir, dass die Kinder solcher Albino-Eltern wieder schwarz seien.

Am Morgen des 14. Mai schoss Ibrahim mehrmals mit dem Gewehr in die Luft um seine Freunde aufzufordern, zu ihm zu kommen und sich ein kleines Tabak-Geschenk abzuholen. Bald war der Hof voller alter Männer, die alle ihre Ansprüche erhoben. Da die Portionen schon am Vortag festgelegt worden waren, brauchte man sie nur noch zu verteilen. Jeder seiner drei Frauen gab Ibrahim darüber hinaus ein kleines Stück blauen Guinea-Stoffes, damit sie sich Kleider daraus fertigen konnten. Nachdem alle Geschenke verteilt waren, wurde Ibrahim mit Segenswünschen überschüttet. Die Frauen tanzten, sprangen umher, stimmten Lobgesänge auf ihn an, und die Männer wünschten ihm Glück und Wohlstand.

Nach dem Frühstück zogen Ibrahim und ich los, um den Sklaven bei der Arbeit zuzuschauen. Sie waren gerade dabei, die nötigen Vorbereitungen für die Aussaat zu treffen. Die armen Sklaven arbeiteten – ganz nackt – ununterbrochen unter der sengenden Sonne. Die Gegenwart ihres Herren schüchtert sie ein, die Angst vor Strafe lässt sie fleißig zu Werke gehen, was allerdings ganz anders aussieht, wenn er nicht anwesend ist. Auch die Frauen waren halb nackt und hatten ihre Kinder auf dem Rücken festgebunden. Sie sammelten das trockene Gras auf, schichteten es auf einen Haufen und zündeten es an. Dies ergab eine Art Dünger, der dem Boden gut tat. Ibrahim versicherte mir, dass der Reis in dieser Ebene vier Fuß hoch wird. Der Boden besteht hier aus hartem, grauem Sand, den die Überschwemmungen des Tankisso fruchtbar machen. Auf den höher gelegenen Äckern, die nicht überschwemmt werden, baut man Jamswurzeln, Mais, Hirse, Maniok und *foigné* an, eine Getreideart, die in der Gegend häufig vorkommt. *Foigné* wird im Mai ausgesät und im Juli geerntet, wenn der Reis noch ganz klein ist. Zwei Ernten pro Jahr sind möglich. Ohne diese schnell wachsende Getreideart müssten die Bewohner dieser Landstriche oft Hunger leiden, denn sie kalkulieren ihre Saaten immer sehr knapp. Oft wird nicht genügend angebaut und dann greifen sie auf *foigné* zurück. Ich setzte mich eine Zeit lang in den Schatten eines Baumes, um den Sklaven zuzusehen. Mir fiel auf, dass sie ihre Arbeit viel besser verrichteten als die Neger, die von den Europäern an der Westküste angestellt sind, obwohl sie nur ein landwirtschaftliches Gerät zur Verfügung haben: eine Hacke, mit der sie etwa ein Fuß tiefe Furchen für den Reisanbau ziehen. Für die Aussaat des *foigné* geben sie sich viel weniger Mühe: Sie schneiden nur das Gras ab, streuen die Körner mit der Hand aus und bedecken diese dann mit dem geschnittenen Gras. Diese wenig aufwändige Arbeit wird von den Frauen verrichtet. Unkraut zu jäten, halten sie nicht für notwendig, selbst wenn es das Wachstum des *foigné* beeinträchtigt. Beim Reisanbau gehen sie, wie gesagt, sorgfältiger vor.

Der alte Lehrer wurde krank, und ich war sein Arzt. Er hatte Fieber, das ich mit etwas Chininsulfat senkte. Außerdem verabreichte ich ihm ein Abführmittel. Anschließend riet ich ihm, sich ein Huhn zu besorgen und eine erfrischende Bouillon mit Kräutern daraus zu kochen. Aber er hatte nicht die Mittel, sich ein Huhn zu kaufen. Ich bat Ibrahim, ihm eines zu schenken. Er aber entgegnete mir schroff, er habe keines, obwohl ich doch gut 20 Hühner in seinem Hof herumlaufen sah. Ich gab dem guten Alten fünf Tabakblätter, mit denen er Ibrahim eines abkaufte. Er gab es einer seiner Frauen um eine Bouillon daraus zu machen, was seine Gesundheit wiederherstellte.

Den anderen Bewohnern war nicht entgangen, dass ich Medikamente für alle möglichen Krankheiten hatte. Einige fragten mich danach und drängten mich, ihnen welche zu geben. Die einen hatte Geschwüre an Armen und Beinen, die anderen Fieber oder Bauchweh. Den ganzen Tag lang wurde ich um Rat gefragt. Um die Geschwüre zu heilen, verätzte ich sie zunächst, dann verband ich sie mit Scharpie. Denen, die Fieber hatten, gab ich eine Dosis Chinin und verordnete eine Diät, die nicht immer Zuspruch fand. Ich duldete aber keine Widerrede, tat verärgert und drohte denen, die meine Vorschriften nicht befolgten, sie nicht weiter zu behandeln. Alles in allem hatte ich aber nur wenige Medikamente, die mir die englischen Ärzte in Sierra Leone freundlicherweise beschafft hatten. Ich wollte sie für mich behalten, denn ich vermutete, dass ich sie durchaus noch gebrauchen könne. Aber die Mandingo dachten, dass mein Vorrat unerschöpflich sei und sich in ihm für jede nur erdenkliche Krankheit ein Mittel finde. So fragten sie mich ständig nach neuen Medikamenten. Ich sah mich gezwungen, ihre Bitten zurückzuweisen, aber sie kamen immer wieder und betonten, dass sie wie ich selbst auch Moslems seien und dass ein solcher einem anderen niemals einen Dienst verweigern solle. Als ich ihr Drängen leid war, erhob ich mich unwirsch und entfernte mich, um einen Moment Ruhe zu haben. Da sagten sie: »Er ist ein Christ. Habt ihr gesehen, wie er uns angeschaut hat? Er hat Heilmittel und will sie uns Moslems nicht geben.« Bei solchen Gelegenheiten war ich immer sehr froh um meinen Führer, der ihnen vor Augen führte, dass ich bei den Christen groß geworden sei und mich immer noch nicht von deren Sitten und Gebräuchen frei gemacht habe. Da suchten sie mich von neuem auf, wiederholten ihre ungelegenen Bitten – und bekamen schließlich, was sie verlangten. Die ganze Zeit, die ich in Cambaya verbrachte, quälten mich so die Einheimischen, die nicht nur meine Medikamente umsonst bekamen, sondern darüber hinaus auch noch Tabak, Pulver, Scheren und Guinea-Stoff wollten. Mehrere Kinder kamen zu mir in den Hof und baten mich, ihre Wunden zu versorgen. Nun – nach zahlreichen Unannehmlichkeiten dieser Art, über die ich nicht weiter reden will, gewöhnten sich die Mandingo, die ja eher gewinnsüchtig und unwissend als wirklich böse waren, an mich und hörten auf zu behaupten, dass ich ein Weißer sei. Sie konnten sich wohl nicht vorstellen, dass ein Europäer eine so lange und beschwerliche Reise alleine und zu Fuß machen wolle, nur um der

Menschheit nützlich zu sein. Da sie wie unsere frühesten Vorfahren einfach und ohne große Kenntnisse leben, kommt es ihnen nicht in den Sinn, dass es in Europa gelehrte Gesellschaften gibt, die große Anstrengungen unternehmen, um das Schicksal dieser Eingeborenen zu verbessern und sie an den Errungenschaften des Zeitalters der Aufklärung teilhaben zu lassen.

Ibrahim war nicht klüger als die anderen Neger. Er sagte es mir nicht direkt, aber er wollte alles kaufen. Mein Gepäck hatte es ihm angetan. Er hatte aus Kakondy viel Guinea-Stoff und Tabak mitgebracht; trotzdem wollte er den, der mir gehörte, ständig erwerben. Er behauptete, dass mein Stoff schöner als seiner sei und mein Tabak besser rieche als seiner, obwohl es sich um den gleichen handelte. Manchmal bemerkte er, dass er keine Hose habe und dass seine *coussabe* nichts mehr wert sei. So bat er mich, mir das abkaufen zu dürfen, was er begehre, und hoffte dabei heimlich, dass ich es ihm schenken werde.

Ich dachte zunehmend an meine weitere Reise. Ich wollte mich in das Kankan-Gebiet begeben, bevor die Regenzeit ihren Höhepunkt erreicht hatte. Außerdem fürchtete ich, nach Timbo gehen und den *almamy* besuchen zu müssen. Dort wäre ich Gefahr gelaufen, entdeckt und verhaftet zu werden, obwohl meine Haut von der glühenden Sonne so gebräunt war, dass man mich leicht für einen Mauren halten konnte. Trotzdem war mir nicht wohl bei dem Gedanken. Mein Führer wurde von der Feldarbeit aufgehalten und beabsichtigte erst in ein oder zwei Monaten aufzubrechen. So lange wollte ich aber keineswegs warten. Ich war gewillt, die erste Gelegenheit beim Schopf zu packen, die sich mir böte, um die Gegend zu durchqueren, das das Kankan-Gebiet vom Fouta-Djalon trennt.

Am 24. Mai suchte ich mit Ibrahim einen Mandingo auf, der in Kürze in das Kankan-Gebiet aufbrechen wollte. Mein Führer empfahl mich dem Mandingo und ich beschloss, die Gelegenheit zu nutzen. Ich versprach ihm ein schönes Geschenk bei unserer Ankunft.

Abends nahm ich am Gebet teil. Im Gegensatz zu sonst hatten sich viele Mandingo versammelt. Beim Verlassen der Moschee bildeten sie einen großen Kreis um den Häuptling, der eine kurze Ansprache hielt, in der er verkündete, dass ein Bote aus Timbo mit einem Rundschreiben angekommen sei, das er nun verlesen wolle. Er bat um allgemeine Aufmerksamkeit. Daraufhin begann ein *marabout,* der neben ihm saß, den Brief vorzulesen. Man erfuhr daraus, dass der *almamy* Yayaye abgesetzt worden war, Boubacar seinen Platz eingenommen hatte, sich als Beschützer des Islam bezeichnete und sein Volk aufforderte, ihm treu zu sein. Nachdem der Brief verlesen worden war, machte sich der Bote unverzüglich wieder auf den Weg, um das Schreiben nach Baleya zu bringen. Der Häuptling sprach ein Gebet und wünschte dem neuen *almamy* alles Gute. Einige Mandingo taten es ihm nach und unterhielten sich dann über die Zwietracht, die das Fouta-Djalon-Gebiet auseinander riss. Yayaye hatte sich nämlich mit einer Gruppe Anhänger zurückgezogen, was vermuten ließ, dass der Frieden nicht lange anhalten werde.

Am 25. Mai begab ich mich mit Ibrahim an das Ufer des Tankisso, um beim Bau einer Brücke zuzuschauen. Auf dem Weg dorthin sah ich einige Mandingo mit einer großen Trommel, die sie kräftig schlugen, um die Arbeiter zusammenzurufen. Als wir am Fluss angekommen waren, erläuterte man mir, dass das Wasser in der Regenzeit 25 bis 30 Fuß ansteige und die Brücke vom Hochwasser oft davongeschwemmt werde. Als sich alle Handwerker eingefunden hatten, machte man sich singend an die Arbeit. Alle waren sehr fröhlich und hatten Spaß, der Brückenbau war für sie ein Vergnügen. Die Einwohner von Cambaya wussten um die Notwendigkeit einer solchen Brücke und halfen alle mit. Die Brücke musste ungefähr 40 bis 45 Fuß lang und sechs oder sieben Fuß breit werden. Zwischen hohen Pflöcken, die man eng nebeneinander in den Fluss rammte, wurden Querbalken angebracht, die an vielen Stellen noch zusätzlich durch Zweige, die über den Fluss ragten, gestützt wurden. Von einem Querbalken zum anderen legte man anschließend der Länge nach Holzbretter, die man mit Lianen befestigte. Dann brachte man quer dazu noch Holzlatten an, die ungefähr jeweils einen Schritt voneinander entfernt waren, damit man sich beim Überqueren auf dieser wackeligen Brücke leichter tat. Man sagte mir, dass die Brücke ohne die Unterstützung der Zweige, auf denen sie aufliegt, der Strömung nicht standhalten könnte. Der Brückenbau nahm nur wenige Tage in Anspruch, denn es arbeiteten sehr viele Handwerker mit. Alle Einwohner von Cambaya halfen mit. Frauen brachten Kalabassen voller Reis und *foigné* für das Abendessen ihrer Männer herbei. Man lud mich ein, mich daran zu beteiligen, und wir setzten uns alle um die Speisen herum. Dann kehrten wir fröhlich ins Dorf zurück.

Am 26. Mai gingen Lamfia, der mein Führer in das Kankan-Gebiet sein sollte, Ibrahim und ich zum Häuptling des Dorfes, um ihn über meine bevorstehende Abreise zu unterrichten. Mein früherer Führer fragte mich in seiner Gegenwart, ob ich, bevor ich mich von ihnen trenne, den *almamy* in Timbo besuchen wolle. Ich antwortete, dass mir das gut gefallen würde, dass aber der Weg von Cambaya nach Timbo über zahlreiche hohe Berge führe, was mich sehr anstrengen würde. Deshalb wünschte ich sehnlichst, die Strecke ins Kankan-Gebiet zurückzulegen, bevor die Regenfälle häufiger würden, da dann das Reisen äußerst beschwerlich werde. Der Häuptling fand meine Haltung richtig und entschied, dass ich mit Lamfia losziehen könne.

Während meines ganzen Aufenthalts in Cambaya hatte ich darauf geachtet, die religiösen Vorschriften zu erfüllen und den Koran morgens und abends zu studieren, um Eindruck bei den Dorfbewohnern zu erwecken. Ich vereinbarte mit meinem Führer, dass er mein Gepäck bis in das Kankan-Gebiet trage und dafür Guinea-Stoff bekomme, den ich ihm allerdings schon vor der Abreise gab. Ibrahim, mit dessen Diensten ich sehr zufrieden gewesen war, schenkte ich Bernstein, Stoffe, Papier, Pulver, Scheren und Seidenhandtücher. Er bat mich, niemandem von diesen Geschenken zu erzählen: Er wollte als großzügiger Moslem angesehen werden, obwohl er, so wie alle seine Landsleute, sehr geizig war. Ihre Freigebigkeit hatte zwei oder drei Kolanüsse nie überstiegen, während die Fulbe, die nach Cambaya kamen, um Salz oder andere Waren zu verkaufen, mir immer kleine Geschenke machten und dabei keine Gegenleistung von mit erwarteten.

Wir wollten am übernächsten Tag aufbrechen und trafen Vorbereitungen: Lamfia packte Reis für unterwegs ein. Ibrahim hatte mir versprochen, mir Vorräte für den Weg mitzugeben, was er dann aber absichtlich vergaß. Unser Nachbar, ein guter alter Fulbe namens Guibi, ließ mir ein großes Brot aus Pistazien, Mais und Honig zubereiten, das, wie er sich ausdrückte, mir unterwegs Freude bereiten solle. Er versicherte mir, dass er mich gerne selbst bis Kankan begleitet hätte, wenn ihn nicht die Feldarbeit zurückhielte. Ibrahim bot mir an, auch ein solches Brot für mich zu machen, wenn ich den dafür nötigen Honig kaufen wolle. Ich dankte ihm für seine Großzügigkeit. Er setzte sich zu mir und sagte, dass ich auf der vor mir liegenden Strecke des Öfteren Mandingo begegnen werde und dass er mir als Freund rate, nicht ungehalten zu werden, wenn sie mich um Medikamente bäten, denn es sei gut möglich, dass sie nicht so geduldig wie die hier in Cambaya seien. Ich dankte ihm für seinen Rat und war entschlossen, ihn zu beherzigen. Guibi betonte währen unserer Unterhaltungen oft, dass die Fulbe die Weißen Afrikas und die Mandingo Neger seien. Damit wollte er die Überlegenheit der Fulbe ausdrücken.

Die Fulbe des Fouta sind in der Regel groß gewachsen und haben einen guten Körperbau. Ihre Haltung ist edel und stolz. Ihre hellbraune Haut ist etwas dunkler als die der Nomaden-Fulbe. Sie haben krauses Haar wie die Neger, eine hohe Stirn, große Augen, eine Hakennase, schmale Lippen und ein längliches Gesicht. Kurz: Ihre Züge ähneln denen der Europäer. Sie sind alle Moslems und sehr fanatisch. Die Europäer verabscheuen sie und sind überzeugt, dass sich diese der Goldgruben östlich des Fouta-Gebietes bemächtigen wollen. Deshalb scheuen sie keine Mühe, um ihnen diesen Weg zu versperren. Größere Reisen wie die Mandingo unternehmen sie nicht, sondern sie begnügen sich lieber damit, friedliche Bewohner ihres Landes zu sein und ihre Sklaven zu beaufsichtigen, die ein wesentlicher Bestandteil ihres Reichtums sind. Eifersucht und Missgunst trifft man bei ihnen häufig an. Gegen fremde Händler, die ihr Land durchqueren, gehen sie oft hart vor, vor allem wenn sie reich sind. Trotzdem sind sie recht gastfreundlich. Sie unterstützen auch ihre Landsleute. Ich habe in ihrem Gebiet keinen einzigen Bettler gesehen. In dem gebirgigen Land bauen sie Reis, Mais- und Hirsearten sowie Baumwolle an, aus der sie Stoffe machen, die nur fünf Zoll breit sind und ihre Scham bedecken. Handel wird hauptsächlich mit Salz und Stoffen getrieben. Sie verkaufen aber in Kakondy auch Leder, Reis, Wachs und Hirse. Manche Fulbe begeben sich nach Bouré, wo sie Gold kaufen, das sie an der Küste gegen Gewehre, Pulver, Glaswaren und andere Waren eintauschen, mit denen sie dann wiederum Sklaven erwerben.

Die Fulbe sind ein kriegerisches Volk, das von der Liebe zur Heimat getragen ist. Im Kriegsfall ziehen sie alle los, nur die Alten und die Frauen bleiben in den Dörfern. Viele sind mit Gewehren und Säbeln bewaffnet, die meisten benutzen aber Pfeil und Bogen sowie Lanzen. Alle haben einen Dolch mit gerader Klinge. Ich habe nur einige wenige gebogene gesehen. Die Dolche werden in dem Land selbst hergestellt. Nur selten entfernen sich die Fulbe weiter von ihren Dörfern weg, ohne einige Lanzen mitzunehmen.

Ihre Kleidung besteht aus einer *coussabe* aus meist weißem Stoff, einer kurzen Hose, Sandalen und einem roten Käppchen. Sie flechten ihre Haare und fetten sie mit Butter ein. Meiner Beobachtung nach waren ihre Kleider stets sehr sauber. Sie waschen sich häufig, wobei sie lauwarmes Wasser verwenden.

In den Dörfern gibt es öffentliche Schulen für die Kinder. Unterricht wird morgens und abends unter freiem Himmel, im Schein eines großen Feuers gehalten. Wenn die Kinder den Koran lesen können, gelten sie als sehr gebildet. Es fällt auf, dass die Eltern große Nachsicht bei ihren Kindern walten lassen. Die jungen Mädchen wiederum sind gehorsam und sanftmütig. Die Fulbe-Kinder in diesem Teil Afrikas laufen nicht nackt herum, sondern tragen eine *coussabe*. Die Fulbe, die man in unseren Handelsniederlassungen sieht, sind nicht so sauber, da sie für die Reise ihre schlechtesten Kleider mitnehmen. Sie schnupfen Tabak, rauchen aber nicht und ziehen unseren Tabak dem, den sie im eigenen Land ernten, vor.

Die Frauen sind lebhaft, hübsch und sanftmütig. Sie reiben sich die Zähne mit Tabakpulver ein. Wie alle Frauen im Landesinneren sind sie ihren Männern ganz ergeben und würden sich niemals den kleinsten Scherz mit ihnen erlauben. Ich habe nicht gesehen, dass die Männer ihre Frauen schlügen. Wie die Mandingo können sie vier Frauen haben. Mehr erlaubt der Koran nicht. Allerdings haben nur die Reichen so viele. Die Armen beschränken sich auf zwei. Die Frauen kümmern sich um den Haushalt und um einen kleinen Garten neben ihrer Hütte. Sie kochen das tägliche Essen für die Familie. Das Abendessen für den Mann bereiten sie abwechselnd zu. Sie wohnen abseits der Männer und essen auch nur selten mit ihnen zusammen. Jede bekommt von ihm eine Kuh, die morgens und abends gemolken wird. Das Geschirr besteht aus einigen Kalabassen, in denen man Milch und die schon zubereiteten Speisen aufbewahrt, zwei oder drei Tontöpfen und einem großen Krug für den trockenen Reis. Die Frauen schienen mir im Allgemeinen recht fröhlich zu sein, es gab kaum Eifersucht zwischen ihnen, es sei denn, der Mann machte einer von ihnen ein Geschenk, ohne den anderen auch etwas zu geben. Oft baten sie mich um Bernstein oder Korallen, waren aber nicht sehr verärgert, wenn ich ihnen diese verweigerte.

Die Fulbe züchten viel Vieh, Rinder, Schafe, Ziegen und Geflügel. Sie haben kleine Pferde, einige wenige Esel und ein paar

Hunde. Sie begeben sich häufig nach Sierra Leone, um diese Kolonie mit Rindern zu versorgen. Ihr Land liefert ihnen alles, was zum Leben wichtig ist: Reis, Hirse, Jamswurzeln, Maniok, Kohl, Orangen und Bananen.

Sie alle sind fanatische Moslems. An Krankheiten habe ich vor allem Lepra, Geschwülste am Hals bzw. Kröpfe, verschiedene Fieber und Augenentzündungen gesehen. Fälle von Geschlechtskrankheiten sind mir keine bekannt geworden. Als hervorstechende Charakterzüge sind Stolz, Misstrauen und ein Hang zum Lügen zu nennen. Außerdem wirft man ihnen vor, faul und diebisch zu sein. Die Fulbe sind enthaltsam und ertragen willensstark die größten Entbehrungen. Sie sind mutig, aber wie alle Moslems abergläubisch. In ihre Talismane haben sie großes Vertrauen und wenn sie in den Krieg ziehen, sind sie über und über mit Amuletten, den *grigri,* bedeckt.

Während meines Aufenthalts in Cambaya habe ich nicht bemerkt, dass es irgendwelche Richter oder Gerichtshöfe geben würde, die sich um Streitfälle kümmerten, so wie es Mungo Park von den Ufern des Gambia berichtet. Hingegen habe ich zahlreiche Meinungsverschiedenheiten erlebt, die alle von den Dorfältesten geschlichtet wurden. Diese begaben sich deswegen nicht einmal zum Häuptling, es sei denn, es handelte sich um schwerwiegende Fälle, die dann dem *almamy* von Timbo vorgetragen werden mussten, der sich zwei Tagesmärsche in süd-west-westlicher Richtung von Cambaya aufhielt.

Jeder Mandingo wird von seiner Familie verehrt. Die Hütten seiner Frauen sind um seine eigene herum angeordnet. An Haushaltsgeräten sieht man lediglich zwei große Krüge, die die Getreidemenge für den Zeitraum eines Jahres enthalten und aus denen der Mann seinen Frauen ihre Portionen gibt. Außer der Rinderhaut, auf der er schläft, gibt es kein Mobiliar. Seine Waffen bilden den einzigen Schmuck seiner Wohnung.

Wenn sich der Herr auf seine Felder begibt, um die Sklaven zu überwachen, bringen ihm seine Frauen das Essen. Es ist Sitte, zum Mahl all die einzuladen, die sich in der Nähe befinden oder gerade vorüberkommen. Wenn sich der so Geladene nicht direkt neben die Kalabasse setzt, nimmt der Herr eine Hand voll Reis, wendet ihn lange in der Hand hin- und her, taucht ihn sodann in die Sauce und gibt ihn schließlich dem, den er eingeladen hat. Man darf diesen Akt der Höflichkeit niemals zurückweisen, es sei denn, man will den Gastgeber beleidigen. Nehmen Fremde an dem Essen teil, rühren die Mandingo den Reis mit den Fingern in der Schüssel um, damit er schneller kalt wird. Auch dies gilt als besonders höflich. Das Familienoberhaupt schüttet eigenhändig die Sauce über den Reis. Er isst die erste Hand voll, dann fordert er die anderen auf, es ihm nachzutun. Zu Beginn sagt man *bismillah* (Im Namen Gottes). Oft ist man am Ende der Mahlzeit noch halb hungrig, denn es finden sich zahlreiche Faulpelze ein, die von einem Nachbarn zum anderen laufen, um etwas von deren Abendessen zu bekommen. Ich werde später noch ausführlicher von den Sitten und Gebräuchen der Mandingo sprechen, die sich freilich in jedem Land etwas unterscheiden.

Kankan-Fodéa, zu dem Cambaya gehört, ist ein kleiner Bezirk, der von Mandingo bewohnt wird, die dem *almamy* von Timbo untergeben sind. Das Gebiet liegt in einer weiten Ebene, die aus grauem, kiesigem Sand besteht. Fruchtbar machen diese Ebene die Überschwemmungen des Tankisso, der sich in tausend Windungen durch die schöne Landschaft schlängelt. Bouré liegt am linken Ufer des Tankisso. Alle Mandingo von Cambaya sind sich darin einig, dass dieses Land reich an Goldgruben ist, dass seine Bewohner keinen Ackerbau betreiben, obwohl der Boden sehr fruchtbar ist, und dass sie alles mit Gold kaufen, sogar die Pistazien. Die Ebene des Kankan-Fodéa ist von hohen Bergen umgeben. Sie werden von einigen Fulbe-Hirten bewohnt, die dort ihre zahlreichen Viehherden weiden lassen.

Fünf Tagesreisen südwestlich von Cambaya liegt das Königreich Couranco, wo nach den Berichten mehrerer Mandingo-Reisender der Niger entspringt. Ich fragte sie darüber aus und sie sagten mir, dass sich die Quelle zwischen Bouré und Yamina befinde. Ich antwortete ihnen, dass das unmöglich sei. Später erkannte ich, dass sie von dem Wasserfall sprachen, den sie in ihrer Sprache *sourondo* nennen, während ich fälschlicherweise verstanden hatte, dass *sourondo* »Quelle« heißt. Also zog ich auf dem Boden eine Linie, die den Fluss darstellte, zeigte ihnen den Anfang und fragte sie, wie das in ihrer Sprache heißt. Sie antworteten mir »*foulou*« (Beginn). Einen anderen Ausdruck für Quelle haben sie nicht. Sie versicherten mir, dass sich der *foulou* des Niger in Couranco befinde. Nur der Bâ-fing und ein paar andere kleine Flüsschen entsprängen im Fouta.

Den 29. Mai verbrachten wir mit Reisevorbereitungen. Ich richtete mein Gepäck her, das seit meiner Ankunft in Ibrahims Hütte gestanden hatte, da die Hütte, in der ich wohnte, außerhalb der Dorf-Umfriedung lag und nicht abzuschließen war. Ich hatte mich seitdem öfters zu meinem Gepäck begeben und mehrere Male festgestellt, dass man sich daran zu schaffen gemacht hatte. Stoffe, Tabak und Glaswaren schienen den Dorfbewohnern sehr zu gefallen. Allerdings konnte ich nicht erkennen, ob sie mich bestohlen hatten, und ich vermute lieber, dass sie die Neugier trieb, als sie des Diebstahls zu verdächtigen. Guibi machte ich ein kleines Geschenk um ihn für das Brot und die Pistazien, die er mir gegeben hatte, zu entschädigen. Am Abend verabschiedete ich mich von dem guten alten Häuptling, der so zuvorkommend gewesen war, und schenkte ihm etwas Gewehrpulver. Er gab mir seinen Segen und wünschte mir viel Erfolg auf meiner Reise.

Nachdem ich mich von allen meinen Freunden verabschiedet hatte (soweit ein Weißer überhaupt Freunde unter den Negern haben kann), brachen wir am 30. Mai 1827 gegen zehn Uhr auf. Lamfia, mein neuer Führer, hatte eine seiner Frauen bei sich, die unterwegs für unsere Mahlzeiten sorgen sollte. Sie trug auf ihrem Kopf einen Sack Salz, Kalabassen und einen Topf. Unsere Karawane bestand aus acht Leuten. Ibrahim und Guibi begleiteten mich noch bis zu der Brücke, die über den Tankisso führte. Mein früherer Führer trug meinen Regenschirm und meine *satala* (Schüssel), in der sieben oder acht Reisbrote lagen, die man mir im Moment des Aufbruchs gegeben hatte. Zwei davon nahm sich Ibrahim, ohne es mir zu sagen. Ich erzählte Lamfia von Ibrahims frechem Verhalten. Er tadelte dieses Benehmen und fragte mich, ob Ibrahim mein Vertrauen missbraucht habe.

An der Brücke trennten wir uns. Guibi und Ibrahim stellten Lamfia neuerlich vor Augen, dass ich nur geringe Mittel für so eine lange Reise hätte, dass er nicht zu viel verlangen dürfe und dass Gott ihn dafür belohnen werde. Sie schienen mich nur ungern zu verlassen. Während sie sich entfernten, drehten sie sich immer wieder zu mir um und schrien aus vollem Halse: *Salam aleikum, Abd allahi.* (Das war mein arabischer Name, den sie mir gegeben hatten.) Sie wiederholten diesen Gruß dreimal und riefen schließlich: *Allam-Kiselak* (Möge Gott dich auf dem Weg beschützen!). Obwohl beide dieselben Worte benutzten, konnte ich doch leicht erkennen, dass Guibis Bedauern aufrichtiger als Ibrahims war.

Unterwegs trafen wir auf mehrere Fulbe, die in Kankan Geschäfte gemacht hatten. Sie hielten mich zunächst für einen Christen und riefen erstaunt: »Ein Weißer, der nach Osten vordringt! Die Herrscher des Fouta wissen sicher nichts davon, da sie sonst etwas dagegen unternehmen würden.« Sie wollten mich sogar daran hindern, weiterzugehen, aber mein Führer Lamfia, der etwas zurückgeblieben war, kam herbei und beendete die Diskussion. Die Sache hätte sonst gefährlich werden können, da ich nicht gut genug Mandingo sprach, um mich zu erklären. Mein Führer erzählte ihnen, wie ich von den Europäern entführt worden war, und versicherte ihnen, dass ich ein echter arabischer *chérif* aus Mekka sei. (Die Menschen dieser Gegend hatten noch nie etwas von Alexandria gehört, das ich ja eigentlich zu meiner Heimat gemacht hatte. Sie kannten nicht einmal den Namen.) Lamfia teilte ihnen mit, ich hätte das Fouta-Gebiet sicher durchquert und sei von allen Bewohnern freundlich aufgenommen worden und hätte sogar Geschenke von ihnen empfangen. Weiter sagte er, dass ich den Koran gut zu lesen wüsste – was ein Christ niemals tun würde. Christen, so fuhr er fort, würden außerdem weder alleine noch zu Fuß reisen, sondern würden stets auf Schiffen die Flüsse hinauffahren. Ein Fulbe richtete einige Worte auf Arabisch an mich. Als ich ihm in der gleichen Sprache antwortete, nahm ihn das vollkommen für mich ein, denn damit hatte er seinen Kameraden bewiesen, dass er diese Sprache beherrschte, was seiner Selbstgefälligkeit sehr schmeichelte. Ganz allgemein gefällt es den Negern immer, sich ihresgleichen gegenüber überlegen zu zeigen. Dieser Fulbe versicherte also seinen Gefährten, dass ich ein echter Araber sei, und so ließen sie mich weiterziehen.

Später – wir waren von einem Gewitter überrascht worden und trockneten gerade die nass gewordenen Kleider an einem Feuer – setzte ich mich hinter einen Busch, um meine Beobachtungen niederzuschreiben. Da sah ich die Frau von Lamfia kommen. Schnell nahm ich meine Hose, die über dem Feuer trocknete. Sie kehrte zu ihrem Mann zurück, der sie fragte, ob ich schreibe. Nein, antwortete sie, er zieht sich an. Ich hörte diese Unterhaltung, denn ich war nicht sehr weit weg. Sie gab mir zu der Vermutung Anlass, dass mein Führer Verdacht geschöpft hatte. Ich verstärkte meine Vorsichtsmaßnahmen, um nicht gesehen zu werden, und studierte den Koran noch eifriger. Wenn ich mich ab und zu vom Weg entfernte, um zu schreiben, sah ich, dass meine Begleiter um mich herumschlichen und zu sehen versuchten, was ich tat. Ich achtete aber darauf, in der Hand ein Blatt aus dem Koran zu halten, auf das ich mein Papier legte, um meine Aufzeichnungen zu machen. Sobald ich sah, dass jemand auf mich zukam, verbarg ich diese und tat so, als ob ich einen Vers aus dem Koran lese.

Am 17. Juni kamen wir gegen 10 Uhr in Kankan, der Hauptstadt des gleichnamigen Kantons an. Mein Führer wollte unbedingt, dass ich zum Einzug in seine Geburtsstadt meinen Regenschirm aufspannte. Wir trafen Mandingo zu Pferd, mit großen Strohhüten, die man in dieser Gegend herstellt. Die Hüte sind rund, so wie die, die die Bauern in Frankreich tragen. Man sagte mir, die Mandingo begäben sich gerade auf ihre Felder um ihre Sklaven zu überwachen.

Lamfia stellte mir eine Hütte zur Verfügung, in die er auch einen Fulbe einquartierte, der mit uns gereist war und in Kankan Salz gegen Stoffe eintauschen wollte. Die ganze Familie kam herbeigelaufen um den Familienvater zu begrüßen, der lange abwesend gewesen war. Er ließ saure Milch holen, die er mir zur Erfrischung anbot. Den ganzen Abend strömten Menschen in Lamfias Hof zusammen, um den arabischen *chérif* zu sehen. So besuchten mich auch mehrere vornehme Mandingo und ein freundlicher alter Maure, der schon lange in diesem Land wohnte. Drei Tage verließ ich meine Hütte nicht, um mich auszuruhen und mithilfe von Sulfat mein Fieber zu bekämpfen.

Am 20. Juni ging ich mit Lamfia und einigen Alten zum Häuptling, den die Mandingo in diesem Teil Afrikas *dougou-tigui* nennen. Man hatte ihn über meine Ankunft schon informiert. Er empfing mich freundlich und ließ mich auf einer Rinderhaut Platz nehmen. Ich bat ihn um Erlaubnis, sein Land durchqueren zu dürfen, um mich nach Djenné zu begeben. Daraufhin sagte er mir, er wolle mich bei der ersten Gelegenheit dorthin bringen lassen. Ich bat Lamfia, ihm meine Lage zu erklären, denn ich kannte nur wenige Wörter in der Sprache, die hier gesprochen wurde. Bereitwillig erzählte Lamfia alle Einzelheiten der erfundenen Geschichte meiner Herkunft. Dann kehrten wir nach Hause zurück. In der Hütte, die mir Lamfia zur Verfügung gestellt hatte, hatte man eine Rinderhaut ausgebreitet, die mir als Bett diente. Dieses Bett und ein großer Ton-Krug mit *foigné* bildeten das ganze Mobiliar.

Wenn mich jemand aus dem Dorf verdächtigte, ein Christ zu sein, und sagte, mein Gesicht ähnele so gar nicht dem eines Mauren, ergriff Lamfia meine Partei. Ja, er ging sogar so weit, diejenigen zu beschimpfen, die mir zu schaden versuchten. Überhaupt kümmerte er sich besonders aufmerksam um mich. Wir aßen zusammen, und zweimal täglich brachte man uns sehr guten Reis mit einer Pistazien-Sauce, in der auch viele Zwiebeln waren, die in dieser Gegend sehr gut wachsen. Abends vergaß er nie, ein Feuer in meiner Hütte anzuzünden, eine hier weit verbreitete Sitte. Das Feuer glimmt zu jeder Jahreszeit die ganze Nacht durch. An dem Tag, an dem wir bei ihm ankamen, machte ich ihm ein schönes Geschenk als Zeichen meiner Dankbarkeit für die Dienste, die er mir unterwegs erwiesen hatte. Dieses Geschenk bestand aus einem schönen Stück blauen Guinea-Stoffes, auf das er schon ein Auge geworfen hatte, einem noch größeren Stück indischen Kattun-Stoffes und sechs Blättern Papier. Er schien sich darüber sehr zu freuen, dankte mir vielmals und versprach mir, mich bis ins Ouassoulo-Gebiet zu begleiten. Später erfuhr ich allerdings, dass er sich um seine eigenen Angelegenheiten kümmern musste. Einen Teil des Tages verbrachte er in meiner Hütte, um, wie er sagte, mich nicht mit den vielen Fremden allein zu lassen, die mich dauernd besuchten. Er beschäftigte sich damit, Stoffbahnen zusammenzunähen.

Der Häuptling von Kankan ließ mich an einem Markttag zu sich rufen. Als ich mit meinem Führer seine Hütte betrat, sah ich viele alte Männer versammelt. Man forderte uns auf, auf einer Rinderhaut Platz zu nehmen. Ich muss zugeben, dass ich ziemlich beunruhigt war und mich ungeduldig fragte, welchen Beschluss man wohl hinsichtlich eines Arabers fassen werde, von dem einige hier sagten, er sei in Wahrheit ein Christ. Zunächst sprach man ein kurzes Gebet, dann befragte man meinen Führer, wie er mich kennen gelernt habe. Lamfia redete viel und erzählte, dass der Häuptling von Cambaya mich ihm anvertraut habe, um mich nach Kankan zu bringen, und dass ich nach Djenné gehen wolle, um mich von dort aus nach Mekka, meiner Geburtsstadt, zu begeben. Zu meinem Vorteil ließ er sie wissen, dass mich Mister Macaulay, den die Neger »König der Weißen in Sierra Leone« nannten, zurückhalten habe wollen, um mit ihm Handel zu treiben, dass ich aber den schrecklichen Gedanken, weiter bei den Ungläubigen zu bleiben, weit von mir gewiesen hätte. Daraufhin fragten sie mich nach den Namen meiner Eltern, sie wollten wissen, ob sie noch am Leben seien, ob ich andere Verwandte hätte und ob ich sie bei meiner Rückkehr wiedererkennen würde. Ich antwortete ihnen, das Schicksal meiner Eltern nicht zu kennen, da ich Ägypten ja schon als Kind verlassen hatte, und nicht zu wissen, ob sie noch lebten. Nachdem sie all diese Dinge in Erfahrung gebracht hatten, berieten sie sich eine Zeit lang, dann schickten sie mich und meinen Gastgeber nach Hause, wobei sie mir mitteilten, dass ich bei Lamfia bleiben solle. Als wir die Versammlung verließen, fragte ich meinen Führer, was man nun bezüglich meiner Durchreise beschlossen habe. Er sagte mir, sie hätten entschieden, dass der Weg über Ouassoulo für mich geeigneter sei als der über Bouré, da dieses Land gerade Krieg mit Kankan führe und einer der ihren auf dieser Strecke getötet worden sei. Man wolle mich bei der nächsten Gelegenheit nach Ouassoulo führen, von wo ich dann entweder über Ségo oder über Sambatikila nach Djenné weiterreisen könne. Ich war mit dieser Entscheidung sehr zufrieden und kehrte in meine Hütte zurück, wo ich einige Glasperlen einpackte, um dafür auf dem Markt etwas Milch zu kaufen.

Am 22. Juni begab ich mich in Begleitung meines Führers zur Moschee. Sie besteht aus einem viereckigen Bau aus Lehmziegeln mit drei Eingängen: einer im Westen, ein anderer im Norden und ein dritter im Süden. Große Pflöcke stützen das Dach, das ziemlich schief und lange nicht so gut gebaut ist wie die Strohdächer der Moscheen im Fouta-Djalon. Das Gebet dauerte nicht lange, aber der *almamy*, oberster Geistlicher, verlas dann noch einige Abschnitte aus dem Koran. Die Gläubigen waren alle sehr sauber gekleidet. Die Frauen haben ihre eigene Moschee, in der sie ihre Gebete verrichten, denn sie dürfen die der Männer nicht betreten. Ich stellte fest, dass in der Frauen-Moschee kaum Menschen waren. Am Ende des Gebetes versammelten sich einige gut gekleidete alte Männer in der Moschee der Frauen, die aus Stroh erbaut und sehr luftig ist. Man forderte Lamfia und mich auf, inmitten der Versammlung Platz zu nehmen. Meinen Führer bat man, noch einmal die Umstände zu erläutern, die mich veranlassten, das Land zu durchqueren. Damit auch die, die draußen saßen, verstehen konnten, was er sagte, wiederholte ein Ausrufer seine Worte mit lauter Stimme. Als Lamfia seine Darstellung beendet hatte, fragte mich einer der Alten, ob das, was Lamfia gesagt hatte, wahr sei, und ob ich dem noch etwas hinzuzufügen hätte. Ich stimmte den Worten meines Führers zu. Lamfia wurde daraufhin sehr gelobt und man hieß das Verhalten gut, das er mir gegenüber an den Tag gelegt hatte. Einstimmig wurde festgestellt, dass ich ein echter Moslem sei und man mir helfen werde, soweit dies nötig sei.

Die Versammlung hatte nur stattgefunden, um die Menschen über meine Reise durch das Land und deren Hintergründe in Kenntnis zu setzen. Insgesamt waren etwa 1000 bis 1200 Personen anwesend. Dann teilte man uns mit, dass wir uns nun zurückziehen sollten, worum wir uns nicht lange bitten ließen. Trotzdem achtete ich darauf, auch weiterhin die Moschee häufig zu besuchen, um keinerlei Verdacht zu erregen. Und wenn jemand meine Hütte betrat, hielt ich vorsichtshalber eine Seite aus dem Koran in der Hand.

Aufgrund des Rats des guten alten Mauren Mohammed, der das Gebiet hervorragend kannte, entschloss ich mich, der Straße nach Sambatikila zu folgen, von der aus ich mich in größerer Sicherheit nach Djenné begeben konnte. Man sagte mir, die Pilger nach Mekka schlügen immer diesen Weg ein. So wartete ich darauf, einen Führer oder eine andere günstige Gelegenheit zu finden, mein Vorhaben in die Tat umzusetzen.

Am 25. Juni kontrollierte ich mein Gepäck, das nicht verschlossen war, und stellte fest, dass man mir einen Teil meines Papiers gestohlen hatte. Dies teilte ich Lamfia mit, der mir gegenüber weiterhin so aufmerksam war, dass ich ihn nicht verdächtigen wollte. Er tat zuerst erstaunt, dann beteuerte er, es nicht gewesen zu sein. Schließlich holte er die Geschenke, die ich ihm gemacht hatte, und übergab sie einem Neger, der in meiner Hütte war, damit dieser sie mir zurückgebe. Ich aber weigerte mich, sie anzunehmen, und versicherte Lamfia, ich hätte zu großes Vertrauen zu ihm, um ihn dieses Diebstahls zu beschuldigen. Lamfia überlegte kurz und sagte mir dann, er habe gesehen, wie der Fulbe, der in meiner Hütte gewohnt hatte, in meinen Sachen herumgesucht habe. Er habe ihn getadelt und ihm verboten, sich noch einmal an meinem Gepäck zu schaffen zu machen. Der arme Fulbe, den er so beschuldigte, war schon vor drei Tagen aufgebrochen, um in sein Land zurückzukehren, und konnte so nicht mehr befragt werden. Ich sprach nicht weiter über dieses Bubenstück.

Im Laufe des Abends besuchte ich mit Lamfia einen Mandingo-Neger, der gerade aus Djenné angekommen war. Die Haare dieses Mannes waren voller Mist, wie die Wolle eines Schafes, das ein halbes Jahr auf der gleichen Streu geschlafen hat. Trotzdem schien er hochmütig und eingebildet zu sein. Zunächst sah er mich neugierig an und schien zu bezweifeln, dass ich ein Araber sei. Wir erläuterten ihm meine Herkunft sowie meine Absicht, nach Djenné zu reisen. Ich erkundigte mich nach der Entfernung zwischen Kankan und Djenné sowie nach den Völkern, die ich unterwegs treffen würde. Er ließ keinen Zweifel daran, dass man für die Strecke drei Monate und zehn Tage ohne Pause brauche und dass der Großteil der Völker Ungläubige seien; Moslems würde ich nur wenige treffen. Er fügte hinzu, dass ich zahlreiche Schwierigkeiten zu überwinden haben würde und mich die Neger sicher für einen Weißen halten würden, einen Menschenschlag, den sie nicht besonders schätzten. Was die Probleme betrifft, die er mir vor Augen hielt, so hatte ich nichts anderes erwartet, und ich war gewillt, sie zu lösen. Aber ich war entsetzt über die Länge des Weges, den es zu Fuß zurückzulegen galt. Doch dann dachte ich daran, dass die Neger nie die Tage zählen, die sie für eine Reise brauchen, und dass dieser hier sicher nicht wusste, wie viel Zeit er für die Rückkehr benötigt hatte. Ich wollte so schnell wie möglich aufbrechen, um nicht allzu sehr in die Regenzeit zu kommen. Aber ich benötigte einen Führer und ich fand niemanden, der mich nach Sambatikila begleiten wollte, obwohl ich als Bezahlung ein sehr schönes Geschenk versprach.

Während ich mich also bereithielt, die erste Gelegenheit zu ergreifen, die sich mir zum Aufbruch bieten würde, verkaufte ich einen Teil meiner Waren, um mein Gepäck zu verkleinern. Seidenstoffe, Glaswaren, Bernstein und Korallen behielt ich vorerst noch, ich verkaufte aber ein kleines Fass Pulver und ein Stück Guinea-Stoff. Da ich als Zahlungsmittel nur Gold akzeptierte, das in dieser Gegend seit dem Krieg zwischen Kankan und Bouré sehr selten geworden war, da jegliche Verbindung zwischen diesen beiden Völkern unterbrochen war, erzielte ich nur 60 Prozent Gewinn. Ich sprach nicht gut genug Mandingo, um den Verkauf selbst durchzuführen. Deshalb beauftragte ich Lamfia damit. Er sagte mir, dass er, um seine eigenen Waren zu verkaufen, einen *grigri* auf eine Tafel schrieb, diesen dann abwusch und die Gegenstände, die er verkaufen wollte, mit dem Wasser besprengte. Auf diese Weise sei der erzielte Gewinn immer beträchtlich. Im Übrigen hatte ich den Eindruck, dass er mit den Leuten, die mein Pulver und meinen Stoff kauften, verhandelte und so selbst auch einen kleinen Gewinn machte. Er zeigte den Wunsch, einige hässliche Glaswaren, die er selbst nicht losbrachte, gegen meinen Tabak einzutauschen.

Um mich zu überzeugen, versicherte er mir, dass in der Gegend, in die ich mich begeben wollte, der Tabak keinen Wert habe, während man Glaswaren sehr gut verkaufen könne. Um mein Gepäck nochmals zu verkleinern, ließ ich mich auf diesen Tausch ein, musste aber feststellen, dass er versuchte, mich zu betrügen, indem er für meinen Tabak nur einen geringen Preis ansetzte. Mit einem anderen Mandingo machte ich ein weiteres Tauschgeschäft, das günstiger für mich ausging.

Ich besuchte öfters den Markt von Kankan, der zweimal pro Woche abgehalten wird. Man findet hier viele europäische Waren, die Mandingo-Händler von der Küste herbeischaffen. Man sieht Gewehre, Pulver, Feuersteine, bunte Stoffe, Bernstein, Koralle, Glas- und Eisenwaren. Außerdem sah ich viele weiße Stoffe, die in der Gegend gewebt wurden, allerlei Lebensmittel wie Reis, *foigné*, Jamswurzeln, Maniok, sowie Geflügel, Schafe, Rinder und Pferde. Auch Brennholz kann man auf diesem Markt kaufen, und zwar von Sklaven, die so etwas Salz erwerben können, welches ein teurer Artikel ist und das beste Tauschobjekt darstellt. Alle Händler haben kleine Waagen, die mir sehr genau justiert schienen. Als Gewichte dienten die Samen eines Baumes, der im Fouta-Djalon wächst, dessen Namen ich aber vergessen habe.

Seit mir ein Teil meines Papieres gestohlen worden war, war ich sehr misstrauisch und entfernte mich nur selten aus meiner Hütte. Die Moschee suchte ich aber weiterhin zweimal wöchentlich auf, um bei den Negern den Eindruck zu festigen, dass ich es mit der Religion sehr genau nehme. Es gab nämlich immer noch welche, die mir nicht gewogen waren und keine Gelegenheit ausließen zu behaupten, dass ich ein Weißer sei. Nun verachten die Mandingo die Europäer an und für sich nicht. Es sind die Christen, die sie in ihrem religiösen Fanatismus verabscheuen. Wenn sie gewusst hätten, wer ich wirklich war, so hätten sie mir vielleicht gar nichts getan, sie hätten aber sicher keinerlei Skrupel gehabt, mich auszurauben und mich an der Fortsetzung meiner Reise zu hindern.

Ich empfand die Bewohner von Kankan als ebenso aufdringlich und geizig wie die in Cambaya. Lediglich ein paar Kolanüsse gaben sie mir. Nur der Häuptling schenkte mir ein kleines Stück Fleisch, das Mohammed, der in Kankan ansässige Maure, für mich erbeten hatte. Mohammed dachte sicher, dass er seinen Teil abbekommen werde, und in der Tat bereitete ich mit der Gabe des

Häuptlings ein ziemlich gutes Abendessen zu, das wir gemeinsam zu uns nahmen.

Das Salam-Fest fiel auf den 5. Juli. Die Moslems begehen es stets unter großer Prachtentfaltung. Am Vortag fragte mich Lamfia, ob ich nicht ein Stück Fleisch zu Ehren dieses Festtages kaufen wolle. Ich hielt ihm entgegen, dass ich sparsam sein müsse, da ich noch eine lange Reise vor mir hätte und nur über geringe Mittel verfüge. Er schwieg, schien aber nicht sehr zufrieden zu sein. Ich nahm mit meinem Führer an den Festlichkeiten teil. Sie fanden in einer großen Ebene westlich des Dorfes statt. Als wir den Ort durchquerten, bemerkte ich einige ehrwürdige Alte, die einen kurzen, scharlachroten Mantel trugen, dessen Rand mit einem Stoff aus gelben Blumen eingefasst war um eine Goldborte zu imitieren. Sie schritten mit einem ansehnlichen Gefolge nebeneinander her und sangen *Allah-akbar, Allah-akbar, la illa il-allah, Allah-akbar* usw. Die Menschen, die sich ihnen immer zahlreicher anschlossen, wiederholten die Worte. In der rechten Hand hielten die Alten eine Lanze, als Kopfbedeckung hatten sie eine rote Mütze.

Als wir in der Ebene angekommen waren, sah ich eine große Menschenansammlung. Die meisten trugen die Landestracht, die aus einer *coussabe*, einer Kniehose, einer spitzen Kappe und Sandalen besteht. Manche hatten sich mit alten roten Kleidern englischer Soldaten ausstaffiert, die sie sich in Sierra Leone oder Gambia beschafft hatten. Wieder andere trugen alte Mäntel aus Europa oder sonstige Lumpen. Kurz: Jeder hatte das angezogen, was er für sein schönstes Gewand hielt, alle hatten sich herausgeputzt. Sie waren mit Gewehren, Lanzen, Pfeil und Bogen bewaffnet, die sie während des Gebetes auf den Boden legten. Von überall kamen Alte in roten Mänteln daher, gefolgt von einer Menschenmenge. Kurz darauf erschien der Häuptling zu Pferd, eskortiert von 200 bis 300 Mandingo, die ein Spalier bildeten. Vor dem Häuptling wurde eine Fahne aus rosa Taft getragen. Der *almamy*, das religiöse Oberhaupt, folgte dem obersten Richter, Mamadi-Sanici. Beide hatten eine große Garde, die eine Fahne aus weißem Taft trug, in deren Mitte ein Herz aus rosa Taft angebracht war. Mamadi-Sanici war einfach, aber sauber gekleidet. Der *almamy* hingegen trug prächtige Gewänder. Er war in einen scharlachroten Mantel mit goldenen Fransen und einer goldenen Borte gehüllt, der ein Geschenk des Major Peddie anlässlich seines Aufenthalts in Kakondy am Rio Nuñez gewesen war. Als Peddie nämlich den Auftrag erhalten hatte, das Innere Afrikas zu erforschen, hatte er überallhin Geschenke verschickt um die Häuptlinge günstig zu stimmen. Die anderen Alten versuchten den *almamy* nachzuahmen und trugen ebenfals rote Mäntel.

Für die Festmusik sorgten zwei große Trommeln. Der *almamy* schien ganz in sein Gebet versunken zu sein. Es war ein eindrucksvolles Schauspiel, eine so große Menschenmenge auf der Erde ausgestreckt zu sehen, um Gott anzubeten. Nach dem Gebet bildeten die in Mäntel gehüllten Alten einen Baldachin mit weißem Baumwollstoff. Der *almamy* setzte sich auf einen kleinen Stuhl, den man eigens dafür herbeigebracht hatte. Er verlas ein langes Gebet auf Arabisch, das sicherlich niemand verstand. Danach hielt Mamadi-Sanici eine Ansprache an sein Volk. Neben ihm stand ein Mann, der seine Worte laut wiederholte, damit jeder verstehen konnte, was er sagte. Man erklärte mir, dass er sein Volk dazu anhielt, fortan nur noch in Ouassoulo, Baleya und im Fouta-Djalon Handel zu treiben, da es, wie er hinzufügte, zu gefährlich sei, sich nach Bouré zu begeben. Deshalb müsse man bis auf Weiteres auf Geschäfte in dieser Gegend verzichten. Nach dieser kurzen Rede zogen sich alle Anwesenden überstürzt zurück. Die Zugänge waren zu eng, um alle auf einmal hindurchzulassen. Menschen und Pferde bildeten ein wildes Durcheinander.

Die Frauen nahmen an dem Fest teil, hielten sich aber in respektvoller Entfernung zu den Männern. Auch sie verrichteten das Gebet. Nach der Feier tötete man ein Lamm, um sich daran den restlichen Tag zu laben. Die Neger kennen keine größere Freude als die eines reichlichen Mahls. Lamfia hatte sich mit meiner Wolldecke und meinem Regenschirm ausstaffiert. Er spannte ihn auf, wie um sich vor der Sonne zu schützen. Bevor wir aufgebrochen waren, hatte er mich aufgefordert, mich so zu beschirmen, was ich aber abgelehnt hatte.

Das Salam-Fest fiel auf einen Markttag und ich konnte nicht feststellen, dass die Geschäfte darunter gelitten hätten. Ich kaufte mir etwas Maniok, denn mein Führer hatte mich an diesem Tag ohne Mittagessen gelassen. Er war nicht mehr so zuvorkommend wie früher, was zweifellos daran lag, dass ich ihm keine so schönen Geschenke mehr machen konnte. Er entschuldigte sich damit, dass heute Fest- und Markttag sei und seine Frauen sehr viel Arbeit hätten. Jedoch waren zwei von ihnen ja immer nur damit beschäftigt, das Essen für die Familie zuzubereiten, wofür ihnen Sklaven Holz brachten, das sie in der Umgebung gesammelt hatten.

Am Abend besuchte mich ein alter *marabout* aus Ségo. Er musste über die Länge meiner Nase lachen und versicherte mir, dass er so eine Nase noch nie gesehen habe. Gleichwohl überschüttete er Lamfia und mich mit Segenssprüchen und lobte das Verhalten, das mein Führer mir gegenüber an den Tag legte. Dafür lobte Lamfia wiederum meinen Eifer in Religionsdingen. Der *marabout* bestätigte die Nachricht vom Krieg zwischen den Städten Ségo und Djenné und riet mir, den Weg über Sambatikila zu wählen. Mein Führer schnitt schnell ein Stück Stoff ab, der in der Gegend hergestellt worden war und schenkte sie dem *marabout*, der so sehr seiner Selbstgefälligkeit geschmeichelt hatte. Sobald dieser das Geschenk in Empfang genommen hatte, verabschiedete er sich, indem er Lamfia neuerlich vielmals segnete und seine Großzügigkeit pries.

Als ich mich am 6. Juli allein in meiner Hütte befand, nutzte ich die Gelegenheit, um mein Gepäck zu kontrollieren, das man leider nicht abschließen konnte. Ich stellte fest, dass man sich daran zu schaffen gemacht hatte. Einige Päckchen mit Glaswaren waren nicht mehr so befestigt, wie ich sie zurückgelassen hatte. Schnell verschaffte ich mir einen Überblick über mein gesamtes Gepäck und bemerkte zu meinem großen Leidwesen, dass man mich bestohlen hatte und dass meine schönsten Glaswaren verschwunden waren. Zum Glück hatte ich am Vortag des Salam-Festes Bernstein, Korallen und etwas Silber in einer kleinen Tasche versteckt, in der ich Abführsalz aufbewahrte. Der Dieb hatte zwar die Tasche geöffnet, als er aber sah, was sie enthielt, hatte er sie wohl beiseite gelegt und sich mit den Glaswaren zufrieden gegeben. Auch ein Rasiermesser, das ich Lamfia am Vortag geliehen hatte, damit er sich den Schnurrbart schneiden konnte, war verschwunden. Meinem Führer hatte das Rasiermesser gut gefallen und er hatte mich gebeten, es ihm zu schenken. Dieser Mann hielt mich für viel reicher als ich in Wirklichkeit war. Er glaubte, ich besitze Gold, Silber, sehr viel Bernstein und Korallen. Oft hatte er mich gefragt, ob er mir welches abkaufen könne, aber ich hatte immer geantwortet, dass ich so etwas nicht habe. Ich wollte meinem Gastgeber nicht verschweigen, dass ich sehr wohl bemerkt hatte, dass er alleine in meiner Hütte geblieben war. Und ich sagte ihm dies in Anwesenheit von mehreren Leuten, die mir gerade einen Besuch abstatteten. Er

T. III. Pl. 2.

Frau und Kind aus Timbuktu

schien sehr aufgebracht zu sein über das Unrecht, das mir zugefügt worden war. Mit lauter Stimme versicherte er den anwesenden Mandingo, dass am Feiertag alle zum Gebet gegangen seien und in der Wohnung nur ein kleines zehn- bis zwölfjähriges Mädchen zurückgeblieben sei. Er ließ die junge Sklavin kommen, sprach sie barsch an, nahm ihre beiden Hände in die seinen und drohte ihr, sie auspeitschen zu lassen, wenn sie nicht den benenne, der in unserer Abwesenheit in die Hütte gekommen sei. Doch das Kind versicherte, dass niemand die Hütte betreten habe. Lamfia ließ es bei den Drohungen bewenden, denn das Mädchen hätte sonst vielleicht gegen ihn selbst ausgesagt. Er ließ die Hände des Kindes los und sagte den Anwesenden, dass man mir sicher gar nichts weggenommen habe. Ich war aber überzeugt, dass diesen Diebstahl keine Fremden begangen hatten: Bevor ich zum Gebet aufgebrochen war, hatte ich nämlich vorsichtshalber meine Wertsachen in den großen Krug für Hirse gelegt, und niemand außer Lamfia hatte mich dabei gesehen. Das Rasiermesser, das ebenfalls fehlte, erwähnte ich zu diesem Zeitpunkt noch gar nicht. Lamfia schimpfte weiter vor sich hin und drohte der kleinen Sklavin, die aber mit der Angst davonkam. Meine Glaswaren brachte mir das nicht zurück. Als ich mir aber ins Gedächtnis rief, wie rücksichtsvoll und zuvorkommend Lamfia mir gegenüber gewesen war, wagte ich es kaum mehr, diesen Mann zu verdächtigen. Insgeheim bezichtigte ich seine Frauen des Diebstahls, die, so schien es, mehrmals meine Glasperlen neidisch betrachtet hatten. Lamfia wiederholte ständig, dass ich die Anzahl meiner Waren doch gar nicht kenne und gewiss nicht bestohlen worden sei. Diese Worte empörten mich, und ich blickte ihn streng an. Das ertrug er nicht und senkte deshalb den Kopf. Von diesem Moment an hielt ich ihn für schuldig und war von nun an auf der Hut. Abends fragte er mich ziemlich kühl, ob ich nicht in die Moschee gehe – worauf ich antwortete, dass ich dies sehr gerne tun würde, dass ich aber Angst hätte, auch noch meine restlichen Güter zu verlieren, da der Dieb sich vielleicht nicht wie bisher mit wenigem begnügen werde. Auf diese Antwort hin blickte er erneut zu Boden, wie jemand, der ertappt und erniedrigt ist. Dennoch hütete ich mich, meinen wohlbegründeten Verdacht nach außen zu zeigen, denn dies wäre möglicherweise nachteilig für mich gewesen. Trotzdem wurde die Angelegenheit ohne mein Zutun bekannt. Da ich nicht dauernd in der Hütte bleiben konnte, um meine Sachen zu bewachen, kaufte ich ein

Sicherheitsschloss, mit dem ich meine Tasche verschloss. Lamfia, der immer noch sehr hilfsbereit war, kümmerte sich um den Kauf. Als ich mein Gepäck vor seinen Augen abgeschlossen hatte, sagte er mir: »Jetzt läufst du keine Gefahr mehr, bestohlen zu werden.« »Nein«, antwortete ich, »aber das bringt mir meine schönen Glaswaren auch nicht mehr wieder. Jetzt ist es zu spät. Wenn ich gewusst hätte, dass mein Gepäck bei dir nicht in Sicherheit ist, hätte ich es eher abgeschlossen.« Lamfia spürte den Vorwurf in meiner Stimme sehr genau und wurde sichtlich verlegen. Er versuchte, aus dieser für ihn unangenehmen Situation herauszukommen, indem er einen Diebstahl immer noch bestritt und dazu anführte, dass sich ein Dieb nicht mit einem Teil meiner Waren begnügt hätte. Genau dies bestärkte mich aber in meinem Verdacht, denn ein fremder Dieb hätte wohl alles mitgenommen, während Lamfia aus Furcht vor einem Skandal nur einen Teil gestohlen hatte, in der Hoffnung, ich würde dies nicht bemerken. Die Lage war für meinen Führer äußerst unangenehm geworden, und er fürchtete wohl, dass meine Klagen ihm größere Unannehmlichkeiten bereiten könnten, wenn ich mich noch länger bei ihm aufhielte. Deshalb drängte er zum Aufbruch. Trotz allem konnte ich mit den Diensten, die er mir bisher erwiesen hatte, sehr zufrieden sein, hatte er mir doch jeden Wunsch von den Lippen abgelesen. Wenn ich tagsüber in meiner Hütte schlief, so fand ich nicht selten beim Erwachen gegrillte Pistazienkerne vor, die Lamfia selbst neben mich gestellt hatte. Außerdem war ich ihm unendlich dankbar, dass er stets meine Partei ergriffen hatte, wenn andere mir schaden wollten. Jetzt aber musste ich feststellen, dass ich durch seine Aufmerksamkeiten unvorsichtig geworden war.

Am nächsten Tag sagte ich Lamfia, der Dieb habe auch das Rasiermesser gestohlen, mit dem er sich den Bart am Vorabend des Salam-Festes gestutzt hatte. Lamfia antwortete mir selbstsicher, dass das unmöglich sei, das Messer befinde sich sicher noch in meiner Tasche. In Anwesenheit eines Mandingo bat er mich, mein Gepäck noch einmal zu durchsuchen. Nach langer vergeblicher Suche, endlosem Gerede und vielem Hin-und-Her fand sich das Rasiermesser schließlich in dem Hirsekrug. Ich war sicher, dass man es erst kurz zuvor hier hineingelegt hatte, in der Hoffnung, mich davon zu überzeugen, dass es nicht gestohlen, sondern einfach verlegt worden war. Lamfia wollte es mir zurückgeben. Ich aber weigerte mich, das Rasiermesser in Empfang zu nehmen, und sagte, ich wolle gleichzeitig auch alle anderen Waren, die mir gestohlen worden waren, zurückhaben. Das brachte Lamfia offenbar aus der Fassung. Zwei alte Männer rieten mir, mich beim Häuptling, der hier *mansa* genannt wurde, zu beklagen, wenn der Gauner nicht augenblicklich die gestohlenen Dinge zurückbringe. Ich griff diese Idee auf und drohte, Klage zu erheben. Lamfia war entsetzt und bat mich, damit noch ein wenig zu warten. Nachdem er eine Zeit lang nachgedacht hatte, sagte er mir, dass er die Verantwortung trage, da ich ja in seiner Hütte bestohlen worden sei und der Häuptling von Cambaya meine Waren und mich selbst unter seinen Schutz gestellt habe. Er wolle deshalb für alles einstehen, was mir widerfahre, und mir die gestohlenen Dinge wiederbeschaffen. Unter dieser Bedingung versprach ich zu schweigen. Als ich aber sah, dass er sich nicht sehr beeilte, sein Wort zu halten, und fürchten musste, ein drittes Mal bestohlen zu werden, folgte ich dem Rat mehrerer Alter, die mich zum Häuptling begleiteten. Ich bat ihn, mir eine Unterkunft zu besorgen, bis sich eine Gelegenheit finde, den Wald von Ouassoulo zu durchqueren. Lamfia, der uns begleitete, trug meine Tasche. Er hatte mich mehrmals schon aufgefordert, mich vor dem *mansa* einer Prüfung zu unterziehen, die darin besteht, sich ein glühendes Eisen auf die Zunge zu legen. Der Beschuldigte wird freigesprochen, wenn ihn das Eisen nicht verbrennt. Dann aber muss der Kläger dasselbe tun. Wer sich weigert, wird verurteilt. Ist es der Kläger, so leistet er Genugtuung, indem er dem Gegner ein Geschenk macht. Ist es der Beschuldigte, so muss er, falls die Anklage auf Diebstahl lautet, den Gegenwert des Gestohlenen zahlen. Dieser eigenartige Brauch, der auf völliger Unwissenheit beruht, ist in ganz Westafrika verbreitet.

Wir fanden den *mansa* in der Moschee der Frauen, wo er dem Rat der Alten vorstand. Nachdem wir in eine Hütte eingetreten waren, sahen wir bald die Richter in unserer Angelegenheit daherkommen. Ein Mann aus Kankan, der ein wenig Arabisch sprach, diente mir als Übersetzer. Ich hatte ihn darum gebeten, da ich Mandingo nicht so gut sprach, um mich verständigen zu können. Mit nachdrücklichen Worten stellte er der Versammlung dar, auf welche Weise ich bestohlen worden war. Keine Einzelheit vergaß er, bis hin zu der Geschichte mit dem Rasiermesser. Lamfia behauptete frech, dass mein Gepäck gar nicht geplündert worden sei. Er erinnerte daran, dass mir Papier gestohlen worden sei, und beschuldigte den abgereisten Fulbe. Daraufhin ergriff mein Übersetzer wieder das Wort und sagte in meinem Namen, dass ich mich über den guten Empfang der Bewohner des Fouta-Djalon wirklich freue: Weit davon entfernt, mich zu betrügen, hätten sie mir ihre großzügige Gastfreundschaft zuteil werden lassen. Gewiss habe aber derjenige, der mein Papier gestohlen habe, auch die Glaswaren weggenommen. Lamfia, der sich rechtfertigen und seine Ehre retten wollte, schlug vor, sich der Prüfung mit dem glühenden Eisen zu unterziehen. Der *mansa* hieß ihn aber schweigen. Dieser Alte, den ich ja um eine Unterkunft gebeten hatte, riet mir, bei meinem Gastgeber wohnen zu bleiben, da dieser in zwei Tagen zusammen mit vielen anderen Händlern aufbrechen und den Ouassoulo-Wald durchqueren werde. Ich hatte das Gefühl, dass der Häuptling fürchtete, ich werde ihm zur Last fallen, und so vertiefte ich die Frage der Unterkunft nicht weiter. Ich antwortete, dass ich lieber in das Fouta-Djalon zurückkehren als noch länger bei diesem Mann bleiben wolle, und bat darum, bei dem guten alten Mauren, der mir die ganze Zeit lang freundschaftliche Besuche abgestattet hatte und mit dem ich mich gut verstand, wohnen zu dürfen. Diesem Vorschlag stimmten alle zu. Meine Waren ließ ich so lange beim Häuptling, bis man mir einen sicheren Platz für sie besorgt habe, an dem ich sie abschließen könne. Der *mansa* ermahnte mich, meine Wolldecke mitzunehmen, um mich nachts mit ihr zuzudecken, denn ich könnte sonst frieren. Ich kehrte noch einmal in meine bisherige Unterkunft zurück, um einige Medikamente einzustecken, weil Mamadi-Sanici den Wunsch geäußert hatte, etwas Medizin zu bekommen. Ich ließ mich von einem Neger begleiten, denn ich fürchtete, beleidigt zu werden, obwohl viele Leute meine Partei ergriffen hatten und über das Verhalten Lamfias empört waren. Ich hatte aber Angst, dass er in seiner Wut tätlich werden könne. Diese Vorsichtsmaßnahme war nicht unklug, denn er empfing mich äußerst gereizt und ich bekam nur mit Mühe, was ich suchte. Er wollte mich hinauswerfen und versuchte sogar mich zu schlagen, aber mehrere Leute stellten sich ihm entgegen und tadelten sein Verhalten. In seinem Zorn sagte er, was er vorher so oft in Abrede gestellt hatte, nämlich dass ich ein Christ sei, der nach Westen vordringen und die Moslems auskundschaften und betrügen wolle.

Diese Ereignisse, die ich wohl vorausgesehen, aber nicht hatte verhindern können, bereiteten mir große Sorgen. Ich hatte Angst, dass sie zu äußerst unangenehmen Folgen für mich führen könnten. Aber letztlich beachtete niemand die wütenden Worte meines Führers. Man sah in ihm einen gemeinen Dieb, der nun gedemütigt war, weil man ihn ertappt hatte, und ermunterte mich, dies alles zu vergessen. Ich versuchte, mir die Bewohner günstig zu stimmen, indem ich sie auf meine schwierige Lage aufmerksam machte: Ich war allein, fast mittellos, in einem fremden Land und darüber hinaus zu allem Unglück der Sprache kaum mächtig. Auch die schlimmsten religiösen Eiferer schienen für meine Schwierigkeiten Verständnis zu haben.

Ich ging also zu der bescheidenen Hütte meines neuen Gastgebers, der sehr arm war, aber mich so gut wie irgend möglich empfing. Er überließ mir sogar die Matte, auf der er gewöhnlich schlief. Ich sträubte mich, dies anzunehmen, denn es war mir unangenehm, den alten Mann so von seinem angestammten Platz zu vertreiben, er aber bestand darauf und sagte, dass ich als Fremder nachgeben müsse und es der Natur der Dinge entspreche, dass er mir alle Ehren zuteil werden lasse. Er teilte mit mir sein einfaches Mahl. Warum nur sind in allen Ländern die Ärmsten immer die Barmherzigsten? Wohl weil die Unglücklichen das Leid der anderen am besten verstehen.

Am Morgen des 8. Juli ließ mich der Häuptling rufen. Ich ging mit Mohammed zu ihm. Der Häuptling war gerade bei einem Fulbe aus dem Ouassoulo, der sich in Kankan niedergelassen hatte und einer der reichsten Männer dieser Stadt war. Auch dem Rat gehörte er an. Drei oder vier vornehme Mandingo begleiteten Mamadi-Sanici. Man berichtete den Anwesenden von dem Diebstahl, der mir widerfahren war. Das Verhalten Lamfias lobte man bis zu dem Tag, an dem diese Sache bekannt geworden war. Sie entschieden, dass er nicht bestraft werden könne, da ja keine Beweise gegen ihn vorlägen. Dies schien mir eine kluge Entscheidung zu sein. Man verkündete mir, dass der reiche Fulbe mein neuer Gastgeber sein solle, und fügte hinzu, dass man die Hütte, die ich bewohnen werde, abschließen könne und ich so kein zweites Mal bestohlen würde. Dann wollten sie all meine Sachen sehen um festzustellen, wie viel ich jeweils wovon besitze, sodass sie – im Falle eines neuerlichen Diebstahls – eine genaue Aufstellung machen könnten.

Ich war ihnen für diese Vorsichtsmaßnahme keineswegs dankbar. Doch trotz meiner Verärgerung breitete ich meine Waren aus, wobei ich natürlich meine Aufzeichnungen, die ihren Verdacht hätten erregen können, versteckte. Alles wurde genau kontrolliert.

Sie zählten meine Glaswaren und vermaßen meine Stoffe. Den Bernstein übersahen sie allerdings, ich hatte ihn in der Tasche mit dem Abführsalz versteckt. Ich selbst öffnete das Paket und zeigte ihnen das weiße Pulver. Sie kosteten es, denn mehrere hielten es für Zucker. Als sie erkannten, worum es sich in Wahrheit handelte, äußerten sie den Wunsch, Medizin von mir zu bekommen. Alle behaupteten auf einmal, unpässlich zu sein. Nachdem sie mein gesamtes Gepäck untersucht hatten, durfte ich alles wieder einpacken. Niemand erlaubte sich, mich um etwas anderes als um Medikamente zu bitten. Man überschüttete mich mit Aufmerksamkeiten und gab mir alles, was ich mir in meiner Lage vernünftigerweise erhoffen durfte. Da ich fürchtete, ihnen zur Last zu fallen, wollte ich für mich Reis auf dem Markt kaufen. Man ließ dies aber nicht zu und versicherte mir, es werde mir bei meinem neuen Gastgeber an nichts fehlen. Da Letzterer sehr fromm war, verrichtete ich meine Gebete mit noch größerem Eifer. Unterdessen wartete ich ungeduldig auf eine Gelegenheit, weiterziehen zu können. Es regnete jetzt häufig und kein Tag verging, an dem nicht ein schweres Gewitter aufgezogen wäre. Ich dachte mit Schrecken daran, ein überschwemmtes Land durchwandern zu müssen. Noch unangenehmer war mir aber der Gedanke, länger an einem Ort zu verweilen, an dem ich nach der Auseinandersetzung mit Lamfia nicht mehr in Sicherheit leben konnte. Ich fürchtete, dass er mich durch seine Machenschaften in eine verdrießliche Lage bringen könne.

Trotz allem war ich bei meinem neuen Gastgeber sehr gut untergebracht. Er war sehr reich und wesentlich großzügiger, als es die Mandingo sind. Er besaß zahlreiche Rinderherden. Die Kühe lieferten ihm sehr gute Milch im Überfluss. Oft schickte er mir welche, zusammen mit einer Art Couscous – eine Aufmerksamkeit, die mir noch kein Mandingo erwiesen hatte. Mein Nachbar war der gute Maure Mohammed. Jeden Abend aßen wir zusammen, um so ein paar angenehmere Stunden zu verbringen. Mohammed leistete mir oft Gesellschaft und trug viel dazu bei, dass mir die Zeit nicht zu lang wurde, indem er mich mit all seinen Freunden bekannt machte. Dieser ehrwürdige Alte mit dem arabischen Gesicht war ungefähr 60 Jahre alt, klein und unheimlich flink. Er sprach viel und gewandt. Seine Frau – eine Negerin – hatte ihm einen Sohn geboren, der damals zwischen 12 und 15 Jahre alt war. Der Junge war schwächlich und kränklich, was den Vater sehr bekümmerte. Die

Mutter war sehr fleißig, sie bereitete alleine die Mahlzeiten für die ganze Familie zu und kümmerte sich um den Haushalt. Mohammed besaß einen Sklaven, der den kleinen Garten bestellte. Drei Hütten, die auf einem Grundstück standen, das der reiche Fulbe ihm geliehen hatte, dienten ihm und seiner Familie als Wohnstätte. Seine einzige Einnahmequelle bestand darin, hier und da einen Mandingo um etwas Reis, foigné, Salz, Fleisch und Ähnliches zu bitten. Auf seinem Grund stand ein schöner Orangenbaum, der gute Früchte trug. Er bedauerte sehr, dass sie noch nicht reif waren, weil er sie mich gerne hätte probieren lassen. Seine Armut und die selbstlose Gastfreundschaft, die er mir gegenüber zeigte, rührten mich. Wie gerne hätte ich ihm geholfen. Ich bemühte mich, sein Leben etwas erträglicher zu machen, indem ich ihn zwang, ein paar Geschenke von mir anzunehmen, für die er sich überschwänglich bedankte.

Mamadi-Sanici bat mich um ein Heilmittel für die kranken Augen einer seiner Frauen. Ich wusste nicht so recht, was ich ihm geben sollte. Da es aber in meinem Interesse lag, ihm nichts zu verweigern, schüttete ich etwas Salmiakgeist in ein Glas Wasser und riet ihm, damit die Augen der Kranken zu spülen. Ich dachte, dass ihr dies keinesfalls schaden könne. Man verlangte aber meine Anwesenheit, sodass ich selbst die Augenspülung vornahm. Der *mansa* nutzte die Gelegenheit, um mich nach Medikamenten für ein Beinleiden zu fragen, an dem er seit Jahren litt. Ich verordnete ihm Umschläge mit Portulak, der wild im ganzen Land wächst. Soweit ich feststellen konnte, leiden diese Menschen vor allem an Wunden an den Beinen, an verschiedenen Fiebern, Lepra, Elephantiasis und Kröpfen. Auch bemerkte ich, dass einige Neger an Armen und Beinen große weiße Flecken hatten. Man sagte mir, dass dies eine Krankheit sei. Ich nehme an, dass es sich dabei um Vernarbungen der Lepra handelte.

Kapitel 3

Der Weg bis Timé

Durchquerung mehrerer Flüsschen – Wälder des Ouassoulo-Gebietes – Diécoura, Musikanten – Ackerbau – Kimba – Sigala – Beschreibung des Ouassoulo-Gebietes und seiner Bewohner – Yonmouso – Sambatikila – Timé: Skorbut und mehrmonatiger Aufenthalt – Wochenmarkt – Regenzeit – Umgebung – Begräbnis einer Eingeborenen – Beschneidung der Jungen und Mädchen – Handel und Ackerbau – einheimische Pflanzen

Das Jahr schritt voran, es war schon Mitte Juli. Im August, da das ganze Land von Überschwemmungen heimgesucht wird, kann man unmöglich reisen. Ich war ziemlich ratlos, was ich weiter tun solle, als sich endlich eine Gelegenheit bot, nach Sambatilika zu kommen. Ich verhandelte mit einem Fulbe aus dem Fouta-Djalon, der mein Gepäck bis in das Ouassoulo-Gebiet tragen sollte. Wir handelten aus, dass er von mir drei Päckchen guten Tabaks im Wert von zehn bis zwölf Sou bekommen werde. Mein neuer Führer, der Arafanba hieß, hatte den Ruf eines Heiligen. Er war sehr liebenswürdig, und Mamadi-Sanici war so freundlich, mich ihm anzuempfehlen. Wir beschlossen, am 16. Juli aufzubrechen.

An diesem Tag schenkte ich meinem Gastgeber einen kleinen Topf aus Weißblech, aus dem ich trank und der ihm zu gefallen schien. Er freute sich außerordentlich darüber. Nachdem er mich aus dem Dorf hinausgeführt hatte, gab er mir seinen Segen und verließ mich dann. Der gute alte Mohammed, der mir während meines gesamten Aufenthalts in Kankan seine Zuneigung geschenkt hatte, begleitete mich. Oft sagte er mir, dass er mit mir bis nach Djenné ziehen würde, wenn er allein mit seinem Sohn wäre.

Wir marschierten etwa eine Meile nach Osten durch eine Ebene, in der wir mehrere kleine Sklavendörfer sahen, die von prächtigen Maisfeldern umgeben waren. Bald erreichten wir das Ufer des Milo. Wir überquerten ihn mit unserem Gepäck in einer 15 Fuß langen, sehr schmalen Piroge, die aus zwei Baumstämmen, die man der Länge nach aneinander gebunden hatte, hergestellt worden war. Der gute Maure schien es aufrichtig zu bedauern, sich von mir trennen zu müssen. Er teilte eine Kolanuss in zwei Hälften, wir aßen sie zusammen, und dann verließ er mich. Als er sich vom Ufer schon ein Stück entfernt hatte, drehte er sich noch einmal zu mir um, winkte mir abermals zu und wünschte mir eine schnelle Rückkehr in die Heimat.

Wir gingen weiter Richtung Osten. An einigen Stellen sah ich Felsen aus dem Boden ragen, die mir aus dem gleichen Gestein zu sein schienen wie die in Sierra Leone: rot und porös. Bald darauf überquerten wir wieder einen kleinen Fluss – einen Zulauf des Milo – auf einer schwankenden Brücke. Für die Händler, die alle Waren auf dem Kopf trugen, war die Überquerung nicht ungefährlich. Einer von ihnen war Gott sei Dank schon am Ende der Brücke angekommen, als er das Gleichgewicht nicht mehr halten konnte und ins Wasser fiel. Er tat sich aber nicht weh.

In Sofino rasteten wir. Dieses Dorf ist abhängig von Kankan und wird von Fulbe aus dem Ouassoulo bewohnt. Wir begaben uns in eine Hütte, deren Innenwände mir geweißt zu sein schienen. Während wir darauf warteten weiterzuziehen, rösteten wir einige Pistazien und aßen sie. Wir wollten die Dunkelheit nutzen, um die Wälder zu durchqueren, die, so sagte man, von Räubern unsicher gemacht wurden. Unsere kleine Karawane bestand aus 14 Mitgliedern: Fulbe, Mandingo und mehrere *saracolets*. Es war gegen halb zwei Uhr, als wir bei kühlem, düsterem und nebeligem Wetter aufbrachen. Wir gingen sehr schnell, aber so leise wie möglich, um nicht von den Gaunern gehört zu werden, die uns unweigerlich ausgeraubt hätten. Immer tiefer drangen wir in die Wälder ein, die Vegetation reichte uns bis über den Kopf. Wir sahen die Behausungen einiger Fulbe, die alles andere als Vertrauen erweckend aussahen. Sie trugen Lumpen, die so dreckig waren, dass man nur noch erahnen konnte, dass sie einmal gelb gewesen waren. Die Männer hatten einen dicken, ungepflegten Bart und ihre Nase voller Tabak war Ekel erregend. Es handelt sich bei diesen Menschen um abseits lebende Familien, die Reis, Jamswurzeln, *foigné* und Pistazien anbauen. Die Erde hier ist schwarz und äußerst fruchtbar. Wir kauften diesen Fulbe einige Jamswurzeln ab. Sie bekamen Tabak und Glasperlen dafür. Mich betrachteten sie neugierig und als wir sie verließen, rieten sie uns, uns vor den zahlreichen *kaffres* (Ungläubigen) in den Wäldern in Acht zu nehmen. Bei Einbruch der Dunkelheit überraschte uns der Regen, was den mühsamen Weg noch anstrengender machte, als er es ohnehin schon war. Zu allem Unglück war die Nacht auch noch sehr dunkel. Wir sahen nicht, wohin wir den Fuß setzten, kamen vom Weg ab und waren gezwungen anzuhalten. Wir setzten uns unter Bäume, der Regen prasselte auf uns herab und wir wagten es weder, auszuspucken noch zu husten, da wir Angst hatten, von den Räubern gehört zu werden. Trübsinnig und schweigend saßen wir da. Kurz bevor es Nacht geworden war, hatten wir drei bewaffnete Männer ohne Gepäck getroffen. Diese setzten sich nun zu uns, wobei sie ihre Gewehre quer über die Knie legten. Diese Haltung und der Ausdruck ihres Gesichts machten sie uns verdächtig. Zweifellos beeindruckten sie unsere deutliche Überzahl und die Angst, nicht die Stärkeren zu sein. So verhielten sie sich ruhig. In Kankan hatte man mir gesagt, diese Räuber würden stets die Mandingo, aber nie die *saracolets*-Karawanen angreifen, weil sie wissen, dass Letztere im Gegensatz zu Ersteren gut bewaffnet sind. Die *saracolets* feuern beim Durchqueren der Wälder deshalb Musketen-Salven ab.

Als der Regen aufhörte, gelang es uns mit viel Mühe, ein Feuer anzuzünden. Einer unserer Reisebegleiter trennte ein Stück seines Gewandes ab, zerriss es in kleine Fetzen und fügte etwas Pulver hinzu. Dann gab er das Ganze in die Zündpfanne seines Gewehres und bekam so Feuer. Wir brachen einige Zweige ab, aus denen wir eine notdürftige Hütte bauten, um den Rest der Nacht etwas geschützt zu verbringen. Kaum hatte der Regen aufgehört, quälten uns Mückenschwärme, die uns keine Ruhe finden ließen. Zwei unserer Gefährten machten sich, mit Dolchen und Lanzen bewaffnet, auf die Suche nach Wasser. Für diesen Zweck hatten wir eine Kalabasse. Als unser Feuer brannte, rösteten wir auf den Kohlen vier Jamswurzeln und einige Pistazien zum Abendessen. Nach dieser einfachen Mahlzeit legten wir uns in der Nähe des Feuers auf feuchte Blätter. Wegen des Regens hatte ich unterwegs meine Sandalen ausziehen und barfuß über spitze Kieselsteine gehen müssen, was mir nun heftige Schmerzen verursachte. Als ich so neben dem Feuer lag, ging mir durch den Kopf, welche Strapazen und Mühen ich noch zu erdulden hätte, wenn ich meine Reise zu dieser Jahreszeit, in der es dauernd regnete, fortsetzte. Ich dachte auch an die Gefahren, denen ich mich ausgesetzt hätte, wenn ich dem Vorschlag Lamfias gefolgt wäre und mich mit ihm alleine in diese Wälder begeben hätte. Es wäre ihm ein Leichtes gewesen, mich ohne Erbarmen auszuplündern. Solch traurigen Gedanken hing ich in der Abgeschiedenheit unseres Nachtlagers nach. Die Stille unterbrachen nur ab und zu der Gesang einiger Nachtvögel und das Gequake der Frösche. Diese Nacht war grauenvoll. Ich fand keinen Schlaf, und die Zeit bis zum Sonnenaufgang erschien mir unendlich lang.

Endlich brach der Tag des 17. Juli an. Er verscheuchte die Nebelschwaden und belebte die ganze Natur. Wir aßen die Reste der Jamswurzel vom Vorabend und brachen dann nach Osten auf. Bald mussten wir einen kleinen Fluss auf einer halb verfallenen Brücke überqueren, von der wir jederzeit ins Wasser fallen konnten. Wir kamen aber heil ans andere Ufer. Der Fluss, dessen Ufer dicht bewachsen sind, hatte das umliegende Land überschwemmt. Das Wasser reichte uns bis über die Knie und die Kieselsteine, die uns die Füße aufrissen, machte das Vorwärtskommen zur Qual. Im Laufe des Tages überquerten wir acht Zuläufe des Niger. Wir schritten schnell voran und legten nur dann eine Pause ein, wenn unsere Träger am Ende ihrer Kräfte waren. Dann aßen wir einige rohe Pistazien, um uns ein wenig zu stärken. Ich hatte große Mühe, bei diesen Eilmärschen mitzuhalten. Glücklicherweise regnete es nicht den ganzen Tag, aber der Weg stand von den Niederschlägen des Vortags noch unter Wasser. Deshalb konnte ich meine Sandalen nicht anziehen. Der Kies verursachte mir große Schmerzen, meine linke Ferse war ganz wund gelaufen. Gegen sechs Uhr abends erreichten wir völlig erschöpft Diécoura, das erste Dorf im Ouassoulo-Gebiet. Es ist von einer acht bis zehn Fuß hohen Mauer umgeben und hat vielleicht 800 bis 900 Einwohner.

Seit dem Morgen hatten wir 24 Meilen zurückgelegt. Nach unserer Ankunft in Diécoura setzte ich mich auf eine Rinderhaut, die man vor unserer Hütte unter einem Orangenbaum ausgebreitet hatte. Die Dorfbewohner kamen in Scharen um mich zu sehen. Sie schauten mich neugierig an, stellten aber weniger aufdringliche Fragen als die Mandingo. Die Menschen in Kankan hatten sie als überaus freundlich beschrieben und so wirkten sie auch auf mich. Die Männer rauchen große Pfeifen, deren Rohr so dick wie der kleine Finger ist. Sie bestehen aus Ton, sind grau und sorgfältig glasiert. Der Pfeifenkopf hat die Größe einer Kaffeetasse und ist so schön verziert, dass ich daran zweifelte, dass man sie in dieser Gegend herstellte. Man versicherte mir dies dann aber so glaubwürdig, dass ich mich schließlich doch überzeugen ließ.

Die Menschen hier waren ziemlich neugierig. Sie wollten wissen, wer ich sei und wohin ich gehe, sie belästigten mich aber nicht. Sie sind von Natur aus sehr fröhlich und amüsieren sich unter hohen Kapokbäumen, wo sich die Dorfjugend versammelt. Es gab auch eine Musikkapelle, wie ich noch nie eine gesehen hatte: Sie bestand aus etwa 20 Musikern, von denen einige ein Holzinstrument spielten, das mit einem Stück Schafhaut überzogen war. Mungo Park hat ein ähnliches Instrument bei den Mandingo am nördlichen Niger gefunden, von dem er sagt, es bestehe aus einem Elefantenstoßzahn. Diese hier sind hingegen aus Holz. Sie haben die Form eines geraden Horns und sind etwas über einen Fuß lang. An der Spitze befindet sich seitlich ein Loch, in das geblasen wird. Die Musikanten bringen mit diesem Instrument sehr harmonische Töne hervor. Außerdem haben sie eine große Trommel und ein Tamburin, das aus einem Flaschenkürbis besteht, über den eine Schafhaut gespannt wird. An der Außenseite sind kleine Eisenringe befestigt, die ein angenehmes Klingeln hervorbringen. Zwei gut gekleidete Negerkinder sprangen im Takt zu der Musik und begleiteten sie, indem sie zwei Eisenstückchen gegeneinander schlugen. Sie trugen zwei Federn am Kopf und sahen ungefähr so aus wie kleine französische Kunstspringer im Zirkus. Die Anführer der Musiker trugen einen mit Perlhuhnfedern verzierten Mantel. Straußenfedern schmückten den Kopf. Einige schüttelten im Takt einen runden Kürbis, in dem sich Bohnen befanden, was trotz des Lärms, den sie machten, sehr gut zur Musik passte. Die Musiker gingen einer hinter dem anderen her. Frauen und Knaben folgten ihnen tanzend, wobei sie sich in die Hände klatschten. Es machte mir Spaß, ihnen zuzusehen. Ihr Tanz hatte nichts Anstößiges. Sie vergnügten sich die halbe Nacht. Seit ich die Küste verlassen hatte, hatte ich nichts gesehen, das mich so gefreut hätte. Ich wurde nicht müde, ihrer Musik zuzuhören, die ich als wohlklingend empfand, wenn sie auch etwas Raues, Wildes hatte. Sie verdient wirklich die Aufmerksamkeit des Reisenden.

Unser Gastgeber brachte uns zum Abendessen eine Portion *foigné*, mit einer Kräutersauce, die, da ohne Salz und Butter, schlecht schmeckte. Wir aßen aber dennoch mit großem Appetit, da wir den ganzen Tag über lediglich ein Stück Jamswurzel und ein paar Pistazien zu uns genommen hatten. Die *saracolets* kauften Milch und kochten Reis. Sie luden mich ein mitzuessen. Mein Führer quartierte sich etwas weiter in Kimba bei einem Bekannten ein. Mein Gepäck nahm er schon mit. Deshalb konnte ich, der ich, müde wie ich war, lieber an Ort und Stelle nächtigte, meinen Gastgeber nicht bezahlen. Ein *saracolet* war so liebenswürdig, mit ein paar Glasperlen meine Schulden zu begleichen. Als ich ihm diese zurückzahlen wollte, wies er das zurück.

Am nächsten Tag zogen wir weiter. Wir durchquerten eine Ebene mit schönen Äckern und Feldern. Ich sah zahlreiche Arbeiter, die die Erde aufhackten und sie genauso wirkungsvoll wie unsere französischen Weinbauern umpflügten. Hier waren keine Neger-Sklaven der Mandingo am Werk, die die Erde nur sehr oberflächlich umgraben, sondern richtige Landmänner, die arbeiten, um eine reiche Ernte einzufahren. Sie werden für ihre Mühe belohnt, denn ihr Reis und alle anderen Pflanzen, die sie anbauen, wachsen schneller und sind ertragreicher als im Kankan. Ich konnte auch beobachten, wie sie *foigné* ernten. Mit einer Sense schneiden sie es ab und lassen es dann vielerorts liegen, wodurch es zunächst dem Regen ausgesetzt ist. Dann verankern sie in zwei Reihen Pfähle in der Erde. Dazwischen schichten sie das *foigné* auf. Das Ganze ähnelt einem Palisadenzaun. Eine Schicht Stroh bildet den Abschluss und hält den Regen ab. Wann immer sie *foigné* benötigen, kommen sie sich welches holen, und niemand wagt es, diese Lagerbestände auszurauben. Ich konnte beobachten, wie die Neger die soeben abgeernteten Felder umpflügten, um dann eine andere Getreideart anzusäen. Die Frauen waren damit beschäftigt, in den schönen Reisfeldern, die die ganze Landschaft bedecken, Unkraut zu jäten. Dieses Volk ist fleißig und erfinderisch. Die Menschen reisen nicht, aber sie widmen sich der Feldarbeit mit großem Eifer, und ich war überrascht, im Inneren Afrikas eine so weit entwickelte Landwirtschaft vorzufinden.

Bald darauf erreichten wir das kleine Dorf, in dem mein Führer die Nacht verbracht hatte. Er empfing mich sehr freundlich und sagte, dass ihn unsere späte Ankunft beunruhigt habe, er habe mich eher erwartet. Er hatte seinem Freund von den Umständen, die mich durch dieses Land führten, erzählt. Die guten Neger des Dorfes hielten sich viele Stunden in meiner Nähe auf. Sie setzten sich zu mir und betrachteten mich neugierig. Alle waren sehr schmutzig und trugen Lumpen, aber ihre Sanftmut war ihnen ins Gesicht geschrieben. Im Übrigen waren sie lange nicht so aufdringlich, wie es Mandingo üblicherweise sind. Sie begnügten sich damit, mich mit großen Augen anzuschauen und zueinander zu sagen: »Es ist ein Weißer. Wie gut er aussieht!« Ein Familienvater schenkte mir ein Schaf und später eine große Kalabasse mit guter Milch. Ich wollte sie mit meinen Gefährten teilen. Sie warteten aber so lange, bis ich selbst meine Mahlzeit beendet hatte. Ich war nicht darauf gefasst, eine so große Zurückhaltung bei den Mandingo anzutreffen.

Anschließend machte ich einen Spaziergang und betrachtete mit großem Vergnügen ihre schönen Felder. Für den Anbau von Pistazien und Jamswurzeln legen sie mit viel Liebe kleine Erdhaufen an: Alle haben die gleiche Höhe und sind sorgfältig aneinander gereiht. Für die Aussaat von Reis und Hirse zieht man Furchen in die Äcker. Bei den ersten Regenfällen geben sie das Saatgut um ihre kleinen Hütten herum in die Erde und wenn der Mais blüht, pflanzen sie zwischen den Stielen Baumwolle an. Der Mais ist sehr früh reif. Sie reißen ihn dann aus, damit die Baumwollpflanzen genügend Licht haben. Wenn keine Baumwolle gepflanzt wurde, wird der Boden gepflügt und die junge Hirse hierher umgepflanzt. Diesen Brauch hatte ich im Kankan nicht gesehen. Ich war entzückt, diese Menschen mit so viel Eifer und Sorgfalt ihrer Arbeit nachgehen zu sehen. Überall in der Landschaft sah ich Männer und Frauen bei der Feldarbeit. Zweimal im Jahr wird auf dem gleichen Acker geerntet. Ich habe Reis gesehen, der schon Rispen gebildet hatte, und daneben anderen, der gerade erst aus dem Boden kam. Im Laufe des Abends töteten meine Gefährten das Schaf, das man mir geschenkt hatte, und wir hatten ein ziemlich gutes Abendessen.

Wir verließen Kimba am 19. Juli gegen neun Uhr morgens. Der Sohn unseres Gastgebers kam mit uns als Führer. Nachdem wir eine Meile in südlicher Richtung zurückgelegt hatten, überquerten wir einen breiten Fluss. Niemand konnte mir seinen Namen sagen. Eine alte Frau erklärte mir schließlich, dass dies der Sarano sei, der auch durch Kankary fließt. Wir überquerten ihn in einer langen, schmalen Piroge, die leck war. Ich war ziemlich beunruhigt, mich so in der Mitte des Flusses in einem brüchigen Kahn wiederzufinden. Wir waren die ganze Zeit damit beschäftigt, das Wasser mit einer Kalabasse abzuschöpfen. Arafanba stand in der Piroge und sang mit lauter Stimme Gebete aus dem Koran. Wahrscheinlich bat er Gott darum, unserer Überfahrt gewogen zu sein. Gegen elf Uhr hatten wir das rechte Ufer ohne Zwischenfall erreicht. Nur einige Gepäckstücke waren nass geworden.

Am 21. Juli hielten wir in Sigala an, einem kleinen Dorf, in dem Baramisa, der Häuptling des Ouassoulo, wohnte. Arafanba führte mich zu ihm. Ein Mann meldete uns an. Er forderte uns auf, in die Hütte des Häuptlings einzutreten, der da neben seinem Hund lag, eine Rasse mit langen Ohren, einer spitzen Schnauze und rötlichem Fell. Unser Besuch schien dem Hund zu missfallen, denn er knurrte hörbar, als wir uns näherten. Seinem Herrn gelang es aber, ihn zu beruhigen. Er bat uns, auf einer Rinderhaut Platz zu nehmen. Mein Führer sagte ihm, dass mich die Christen gefangen genommen hätten und ich nun in mein Land zurückkehre. Er fügte hinzu, dass ich im Fouta sehr gut aufgenommen worden sei und der Häuptling des Kankan ihn bitte, sich meiner anzunehmen. Baramisa sah mich freundlich an. Er schien sehr vergnügt zu sein. Er stellte Arafanba ein paar Fragen. Um ihm zu schmeicheln, sagte mein Führer, dass ich, der ich ihn doch gar nicht kannte, unterwegs oft darum gebeten hätte, ihn zu besuchen. Dies schien dem Häuptling zu gefallen. Ich bemerkte in seiner Hütte eine Teekanne aus Zinn, eine Schüssel aus Kupfer und mehrere andere Gefäße aus dem gleichen Metall. Ihre antike Form ließ mich vermuten, dass sie portugiesischer Herkunft waren.

Baramisa trug am linken Ohr einen großen goldenen Ring. Er schnupfte und rauchte Tabak wie seine Untertanen und war genauso schmutzig wie diese. An den Wänden seiner Hütte hingen Bögen, Pfeile, Köcher, Lanzen, zwei Sättel für seine Pferde und ein großer Strohhut. Unser Besuch dauerte nicht lange. Wir kehrten in die Hütte zurück, die er uns zur Verfügung gestellt hatte. Kurz darauf schickte er mir eine Kalabasse mit Milch. Dann ließ er mich noch einmal zu sich kommen. Ich suchte ihn wiederum mit meinem Führer auf. Er empfing mich in seinem Stall, wo er neben einem schönen Pferd auf einer Rinderhaut saß. Er forderte uns auf, neben ihm Platz zu nehmen, und gab mir einige Kolanüsse, die er in ein Kupfergefäß zusammen mit etwas Wasser gegeben hatte. Unter einigen seiner Frauen verteilte er Jamswurzeln, die soeben geerntet worden waren. Man sagte, dieser Häuptling des Ouassoulo besitze sehr viel Gold und zahlreiche Sklaven. Seine Untertanen schenken ihm häufig Tiere. Er hat viele Frauen, die alle eigene Hütten haben, die ein richtiges kleines Dorf bilden. Die Unterkunft des Häuptlings ist genauso einfach wie die seiner Untertanen. Sie besteht aus mehreren runden Hütten, deren Wände aus Lehm sind. Außen um diese Mauer herum hat man Pflöcke in die Erde gerammt, um das Gebälk zu stützen, das die Form eines Taubenhauses hat und mit Stroh bedeckt ist. Der untere Teil dieser Hütten hat einen Umfang von rund 55 Fuß und ist 12 bis 14 Fuß hoch.

Wir verabschiedeten uns am 22. Juli gegen neun Uhr morgens von Baramisa. Gegen fünf Uhr nachmittags erreichten wir Fila-Dougou, das östlichste Dörfchen des Ouassoulo-Gebietes. Seine Bewohner waren sehr freundlich und gaben uns ihr Abendessen, denn wir hatten den ganzen Tag nichts zu uns genommen. Die Fulbe kamen in Scharen, um uns zu sehen. Ich zeigte ihnen meinen Regenschirm, den sie wie ein Wunderwerk betrachteten. Es ging ihnen nicht in den Kopf, wie man dieses Ding beliebig auf- und zumachen konnte. Diejenigen, die es gesehen hatten, benachrichtigten geschwind ihre Nachbarn, die ebenfalls sogleich herbeigeeilt kamen. Als es dunkel wurde, zündeten sie Strohbündel an, die sie in den Händen hielten. Sie schrien, indem sie mich belustigt anschauten: »Das ist ein Weißer!« Und wie ihre Nachbarn am Vortag sagten sie viel Gutes über mich und fügten noch hinzu: »Noch nie haben wir einen Mann wie diesen hier gesehen.« Sie fragten meinen Führer, ob meine weiße Hautfarbe auch echt sei, denn diese einfachen und sanftmütigen Völker reisen nicht und beziehen ihre Vorstellungen von den Weißen einzig aus dem, was ihnen die Handel treibenden Mandingo erzählen. Diese Menschen sind ehrlich und ungefährlich und sie zeigen sich so gastfreundlich gegenüber Fremden, dass ich glaube, ein Christ könnte sich auch ohne Verkleidung gefahrlos in ihrem Land aufhalten.

Das Ouassoulo-Gebiet bewohnen Fulbe. Es sind Hirten und Ackerbauern. Sie haben zahlreiche Rinderherden, einige Schafe und Ziegen. Darüber hinaus habe ich kleine Pferde gesehen, die aber nicht sehr ausdauernd sind. Sie züchten auch Geflügel, das sie sehr teuer verkaufen. Man muss Pulver, Tabak, Salz oder Glaswaren dafür bezahlen. Die kleinen Hühner werden besonders gehegt. Jeden Abend sammeln die Fulbe sie ein und tragen sie in einem runden Korb in ihre Hütten, um sie vor der Kälte zu schützen. Nach Sonnenaufgang lässt man sie wieder in der Nähe der Hütten herumlaufen. Die Fulbe füttern sie nur selten mit Körnern. Die kleinen Hühner fressen vielmehr Insekten, Gras und die Körnchen, die aus dem Mörser beim Zerstampfen des Reises oder des Hafers herausfallen. Es sind die Männer, die sich um diese Tierchen kümmern. Sie bringen von den Feldern Erdhaufen mit vielen Termiten mit, die die Hühnchen sogleich verschlingen. Alle Einwohner haben Hunde, die ihre Hütten bewachen sollen. Ich habe nicht gesehen, dass man im Ouassoulo diese Hunde essen würde, so wie es in einigen Teilen des Bambara-Gebietes der Fall ist.

Das Land bewässern und befruchten der Sarano-Fluss und einige größere Bäche. Die Erde bringt reichlich alles hervor, was für ein genügsames Leben notwendig ist. Die Einwohner sind liebenswürdig, gastfreundlich und äußerst neugierig, allerdings nicht so aufdringlich wie die Mandingo. Ihre Nahrung ist einfach, sie essen Reis und *foigné*, die sie oft mit einer Sauce aus Kräutern oder aus gegrillten Pistazien würzen. Salz ist ein Luxusobjekt und wird nur selten verwendet, Fleisch gibt es nur an Festtagen.

Die Frauen stellen Tontöpfe für den Haushalt her. Sie verwenden dazu grauen Lehm, den sie sich an den Flussufern beschaffen. Den Schlamm kneten sie und entfernen dabei alle Fremdkörper. Wenn er fester geworden ist, lässt er sich leichter bearbeiten. Die Arbeiterinnen verleihen ihm dann die gewünschte Form und glätten ihn mit ihren Händen. Wenn die Gefäße geformt sind, stellt man sie in den Schatten, damit sie langsam trocknen, denn die Sonnenhitze würde Risse verursachen. Sobald sie halb getrocknet sind, poliert man sie mit einem Stück Holz, was ihnen einen gewissen Glanz verleiht. Dann stellt man sie wieder auf den Trockenplatz. Bevor das Material völlig fest geworden ist, setzt man sie einer gemäßigten Sonnenstrahlung aus. Acht oder zehn Tage später erhitzt man die Töpfe noch einmal, indem man sie aufeinander stellt, dazwischen zwei Schichten Hirsehalme einfügt und diese anzündet. Die Töpfe bekommen so eine Art Glasur und erhalten eine gräuliche Farbe. Sie sind rund und haben keine Henkel. Ein leicht verdickter Rand umgibt die Öffnung. Alles in allem ähneln sie denen des Fouta-Djalon und des Kankan.

Die Einwohner dieses von der Natur begünstigten Landstriches leben alle in Familien. Die Weiler, zwischen denen jeweils keine großen Entfernungen liegen, sind über das ganze Land verteilt. Sie bestehen aus 12 bis 14 Hütten, manchmal sind es noch weniger. Sie umgibt ein Palisadenzaun aus Holz, der schlampig gearbeitet und deswegen recht hässlich ist. Die Hütten sind um einen Hof herum angeordnet, in dem die Tiere die Nacht verbringen. Die Kälber haben einen getrennten Pferch. Zu den Aufgaben der Frauen gehört es, die Kühe zu melken. Normalerweise gibt es zwei Tore, durch die man in diesen Hof gelangen kann. Man stattet diese Eingänge mit einem gegabelten Holzpflock aus, über den man springen muss, was man manchmal kaum schafft: Mehrmals bin ich mit meinen arabischen Gewändern in der Gabelung hängen geblieben. Die Gabelungen sollen die Tiere daran hindern, nachts auszubrechen. Darüber hinaus gibt es eine andere Öffnung, die keine Gabelung hat und durch die man die Tiere hineinführt.

Die Frauen kochen für ihre Familie oft im Freien. Obwohl Karitébutter im Überfluss vorhanden ist, gebrauchen sie sie wenig. Für die Zubereitung der Speisen ziehen sie tierische Butter vor. Pflanzliches Fett heben sie für die Wundversorgung auf. Auch schmieren sie ihre Haare und ihre Körper damit ein, was ihnen einen abscheulichen Geruch verleiht. So sauber die Menschen in Kankan sind, so schmutzig und schlecht gekleidet sind diese hier. Sie waschen niemals ihre Kleider. Als Kopfbedeckung dient ihnen eine Zipfelmütze, deren Ende ihnen auf den Rücken oder die Schulter fällt. Ich konnte die Farbe dieser Mützen kaum bestimmen, so schmutzig und fettig waren sie. Eine neue setzen sie erst auf, wenn sich die alte in Fetzen auflöst. Die Frauen tragen lediglich einen Lendenschurz, den Kopf schmücken sie mit einem kleinen Stoffband. Ich habe nicht gesehen, dass sie rauchen, aber sie schnupfen häufig Tabak und bestreichen sich mit ihm das Zahnfleisch. Die Hautfarbe der Menschen hier ist heller als die der Mandingo und etwas dunkler als die der Neger des Fouta-Djalon.

Ich versuchte herauszubekommen, ob sie eine Religion haben, ob sie Fetische oder den Mond oder die Sonne oder die Sterne anbeten. Aber ich hatte nicht den Eindruck, dass sie irgendwelche religiöse Riten ausübten. Vielmehr glaube ich, dass sie unbekümmert in den Tag hinein leben und das Göttliche kein Gegenstand großer Überlegungen ist. Denn wenn sie einen fest verankerten Glauben hätten, würden sie die Moslems mit ihren Amuletten nicht so freundlich aufnehmen, wie sie es tun, sondern sie abweisen um sich ganz ihrer eigenen Religion hingeben zu können.

Die Bewohner dieser Gegend bauen viel Baumwolle an, mit der sie Gewebe herstellen, die ihnen Händler abkaufen um sie später in Kankan zu verkaufen. Ihre Webstühle ähneln den unseren, sind aber viel kleiner. Schmiede stellen Dolche, Eisenarmreife und landwirtschaftliche Geräte, vor allem Hacken, her. Mit Letzteren ziehen sie Furchen in ihre Äcker, reißen Unkraut aus und betreiben letztlich genauso guten Ackerbau wie wir in Europa. Mit einer kleinen Axt fällen sie die Bäume auf ihren Feldern. Sie achten darauf, sie mit der Wurzel auszureißen, was ich so auf meiner Reise noch nicht gesehen hatte. Auch Tabak bauen sie vielfach an. Wenn er Samen trägt, ernten sie die Blätter, trocknen sie in der Sonne und zermahlen einen Teil zu Pulver, von dem sie sehr viel konsumieren. Was übrig bleibt, wird für das Pfeifenrauchen aufgehoben. Die Jugendlichen rasieren sich den Kopf wie die Moslems. Gewöhnlich sind sie sehr gute Bogenschützen. Ich habe beobachtet, wie sie manchmal zum Spaß mit Übungspfeilen auf einen Baum schießen.

Die Bewohner dieses Landstriches haben die Angewohnheit, sich im Gesicht Einritzungen zuzufügen und sich die Zähne zu feilen. Die Männer haben wie bei allen Naturvölkern mehrere Frauen, die ihnen gegenüber sehr unterwürfig sind. Wenn sie ihnen etwas überreichen, setzen sie immer ein Knie auf die Erde. Das gleiche tun sie Fremden gegenüber, sofern diese ein hohes Ansehen genießen. Ich habe im Ouassoulo-Gebiet keinerlei Krankheiten beobachtet. Die Menschen scheinen widerstandsfähig zu sein und sich einer guten Gesundheit zu erfreuen.

Am 23. Juli verabschiedeten wir uns um sieben Uhr früh von unseren Gastgebern, die uns am Vorabend noch ein ziemlich gutes Reisgericht zubereitet hatten. Wir gingen Richtung Süd-Ost-Osten und kamen an einem kleinen Dorf vorbei, dessen Namen ich vergessen habe. Ich ging zu einer Hütte und bat um etwas Wasser um mich zu erfrischen. Eine Sklavin brachte mir welches in einer Kalabasse. Als sie es mir überreichte, kniete sie sich hin.

In der Ferne hörte man den Donner grollen, aber wir wurden nicht nass. Nach einem Marsch von 11 Meilen hielten wir in dem Dörfchen Yonmouso. Bei der Ankunft gab Arafanba aus Freude einen Gewehrschuss ab, denn er hatte Freunde im Dorf, bei denen wir Unterkunft bezogen. Sie machten uns sogleich eine Hütte zurecht, in der wir die Nacht verbrachten. Unterwegs hatte ich einen Fulbe getroffen, der von seiner Frau begleitet wurde, die auf ihrem Kopf ein aus *foigné* und Milch bestehendes Mahl trug. Da dieser Mann meinem Führer Fragen über mich gestellt hatte und sich offensichtlich für mich interessierte, bot er mir sein Mittagessen an, was ich mit Vergnügen annahm. Ich wollte es mit einigen Glasperlen bezahlen, die er aber zurückwies. Nach meiner Ankunft in Yonmouso besuchte mich dieser Mann mit mehreren Freunden. Er erwähnte ihnen gegenüber sein großzügiges Verhalten nicht – eine Zurückhaltung, die bei einem Neger sehr bewundert werden muss. Dann fragte er mich, ob er meinen Regenschirm sehen könne. Diese Bitte erfüllte ich ihm umgehend und wie an den vorangegangenen Tagen bewunderten alle den Schirm. Um sie zu unterhalten, öffnete und schloss ich ihn immer wieder. Den ganzen

Abend war meine Hütte voller Besucher. Sie blieben aber nicht lange und waren sehr zurückhaltend. Um mich besser sehen zu können, zündeten sie Strohbüschel an. Offenbar gefiel ich ihnen: Mehrere brachten mir Milch und bei Einbruch der Nacht bekam ich ein recht gutes Abendessen aus gekochten und zerstampften Jamswurzeln mit einer Okrasauce, die gegrillte Pistazien enthielt und der wir noch etwas Salz hinzufügten.

Wir blieben noch den 24. Juli bei diesen guten Menschen, um uns von den Strapazen ein wenig zu erholen. Mein Führer kaufte ein Zicklein, das er mit Pulver für fünf oder sechs Gewehrschüsse bezahlte. Einen Teil aßen wir zum Abendessen und unser Gastgeber, dem wir eine kleine Portion abgaben, schenkte uns für das Frühstück am nächsten Tag gute saure Milch und gekochten Reis. Im Laufe des Tages besuchte uns ein Fulbe aus dem Fouta-Djalon, der sich in der Gegend niedergelassen hatte. Mein Führer schenkte ihm ein Stück Ziegenfleisch und ich ein Blatt Papier, wofür er mich mit Dank überschüttete. Im Laufe des Abends suchten mich mehrere Fulbe auf, die das Gerücht vernommen hatten, dass sich ein Weißer im Land befinde. Sie zündeten Stroh an und lachten sehr über die Länge meiner Nase. Alle sagten, ich sei gut und schön. Dann zogen sie sich zufrieden zurück. Zum Abendessen gab es Jamswurzeln, denen wir noch etwas Ziegenfleisch hinzufügten.

Nach drei weiteren Reisetagen sagte mir mein Führer, dass der *almamy* von Sambatikila ungeduldig auf meine Ankunft warte. Ich antwortete ihm lachend, dass er bald Gelegenheit haben werde, seine Neugierde zu befriedigen. Es war ungefähr neun Uhr morgens, als wir in Sambatikila Einzug hielten. Das Dorf wird von einer doppelten, zehn oder elf Fuß hohen Mauer umfriedet. Unverzüglich begaben wir uns zum *almamy*. Man führte uns in einen ersten Raum, in dem wir warteten, während man den *almamy* über unsere Anwesenheit informierte. Der gute Mann ließ uns sogleich vor. Ich fand ihn unter einem kleinen Schutzdach in seinem Hof liegen. Er setzte sich auf und reichte mir die Hand, um die übliche Begrüßungsformel zu sagen: *salam aleikum; aleikum salam.* Nachdem er mich berührt hatte, führte er seine Hand zur Brust und zum Kopf, wie wenn ihm dies Heil bringen würde. Er war sehr fromm und setzte sein Vertrauen in die Heiligkeit der Araber. Dann sagte er mir, er freue sich sehr, einen Mann bei sich zu wissen, dessen Herkunftsland so nahe bei Mekka liegt. Ich antwortete ihm, dass ich sogar wieder auf dem Weg dorthin sei. Der *almamy* stellte Arafanba viele Fragen und wiederholte bereitwillig alles, was er über mich in Kankan erfahren hatte. Der Alte trug sehr saubere, arabische Gewänder, darunter einen Turban aus rot-weiß gestreiftem Stoff. Unser Besuch dauerte nicht lange, er ließ mich bei einem seiner Kinder unterbringen. Der Sohn des *almamy* schien ziemlich arm zu sein. Er gab mir zusammen mit drei anderen Reisenden eine recht hübsche Hütte und sorgte dafür, dass es uns nicht an warmem Wasser mangele, damit wir die Waschungen vor dem Gebet vornehmen konnten. Ich hatte erwartet, dass der Häuptling für unsere Verpflegung aufkommen werde, aber der gute König ließ uns den ganzen Tag ohne Essen ausharren. Er verließ sich ganz auf meinen Führer, für die Mahlzeiten zu sorgen. Dieser schickte uns zum Mittagessen gekochte Jamswurzeln mit einer salzlosen Sauce. Nach diesem einfachen Essen, das wir aber mit gutem Appetit aßen, denn die Zeit seit der letzten Mahlzeit war lang geworden, holte ich mit meinem Führer mein Gepäck, das er am Vortag herbeigebracht hatte. Als Belohnung für seine Dienste während unserer Reise schenkte ich ihm etwas Stoff, eine Schere und Papier. Er schien sich sehr darüber zu freuen und dankte mir vielmals. Er war so freundlich gewesen, unterwegs alle Kosten zu übernehmen und hatte dafür keine Gegenleistungen verlangt. Den ganzen Tag über erhielt ich Besuch von zahlreichen Mandingo, die in Sambatikila wohnten. Einer von ihnen schenkte mir etwas Milch, die hier bei Weitem nicht so häufig war wie im Ouassoulo-Gebiet. Nachmittags regnete es ununterbrochen. Trotz des schlechten Wetters begab ich mich aber in die Moschee, um den Menschen zu zeigen, dass ich ein eifriger Moslem sei. Bei Einbruch der Dunkelheit schickte uns Arafanba ein kleines, aus Reis bestehendes Abendessen, mit dem wir uns zufrieden gaben, da mehr nicht zu bekommen war.

Am 28. Juli schien sich der *almamy* daran zu erinnern, dass er Fremde bei sich aufgenommen hatte, die es zu verpflegen galt. Er schickte uns ein Reisgericht ohne Salz, aber mit einer Sauce aus den Früchten des *nédé*-Baumes. Abends bekamen wir von ihm dann noch Jamswurzeln mit der gleichen Sauce.

Am 29. Juli hatten wir den ganzen Tag gar nichts zu essen. Ich beschloss den *almamy* zu besuchen, der wahrscheinlich glaubte, dass seine Gäste fasteten. Auch nach meinem Besuch ließ er sich Zeit. Erst um sechs Uhr abends schickte er uns gekochte und gestampfte Jamswurzeln mit einer schlechten Sauce. Wir mussten dieses kärgliche Mahl noch mit einem Mandingo aus dem Dorf teilen, der schon eine Zeit lang um unsere Hütte herumgeschlichen war. Er setzte sich zu uns und ließ sich nicht lange bitten, denn er hatte wahrscheinlich seit dem Vortag nichts mehr gegessen. Auf meiner Reise war ich oft gezwungen, das bisschen Nahrung, das ich bekam, noch mit solchen hungrigen und faulen Schmarotzern zu teilen, die lieber nichts zu essen hatten, als ihre Felder zu bestellen.

Als wir sahen, wie wenig sich unser Gastgeber um uns kümmerte, wollten wir Reis und Jamswurzeln kaufen. In Sambatikila fanden wir aber keine, denn der fromme *almamy* hatte unter dem Vorwand, das Geschäftemachen würde das Gebet stören, den Markt verboten, der gewöhnlich zweimal pro Woche stattfand. Also schickten wir jemanden in das Nachbardorf, wo aber auch nichts zu bekommen war. So mussten wir uns mit dem wenigen, was unser Gastgeber uns zukommen ließ, begnügen. Man teilte uns mit, dass die Nahrungsmittel knapp seien, dass sie bis zur nächsten Ernte nicht reichen würden und dass diese Notlage die ganze Gegend betreffe.

Am 30. Juli kam in Sambatikila eine Karawane mit *saracolets*-Händlern an. Sie waren auf dem Weg in das Foulou-Gebiet, um dort Sklaven zu kaufen, die sie dann entweder im Fouta oder im Kankan wieder verkaufen wollten. Das Geld für alle Waren, die in den europäischen Handelsniederlassungen umgesetzt werden, geht letztlich in den schändlichen Sklavenhandel. Die Sklaven werden zwar nicht ins Ausland exportiert, das macht ihr Schicksal aber auch nicht besser. Das zivilisierte Europa hat die Sklaverei abgeschafft, der unmenschliche und gewinnsüchtige Afrikaner wird aber noch lange die barbarische Sitte pflegen, seinesgleichen zu verkaufen. Ein Leben ohne Arbeit ist so angenehm, dass jeder Neger alles tun wird um Diener zu haben, die sich um sein Wohl kümmern. Ihr ganzer Ehrgeiz besteht darin, zwölf bis fünfzehn Sklaven zu haben, die sie auf den Feldern beschäftigen. Diese Unglücklichen tragen schlechte Kleider und arbeiten viel, aber ich habe nicht gesehen, dass man sie misshandelt hätte. Um ihre Nahrung müssen sie sich fast immer selbst kümmern. Dazu bestellen sie ein eigenes Feld und säen um ihre Hütten herum Mais und Maniok, die ihre Nahrungsgrundlage darstellen.

Da uns der *almamy* im Laufe des Abends nichts zu essen schickte, stellten wir uns schon darauf ein, zu fasten, als wir gegen sieben

Uhr angenehm überrascht wurden: Arafanba, der wusste, wie sehr mir ein so strenges Fasten zu schaffen machte, schickte uns gekochten Reis. Ich konnte diesem guten Neger, der für mich auf einen Teil seines Abendessens verzichtete und ohnehin schon Schwierigkeiten hatte, seine Familie zu ernähren, nicht genug danken. Die Lebensmittel waren so knapp und so teuer im ganzen Dorf, dass man nur mehr einmal pro Tag aß, und zwar vorzugsweise am Abend, denn die Neger essen lieber den ganzen Tag gar nichts, als dass sie mit leerem Magen ins Bett gehen.

Am 31. Juli schickte uns der *almamy* um sechs Uhr morgens Reis. Wahrscheinlich war ihm eingefallen, dass er uns am Tag zuvor keinerlei Essen hatte bringen lassen. Ein liebenswürdiger *saracolet* – einer von denen, die am Vortag angekommen waren – gab mir Reis und Milch und bat mich, diese Speisen anzunehmen. Zum Dank schenkte ich ihm ein paar Glaswaren. Er hatte Djenné oft besucht und in dieser großen Stadt viele maurische Händler kennengelernt. Der *saracolet* sprach etwas Arabisch und versicherte mir, dass diese mich freundlich empfangen würden. Auf dem Weg nach Djenné, so warnte er mich, gebe es kaum etwas zu essen und vor allem fast kein Salz.

Der Sohn des *almamy* besuchte uns von Zeit zu Zeit und erkundigte sich, ob wir für die Waschungen ausreichend warmes Wasser hätten. Daran ließ er es uns nie fehlen. Hingegen sorgte er sich viel weniger darum, ob wir genug zu essen hatten. Ich hatte den Eindruck, dass der arme Teufel auch nicht viel mehr aß als wir. Er nahm den ganzen Tag über nichts zu sich, wie wenn Ramadan gewesen wäre. Abends, nach dem Gebet, teilte er etwas *foigné*-Brei mit vier anderen Negern. Trotz dieses unfreiwilligen Fastens schienen alle sehr fröhlich zu sein und versäumten es niemals, am Morgen Verse aus dem Koran zu singen. Auch der *almamy* sang ab und zu mit. Dieser Sohn unseres Gastgebers bot mir manchmal sein bescheidenes Abendessen an, das ich aber immer zurückwies, da ich wusste, dass er darüber hinaus nichts mehr für sich selbst hatte.

Am 1. August stattete ich mit einem meiner Reisebegleiter dem *almamy* einen kleinen Besuch ab. Wir betraten einen Raum, der gleichzeitig Schlafzimmer und Pferdestall war. Das Bett des Herrschers stand ganz hinten. Ein schmutziges Moskitonetz sollte vor Insekten schützen. Möbel gab es in diesem königlichen Wohnraum keine. Nur zwei Pferdesättel hingen an der Wand. Darüber hinaus gab es einen großen Strohhut, eine Trommel, die nur in Kriegszeiten zur Geltung kommt, einige Lanzen, einen Bogen, einen Köcher mit Pfeilen sowie eine Leuchte aus flachem Eisen, die auf einem in die Erde gerammten Eisenpfahl ruhte. In ihr verbrennt man Pflanzenfett, das nicht genügend Konsistenz hat, um zu Kerzen verarbeitet zu werden. In zwei weiteren Räumen lagerte man die Ernte und einzelne wertvolle Dinge. In einem großen Innenhof standen einige Hütten und ich sah einige Webstühle, die denen an der Küste ähnelten.

Der Alte lag auf seinem Bett. Er forderte uns auf, uns zu ihm zu setzen. Er betete gerade und schien ganz versunken zu sein. In der Hand hielt er einen Rosenkranz, dessen Kugeln so groß wie Bälle waren. Dann bat er mich, nach meiner Ankunft den Alten in Mekka und Medina seine Grüße auszurichten. Anschließend bat er mich, einen Augenblick zu warten. Er ging in seinen Hof und kam wenig später in Begleitung einer Sklavin zurück, die auf ihrem Kopf eine Kalabasse mit Reis und einer schlechten Kräutersauce trug. Sie waren für mich. Dann verabschiedete er mich und versprach mir, dass sich bald eine Gelegenheit für mich bieten werde, nach Djenné zu reisen. Durch das fehlende Salz schmeckte der Reis ziemlich schlecht, aber ich war weniger anspruchsvoll geworden. Der Appetit ist eine gute Würze. Das habe ich im Laufe meiner Reise oft gemerkt. Kurze Zeit darauf schickte mir ein Mandingo ein hervorragendes Reisgericht mit Milch.

Seit dem 27. Juli regnete es ununterbrochen. Es war kühl und feucht. Am Abend des 1. August kam ein Bote des *almamy* zu mir, um mir mitzuteilen, dass es eine Möglichkeit gebe, nach Djenné zu reisen, und dass, wenn ich die Gelegenheit nutzen wolle, er mir einen Führer bis nach Timé zur Verfügung stelle, von wo aus die Karawane losziehen werde. Ich hatte eine Wunde am Fuß, die ich mit Scharpie behandelte, aber es gelang mir nicht, sie zu heilen. Die Wunde bereitete mir große Schmerzen. Trotzdem zog ich es vor, unterwegs zu leiden, als länger an einem Ort zu bleiben, an dem bald große Hungersnot herrschen würde. So ließ ich dem Häuptling sagen, dass ich mich so schnell wie möglich zum Aufbruch bereitmache.

Am 2. August schickte mir der *almamy* gegen sechs Uhr morgens Reis mit einem Stück Schaffleisch. Das Schaf hatte man am Vortag getötet. Ich teilte das Mahl mit meinen Reisebegleitern. Gegen acht Uhr holte mich Arafanba ab und wir gingen gemeinsam zum Häuptling, um uns von ihm zu verabschieden. Er bestellte mich zu seinem Lager und ließ eine Tür öffnen, die so niedrig war, dass man sich tief bücken musste um hindurchzupassen. Eine seiner Frauen brachte ein Armband herbei, das in ein paar Lumpen eingewickelt war. Er schenkte es mir. Es war aus Silber und hatte den Wert von drei Francs. Ich selbst hatte ihm ein ziemlich schönes Geschenk mitgebracht, bestehend aus indischem Stoff, Papier und Glasperlen. Arafanba sagte dem *almamy*, ich habe nur wenige Waren und es sei mir unangenehm, dass ich ihm kein angemesseneres Geschenk machen könne. Der Alte lächelte und nahm wohlgefällig meine Gaben an. Er erinnerte mich noch einmal daran, nicht zu vergessen, die ehrwürdigen Scheichs von Mekka von ihm zu grüßen. Ich versprach es ihm und verließ ihn dann. Kurze Zeit später kam er zu einem Gegenbesuch in meine Hütte. Er war zu Pferd und trug auf dem Kopf einen großen Strohhut, der ihm den Regenschirm ersetzen konnte. Er war auf dem Weg zu seinen Sklaven und sagte, dass er sich darüber ärgere, nicht eher daran gedacht zu haben, einen *grigri* aus der Hand eines Arabers zu erbitten. Er grüßte und wünschte mir beim Gehen eine gute Reise. Gegen zehn Uhr teilte mir mein neuer Führer mit, dass wir nun aufbrechen müssten.

Bevor ich in meiner Reisebeschreibung fortfahre, möchte ich aber noch erzählen, was für ein schönes Land ich an diesem Tag verließ. Sambatikila ist ein großes Dorf, das von einer doppelten Mauer umgeben wird. Es ist unabhängig und wird von muslimischen Mandingo bewohnt. Der Ort ist viel weitläufiger als Kankan. Große Flächen innerhalb der Stadtmauern liegen brach. Die Straßen sind eng und gewunden und in dieser Jahreszeit recht schlammig. Die Einwohner beschränken sich darauf, Handel zu treiben. Einige Tagesreisen entfernt kaufen sie im Süden Kolanüsse, die sie nach Djenné bringen und gegen Salz eintauschen. Das ist ein nur wenig Gewinn bringendes Geschäft, denn diese Reisen sind lang und mühsam. In den Dörfern, durch die sie auf ihrem Weg kommen, müssen sie Durchgangsrechte und die Unterkunft bezahlen.

In Sambatikila stellt man recht hübsche Stoffe aus Baumwolle her, die man den Bambara abkauft. Der übliche Preis für einen Sklaven beträgt dreißig Salzsteine. (Ein Salzstein ist etwa zehn Zoll lang, drei Zoll breit und zwei oder zweieinhalb Zoll dick. Da die Steine unterschiedlich groß sind, hängt der Preis von ihrer Größe ab.) Auch für ein Gewehr und dreieinhalb Meter rosa Taft bekommt man einen Sklaven. Sambatikila kennt bei Weitem keinen so regen Handel wie Kankan. Hierzu trägt auch bei, dass kein Markt abgehalten wird. So sind die Einwohner arm und haben nur wenige Sklaven. Die Ernte eines Jahres reicht oft nicht bis zur nächsten. Deshalb müssen sie den Bambara Reis abkaufen, den diese dann gegen Salz eintauschen. Die Mandingo essen lieber einen Teil des Tages nichts, als dass sie es sich aufbürden, Äcker und Felder zu bewirtschaften. Sie behaupten, dass sie diese Arbeit vom Studium des Korans ablenken würde – ein scheinheiliger Vorwand um ihre Faulheit zu entschuldigen! Ihre wenigen Herden bestehen aus einigen Schafen und Ziegen. Sie haben ein paar ganz kleine Pferde, und auch Geflügel züchten sie.

Ich wohnte, wie gesagt, beim Sohn des *almamy*. Er hatte mehrere Reisen nach Djenné gemacht und erzählte mir, ohne auf das Ansehen seiner Person zu achten, dass er wie alle anderen eine Ladung Kolanüsse auf dem Kopf getragen hatte. Ich fragte ihn, wie lange die Reise nach Djenné dauere, und erfuhr, dass man zweieinhalb oder drei Monate für den einfachen Weg brauche und so nur zwei Reisen pro Jahr machen könne.

Der Rang des *almamy* oder Königs vererbt sich immer auf den ältesten Sohn. Der *almamy* hat gewöhnlich vier Frauen und viele Kinder. Er ist das alleinige Oberhaupt in Sambatikila und wenn es zu irgendwelchen Streitigkeiten kommt, versammeln sich die Alten beim *almamy* oder in der Moschee um Recht zu sprechen. Gewehre sind in diesem Dorf nicht so weit verbreitet wie in Kankan, denn in den Hütten, die ich von innen gesehen habe, hingen nur Bogen an den Wänden.

Wir brachen also gegen zehn Uhr auf. Arafanba, die beiden *saracolets* und der Fulbe begleiteten mich bis zum Ufer eines kleinen Flusses, den die Einheimischen Oulaba nennen und der die Umgebung von Sambatikila bewässert. Wir überquerten ihn in einer morschen Piroge und glaubten mehr als einmal zu kentern. Sie war nur aus einem einzigen Baumstamm gemacht, aber alt, zerbrochen und an vielen Stellen notdürftig mit vermodertem Baumwollstoff zusammengeflickt. Wasser drang ein, aber glücklicherweise war der Fluss nicht sehr breit, sodass wir ohne Zwischenfall am anderen Ufer ankamen. Arafanba ging noch eine Meile mit mir, dann trennte er sich nicht ohne Bedauern von mir und empfahl mich wärmstens meinem neuen Führer. Arafanba war der freundlichste und hilfsbereiteste Mensch, den ich bei den Mandingo getroffen habe. Ich wundere mich noch heute darüber, dass er nichts von mir wollte und mit dem bescheidenen Geschenk, das ich ihm in Anbetracht meiner geringen Mittel nur machen konnte, sehr zufrieden zu sein schien.

Auf schöner, mit etwas Kies vermischter schwarzer Erde marschierten wir zwei Meilen in süd-ost-östlicher Richtung. Ich sah nur ein paar armselige *foigné*-Felder, die noch nicht einmal in Blüte standen, während sie im Ouassoulo schon abgeerntet waren. Nachdem wir eine schwankende Brücke überquert hatten, kamen wir in Cagnanço, einem kleinen, ummauerten Dorf an, das wir aber nicht betraten. Ich sah die Werkstatt einiger Schmiede, die auch nicht besser eingerichtet waren als die an der Küste, aber trotzdem landwirtschaftliche Geräte, Dolche, Armreife und Pfeilspitzen herstellten. Das Eisen stammt aus dem Fouta-Djalon. In der Umgebung dieses Dorfes, das übrigens von Bambara bewohnt wird, gibt es keine Felder, wohl aber hohe Bäume und trockene Gräser, die uns im Weg waren und mir große Schmerzen verursachten, da sie ständig an meiner Wunde scheuerten und das Pflaster abrieben. Dies und die unter Wasser stehenden Wege und starken Regenfälle machten mir sehr zu schaffen. Ich wünschte sehnlichst, ein geschütztes Plätzchen zu finden, um mich auszuruhen. Indessen marschierten wir aber in süd-süd-östlicher Richtung weiter.

Nach weiteren 13 Meilen hielten wir gegen drei Uhr erschöpft in Tinicoro, einem Bambara-Dorf, in dessen Umgebung Bäume, Sträucher und hohes Gras wachsen. Äcker und Felder liegen fünf bis sechs Meilen entfernt. Mir ist nicht bekannt, ob dies am besseren Boden liegt oder ob man durch Ziegen und Geflügel angerichtete Schäden vermeiden will. Mein Führer brachte mich zu einem Bekannten, der uns eine ziemlich schlechte, da kleine, schmutzige und feuchte Unterkunft gab. Ich ließ sofort ein Feuer entfachen, um meine *coussabe* und meine Hose zu trocknen, denn es hatte den ganzen Tag geregnet. Auch nachts fiel unablässig ein feiner Regen, der die Luft abkühlte. Ich sah in diesem Dorf mehrere Ziegen und viel Geflügel. Rinderherden besaßen die Einwohner hier hingegen nicht. Bei Einbruch der Dunkelheit kamen die Männer von der Arbeit zurück. Sie waren ganz nackt, nur zwischen den Oberschenkeln war ein schmales Baumwollband geschlungen. Sie trugen Halsketten und Ohrringe aus Glasperlen sowie zahlreiche Amulette wie Widderhörner, Schafschwänze etc. Sie messen diesen *grigris* eine große Bedeutung bei. Im Laufe des Abends kam es zu einem Streit zwischen zwei Männern des Dorfes. Sie wurden handgreiflich und zückten sogar ihre Dolche, doch liefen die anderen Bewohner herbei um Frieden zwischen ihnen zu stiften. Überall hörte man Frauen jammern und klagen. Alle sprachen gleichzeitig, einer versuchte den anderen zu überschreien. Es herrschte ein entsetzlicher Lärm. Mein Führer erklärte mir, dass der Häuptling dieses Dorfes erblindet war. Andernfalls hätte er sich zu dem Ort begeben, an dem der Streit ausgebrochen war, und die Ordnung wiederhergestellt. Ich konnte nicht herausbringen, was der Auslöser für diese Auseinandersetzung gewesen war, die genau in dem Hof stattfand, in dem wir untergebracht waren, und die sich sehr lange hinzog, obwohl es in Strömen regnete.

Am Morgen des 3. August briet mein Führer eine kleine Jamswurzel auf Kohlen. Ich röstete meinerseits einige Pistazien, die wir dazu aßen. Nachdem wir unserem Gastgeber ein paar Glasperlen geschenkt hatten, machten wir uns gegen neun Uhr wieder auf den Weg. Es regnete immer noch stark. Mein Schirm nützte mir nichts, denn das hohe Gras und die Büsche auf dem Weg durchnässten mich ebenso sehr wie der Regen von oben. Gegen halb zwei Uhr kamen wir in Timé an, einem hübschen kleinen Dorf, das von muslimischen Mandingo bewohnt wird. Zahlreiche riesige Kapokbäume und einige Affenbrotbäume spenden Schatten. Drei oder vier Meilen östlich von Timé erhebt sich eine Bergkette. Eine andere, noch höhere befindet sich in unmittelbarer Nähe des Dorfes und hat mit Ausnahme des Gipfels eine schöne Vegetation.

Mein Führer brachte mich zu seinem Bruder Baba, der gerade außer Haus war, aber eine gute alte Negerin, deren faltiges Gesicht auf ein Alter von gut 60 Jahren schließen ließ, öffnete mir seine Hütte, breitete eine Rinderhaut aus, damit ich mich setzen konnte, und gab mir etwas Milch mit einer Sauce aus Kräutern und ein paar Salzkörnern. Ich brachte davon aber nicht viel hinunter, denn ich hatte Fieber und fröstelte. So legte ich mich in die Nähe des Feuers auf eine Matte – es war das Bett der Alten – und schlief ein. Der Bruder – das Familienoberhaupt – traf wenig später ein und man weckte mich. Der Mann war sehr freundlich, er gab mir Jamswurzeln und bestreute sie aus Rücksicht auf mich mit Salz. Dann nahm er meine Tasche und sagte mir, er wolle mich nun zu seinem Vater, dem Häuptling des Dorfes, bringen, ein ehrwürdiger Alter des Bambara-Stammes, aber islamischer Religion. Der Häuptling empfing mich gut: Ich solle bis zum Aufbruch der Karawane, die in Kürze nach Djenné ziehen werde, bei ihm bleiben. Ich kehrte also in die bescheidene Behausung der alten Mutter von Baba zurück. Zu diesem Zeitpunkt konnte ich noch nicht ahnen, dass es für lange Zeit sein sollte. Ich gab der guten Negerin ein Stück rohes Fleisch, das mir der Häuptling geschenkt hatte, damit sie es abends zubereite. Als ich ein Stück davon aß, merkte ich, dass es Wildschweinfleisch war. Zuerst gab ich vor, nicht weiter essen zu wollen, denn ich hatte Angst, meine Rolle als guter Moslem aufs Spiel zu setzen. Aber mein junger Führer aus Sambatikila hatte weniger Hemmungen und riet mir, seinem Beispiel zu folgen, wobei er mir versicherte, dass es sehr gut schmecke. Die Mandingo scheuen sich trotz ihres Aberglaubens nicht, das Fleisch dieses Tieres zu essen, was der Koran ja ausdrücklich verbietet. Mein Gastgeber schickte mir zum Abendessen eine Portion Jamswurzeln, zusammen mit dem Fleisch eines Huhns, das er zu Ehren unserer Ankunft hatte schlachten lassen.

Am 4. August bereitete sich die Karawane für den Aufbruch vor. Die Wunde an meinem Fuß war aber noch nicht geheilt. Es regnete ununterbrochen, und vor mir lag eine Strecke, auf der immer wieder Flüsse überquert und Sümpfe durchwatet werden mussten. Ich überlegte hin und her, was ich tun sollte. Schließlich kam ich zu dem Entschluss, mindestens noch den Monat August in Timé zu verbringen: Mit einer solchen Wunde am Fuß, die nur schlimmer werden konnte, lief ich Gefahr, nicht mehr weitergehen zu können oder in den Sümpfen umzukommen, denn die Bambara würden mich sicher nicht bei sich aufnehmen, sondern mich wahrscheinlich ausrauben. So hielt ich es für klüger, die Karawane ohne mich ziehen zu lassen. Ich benachrichtigte meinen Gastgeber, dem ich ein schönes Stück farbigen Stoffes und eine Schere als Geschenke versprach. Er schien damit zufrieden zu sein. Man sagte mir, es gebe einmal in der Woche Markt, wo ich Vorräte für meinen Lebensunterhalt einkaufen könne.

Die Bambara dieser Region Afrikas sind arm und elend. Sie treiben mit den umliegenden Gebieten keinen Handel. Denn da sie nicht islamischen Glaubens sind, würden sie auf Reisen in weiter entfernte Gebiete schnell gefangen genommen und versklavt werden. Sie sind im Allgemeinen ziemlich faul. Im Gegensatz zu den Fulbe des Ouassoulo bewirtschaften sie ihre Felder kaum und ihre Dörfer sind von Ekel erregender Schmutzigkeit. Sie ernähren sich schlecht, essen alle möglichen Arten von Tieren: Hunde, Katzen,

Ratten, Mäuse, Schlangen und Eidechsen – nichts entkommt ihrer Gefräßigkeit. Sie bauen etwas Baumwolle an, die sie bei den Mandingo gegen Salz eintauschen. In einigen ihrer Dörfer habe ich Webstühle gesehen, aber sie stellen nur wenige Stoffe her. Sie haben so viele Frauen, wie sie ernähren können, und nur wenige Sklaven.

Sie werden von einer Vielzahl kleiner unabhängiger Häuptlinge regiert, die sich oft bekriegen. Kurz: Im Vergleich zu den Völkern des Islams handelt es sich um rohe, unzivilisierte Wilde, denen der Begriff Menschenwürde völlig unbekannt ist. Wenn ich bei ihnen hätte wohnen müssen, hätten meine Waren sicher ihre Begierde geweckt, und sie hätten mich wahrscheinlich bedenkenlos ausgeraubt.

Am 6. August machte sich die Karawane auf den Weg, obwohl es in Strömen regnete. Sie bestand aus 15 bis 20 Männer und Frauen, von denen jeder 3500 Kolanüsse auf dem Kopf trug – eine Last, die ich kaum hochheben konnte. Dafür bringen sie Salzsteine und Salzplatten zurück. Man hat mir gesagt, dass man für die Menge Salz, die man für 3500 Kolanüsse bekommt, zwei Sklaven kaufen könne. Wie ich aber später festgestellt habe, ist der Gewinn nicht groß, denn unterwegs entstehen ihnen hohe Kosten – sowohl für Lebensmittel wie auch für Wegerechte. Die Kolanüsse, die nicht in dieser Gegend wachsen, erzielen recht unterschiedliche Preise. Wenn sie zurückkehren, gehen sie weit nach Süden, um für das gekaufte Salz wiederum Kolanüsse und auch Baumwolle zu erwerben, die ihre Frauen dann zu Stoffen verarbeiten.

Am 7. August stellte mir mein Gastgeber Baba eine große Hütte zur Verfügung, in der ich alleine wohnen konnte. Dort richtete ich mich so gut es ging ein: Ich breitete eine Matte auf dem feuchten Boden aus und legte noch meine Wolldecke darauf. Diese Hütte diente auch als Vorratslager für Jamswurzeln und Reis.

Am 8. April war ich wegen des schlechten Essens unpässlich. Ich hatte einen starken Fieberanfall. Um das Fieber zu senken, nahm ich in der Nacht eine Dosis Chininsulfat, was auch für ein paar Tage half. Meinen Gastgeber schien mein Unwohlsein sehr zu bekümmern. Er sah in ein paar alten Büchern mit Koranversen nach und brachte mir ein kleines Stück rußiges Papier, auf das man in arabischen Schriftzeichen eine Sure geschrieben hatte. Er versicherte mir, dass dies ein wirksames Heilmittel für derartige Unpässlichkeiten sei, und riet mir, den Text auf ein Täfelchen zu schreiben, dann die Schrift abzuwaschen und das dafür verwendete Wasser zu trinken. Dies würde mir gewiss Erleichterung verschaffen. Um ihm eine Freude zu machen, schrieb ich die Sure ab, aber als er sich entfernte, wusch ich schnell die Tafel und schüttete das Wasser weg – was ebenfalls gut half, denn am nächsten Morgen ging es mir wesentlich besser. Mein Gastgeber führte dies natürlich auf die Wirksamkeit seines Heilmittels zurück!

Am 14. August besuchte mich der Häuptling und bat mich, ihm einen *grigri* zu schreiben. Um dessen Wirkung zu erhöhen, schenkte er mir ein Zicklein. Der *grigri* sollte ihn vor Krankheiten bewahren. Es wäre nicht klug gewesen, diesen Wunsch zurückzuweisen, denn obwohl ich ihm vorsichtshalber gesagt hatte, ich hätte mein Heimatland in ganz jungen Jahren verlassen, ging er davon aus, dass ich fließend Arabisch sprach und schrieb. Fünf oder sechs Mandingo schlachteten sogleich das Zicklein und häuteten es. Den Magen behielten sie für sich. Sie brieten ihn auf Kohlen, ohne sich die Mühe zu machen, ihn vorher zu waschen. Das leckere Stück teilten sie mit einigen Dorfbewohnern, die die Neugier angelockt hatte. Sie gingen flott zu Werke und hatten bald das ganze Tier zerlegt. Ohne mich zu fragen, ob ich damit einverstanden sei, schenkten sie den Nachbarn und Verwandten meines Gastgebers kleine Fleischstücke, die in diesem Land etwas ganz Besonderes sind, denn Fleisch isst man sonst nur an Festtagen. Da sie keine Rinder haben, schlachtet man ausschließlich Schafe und Ziegen. Der gute alte Häuptling bekam ein Schulterstück für sein Abendessen, der Rest war für mich und die Familie von Baba. Dieser fragte mich, was ich mit der Haut des Tieres zu tun gedenke. Ich überließ sie ihm und er tauschte sie umgehend gegen ein Stück Salz ein, um unser Fleisch zu würzen, das in einem großen Topf gekocht wurde und mehrere Tage aufbewahrt werden sollte. Unsere alte Negerin, die Manman hieß – ein im ganzen Land sehr häufiger Name – wurde mit der Zubereitung beauftragt. Sie war sehr freundlich zu mir und brachte mir eigenhändig zweimal täglich eine kleine Portion Reis und Hirsebrei. Alle meine Mahlzeiten bestanden aus diesen beiden Lebensmitteln. Ich schenkte meinem Gastgeber eine Schere, die ihn sehr zu freuen schien. Scheren sind in Timé eine äußerst seltene und dementsprechend wertvolle Ware.

Am 15. August begab ich mich zum Häuptling, um ihm für sein Geschenk zu danken und ihm den *grigri* zu überreichen, den er dankbar entgegennahm. Er wickelte ihn sogleich in ein Stück

Stoff ein, den er mit Wachs einrieb und mit gegerbter Schafshaut umgab. Dann befestigte er das wertvolle Stück an einer Schnur, die er sich um den Hals hängte. Er überschüttete mich mit Dankesworten und wünschte mir eine schnelle Rückkehr in die Heimat.

Die Wunde an meinem Bein wollte aber nicht heilen, im Gegenteil: Sie verschlimmerte sich noch. Der August war weiterhin feucht und schwül, es regnete Tag und Nacht. Die Sonne schien nur selten. Wasser sickerte durch die Wände meiner Hütte, ich lebte in einer Art Dampfbad und fühlte mich oft unwohl, was sowohl mit der ungesunden Luft als auch mit meiner schlechten Unterkunft zusammenhing, in der man wegen der unerträglichen Rauchentwicklung kein Feuer anzünden konnte. In ganz Innerafrika legen die Neger keine Kamine in ihren Hütten an. Der Rauch entweicht vielmehr durch die Ritzen im Dach, das folglich mit Ruß überzogen ist.

Während der Regenzeit bleiben die Mandingo fast den ganzen Tag in ihren Hütten. Sie liegen um ein Feuer herum und nähen *coussabes*, um sich die Zeit zu vertreiben. Wenn sie sich nach draußen begeben müssen, ziehen sie eine Art Sockelsandalen an, deren Holzsohle zirka zweieinhalb Zoll hoch ist, um sich vor der Nässe des Bodens zu schützen. Die Frauen gehen immer ihrer Arbeit nach. Unabhängig vom Wetter suchen sie Holz zusammen und holen Wasser. Sie tragen überhaupt keine Schuhe.

Eigentlich hatte ich mir vorgenommen, Ende August weiterzuziehen. Aber zu diesem Zeitpunkt brach an dem selben Fuß eine zweite Wunde auf, die noch viel größer als die erste war. Sie bereitete mir große Schmerzen. Mein Fuß war so angeschwollen, dass ich gar nicht auftreten konnte. Ich bat die gute alte Negerin, mir Blätter vom Affenbrotbaum zu beschaffen und sie zu kochen. Um die Entzündung einzudämmen, machte ich mir Umschläge mit diesem Sud. Nach zwei Tagen ging es mir wesentlich besser. Da ich keine Leinentücher für meine Verbände hatte, verwendete ich hierfür den Baumwollstoff, der mir als Turban diente. Dies missfiel der guten Alten. Sie war der Ansicht, dass ich lieber auf die Umschläge verzichten sollte als so ein schönes Stück Stoff zu opfern. Durch die Wirkung der Affenbrotbaumblätter war mein Fuß bald nicht mehr geschwollen, aber die Wunde war immer noch so groß wie zwei Sechs-Franc-Taler. Mein Gastgeber, den meine unglückliche Lage offensichtlich nicht gleichgültig ließ, schickte einen seiner Sklaven nach einer Wurzel aus, deren verätzende Eigenschaften mir bekannt waren. Er ließ sie in Wasser kochen. Dann rieb er ein Stück an einem Stein, um eine Salbe zu erhalten. Am ersten Tag behandelte er mich selbst. Er wusch die Wunde mit dem Sud und mit Wasser und bestrich sie anschließend mit der öligen Paste, die er aus der Wurzel gewonnen hatte. Anschließend deckte er mangels eines sauberen Verbandes das Ganze mit einem aromatisch riechenden Laubblatt ab. An den darauf folgenden Tagen sollte sich die alte Negerin morgens und abends um mich kümmern. Oft tröstete sie mich mit der Aussicht auf eine baldige Genesung. Für ihre Dienste schenkte ich ihr ein hübsches Stück bunten Stoffes, über den sie sich zu freuen schien; wahrscheinlich hatte sie noch nie etwas so Schönes besessen. Kurz darauf kam ihr Sohn zu mir um sich ebenfalls zu bedanken, und fragte mich mit ernster Miene, wer die Blumen auf dem Stoff gemacht habe. Ich lachte über seine kindliche Einfalt und antwortete ihm, dass es die Weißen gewesen seien. Daraufhin entgegnete er mir immer noch sehr ernst, er habe geglaubt, nur Gott könne so schöne Dinge machen.

Einen Monat blieb ich in meiner Hütte. Ich hatte keine starken Schmerzen mehr, konnte aber trotzdem nicht gehen. Der Monat September schien zunächst das schöne Wetter zurückzubringen, aber damit täuschte ich mich. Zwar regnete es nicht mehr ununterbrochen, doch brachte jeder Tag neue Niederschläge. Erst Anfang Oktober wurden sie seltener. Die Temperaturen stiegen, und die Luft wurde angenehmer. Meinem Fuß ging es viel besser, was mich hoffen ließ Ende des Monats aufbrechen zu können. Wie man sich vorstellen kann, konnte ich diesen Moment kaum erwarten.

Die Nahrungsgrundlagen der Mandingo in diesem Teil Afrikas sind viel größer als die der Neger in der Umgebung des Senegal, die nur Hirse anbauen können. So sind auch ihre Gerichte wohlschmeckender. Mit Ausnahme von Salz, das sie erst mühsam beschaffen müssen, haben sie alles, was zum Leben nötig ist: Jamswurzeln, Mais, Reis, Hirse, *foigné*, Bohnen, Kürbisse und Pistazien wachsen in Hülle und Fülle in diesem von der Natur begünstigten Land, während die Senegalesen zwar Salz, aber sonst nicht viel haben. Der Anbau all dieser Pflanzen kommt die Mandingo nicht teuer: Sklaven drehen die Erde gerade einmal an der Oberfläche um, um das Unkraut zu entfernen, und streuen dann das Saatgut ohne weitere Vorarbeiten aus. Nur für den Anbau der Jamswurzel zieht man Furchen in das Erdreich, da die Wurzel sonst sehr klein bliebe. Die schwarze, sandige Erde, die durch die Kombination von Regenfällen und tropischer Wärme noch fruchtbarer wird, lässt alle Pflanzen außerordentlich schnell wachsen. Die zahlreichen Bäche und Flüsse, die sich überall durch die Landschaft schlängeln, tun ein Übriges. *Foigné* wird im Mai gesät und im Juli geerntet. Diese Getreideart bildet die Nahrungsgrundlage der Neger in allen südlichen Gebieten Westafrikas. Die Frauen verwenden viel Mühe darauf, es zu säubern. Sie legen es in die Sonne, dann trennen sie das Stroh ab, was sehr viel Zeit in Anspruch nimmt. Nachdem sie die Kleie ausgesondert haben, zerstampfen sie es ein zweites Mal. Wenn die Körner gut gesäubert sind, werden sie weiß und so groß wie Pulverkugeln. Dann wäscht man sie und legt sie anschließend in einen Korb um sie abtropfen und in Ruhe etwas quellen zu lassen. Schließlich kommen sie in einen Mörser, in dem sie in kurzer Zeit zu Mehl verarbeitet werden. Wenn die Körner nicht befeuchtet würden, würde das Zerreiben viel länger dauern. Aus diesem Mehl stellen sie einen Brei her, der dem *sanglé* im Senegal entspricht. Wenn dieser Brei gekocht ist, wird er löffelweise in eine Kalabasse gefüllt und mit einer Sauce aus Kürbisblättern und anderen Kräutern gewürzt.

Jamswurzeln werden anders zubereitet. Zunächst kocht man sie, dann werden sie zerstampft und mit einer Sauce aus getrocknetem, zu Pulver gemahlenem Fisch, etwas Okra und Pimenten serviert. Die Saucen sind in der Regel sehr scharf. Zu den Mahlzeiten versammeln sich alle um eine Schüssel herum und jeder nimmt eine Hand voll gestampfter Jamswurzeln, rollt den Brei in den Händen, drückt mit dem Daumen ein Loch hinein und taucht die Breikugel in die Sauce.

Dem gesäuberten und gekochten Reis fügt die Hausfrau eine Sauce aus Pistazien und Hibiskusblüten, aber ebenfalls ohne Salz hinzu. Letzteres verwendet man nur an Festtagen oder wenn vornehme Gäste an der Mahlzeit teilhaben. Nur wenn es Fleisch gibt, fügen sie immer Salz hinzu. Sie schieben ein gutes Essen lieber einige Tage auf, als auf dieses Gewürz zu verzichten. Um ein Schaf oder eine Ziege zu schlachten, kommen mehrere Nachbarn zusammen. Es wird aber nicht gemeinsam gegessen, sondern jeder trägt seinen Teil nach Hause, um ihn mit seiner Familie zu verspeisen.

Ich bemühte mich, einige Informationen über die Entfernung zwischen Djenné und Timbuktu zu erhalten, aber keiner konnte mir dazu Genaues sagen. Da die Einheimischen auf ihren Reisen immer nur die Geschäfte im Auge haben, interessieren sie sich kaum für geographische Fragen. Oft kennen sie nicht einmal den Namen der Dörfer, an denen sie vorbeikommen.

Die Neger in dieser Gegend Afrikas sind nicht so gastfreundlich wie die, die nördlich des Niger oder in der Umgebung des Senegal wohnen. Untereinander sind sie großzügig, wohingegen sie für Fremde gar nichts tun. Ich erklärte mir diese Tatsache mit den zahlreichen Karawanen, die unaufhörlich durch ihr Land ziehen. Wenn sie diese bei sich aufnehmen und verköstigen müssten, wären sie bald ruiniert.

Ende Oktober hörten die Regenfälle ganz auf. Tagsüber herrschte große Hitze, nachts war es kalt. Mir fiel auf, dass sich die Neger im Allgemeinen schnell erkälten, und führte dies darauf zurück, dass sie immer in der Nähe eines großen Feuers schlafen und anschließend nur leicht bekleidet die Hütte verlassen. Mein Gastgeber Baba, der während des ersten Monats meines Aufenthalts sehr zuvorkommend gewesen war (wahrscheinlich weil ich ihm schöne Geschenke gemacht hatte), wurde zunehmend unfreundlicher. Er wollte dauernd etwas von mir haben und zeigte mir offen seine schlechte Laune, wenn er längere Zeit nichts von mir bekam. Außerdem waren die Frauen, deren Neugier ich weckte, rechte Plagegeister. Sie kamen in Scharen, um mich um Glasperlen zu bitten. Dauernd machten sie sich über mich lustig und lachten über meine Gesten und Worte. Im ganzen Dorf liefen sie umher und äfften mich nach. Dieses Gequatsche lockte immer mehr von ihnen in meine Hütte. Von morgens bis abends standen sie vor meiner Tür, und wenn ich meine Unterkunft verließ, folgte mir eine Schar, die in ihrer Sprache rief: »Der Araber ist kein guter Mensch, er schenkt niemandem etwas.« Manchmal entledigte ich mich ihrer, indem ich ihnen ein paar Glasperlen gab, aber es dauerte nicht lange, bis sie wieder da waren und bettelten. Im ersten Monat hielten sich die Belästigungen in Grenzen, aber als ich ihnen vertrauter geworden war, wurde ihr Verhalten unerträglich. Sie spotteten über die Wunde an meinem Fuß, und die Schwierigkeiten, die ich beim Gehen hatte, reizten sie zu unbändigem Lachen. So waren die Menschen, mit denen ich zusammenleben musste! Dabei glaube ich gar nicht einmal, dass es Boshaftigkeit war. Diese Wilden waren einfach unsäglich dumm. Manchmal bat ich die, die mir am meisten auf die Nerven gingen, um etwas Wasser und sie brachten mir dann gleich welches.

Die Männer zeigten sich kaum gastfreundlicher als die Frauen. Sie amüsierten sich zwar nicht auf meine Kosten, warfen mir aber ebenso vor, ihnen nichts zu schenken. Auf ihre dauernden Fragen hin hielt ich ihnen vor Augen, dass noch ein weiter Weg bis nach Mekka vor mir liege und dass meine wenigen Waren vielleicht nicht reichen würden und ich so Gefahr laufe, auf der Strecke zu bleiben. Aber diese Überlegungen interessierten sie nur wenig, und so zeigten sie auf meine Wolldecke und meine Ledertasche und sagten: »Da, sieh die Decke und die Tasche, in der viele Stoffe und andere Waren sind. Der Araber gibt niemandem etwas. Ist nicht gut.« Sie stellen sich vor, dass alle Weißen – und auch die Araber, die sie in die gleiche Kategorie einordnen – sehr reich seien und ihnen folglich große Geschenke machen müssten. Ein Mandingo dieses Dorfes hatte mehrere Reisen dieses Dorfes nach Gambia und sogar nach Albreda gemacht. Er beklagte sich über den Geiz der Weißen, die große Häuser voller Waren hätten und nur ganz wenig hergeben würden. Der Neger weckte die Neugier seiner Landsleute, die sich in einem Kreis um ihn herumsetzten, um seinen Erzählungen von den wunderbaren Dingen, die er an der Küste gesehen hatte, zu lauschen. Um seinen Zuhörern einen Eindruck von der Größe der Häuser der Weißen zu vermitteln, verglich er sie mit zehn oder zwölf Moscheen wie die von Kankan (die, wie ich oben erläutert habe, rund 300 Menschen aufnehmen kann). Er stellte anschaulich und lebendig dar, wie sich die Europäer kleideten und wie sie essen – worüber die einfältigen Neger nicht schlecht staunten, denn es war ihnen nie in den Sinn gekommen, dass es andere Kleider gebe, als die, die sie selbst trugen, oder dass man anders als mit den Fingern essen könne.

Um den 10. November herum war die Wunde an meinem Fuß fast verheilt, sodass ich hoffte, die erste sich bietende Gelegenheit ergreifen zu können, um nach Djenné zu kommen. Aber ach! Zu dieser Zeit machten sich erste starke Schmerzen in Kieferbereich bemerkbar und bald wusste ich, dass ich an Skorbut erkrankt war. Es ist eine entsetzliche Krankheit. Das Fleisch an meinem Gaumen verschwand, Knochenteile lösten sich ab und meine Zähne schienen in den Zahnhöhlen keinen Halt mehr zu finden. Ich litt ein Martyrium. Hinzu kam die Angst, dass mein Gehirn durch die entsetzlichen Schmerzen in meinem Kopf angegriffen werden könnte. Über zwei Wochen lang fand ich keinen Schlaf. Zu allem Unglück riss auch die Wunde an meinem Fuß wieder auf und in mir starb jede Hoffnung, je wieder von hier wegzukommen. Man stelle sich meine Situation vor! Ich befand mich mutterseelenalleine in einem unzugänglichen Land, lag auf einem feuchten Boden, ohne Medikamente, niemand außer der guten alten Mutter von Baba kümmerte sich um mich. Die Negerin brachte mir zweimal täglich etwas Reiswasser und musste mich zwingen, es zu trinken, denn ich konnte nichts essen. Bald war ich bis auf die Knochen abgemagert. Schließlich war mein Zustand so entsetzlich, dass sogar diejenigen, die sonst kein Mitleid mit mir hatten, mich bedauerten.

Ich hatte meine ganze Energie verloren. Die Schmerzen raubten mir jeden Gedanken. Ich dachte nur noch an den Tod, sehnte ihn herbei und bat Gott darum – Gott, in den ich mein ganzes Vertrauen legte, nicht um zu gesunden, sondern in der Hoffnung auf ein glücklicheres Leben nach dem Tod. Den einzigen wirklichen Trost während dieser langen Krankheit fand ich im Glauben. Gott, dem wir uns ja vor allem im Unglück zuwenden, wenn uns alle Freunde verlassen haben, verweigert uns seinen Trost nie.

Nach sechswöchiger Leidenszeit fing ich endlich an, mich besser zu fühlen und darüber nachzudenken, was um mich herum geschah. Meinen Gastgeber Baba sah ich fast gar nicht mehr. Ich konnte mir leicht ausmalen, dass ich ihm lästig war. Er war es leid, einen Mann zu Hause zu haben, der ständig krank war. Die Geschenke, die ich ihm dauernd machen musste, verschlangen all meine Mittel. Mein Gepäck war so klein geworden, dass ich fürchten musste, nicht genügend Waren zu haben, um meine Reise zu Ende führen zu können. Denn trotz der schlimmen Lage, in der ich mich befand, hatte ich nicht die Absicht aufzugeben. Lieber wollte ich unterwegs sterben als umzukehren. Wenn ich allein in meiner Hütte war, dachte ich darüber nach, auf welche Weise ich mich zum Niger begeben könne; dort hoffte ich, mich nach Timbuktu einschiffen zu können, um irgendwann diese geheimnisvolle Stadt zu erreichen – das Ziel meiner Forschungsreise.

Eines Tages teilte mir Baba mit, dass sein Bruder aus Teuté zurückgekehrt sei, wo er Kolanüsse geholt habe, die er nun nach Djenné bringen wolle. Er sagte mir, dass ich mich ihm doch anschließen könne. Diese Neuigkeit freute mich sehr. Wir legten den Abreisetag auf den 9. Januar.

Seit Ende Dezember pfiff ein kalter Wind aus Norden, sodass ich meine Wolldecke gut vertrug. Auch die Neger, die von Natur aus leicht frieren, hüllten sich in Wolldecken, die sie in Djenné kauften. Außerdem zündeten sie im Dezember in ihren Hütten viel größere Feuer als sonst an. In dieser Jahrzeit verlieren die Bäume ihre Blätter, und die Neger verbrennen das trockene Laub um ihre Hütten herum. Am Vorabend unserer Abreise feierte man ein großes Fest: das Leichenbegängnis einer Mandingo-Frau, die vor ungefähr zwei Wochen gestorben war. Am Tag ihres Todes hatte die Musik meine Aufmerksamkeit erregt. In ihrem Hof hatte ich zwei große Trommeln sowie Zimbeln gesehen, die man kräftig schlug. Die Frauen aus der Nachbarschaft waren herbeigeeilt und hatten einige kleine Geschenke zu Ehren der Verstorbenen mitgebracht. Man legte sie in einen runden Korb, den man eigens dafür in der Mitte des Hofes aufgestellt hatte. Dann hatten sich die Frauen mit ernstem Gesichtsausdruck aufgereiht und sich rhythmisch zur Musik bewegt, wobei sie als Zeichen ihrer Trauer die Hände über dem Kopf zusammenschlugen. Manchmal klatschten sie den Takt mit und stimmten einen Trauergesang an. Ich fragte, ob die Geschenke, die man in den Hof gebracht hatte, zusammen mit der Toten der Erde anheim gegeben würden, denn bei den Bambara gibt es diesen abergläubischen Brauch. Die Mandingo sagten mir, dass dieser bei ihnen nicht existiere, sondern dass die Geschenke dazu dienten, das *dégué-sousou*-Fest zu feiern, an dem ich dann auch teilnahm und das ich im Folgenden so, wie ich es erlebt habe, wiedergeben werde.

Der noch junge Sohn der Verstorbenen kaufte ein mageres Zicklein, um einen Teil der Anwesenden und vor allem die Musiker zu verköstigen. An dem Tag, an dem das Fest stattfinden sollte, suchte er mich frühmorgens zusammen mit Baba auf, in dessen Hütte ich mich gerade am Feuer wärmte, denn die Luft war frisch. Beide setzten sich zu mir, und der junge Mann bat mich, ihm einige Schuss Pulver für das Begräbnis seiner Mutter zu verkaufen. Er wolle mir den Gegenwert unterwegs in Kaurimuscheln erstatten, da ich ohne dieses Geld, das ab Tangrera angenommen werde, keine Lebensmittel kaufen könne. Ich besaß eine volle Flasche mit Pulver, das ich gut aufbewahrte, da ich vermutete, es werde mir in Djenné noch sehr nützlich sein. Dennoch gab ich ihm Pulver im Wert von tausend Kauris, denn ich hatte Angst, dass eine Weigerung den Hass der Menschen hier auf mich lenken würde. Ich hatte große Mühe, diese Angelegenheit zu Ende zu bringen: Sie sammelten überall kleine Becher, um die Pulvermenge zu messen, und fanden sie nie groß genug. Um sie völlig zufrieden zu stellen, hätte ich ihnen meinen ganzen Pulvervorrat geben müssen.

Das Fest fand am 8. Januar in der Nähe der bescheidenen Behausung der Verstorbenen statt, im Schatten riesiger Kapokbäume, die so alt wie die Erde selbst zu sein schienen. Die recht gut komponierte Musik bestand aus vier großen Trommeln, ebenso vielen Zimbeln und sechs Oboen. Alle Musiker gehörten dem Bambara-Volk an, denn der Koran erlaubt es den Moslems nicht, zu musizieren. Mehrere kleine Kinder, deren Körper mit Blättern bedeckt waren und die einige Straußenfedern am Kopf trugen, hielten in jeder Hand einen runden Henkelkorb, in dem Eisenstückchen und Kieselsteine lagen. Sie sprangen damit im Takt zur Musik und schwenkten dabei ihre Körbe, was ein eigenartiges Rasseln hervorbrachte. Zwei Männer dirigierten die Musik und bestimmten, wann sie spielte. Sie trugen einen schönen Mantel aus einem weißen Baumwollnetz, an dem Fransen herunterhingen, und eine schwarze Mütze mit rotem Rand, an der Kaurimuscheln und Straußenfedern befestigt waren. Die kleine Kapelle stand unter einem Affenbrotbaum. Es waren viele Leute gekommen, alle sauber gekleidet. Die Männer hatten sich mit ihrem besten Gewand herausgeputzt. Ich sah mehrere mit rostfarbenen *coussabes*, die über und über mit Amuletten bestückt waren. Die einen waren mit Gewehren, die anderen mit Pfeil und Bogen bewaffnet, als ob sie in den Kampf ziehen wollten. Manche trugen große runde Strohhüte. Sie sprangen und tanzten zu der Musik, die ich sehr angenehm fand. Bisweilen schienen sie wütend zu werden, sie gaben dann Gewehrschüsse ab, liefen in alle Richtungen und rollten mit den Augen. Die Männer mit Pfeil und Bogen gaben ebenfalls vor, zornig zu sein. Sie rasten herum, wie wenn sie sich auf den Feind stürzen wollten, und taten so, als schössen sie Pfeile ab. Den Männern folgte eine Menge Frauen, die sich schweigend zu der Musik bewegten. Auch sie waren gut gekleidet. Wer müde war, zog sich zurück – und wurde schnell durch andere ersetzt. Diejenigen, die das Fest verließen, wurden von einigen Musikern verfolgt, die sie spielend bis zu ihrer Hütte begleiteten, wo sie ein paar Kolanüsse geschenkt bekamen. Zur Mitte des Festes hin erschienen alle Männer, die mit der Verstorbenen verwandt waren, in weißen Kleidern. Sie bildeten zwei Reihen und jeder hielt in einer Hand ein Stück flaches Eisen, auf das er ein anderes kleineres Eisenstück schlug. Sie drehten eine Runde vor den Anwesenden und sangen dabei eine traurige, eintönige Weise. Einige Frauen folgten ihnen, sie wiederholten den Gesang im Chor und schlugen sich dabei von Zeit zu Zeit in die Hände. Der Sohn der Verstorbenen ging hinter ihnen her. Er war mit einem Säbel bewaffnet, schien aber nicht sehr traurig zu sein. Nachdem sie einmal um die Versammlung herumgegangen waren, entfernten sie sich, und die Kriegstänze begannen von neuem. Zwei ältere Verwandte der Toten sprachen mit lauter Stimme zum Publikum und hielten eine Lobrede über die guten Eigenschaften der Verstorbenen. Das Fest endete mit einer ausgiebigen Mahlzeit. Man aß das Zicklein, das man am Morgen geschlachtet hatte. Mit Freude stellte ich fest, dass während des ganzen Festes Ordnung geherrscht hatte und die Leute still gewesen waren. Trotzdem war die Stimmung ausgelassen. Die Jugend tanzte fast die ganze Nacht über.

Endlich brach der so ersehnte Tag an. Bevor ich dieses schöne Land verlasse, möchte ich dem Leser aber noch den Charakter, die Sitten und Gebräuche seiner Bewohner näher bringen, mit denen ich immerhin fünf Monate zusammengelebt habe. Timé liegt zwei Tagesreisen südlich von Sambatikila, 15 Tagesreisen nördlich von Teuté und Cani und zehn Tage westlich von Tangrera. Das Dorf zählt 500 bis 600 Einwohner, die teils Mandingo, teils Bambara sind. Eine Mauer trennt die beiden Volksgruppen. Obwohl sie unterschiedlichen Religionen angehören – die Mandingo sind Moslems, die Bambara Heiden –, leben sie in guter Nachbarschaft. Freilich halten sich die Mandingo für das überlegene Volk.

Drei oder vier Meilen östlich des Dorfes erhebt sich eine Bergkette, an der sich in der Regenzeit Wolken auftürmen, sodass es fünfeinhalb Monate lang fast ununterbrochen regnet. In dieser Zeit habe ich auch keine große Hitze erlebt. Die Luft ist immer kühl und feucht, was sie ziemlich ungesund macht. Und im Dezember und im Januar kommt ein unterschiedlich starker Nordwind hinzu, der die Luft weiter abkühlt. Der Boden besteht aus guter schwarzer Erde und aus Sand. Ihn bewässern eine Menge kleiner Flüsschen, deren Ufer dicht bewachsen sind und von Vögeln aus dem Senegal bevölkert werden. Der grüne Papagei kommt hier sehr häufig vor, Sittiche habe ich hingegen keine gesehen.

Die Mandingo sind von Natur aus faule Menschen. Sie lassen ihre Sklaven die meiste Arbeit machen. Mandingo, die acht bis zehn Sklaven besitzen, gelten als reich. Diejenigen, die keine haben, müssen ihre Felder selbst bestellen und arbeiten so wenig, dass die Ernte nie für das ganze Jahr reicht. Dann kaufen sie den Bambara-Negern Getreide ab, die dafür wiederum Salz erwerben. Da die Mandingo die Sklaven als ihr größtes Gut ansehen, misshandeln sie sie nicht. Sie essen das Gleiche wie ihre Herren, nur manchmal etwas weniger. Wenn man sie nicht überwacht, geben sie sich ihrer angeborenen Faulheit hin und arbeiten kaum etwas. Aber ihre Herren zeigen sich recht nachsichtig. Nur Diebstahl oder Flucht werden hart bestraft. Sobald man den Verdacht hat, dass ein Sklave flüchten möchte, legt man ihm Fußfesseln aus Eisenketten an.

Die Mandingo teilen die Zeit in Jahre, Monate, Wochen und Tage ein. Ich habe festgestellt, dass sie sich niemals täuschen. Die Monate werden nach Monden gezählt. Zwölf Monde bilden ein Jahr, das sie *sang* nennen. Eine Woche hat sieben Tage. Den Begriff der Stunde kennen sie nicht, ein Tag wird vielmehr in vier Teile geteilt: Der Morgen (*soyoman*) geht bis elf Uhr, ihm folgt *télé*, was so viel wie »Tag«, »Sonne« bedeutet und bis vier Uhr nachmittags dauert. Zwischen vier Uhr und sieben Uhr abends ist *oula*, danach die Nacht, *soudo*.

Alle Mandingo in diesem Teil Afrikas treiben Handel. Sie reisen viel, sogar in der Regenzeit. Da sie aber ihr Gepäck auf dem Kopf tragen müssen, nehmen sie nur wenig mit und kommen trotzdem nicht schnell voran. Deshalb machen sie auch keine großen Geschäfte. Sie gehen niemals auf Reisen, ohne ihre Kleider mit Amuletten zu versehen. Da die Menschen in diesem Teil Afrikas nicht gastfreundlich sind, müssen die Händler ihre Verpflegung unterwegs selber kaufen und die Unterkunft bezahlen. Hinzu kommen noch Wegerechte, die in jedem Dorf zu entrichten sind. So kommt es, dass sie einen Teil ihres Gewinns schon allein für die Reise wieder ausgeben müssen. Gewehre sind nicht verbreitet in dieser Gegend, die Händler sind deshalb immer mit Pfeil und Bogen bewaffnet. Sie ziehen niemals ohne einen kleinen Topf Karitébutter los, den sie am Gürtel befestigen. Allabendlich fetten sie Kopf, Gesicht und einen Teil ihres Körpers ein, nachdem sie sich zunächst mit warmem Wasser gewaschen haben. Dieser Brauch ist so fest verankert, dass sie die Reise als wesentlich anstrengender empfinden würden, wenn sie sich nicht einfetten könnten. Nach ihrer Rückkehr geben sie sich dem Nichtstun hin, essen viel und verlassen sich – was die Feldarbeit betrifft – auf ihre Sklaven. Sie begeben sich des Öfteren in das *ourondé* (Sklavendorf), um nach dem Rechten zu sehen und die Sklaven zur Arbeit zu ermuntern. Manchmal schicken sie ihnen ein gutes, aus *foigné* bestehendes Abendessen, das sie ihre Frauen zubereiten lassen.

Die Mandingo nehmen in der Regel zwei Mahlzeiten pro Tag zu sich: um elf Uhr und um sieben Uhr abends. Die Armen bereiten nur einmal am Tag ein Essen zu, schauen aber, dass sie eine zweite Mahlzeit mit ihren Freunden zu sich nehmen können. Die Neger lieben es, sich zu versammeln. Bei schönem Wetter kommt nach dem Abendgebet die ganze Nachbarschaft zusammen um gemeinsam zu essen. Die Frauen tragen auf dem Kopf die Speisen für ihren Mann herbei. Manche bringen *foigné*-Brei, andere Jamswurzeln und Reis. Die Sauce befindet sich in der Regel in einer Extra-Schüssel, die sie *birit* nennen. Diese Mahlzeiten sind immer sehr ausgelassen. Es wird viel gelacht und man amüsiert sich auf Kosten der Abwesenden. Die Frauen dürfen an diesen Versammlungen nicht teilnehmen. Sie essen mit den Kindern in ihren Hütten. Im Alter von zehn Jahren nehmen die Jungen die Mahlzeiten mit ihrem Vater ein. Sobald das Essen beendet ist, sammeln die Frauen die Haushaltsgegenstände wieder ein.

Es gibt bei den Negern einen eigenartigen Brauch, der weit verbreitet ist: Am Ende einer Mahlzeit danken sie sich gegenseitig und laufen dann durch das Dorf, wo sie sich wiederum bei allen, die sie treffen, bedanken. Damit zeigen sie, dass sie zu Mittag oder zu Abend gegessen haben. An der Art und Weise, wie sie das Wort »Danke!« aussprechen, kann man leicht erkennen, ob die Mahlzeit gut oder schlecht war. Einige kamen auch zu meiner Hütte, um mir ihren Dank auszusprechen.

Die Bambara, die alle Heiden sind, nehmen so viele Frauen, wie sie ernähren können, während die Mandingo nie mehr als vier Frauen haben. Sie heiraten sie keineswegs alle zur gleichen Zeit, manchmal liegen sogar drei oder vier Jahre dazwischen. Jede Frau kommt sie sehr teuer, oft können sie die Kosten erst bewältigen, wenn sie mit ihren Handelsgeschäften etwas Gewinn erzielt haben. Dann kaufen sie Sklaven, die sie den Eltern ihrer Auserwählten schenken müssen. Andernfalls würden sie keine Frau bekommen. Die Höhe dieses »Preises« ist sehr unterschiedlich. Wenn das Mädchen aus einer guten Familie stammt, hübsch ist und offensichtlich gute Eigenschaften hat, verlangen die Eltern drei oder vier Sklaven oder aber den Gegenwert in Waren. Kommt das Mädchen hingegen aus einer niedrigen sozialen Schicht oder ist nicht schön anzusehen, werden zwei Sklaven übergeben. Ich habe in der Gegend keine einzige unverheiratete Frau gesehen. Schön oder hässlich – sie vermählen sich alle. Der Mann hat so mehrere Dienerinnen, von denen er nicht fürchten muss, dass sie ihn verlassen. Der Bräutigam hat den Preis zu bezahlen, bevor er das Mädchen besitzt. Außerdem schickt er ihr jeden Tag große Kalabassen voller Reis. Die Sitten und Gebräuche auf diesem Gebiet unterscheiden sich von Ort zu Ort. In Cambaya zum Beispiel sind bei drei geschenkten Sklaven zwei für die Schwiegermutter bestimmt, der dritte folgt der Braut zu ihrem Mann. In Timé und Sambatikila bekommen die Eltern alles. Wenn der junge Mann alle Formalitäten erfüllt und die geforderten Spenden übergeben hat und dann die Braut oder ihre Eltern die Hochzeit nicht vollziehen wollen, müssen sie ihm seine gesamten Ausgaben zurückerstatten. Wenn hingegen der Mann die Verlobung löst – sei es aus Eifersucht, sei es aus einem anderen Grund –, so verliert er alles, was er gegeben hat. Und wenn es zu einem Streit zwischen dem Bräutigam und der Familie der Braut kommt und die Abmachungen rückgängig gemacht werden, muss die Frau alles, was ihre Eltern erhalten haben, zurückgeben. Diese strengen Regeln führen – vor allem bei einem gewinnsüchtigen, ja geldgierigen Volk – dazu, dass ein Heiratsversprechen nur selten gebrochen wird. Oft sind die Frauen in der Ehe das Opfer, denn da die Männer sich weit überlegen fühlen, sind sie immer die uneingeschränkten Herrscher zu Hause. Trotzdem kommt es nicht selten zum Streit, denn die Frauen dieser Gegend haben keinen einfachen Charakter, und die Männer sind sehr anspruchsvoll. Die unglücklichen Frauen werden durch die harte Arbeit, die sie verrichten müssen, oft den Sklavinnen gleichgestellt. Sie legen weite Strecken zurück, um Wasser und Holz zu holen. Die Männer schicken sie zur Aussaat oder zur Ernte los oder um Unkraut zu jäten. Wenn sie mit einer Karawane ziehen, tragen sie die Lasten auf dem Kopf, während die Männer mit ernster Miene zu Pferd folgen. Sie tadeln sie bei den kleinsten Fehlern. Dann schreien die Frauen laut, toben, laufen im Dorf umher und beklagen sich lauthals über diese Ungerechtigkeit. Die Männer schenken dem keinerlei Beachtung, denn sie fühlen sich immer im Recht. Die Auseinandersetzung endet damit, dass der Mann die Frau mit der Peitsche schlägt. Diese schreit und heult so lange, bis ihr die Dorfältesten zu Hilfe eilen und den Frieden zwischen den Eheleuten wiederherstellen. Ich habe festgestellt, dass die Frauen sehr fügsam werden, wenn sie geschlagen worden sind. Sie sind nicht nachtragend. Das würde ihnen auch nichts bringen. Drei oder vier Tage danach sind sie wieder so fröhlich wie vorher. Eine Frau würde es niemals wagen, sich gegen ihren Mann zu wehren oder sich einen Scherz mit ihm zu erlauben. Die Männer reden mit ihnen wie Herren mit ihren Dienern. Ich fragte Baba, warum er mit seinen Frauen niemals scherze. Seine Antwort lautete, dass er dann mit ihnen nichts mehr anfangen könnte, weil sie ihn nicht mehr ernst nehmen würden.

Auf den Hochzeiten tanzt und isst man viel. Das ganze Dorf nimmt an den Festivitäten teil, die finanziell ausschließlich von den Ehemännern bestritten werden. Wer nicht kommen kann, dem schickt man Kalabassen, die das Abendessen enthalten, oder aber man hebt ihre Portion auf.

Wenn die junge Ehefrau im Dorf ihres Mannes Einzug hält, veranstaltet man ein weiteres Fest, um sie willkommen zu heißen. Die Frauen erdulden klaglos Krankheiten und Schmerzen. Bis zum letzten Tag der Schwangerschaft erledigen sie ihre Arbeiten, und seien sie noch so anstrengend. Dann gebären sie ohne Klagelaut, man könnte meinen, sie empfänden keine Schmerzen. Am nächsten Tag nehmen sie ihre Arbeit wieder auf. Ich habe beobachtet, dass das Neugeborene weiß ist und dann erst dunkler wird, bis es am 10. Tag eine ganz schwarze Haut hat. Man badet es in einer Kalabasse mit lauwarmem Wasser und nicht im Fluss, so wie einige Reisende berichtet haben. Selbst ausgewachsene Männer baden nur ausnahmsweise in kaltem Wasser und die Kinder noch viel weniger. Die Mütter kümmern sich außerordentlich liebevoll um ihre Kinder und vertrauen sie nur selten Fremden an. Sie ernähren sie selbst und tragen sie überall auf dem Rücken mit herum. Dazu wickeln sie sie in ihr Baumwollgewand ein, so wie es fast alle Neger tun. Bei allen Völkern Afrikas, die ich besucht habe, laufen die Kinder bis zur Pubertät nackt herum.

Die Mandingo-Knaben werden mit 15 bis 20 Jahren, die Mädchen im heiratsfähigen Alter beschnitten. Oft wartet man bei Letzteren damit, bis sie einem Mann versprochen sind. Ich habe sogar eine verheiratete Frau mit einem Kind gesehen, die sich dieser Operation, die stets von Frauen durchgeführt wird, unterzogen hatte. Es werden immer mehrere Mädchen zugleich beschnitten. Danach können sie eine Zeit lang nicht arbeiten und werden von ihren Müttern gepflegt, die die Wunde mehrmals täglich mit einem verätzenden Mittel behandeln. Die Nachbarinnen holen das dazu benötigte Wasser und Holz. Der Tag der Beschneidung ist ein Festtag. An den darauf folgenden Tagen gehen die Mädchen in Begleitung einer alten Frau im Dorf herum, halten vor jeder Tür und bitten um Beistand. Dabei sprechen nur die Alten. Die Mädchen sind mit einem Rohrstock bewaffnet, den sie in der linken Hand tragen. Bei dieser Gelegenheit haben sie eine große Männermütze auf, deren Spitze mittels eines biegsamen Stücks Holz, das sich in der Mütze befindet, aufrecht gehalten wird. Mit dieser Kopfbedeckung erscheinen die Mädchen riesengroß. Einige tragen statt eines Rohrstocks einen Pfeil aus Eisen mit sich – ein Symbol für die Beschneidung. Die Menschen, die gebeten werden, die neu Beschnittenen bei sich aufzunehmen, bereiten sogleich ein reichhaltiges Mahl zu, in das man Salz gibt, das man ihnen zur Verfügung stellt. Freunde und Nachbarn folgen ihrem Beispiel. Manche schicken auch Mahlzeiten bis zur völligen Genesung der Mädchen, was ungefähr sechs Wochen dauert. Auch ihre Väter – sie wohnen stets in einer anderen Hütte – lassen ihnen mehr Lebensmittel als gewöhnlich zukommen. Große Schüsseln voller Reis oder *foigné*-Brei werden dann von den Müttern an die Nachbarn und Verwandten verteilt, und auch ich wurde bei dieser Gelegenheit nie vergessen.

Väter und Mütter gehen mit ihren Kindern sehr liebevoll um. Letztere verehren ihre Eltern, wenn sie beginnen, vernünftig zu denken. Ehrfurcht und Gehorsam gegenüber den Erwachsenen sind Gebote, die streng beachtet werden. In dem ganzen Land habe ich keinen einzigen Bettler gesehen, denn alte, mittellose Menschen werden immer von ihren Kindern ernährt, die sie sehr rücksichtsvoll behandeln. Sogar ein blinder Mann, den ich in dieser Gegend Afrikas getroffen habe, musste nicht betteln, wie es in anderen Regionen der Fall ist. Viele Reisende haben behauptet, dass die Kinder ihren Müttern mehr Zuneigung entgegenbringen als ihren Vätern. Ich kann dies aufgrund meiner Beobachtungen nicht bestätigen. Wenn die Kinder eine Entscheidung treffen müssen, folgen sie meist den Ratschlägen ihres Vaters. So verzichtete zum Beispiel Arafan-Abdalaki, ein etwa 40- bis 45-jähriger Mandingo aus Koukan, auf eine Wallfahrt nach Mekka, die ja nicht nur ein Vergnügen, sondern eine religiöse Pflicht ist, um seinem alten Vater nicht zu missfallen, dessen Zustimmung er für die Reise nicht erlangen konnte. Die Mandingo streiten sich nicht oft. Es wäre aber gefährlich, sie oder – noch schlimmer – ihre Eltern zu beleidigen.

Die Mandingo sind rachsüchtig, sehr neugierig, missgünstig, verlogen, aufdringlich, gewinnsüchtig, ja gierig, unwissend und abergläubisch. Man kann nicht wirklich von Dieben sprechen, denn untereinander bestehlen sie sich ja nicht. Aber ihre Redlichkeit Fremden gegenüber ist doch mit größter Vorsicht zu betrachten und es wäre sicher äußerst unklug, ihnen Gegenstände zu zeigen, die ihre Begierde wecken könnten, wie zum Beispiel Scheren, Messer, Glaswaren, Pulver, Papier, die in diesem Land allesamt rar und wertvoll sind. Selbst zwischen Verwandten vertrauen sie sich nichts an, was sie nicht vorher mehrmals gezählt oder gewogen haben. Sie sind im Allgemeinen misstrauisch und kennen keine Skrupel, wenn es sich etwas zu beschaffen gilt, das ihnen gefällt.

Während meines Aufenthalts in Timé habe ich erfahren, dass ein Bambara aus einem weiter entfernten Dorf einen seiner Gefährten umgebracht hatte. Dies erregte großes Aufsehen in der ganzen Gegend. Ich konnte nicht herausbringen, welche Strafe dem Mörder auferlegt wurde, aber ich kann bestätigen, dass solche Verbrechen bei den Bambara selten sind und bei den Mandingo nie vorkommen. Letztere verachten die armen Bambara, sie nennen sie Ungläubige. Ich selbst halte die Mandingo für geizig und wenig gastfreundlich, und ich bin fest überzeugt davon, dass ich meine Krankheit nicht überlebt hätte, wenn ich meine Nahrung nicht selbst hätte bezahlen können, und dass ich meine Sicherheit nur meiner Verkleidung verdankt habe. Sie legen alle eine ausgesprochene Verachtung für die Christen an den Tag und haben, ohne uns zu kennen, eine sehr schlechte Meinung von uns. Bei den Fulbe habe ich jedenfalls eine viel größere Gastfreundschaft und Zurückhaltung als bei den Mandingo vorgefunden. Wenn ein Neger die Hütte des Häuptlings oder eines anderen hochstehenden Mannes betreten möchte und die Tür geschlossen ist, entledigt er sich seiner Sandalen an der Eingangstür und kündigt sich mit einem dreimaligen *Salam aleikum* an.

Es gibt in Timé keine Betriebe, die Töpferware produzieren. Man bezieht diese bei den Bambara, die sie gegen Salz oder Kolanüsse eintauschen. Die Frauen spinnen in ihrer Freizeit Baumwolle, mit der sie bunte Stoffe herstellen, die sie auf der Landstraße nach Djenné gegen Kauris eintauschen. Mit diesem Zahlungsmittel kaufen sie dann wiederum Salz. Die Mandingo in Timé ernähren sich nicht so gut wie die in Kankan und im Fouta-Gebiet. Wie die Bambara essen sie alle möglichen Tiere, ausgenommen Hunde und Katzen.

Mein Gastgeber Baba hatte drei Sklaven, von denen nur einer arbeitsfähig war. Die beiden anderen, und vor allem einen kleinen kranken Jungen, behandelte er ziemlich grob, weil sie sich nicht nützlich machen konnten. Deshalb musste er Tagelöhner nehmen.

Sommer wie Winter nehmen sie allabendlich ein warmes Bad, wenn sie von der Feldarbeit zurückkehren oder auch nur ihren Sklaven bei der Arbeit zugeschaut haben. Die Frauen sorgen dafür, dass das Wasser rechtzeitig bereitsteht. Da sie von Natur aus leicht frieren, brennt die ganze Nacht über in ihrer Hütte ein Feuer.

Ich habe bei den Mandingo in Timé große, aus Baumwollstricken und Baumrinde hergestellte Netze gesehen, mit denen sie Gazellen und Wildschweine jagen. Sie suchen in den Gehölzen nach den Spuren dieser Tiere, spannen, wenn sie sie gefunden haben, ihre Netze auf und streifen dann durch die Landschaft, um sie in die gewünschte Richtung zu treiben. Sobald sich ein Tier in den Netzen verfangen hat, tötet man es mit Dolchstößen. Sie kommen zu diesen Jagden meist zahlreich zusammen, haben aber oft keinen Erfolg. Wenn sie ein Tier töten, wenden sie seinen Kopf immer nach Osten. Eine Frau würde es niemals wagen, auch nur ein Huhn zu schlachten. Es sind stets die Männer, die diese Aufgabe übernehmen. Im Übrigen züchten sie zwar viel Geflügel, schlachten aber selten ein Huhn zum eigenen Verzehr, sondern verkaufen es lieber den Durchreisenden. Auch einige Schafe und Ziegen haben sie, jedoch weder Ochsen noch Kühe, obwohl der Boden in dieser Gegend sehr gute Weiden hervorbringt. In den umliegenden Dörfern gibt es ein paar Kühe, die aber nie gemolken werden.

Die mit Stroh bedeckten Hütten in Timé sind weder so groß noch so sauber wie die der Kankan- und Fouta-Neger. Gleichwohl haben sie das gleiche Aussehen und werden ebenfalls von einer sechs Fuß hohen Lehmmauer umgeben. Den Frauen obliegt die Aufgabe, diese Mauer mit Kuhmist zu bestreichen, den sie sich auf dem Markt für ein paar Kolanüsse besorgen. Möbel gibt es keine, nur einige Matten liegen auf dem Boden, auf die man sich tagsüber setzen und nachts legen kann. Tontöpfe für die Küche, Holzschüsseln, Kalabassen, Spachteln zum Umrühren des *foigné*-Breis und ein großer Tonkrug mit Wasser bilden das ganze Mobiliar. Die Frauen stapeln das Holz in einer Ecke der Hütte, weil sie Angst haben, dass, würde es draußen gelagert, sich die eine oder andere faule Nachbarin die Mühe des Holzsammelns ersparen würde.

Eine halbe Meile vom Dorf entfernt sprudelt eine Quelle. Hier versorgen sich die Einwohner Timés mit sauberem Wasser. Die Quelle liegt im Schatten einiger hoher Bäume, deren Namen ich nicht kenne, die aber meines Erachtens ein gutes Holz liefern würden. Gemüse und Obst lassen sie nach der Ernte auf den Feldern liegen. Um mögliche Diebe fern zu halten, beschriften sie ein kleines Stück Papier und legen es dazu. Dann rührt niemand die Ernte an. Nur ein einziges Mal habe ich während meines Aufenthalts in Timé mitbekommen, dass einem Mann Jamswurzeln, die noch in der Erde steckten, gestohlen worden waren. Das Feld, so die Einheimischen, sei aber auch nicht mit einem *grigri* versehen worden.

Der Karitébaum ist in der Umgebung von Timé sehr verbreitet. Er wächst wild und wird ungefähr so hoch wie ein Birnbaum, dessen Wuchs er auch hat. Er bildet seine kleinen weißen Blüten in Büscheln ganz außen an den Zweigen, die zahlreichen Staubgefäße sind mit bloßem Auge kaum erkennbar. Die reifen Früchte haben die Größe von Perlhuhneiern. Die Neger mögen das grünliche, mehlige, angenehm schmeckende Fruchtfleisch sehr. Auch ich aß es mit Vergnügen. Die Früchte werden mehrere Tage in die Sonne zum Trocknen gelegt, dann zerstampft man sie mit einem Stößel. Anschließend gibt man das Mehl in eine große Kalabasse, schüttet lauwarmes Wasser dazu und knetet das Ganze, bis man eine Art Teig erhält. Ob dieser ausreichend bearbeitet wurde, erkennt man daran, dass sich beim Überschütten mit lauwarmem Wasser die Fettteilchen von der Kleie lösen und auf der Wasseroberfläche schwimmen. Es ist wichtig, die Kalabasse mit genügend Wasser aufzufüllen, damit die Butter frei schwimmen kann. Man schöpft sie mit einem Holzlöffel ab, gibt sie in eine andere Kalabasse und erhitzt sie über dem Feuer. So zubereitet, wickelt man sie in Blätter ein, in denen sie sich zwei Jahre hält. Diese Butter ist von aschgrauer Farbe und hat die Konsistenz von Talg. Die Neger treiben Handel damit. Sie essen sie, reiben sich den Körper mit ihr ein und verbrennen sie, um Licht zu haben. Auch versicherten sie mir, dass sie Schmerzen lindere und Wunden schneller heilen lasse.

Eine andere Frucht, die ebenfalls ein gutes und noch festeres Fleisch liefert, ist die *taman*-Frucht. Auch sie liefert ein Fett, das man auf dieselbe Art und Weise wie das des Karitébaumes gewinnt. Die Bäume, die an den Ufern von Flüssen und Bächen wachsen, sind im ganzen südlichen Westafrika sehr häufig. In Cani und Teuté wachsen sie sogar so zahlreich, dass die Eingeborenen dieser Landstriche trotz ihrer vielen Kühe keine Butter machen, sondern ausschließlich das Fett dieser Bäume essen.

In der Umgebung von Timé wächst auch der Indigo-Baum. Die Frauen färben mit seinen Blättern Baumwollfäden, die die Männer dann zu Stoffen verarbeiten. Dazu werden die Blätter klein gestampft und zu kleinen Klumpen geformt, die man in der Sonne trocknet. In diesem Zustand bleiben sie lange haltbar. Wenn man sie später verwenden will, zerdrückt man die Klumpen und gibt sie in einen Tonkrug, den man mit frischem Wasser auffüllt. Dann schließt man den Krug mit einem Deckel ab und lässt die Blätter 24 Stunden gären. Danach fügt man eine aus Stroh- und *foigné*-Asche gewonnene Lauge hinzu, die die Eigenschaft besitzt, das Indigo aufzulösen. Wenn der Farbstoff auf diese Weise gewonnen ist, gibt man die zu färbenden Gegenstände in den Krug. Baumwolle wird eine ganze Nacht lang gefärbt. Wenn man sie dann herausholt, hat sie eine schöne blaue Farbe. Sobald das Wasser weniger wird, gibt man neues hinzu. Dieselben Blätter reichen eine Woche lang zum Färben. Die erste Färbung ist jedoch immer die schönste.

Kapitel 4

Von Timé nach Djenné

Aufbruch von Timé am 9. Januar 1828 – Gebrauch der Glöckchen in den Karawanen – Tanz und Musik bei den Bambara – verkleidete Zolleintreiber – Tangrera – Aufenthalt in Djenné: Beschreibung der Stadt, Sitten und Gebräuche der Einwohner, Handel, Gebäude, im Haus des chérif, Vorbereitungen für die Reise nach Timbuktu

Da wir die kühlen Morgenstunden nutzen wollten, brachen wir am 13. Januar schon um vier Uhr morgens auf. Die Karawane bestand aus 45 bis 50 Mandingo, die alle Lasten auf ihrem Kopf trugen, darunter ungefähr 35 Frauen, die ebenfalls beladen waren, und acht Anführern, die insgesamt 15 Esel mit sich führten. Die Anführer hatten ihre Sklaven und Frauen dabei, die das Gepäck trugen und für die ganze Karawane kochten. Die Frauen gehen stets voraus, die Männer kommen hinterher. Ihre Glöckchen zeigen an, wann sie sich nähern. Die Mandingo mögen diese Glöckchen sehr, deren Geklingel ihnen die Langeweile unterwegs vertreibt. Sie stellen sie selbst aus Eisen und Kupfer her, die sie in Djenné und in anderen am Niger gelegenen Dörfern kaufen. Manchmal erwerben sie sie auch schon fertig. Wenn die Karawane in einem Dorf ankommt, gehen die Frauen Wasser schöpfen und zerstampfen Hirse, um daraus für alle das Abendessen zuzubereiten. Danach erhitzen sie in großen Gefäßen, die sie ausleihen, Wasser für das Bad der Männer. Die Sklaven sammeln Holz zum Kochen. Freie Neger sind von all diesen Arbeiten befreit. Sie legen sich hin und warten auf das Essen. Dann gehen sie mit einer Kalabasse, in der Kolanüsse sind, im Dorf umher und tauschen diese gegen Kauris ein, mit denen sie wiederum Getreide für die Mahlzeiten der Karawane kaufen. In ihrer freien Zeit spinnen die Frauen Baumwolle, oft im Schein einer kleinen Lampe, die mit Karitébutter gespeist wird. Diese Tätigkeit bedeutet einen kleinen, eigenen Verdienst für sie. Sie verkaufen das Garn in Djenné und kaufen mit den so erhaltenen Kauris Salz und Glasperlen. Zu den Aufgaben der Frauen gehört es auch, die Gewänder der Männer zu waschen. Diese wiederum kontrollieren – nachdem sie sich ausgeruht haben – die

Ladungen Kolanüsse, vor allem die, die unterwegs von des Eseln gefallen sind. Sie bedecken die Früchte mit frischen Blättern, um sie länger zu konservieren. Anschließend verkaufen sie im Dorf Stoffe, die sie von zu Hause mitgebracht haben. Die Männer kümmern sich auch um die Begleichung der Wegezölle.

Bei einer großen Karawane – und solche sieht man nicht selten, da unterwegs die Zahl der Mitreisenden ständig zunimmt – gehen die weniger beladenen Männer oft voraus, um als Erste im Dorf anzukommen und Unterkünfte für sich selbst und ihre Gefährten zu reservieren. Sie legen dann ihr Gepäck ab und gehen ihren Kameraden entgegen, um ihnen die Hütten zu zeigen. Wer solche Vorsichtsmaßnahmen nicht ergreift, irrt oft eine Stunde umher, um eine Unterkunft zu finden, und muss manchmal sogar noch etwas weiter ziehen.

Gegen zehn Uhr erreichten wir Cacorou. Die fünf- oder sechshundert Einwohner des Dorfes betrachteten mich neugierig. Da ich noch nicht gefrühstückt hatte, ging ich zu einer Bambara-Frau, die gerade gekochte Jamswurzeln zerstampfte, und kaufte ihr für ein paar Glasperlen etwas davon ab. Sie gab mir in einem kleinen Gefäß etwas Sauce mit Okra dazu. Als ich meine Jamswurzeln in die Sauce tunkte, sah ich zu meinem Entsetzen kleine Pfötchen auftauchen, woran ich erkannte, dass die Sauce mit Mäusen zubereitet war. Trotzdem aß ich weiter, denn mein Hunger war groß, aber ich empfand doch großen Ekel dabei. Im Laufe des Abends konnte ich mehrere Frauen dabei beobachten, wie sie Mäuse zerstampften, um damit die Sauce für das Abendessen zu kochen. Man hatte sie ausgenommen, es aber nicht für nötig befunden, sie zu häuten. Um das Fell zu versengen, hält man die Mäuse über das Feuer. Dann legt man sie in eine Ecke der Hütte. Oft sind die Mäuse schon sieben oder acht Tage tot, wenn man sie verzehrt. Mäuse, die die Krüge mit Hirse befallen, werden von den Frauen und Kindern mit bloßer Hand gefangen.

Ich habe weder vorher noch nachher ein so vergnügtes Volk wie die Bambara gesehen. Sobald die Sonne untergeht, versammeln sie sich unter großen Kapokbäumen am Eingang des Dorfes und tanzen die ganze Nacht zu einer angenehmen Musik. Die Musik zog mich an, und so beobachtete ich eine Zeit lang ihr Treiben. Männer und Frauen bildeten einen Kreis um das Feuer herum und sprangen im Takt zur Musik, die aus drei Trommeln und mehreren Oboen ähnlichen Instrumenten bestand. Die Musikanten trugen die gleichen Gewänder wie die in Timé: weiße Baumwollmäntel und Straußenfedern auf dem Kopf. Sie hielten sich in einiger Entfernung von den Tänzern, die eine Schlange bildeten und um das Feuer herumsprangen, indem sie die Beine weit auseinanderrissen. Der Tanz war aber keineswegs unanständig. Ich hätte gerne noch länger zugeschaut, aber die Bewegung der zwei- oder dreihundert Neger wirbelte so viel Staub auf, dass es sehr unangenehm für mich war.

Nach Auskunft einiger Neger haben alle Bambara dieselbe Musik. Sie ist die am angenehmsten zu hörende, wie ich auf all meinen Reisen in Afrika festgestellt habe. Diese Menschen verbringen einen Großteil der Nacht mit Tanzen. Sie sind sanftmütig, mitfühlend und zufrieden mit ihrem Leben. Um die Zukunft sorgen sie sich nicht. Gewöhnlich sind sie fast nackt und tragen nur einen mit Kauris bestickten Gürtel, den sie um die Hüfte winden, zwischen den Beinen durchführen und vorne befestigen. An den Gürteln hängen kleine Baumwollschnüre, die ihnen fast bis zum Knie reichen. Die alten Männer tragen meist schmutzige Lendenschurze. Auch die Kleidung der Frauen besteht lediglich aus einem Baumwollstoff, den sie sich um die Hüfte winden und der bis zum Knie reicht. Sie flechten ihre Haare und reiben ihren ganzen Körper mit Fett ein. Die Männer rasieren sich den Kopf wie die Moslems, lassen aber einige mehr oder weniger dicke Büschel stehen, eben so, wie es jedem gefällt. Ihre Hautfarbe gleicht der der Fulbe des Ouassoulo-Gebietes. Auch sie haben eine Hakennase, schmale Lippen, krauses Haar und spitze Zähne. Alle ritzen sich Gesicht und Körper ein.

Die weitere Reise führt Caillié durch die Dörfer Tisso-Soman, Sananço, Dhio, Niourot.

Am 17. Januar erreichten wir Talé. Zu meinem großen Erstaunen war die Unterlippe aller Frauen mit einem Stück Flaschenkürbis oder einem dünnen Stückchen Holz durchbohrt. Ich konnte nicht glauben, dass dies ihrer Schönheit dienen sollte, und fragte deshalb meinen Führer nach dem Grund für diesen ungewöhnlichen Brauch. Er antwortete mir, dass dies hier so Mode sei. Außerdem verstand ich nicht, wie ein solches Holzstückchen, das innerhalb und außerhalb der Lippe angebracht war, halten konnte. Einige Frauen öffneten ihren Mund, sodass das innere Holzstück sichtbar wurde, und ich setzte mich um sie zu untersuchen. Die Frauen amüsierte meine Verwunderung. Ich bat eine von ihnen, das Holzstück zu entfernen, worauf sie mir antwortete, dass dann der Speichel durch das so entstandene Loch fließen würde. Kurz: Ich war wirklich sprachlos, dass man sich so entstellen konnte. Und dennoch war dieser Brauch in der Gegend weit verbreitet. Vielen Mädchen von zehn oder zwölf Jahren war schon ein erbsengroßes Holzstück in der Unterlippe eingewachsen. Sie achten darauf, es oft zu erneuern und jedes Mal ein etwas größeres Stück anzubringen. So vergrößert sich das Loch unmerklich, bis schließlich ein Holzstück von der Größe eines Dreißig-Sou-Stücks hineinpasst. Ich fand, dass dieser »Schmuck« ebenso wunderlich wie unbequem ist und viel zu ihrer Unsauberkeit beiträgt.

Die Alten hatten alle einen Ochsenschwanz, um die Fliegen zu vertreiben, die in diesen Landstrichen in großer Zahl vorkommen und äußerst lästig sind. Mücken habe ich hingegen in diesem Teil Afrikas keine gesehen, während es in der Umgebung des Senegal überall welche gibt, die den Reisenden den Schlaf rauben.

Die Menschen in diesem Dorf sind liebenswürdig und gastfreundlich. Sie boten mir immer wieder von ihren Jamswurzeln mit Mäuse-Sauce an. Ihre Hütten sind klein und sehr schmutzig. Sklaven haben sie nur wenige und sie besitzen nur ein paar Rinder-, Schaf- und Ziegenherden.

Ich habe auch kaum Pferde gesehen, die noch dazu dürr und schwächlich sind. Die fruchtbare Erde, die sie sorgfältig bewirtschaften, liefert ihnen aber mehr, als zum Leben notwendig ist. Ich habe nicht beobachtet, dass diese Heiden dem Göttlichen einen besonderen Platz in ihrem Leben einräumen würden. Wie die Menschen im Ouassoulo haben sie keine Religion. Sie verehren die Anhänger Mohammeds und die Schrift, die sie als etwas Magisches betrachten. Um den Hals und an anderen Körperteilen tragen sie Talismane. Außerdem hängen sie solche am Eingang ihrer Hütten auf, um diese vor allem Unglück – sei es Feuer, seien es Räuber – zu bewahren.

Es gibt in diesem Gebiet einige Mandingo-Dörfer, die von den Bambara unabhängig sind. Obwohl die Bambara viel zahlreicher sind und den Mandingo deshalb gefährlich werden könnten, lassen sie sie in Ruhe und verkaufen ihnen, was sie von der Ernte übrig behalten haben. Die Bambara sprechen im Allgemeinen Mandingo, haben aber auch ein eigenes Idiom, das ich in der Kürze der Zeit nicht wirklich kennen lernen konnte. Das Gebiet, in dem ich mich nun aufhielt, lag ungefähr 30 Tagesmärsche von Ségo entfernt. Es wird von einer Menge kleiner Häuptlinge regiert, die als Abgabe Lebensmittel von ihren Untertanen einfordern. Allerdings sind sie nicht sehr streng mit ihnen, denn sie kennen deren Armut. Die Bambara haben bei den Mandingo den Ruf, große Diebe zu sein. Ihre aus Stroh errichteten Geschäfte, die sich völlig ungeschützt in der Mitte ihres Hofes befinden, werden aber nicht angetastet. Wenn sie allerdings schöne Glaswaren, Scheren, Messer oder Vorhängeschlösser sehen, können sie – und darin sind sie den Mandingo ähnlich – dem Wunsch nicht widerstehen, diese Dinge zu besitzen. Da sie nicht die Mittel haben, sie zu kaufen, versuchen sie sie zu entwenden, und zwar nicht mit Gewalt, sondern mit List.

Ich habe in der ganzen Gegend keine einzige Frau gesehen, die Ohrringe oder eine Halskette aus Gold getragen hätte. Ihr ganzer Schmuck besteht in ein paar Glasperlen, die ihnen aus Djenné kommende Händler verschaffen. Mein neuer Führer Karamo-osila riet mir, ihnen nicht den Inhalt meiner Tasche zu zeigen – ein Hinweis, dessen es wahrlich nicht bedurft hätte. Trotz der guten Meinung, die ich von diesen Menschen hatte, hätte ich ihre Redlichkeit nicht auf die Probe stellen wollen.

Am 18. Januar begaben wir uns über Borandou in ein Dorf namens Syenço, das sechs- oder siebenhundert Einwohner zählt und von Mauern umgeben ist. Gleich am Eingang des Dorfes bemerkte ich unter einem großen Affenbrotbaum einen Mann, der seltsam gekleidet war. Man sah nur seine nackten Hände und Füße, sein schwarzes Gewand – Hose, Weste, Mütze, die auch das Gesicht bedeckte – bestand aus einem einzigen Stück Stoff. Die Kopfbedeckung war mit schönen weißen Straußenfedern geschmückt. Die Stelle des Mundes, der Nase und der Augen kennzeichneten scharlachrote Flecke. Man sagte mir, dass diese Person gleichzeitig Zöllner und Richter sei. Der maskierte Mann war mit einer Peitsche bewaffnet und trieb die Wegezölle ein. Alle Fremden aus der Umgebung sowie die Karawanen, die das Dorf betreten, bezahlen diese Zölle in Kauris. Falls jemand sich weigern würde, dieses Entgelt zu bezahlen, würde der verkleidete Mann auf seine Peitsche zurückgreifen. Ich bemerkte ganz in der Nähe unter einem Baum einen großen Haufen Kaurimuscheln, die von einem nicht verkleideten Mann bewacht wurden. Wahrscheinlich handelte es sich dabei um die Einkünfte des Tages. Die Höhe der Zölle wird je nach Warenumfang festgelegt. Die Spanne reicht von fünf bis etwa 200 Kauris. Da der Markt von Syenço immer gut bestückt ist, machen die Abgaben, die die Händler zahlen müssen, den Häuptling des Dorfes zu einem reichen Mann.

Die Zöllner sind gleichzeitig auch Ordnungshüter. Sie laufen Peitschen schwingend den Kindern nach, die Lärm im Dorf machen. Dabei sind sie stets verkleidet. Unsere Karawane wurde zunächst nicht angehalten, um den Zoll zu bezahlen; es hätte zu lange gedauert. Aber als wir im Dorf waren, kamen die Zöllner um die Kauris einzufordern. Der maskierte Mann betrachtete mich erstaunt und fragte, indem er mit dem Finger auf mich zeigte, die anderen Reisenden, wer dieser weiße Mann sei. Auch als ich mich schon weit von ihm entfernt hatte, zeigte er immer noch auf mich. Offensichtlich konnte er kaum glauben, was er gesehen hatte.

Tangrera, das wir am 19. Januar erreichten, stellt eine Art Zwischenlager für Waren dar: Händler aus dem Süden, die nicht bis zum Niger gehen wollen, machen in dieser Stadt ihre Geschäfte. Hier traf ich auf eine unerwartete Schwierigkeit. Mein Führer hatte sich gleich bei unserer Ankunft nach dem aktuellen Wert der Waren erkundigt und erfahren, dass Kolanüsse in Djenné zu dieser Zeit kaum Geld brachten. So entschied er sich dafür, den Weg nach Sansanding einzuschlagen. Er teilte mir seine Absicht mit, die mich sehr bekümmerte, denn ich wollte mich weder in Sansanding noch in Ségo sehen lassen. Ich befürchtete, in der einen oder anderen Stadt schlechte Erfahrungen zu machen, denn mir war bekannt, dass mehrere Europäer diese Gegend schon bereist hatten, und es war zu befürchten, dass die Einheimischen argwöhnisch geworden waren. Außerdem war der Krieg zwischen Djenné und Ségo, der jegliche Verbindung zwischen den beiden Städten unterbrach, meinen Plänen ganz und gar abträglich. Ich beschloss deshalb in Tangrera zu bleiben und auf eine Gelegenheit zu warten, nach Djenné zu kommen.

Mein Führer führte mich zum Häuptling des Dorfes, der mir versprach, mich in der nächsten Karawane nach Djenné unterzubringen. Man quartierte mich bei einem *saracolet* ein. Die Hütte, die er mir zuwies, war sehr sauber. Einer seiner Frauen befahl er, mir zum Abendessen Reis mit Pistaziensauce zu kochen. Ich gab der Köchin etwas Salz zum Würzen. Mein Gastgeber zeigte mir das Dorf und führte mich zu einigen muslimischen Mandingo, die sich in einem der großen Lehmhäuser versammelt hatten, welche als Treffpunkt und als Schulraum für die Kinder der Moslems dienen. Als ich ankam, waren die einen damit beschäftigt, Baumwollkleider zu nähen, andere lasen im Koran. Sie legten ihre Arbeit sofort nieder und unterhielten sich über mich. Sie forderten mich auf, mich zu ihnen auf eine Rinderhaut zu setzen. Dann ließen sie einen Mauren holen, der aus Sansanding mit einer Karawane gekommen war und Salz gegen Kolanüsse eintauschte.

Der Maure stellte mir eine Menge Fragen zu meinem Land und meinen Eltern. Er wollte ihre Namen wissen, die ich sogleich erfand. Ich sagte, mein Vater, der Kaufmann in Alexandria sei, heiße Mohammed-Abdoulkerim und meine Mutter Mariam. Er fragte mich, ob sie noch lebten. Diese Frage war dumm, denn ich hatte ihm soeben mitgeteilt, dass ich meine Heimat als kleines Kind verlassen hatte, was ich nun wiederholte. Daraufhin meinte er: »Wenn du nicht weißt, ob deine Eltern überhaupt noch leben, warum suchst du dann dein Land auf? Du könntest deine Religion auch an jedem anderen Ort ausüben.« Ich entgegnete, dass ich hoffte, einen Bruder zu finden, der mir wohl einen Teil meines Erbes herausgeben werde. Ich fügte hinzu, dass die Verzögerung meiner Reise sehr ärgerlich für mich sei und ich fürchtete, bei der nächsten Regenzeit immer noch unterwegs zu sein, was ich gerne vermeiden würde. Daraufhin fragte er mich, warum ich nicht nach Sansanding gehe. Ich hielt ihm vor Augen, dass mich dies weit vom Weg abbringen und vielleicht dazu führen würde, dass ich mich gar nicht nach Djenné begeben könne. Er bestätigte, dass Krieg zwischen Djenné und Ségo herrsche. »Aber«, so fügte er hinzu, »du könntest auf dieser Straße nach Araouane und von dort aus nach Mekka reisen.« Die Karawanen nach Djenné, so der Maure, seien alle losgezogen und ich laufe Gefahr, lange hier verweilen zu müssen, bevor sich eine neuerliche Gelegenheit biete. Anschließend entfernte er sich und kam mit einem großen Stück Salz in der Hand sowie 80 Kauris zurück, die er mich bat anzunehmen, indem er mir versicherte, dass das Salz unterwegs sehr teuer sei. Die Mandingo gaben alle zu verstehen, dass sie dieses großzügige Verhalten gut hießen. Das kleine Geschenk des Mauren freute mich sehr, denn es ließ mich hoffen, dass wohltätige Menschen sich meiner annehmen würden, wenn meine Mittel einmal aufgebraucht sein sollten.

Mein Gastgeber holte mich ab, um mich zum Markt zu führen, auf dem viele Menschen zusammenströmten. Er bot alles, was zum Leben nötig war: Reis, Jamswurzeln, *foigné*, Milch, Butter und Pflanzenfett, Salz, Töpfe, Tabak, Stoffe, Kolanüsse, getrockneten Fisch, Kalabassen, Fleisch, Geflügel, Rinder, Schafe und tausend andere Dinge. Es gab auch ein paar Waren aus Europa wie Glaswaren, Pulver, Feuersteine. Ich sah viele Frauen, die in kleinen Töpfen mit Pflanzenfett dünne Fladen herstellten, die man nur mit Kauris, dem einzigen in dieser Gegend möglichen Zahlungsmittel kaufen kann. Ich bemerkte in der Umgebung des Marktes einige Bettler. Es waren die ersten, die ich seit Verlassen der Küste sah. Die Unglücklichen schienen mir verkrüppelt zu sein.

Wir setzten uns einen Augenblick im Laden eines Tabakhändlers, der völlig überfüllt war. Neben ihm lag ein Haufen Kaurimuscheln, die Einnahmen des Tages. Es waren gut 30 000. Er wollte mir etwas Tabak geben. Ich dankte ihm und sagte, dass ich keine Verwendung dafür habe. Dies schien ihn sehr zu verwundern, denn alle Dorfbewohner nutzten Tabak. Ich habe in Afrika nur Mandingo gesehen, die nicht rauchten. Pfeife rauchenden Frauen bin ich keinen begegnet. Der pulverförmige Tabak dieses Händlers roch sehr gut. Im Gegensatz zu dem meist grünen, nur schwach riechenden Tabak dieser Gegend hatte dieser hier eine hellbraune Farbe. Die Frauen und Männer auf dem Markt schienen mir besser gekleidet und sauberer zu sein als die, die ich unterwegs getroffen hatte. Auch gab es nur wenige Frauen mit durchbohrten Lippen.

Mein Gastgeber leistete mir am Abend Gesellschaft. Er lobte die Rechtschaffenheit seiner Frau und riet mir, mein Gepäck in ihre Obhut zu geben, da meine Hütte nicht abzuschließen sei. Ich folgte seinem Rat, denn ich war oft außer Haus und es wäre ein Leichtes gewesen, mich in meiner Abwesenheit zu bestehlen. Meine Tasche schloss ich mit einem Vorhängeschloss ab, sodass man sich nicht an ihr zu schaffen machen konnte, ohne dass ich es bemerkte. Mein Gastgeber ließ mir ein gutes, aus gekochtem Reis und einer Fischsauce bestehendes Abendessen zubereiten. Um mich für seine Dienste erkenntlich zu zeigen, gab ich seiner Köchin Salz, das sie der Sauce für die ganze Familie hinzufügen sollte. So war mein Abendessen mehr als bezahlt.

Ich musste feststellen, dass mein Gastgeber sehr viel Bier trank. Zusammen mit anderen Bambara saß er um ein Gefäß herum, aus dem sie mit einer kleinen Kalabasse die Flüssigkeit schöpften. Dann ließen sie die Flasche kreisen. Alle waren sehr lustig. Mein Gastgeber war so betrunken, dass er Mühe hatte zu sprechen, was meinen Aufenthalt bei ihm nicht gerade angenehm machte.

Am Morgen des 20. Januar verabschiedete sich Karamo-osila von mir. Er schenkte mir zehn große Kolanüsse und versicherte mir, dass er es sehr bedauere, sich von mir zu trennen. Auch mich betrübte diese Tatsache, denn ich war mit seinem Verhalten sehr zufrieden gewesen. Mit Ausnahme von etwas Geflügel, das ich gekauft hatte, hatte er stets die Kosten für meine Nahrung übernommen. Als Würdigung seiner Verdienste hatte ich ihm lediglich eine Mütze aus buntem Stoff und den Silberarmreif des *almamy* von Sambatikila geschenkt. Karamo-osila wünschte mir eine gute Reise.

Ich begab mich zum Häuptling. Nach der üblichen Begrüßung schickte er nach zwei Frauen, die nach Djenné gereist waren, damit sie mir als Übersetzerinnen dienten, denn er musste feststellen, dass ich der Sprache dieser Stadt nicht mächtig war, was ihn sehr erstaunte. Ich fragte ihn in Mandingo, ob die Karawanen nach Djenné bald aufbrechen würden. Er antwortete mir, dass die Händler zurzeit in Boyoko seien, um Kolanüsse zu kaufen, dass sie aber bald zurückkehren würden und ich dann mit ihnen ziehen könne. »Bald« bedeutet bei den Negern oft 15 oder 20 Tage. Ich erfuhr, dass Boyoko ein von Heiden bewohntes Dorf ist und rund 20 Tagesreisen süd-süd-östlich von Tangrera entfernt liegt.

Angesichts dieser Ungewissheit beschloss ich, mich der Karawane anzuschließen, die am Morgen den Ort verlassen hatte. Ich hatte nämlich die Befürchtung, andernfalls eine zweite Regenzeit im Landesinneren verbringen zu müssen. So aber hoffte ich, dass sich in Kayaye, das auf dem Weg nach Sansanding lag, eine Gelegenheit bieten würde, nach Djenné zu reisen. Wenn nicht, wollte ich mich von Sansanding nach Araouane begeben und dann in dieser Wüstenstadt entscheiden, wie es weitergehen solle. Sogleich suchte ich den Mauren Mohammed auf und teilte ihm meinen Entschluss mit. Er lobte meine Entscheidung und begleitete mich in meine Hütte zurück. Ich zeigte ihm einige schöne Glaswaren, die ich noch aufgehoben hatte. Sie schienen ihn aber nicht zu reizen, und er wies selbst einige Blätter Papier mit den Worten zurück, ich könne sie unterwegs noch gebrauchen. Schließlich nahm er aber ein Blatt an. Dann sprach er kurz mit meinem Gastgeber. Gemeinsam gingen sie zum Häuptling und baten ihn, mir einen Mann zur Verfügung zu stellen, der mich in das Dorf Fara bringen sollte, wo die Karawane nach Sansanding Halt gemacht hatte.

Gegen drei Uhr schickte mir der Häuptling von Tangrera einen Führer, der mein Gepäck trug. Mein Gastgeber begleitete mich zum Dorf hinaus und verabschiedete sich dann. Er hatte im Laufe des Tages noch die Hälfte meiner Kolanüsse gegessen, aber ich stellte mit Vergnügen fest, dass seine Frau nur ein paar Salzstücke, die ich nicht in meiner Tasche aufbewahrt hatte, entwendet hatte.

Mein neuer Führer teilte mir gleich mit, dass er der Sohn des Königs von Tangrera sei. Als wir schon etwas in die Wälder vorgedrungen waren, versuchte er mir Angst zu machen. Er warf meine Tasche auf die Erde, die nicht sehr schwer war, und sagte mir, er sei zu müde, ich solle sie selber tragen oder aber ihm Kauris für seine Mühe geben. Ich versprach ihm, dass ich ihn bei unserer Ankunft in dem Dorf, in das wir uns begeben wollten, bezahlen werde und dass er zufrieden sein werde. Er schien an der Aufrichtigkeit meiner Worte zu zweifeln und bereitete mir große Probleme: Da er sah, dass ich nicht nachgab, nahm er meine Tasche wieder und eilte so schnell von dannen, dass ich Mühe hatte, zu folgen. Kurz vor Fara wiederholte sich die gleiche Szene. Er behauptete, wir seien noch weit von Fara entfernt, was ich ihm auch sofort glaubte, denn das Dorf ist von hohen Bäumen umgeben, sodass man es erst kurz vor der Ankunft sieht. Ich bin sicher, dass, hätte ich ihm nachgegeben, der Prinz von Tangrera mich im Stich gelassen und sich lachend auf und davon gemacht hätte.

Wir kamen bei Sonnenuntergang in Fara an. Mehrere Frauen der Karawane waren erstaunt, mich wiederzusehen. Ich bezahlte meinen königlichen Führer, der vergnügt nach Hause zurückkehrte. Karamo-osila schien sich über meine Ankunft zu freuen und empfing mich überaus freundlich. Er teilte sogleich allen mit, dass ich wieder da sei. Man beglückwünschte mich zu meiner Entscheidung, mich ihnen anzuschließen. Karamo-osila wiederholte sein Bedauern, mich bei den Ungläubigen zurückgelassen zu haben. Ich erzählte ihm von meinem Gastgeber, der Bier trank und bei dem ich mich nicht sehr sicher aufgehoben fühlte, und die Anwesenden ließen es sich nicht nehmen, sich über ihn lustig zu machen. Man kaufte ein Huhn, um meine Rückkehr zu feiern, und ich gab das Salz dazu. Die Karawanenhändler machen wenig Gewinn und müssen deshalb sehr sparsam sein. Nur selten kaufen sie Geflügel oder Fisch und fügen ihren Speisen Salz hinzu. Manchmal hörte ich sie sagen: »Es ist lange her, seit wir etwas Gutes gegessen haben, lasst uns etwas Salz in unser Essen streuen.«

Unsere Karawane hatte sich seit Tangrera stark vergrößert. Wir waren jetzt 500 bis 600 Personen, alle trugen Lasten und waren auf dem Weg nach Sansanding und Yamina. Außerdem liefen rund 80 Esel mit.

Gegen zehn Uhr morgens erreichten wir Bangoro, eine kleine, von einer Mauer umgebene Stadt, die vielleicht 3000 oder 4000 Einwohner zählt. Vier Zöllner hielten am Eingang der Stadt die Karawane an und verlangten als Pfand von jedem Mandingo einen Hut oder einen anderen Gegenstand. Sie hielten Säbel in der bloßen Hand, gebrauchten sie aber nicht. Mehrere Neger aus dem Dorf eilten ihnen zu Hilfe, denn es gab viel zu tun bei einer so großen Karawane. Es kam sogar zu einem Streit zwischen den Zöllnern und den Händlern, da Letztere ihre Hüte nicht herausgeben wollten. Aber schließlich einigte man sich, und wir konnten die Stadt betreten. Sobald wir in den für uns reservierten Unterkünften eingetroffen waren, erschienen die Zöllner und forderten Abgaben ein, die wir in Kauris entrichteten. Sofort entstand unter einem riesigen Kapokbaum ein kleiner Markt. Als ich in der Hoffnung, ein paar Glasperlen zu verkaufen, auf dem Markt hin- und herschlenderte, sprach mich ein *saracolet* an, der aus Tangrera kam. Er bat mich auf Mandingo, ihm zu folgen, und führte mich zu einer Hütte, vor der mehrere seiner Gefährten saßen. Einige sprachen etwas Arabisch. Er ließ mir sagen, dass der Maure Mohammed, den ich in Tangrera getroffen hatte, Grüße ausrichten ließ und dass er ihm hundert Kauris für mich übergeben habe, die er mich bitte anzunehmen. Außerdem wünsche er mir eine gute Reise. Der *saracolet* sagte *bismihali* zu mir, und ich verstand, dass ich ein Gebet verrichten solle. Ich bewegte also die Lippen, dann hauchte ich mit ernster Miene in seine Hand, mit der er sich über das Gesicht strich. Er zählte hundert Kauris ab und gab von sich noch zwanzig hinzu. Ich dankte ihm und verabschiedete mich. Einen Teil der Kauris verwendete ich sofort um mir ein Huhn für das Abendessen zu kaufen. Meinen Führer und seine Gefährten lud ich ein, das Mahl mit mir zu teilen, aber sie lehnten aus Höflichkeit ab. Auf mein Drängen hin nahmen sie nur ein paar Fleischstückchen an. Wir aßen nicht gemeinsam, denn mein Gesicht war noch vom Skorbut entstellt.

Die Menschen dieser Landstriche haben immer etwas zu feiern. Ihre Fröhlichkeit bildet einen auffälligen Kontrast zu der eintönigen und trübseligen Stimmung der fanatischen Moslems. Die Frauen hier trugen in der Unterlippe ein Stück Zinn, das innen mit einer Platte aus dem gleichen Metall befestigt war. Das spitze Ende ragte außen hervor. Diese eigenartige Mode variiert je nach den Launen des schönen Geschlechts, der Brauch an sich, sich die Lippen zu durchbohren, ist aber weit verbreitet. In den Augen der koketten Frauen und ihrer Verehrer handelt es sich um einen unerlässlichen Schmuck. Unwillkürlich musste ich lachen, als ich daran dachte, welche Wirkung er wohl auf der weißen Haut und den roten Lippen unserer hübschen Französinnen gehabt hätte.

Am Morgen des 23. Januar kamen wir in Tiara an. Auch dieses Dorf ist von einer Mauer umgeben. Einige Kapok- und Affenbrotbäume spenden Schatten. Um die Hütten herum wird Tabak angebaut. Auf dem Markt gab es nicht viel zu kaufen und wir hatten große Mühe, Hirse für das Abendessen zu bekommen.

Im Laufe des Abends kam ein Mann unserer Karawane zu mir und teilte mir vergnügt mit, dass wir, Gott sei Dank, den Weg nach Djenné einschlagen würden. Zunächst dachte ich, dass es sich um einen Scherz handele, doch kurz darauf verkündete mir Karamo-osila, dass er sich für diese Strecke entschieden habe, da zurzeit zu viele Händler nach Sansanding unterwegs seien. Und in der Tat war unsere Karawane ja überaus groß. Ich kann gar nicht ausdrücken, wie sehr ich mich über diese Neuigkeit freute. Die Straße nach Sansanding hatte ich ja nur widerwillig eingeschlagen, da diese Entscheidung unvereinbar war mit einem Aufenthalt in Timbuktu und so meine ganzen Pläne zunichte machte. Ich überreichte meinem Führer ein Geschenk, um ihm meine Freude über seinen Entschluss auszudrücken, und kaufte ein Huhn für das Abendessen.

Am Morgen des 24. Januar brach der Großteil unserer bisherigen Reisegefährten nach Sansanding auf, während wir den Weg nach Djenné einschlugen. Mein Gaumen bereitete mir fürchterliche Schmerzen. Die Wunden, die der Skorbut verursacht hatte, hatten sich noch nicht geschlossen. Wenn wir eine Rast einlegten, hielt ich mich in einiger Entfernung von den Mitreisenden auf, denn ich wollte ihnen nicht zeigen, wie sehr ich litt, und ihnen den Anblick der schmerzhaften Eingriffe ersparen, die ich, mangels einer kompetenten Person, die mir hätte behilflich sein können, an mir selbst vornehmen musste: Ich entfernte mir am Gaumen einen Knochen, der eine Verbindung zum Gehirn herstellte. Von meinem Führer erbat ich ein adstringierendes Mittel, das bei dieser Art Krankheit verwendet wird. Er beauftragte umgehend eine seiner Frauen, ein solches herzustellen. Es erwies mir gute Dienste.

Am nächsten Tag erreichten wir Siracana, ein großes, von einer Mauer umgebenes Dorf, das etwa sechs- bis achthundert Einwohner zählt. Es liegt in einer baumlosen Ebene, die aus grauer Erde mit sehr viel Sand besteht.

Ein Bambara, bei dem wir absteigen wollten, verwehrte mir, seine Hütte zu betreten, da ich, so sagte er, ein Weißer sei und ihm womöglich Unglück bringen werde. Ich setzte mich also in einiger Entfernung auf einen Stein, wo ich der glühenden Sonne ausgesetzt war, und wartete darauf, dass mein Führer, der in Begleitung dreier weiterer Mandingo war, dem einfältigen und abergläubischen Bambara zur Einsicht verhelfe. Die Mandingo erzählten ihm von meinen Abenteuern und von meiner Entführung durch die Christen. Jetzt, so sagten sie, kehre ich in meine Heimat nahe Mekka zurück, und diejenigen, die mich bei sich aufnähmen, würden sich große Verdienste erwerben und geradewegs ins Paradies einziehen. Den Neger überzeugten diese Argumente, und so ließ er mich in seine Hütte. Augenscheinlich machte ihm das Versprechen, ins Paradies zu kommen, Hoffnung, denn im Laufe des Abends besuchte er mich und setzte sich mit seinen Freunden zu mir, die mich ebenso aufmerksam betrachteten wie er selbst. Er bat mich, den unfreundlichen Empfang, den er mir am Morgen bereitet hatte, zu entschuldigen. Es habe sich um einen Irrtum gehandelt, da er mich zunächst für einen Christen gehalten habe. Anschließend gab er mir ein Huhn zum Abendessen.

Die weitere Reise führt Caillié Richtung Nord-Osten durch zahlreiche Dörfer. Unterwegs treffen sie auf Händler, die aus Djenné kommen, und müssen erfahren, dass der Preis für Kolanüsse dort gerade einen Tiefstand erreicht hat. Deshalb ändert Cailliés Führer Karamo-osila ein zweites Mal seinen Entschluss und schlägt abermals den Weg nach Sansanding ein. Caillié schließt sich daraufhin einem alten Mann aus Timé an, mit dem er – innerhalb einer Karawane – nach Djenné weiterzieht. Am 11. März erreichen sie die Stadt, die auf einer von mehreren Armen des Niger umschlossenen Insel liegt.

Im Hafen sah ich zahlreiche Pirogen, deren Größe mich überraschte. Die einen schwammen auf dem Wasser und wurden gerade beladen, andere hatte man an Land gezogen und besserte sie aus. Mehrere Neger standen am Flussufer und mein alter Führer Kaimou fragte einen von ihnen nach einer Unterkunft. Der Mandingo sah Vertrauen erweckend aus. Er führte uns in sein Haus, das außen recht hübsch anzusehen war, innen aber nicht hielt, was es versprach. Da ich als Araber auftrat, hielt man es für angemessen, mich in einem Zimmer im 1. Stock unterzubringen, wo ich der Feuchtigkeit weniger ausgesetzt war. Das schmutzige Zimmer war winzig: Es war etwa zwölf Fuß lang, fünf Fuß breit und ebenso hoch. Es gab in dem Raum nur eine Matte, die auf dem Boden lag. Die Treppe führte in den Hof hinaus und war so steil, dass man aufpassen musste, nicht hinunterzufallen. Mein alter Führer wohnte mit seinem Gefolge in den Räumen des Erdgeschosses.

Als wir unsere Zimmer bezogen hatten, versammelte Kai-mou den Hausbesitzer sowie zwei oder drei alte Männer aus der Nachbarschaft und erzählte ihnen die Hintergründe meines Hierseins. Aufmerksam folgten sie seinem Bericht und schienen sich für mich zu interessieren. Da ich den Wunsch äußerte, die Araber, die in der Stadt wohnten, kennen zu lernen, um mich unter ihren Schutz zu begeben, vereinbarten sie, mich abends zu Sidy-oulad-Marmou zu führen, einem reichen Mauren aus dem Tafilalt.

Nach diesem Gespräch hieß mich mein alter Führer in mein Zimmer gehen. Er selbst stieg vor mir die Treppe hinauf und setzte sich auf die Matte. Zunächst beglückwünschte er mich und hielt dann eine lange Rede des Inhalts, dass ich doch sehr glücklich sein müsse, ohne größere Schwierigkeiten und ohne Misshandlungen durch die Ungläubigen in Djenné angekommen zu sein. Es sei erstaunlich, dass ich mit meiner weißen Hautfarbe eine so weite Strecke zurücklegen habe können, ohne von den Einheimischen ausgeraubt worden zu sein. Diesen Umstand verdanke ich ihm und er sei sicher, dass ich mich für seine Dienste erkenntlich zeigen werde. Dann schwieg er und richtete seinen Blick auf mich. Er schien wissen zu wollen, was ich von seinen Worten halte. Ich hatte schnell verstanden, dass er unverzüglich für seine Mühe bezahlt werden wollte, und ich gab ihm eine Schere, zwei Ellen bunten indischen Stoffes, drei Blatt Papier und eine Halskette mit dreißig roten Glasperlen für seine Frauen. Diese kleinen Gegenstände wären in Frankreich vielleicht fünf

Francs wert gewesen, hier in Djenné aber hatten sie mindestens den dreifachen Wert.

Der Alte hatte unterwegs einen Teil meiner Nahrung bezahlt. Dafür hatte ich ihm von Zeit zu Zeit etwas Stoff geschenkt, was ihn für seine Ausgaben entschädigte. Ich glaube, man kann in Afrika nicht billiger reisen, als ich es tat. Der gute Neger war offensichtlich sehr zufrieden und fand, dass ich großzügiger war, als er es erwartet hatte. Er lachte mich an, lobte meine Freigebigkeit und überschüttete mich mit Segenswünschen. Ich äußerte den Wunsch, mich nun zu dem arabischen *chérif* zu begeben, er aber bestand darauf, dass ich zum Abendessen bleibe. Wir hätten, so sprach er, am nächsten Tag alle Zeit, um zu den Mauren zu gehen, denen er viel Gutes über mich erzählen wolle. Um uns für die nicht eben guten Mahlzeiten der letzten Tage zu entschädigen, beauftragte er eine seiner Frauen, einen wohlschmeckenden Fisch und Reis zu kaufen.

Unser Gastgeber, der mir aufgrund der Dinge, die man ihm über mich erzählt hatte, freundlich gesonnen war, holte mich zum Sechs-Uhr-Gebet in der Moschee ab. Ich sah dort mehrere Mauren, die alle sehr gut gekleidet waren. Sie beachteten mich nicht.

Als wir in unsere Unterkunft zurückgekehrt waren, ließ mich mein Führer rufen. Zusammen mit seinen Leuten setzten wir uns in die Mitte des Hofes, um zu Abend zu essen. Wir fanden die Mahlzeit ganz köstlich, man hatte darauf geachtet, sie mit Salz zu würzen.

Ich verbrachte eine unruhige Nacht, denn ich fragte mich, wie ich wohl von meinen neuen Landsleuten aufgenommen werden würde.

Am Morgen des 12. März suchten mein Führer und ich die Mauren auf. Unser Gastgeber begleitete uns. Er führte uns zu einem seiner Freunde, dessen Haus er zunächst allein betrat. Er hieß uns vor der Türe warten. Eine Stunde verging. Dieses eigenartige Verhalten beunruhigte mich, später erfuhr ich aber, dass mehrere Leute in dem Haus zusammengekommen waren und gerade das Frühstück einnahmen. Als die Mahlzeit beendet war, forderten sie uns auf einzutreten. Wir gaben jedem eine halbe Kolanuss. Daraufhin zeigten sie uns eine Kalabasse, in der sich Couscous mit Fleisch befand. Die Männer waren so nett gewesen, etwas für uns aufzuheben. Ohne *lalo*, ein zerkleinertes Blatt des Affenbrotbaumes, das man dem Couscous zugibt, schmeckte es aber wirklich widerlich. Auf das Gericht hatten sie einige Knochen gelegt, die sie schon angefangen hatten abzunagen.

Anschließend gingen wir alle zusammen zum *chérif*. Wir überquerten den Markt, der mir sehr gut bestückt zu sein schien. Das Haus des *chérif* befand sich ganz in der Nähe. Davor sah ich vier Mauren, die auf einer Matte und kleinen runden Kissen aus schlecht gegerbtem Schafleder saßen. Einer von ihnen, ein etwa 40-jähriger Mann, hatte eine noch viel weißere Haut als ich selbst.

Die Mandingo sagten ihnen sogleich, wer ich sei, woher ich komme, dass ich über keinerlei Mittel mehr verfüge und ihre Gastfreundschaft erbitte. Sie waren überaus erstaunt und betrachteten mich neugierig. »Aich kount hadé?« (Was ist denn das?), sagten sie immer wieder. Sie erwiderten meinen Gruß und gaben mir die Hand. Dann fragten sie mich noch einmal, wer ich sei. Ich antwortete so gut ich konnte, denn ich beherrschte ihre Sprache nur sehr unzureichend. Araber sei ich und käme aus Alexandria. Mein Vater, ein eifriger Moslem, sei Kaufmann und sehr reich gewesen. Er habe Schiffe wie die der Christen besessen. Franzosen hätten mich als Kind gefangen genommen und jetzt, da ich ihnen entkommen sei, hätte ich beschlossen, in das Land meiner Väter zurückzukehren, um ihre Religion wieder auszuüben. Ich fuhr fort, dass ich über fast keine Mittel mehr verfüge und ihren Schutz erbitte, um nach Timbuktu zu gelangen, von wo aus ich mich dann nach Alexandria, meine Heimat, begeben wolle. Sie hörten mir aufmerksam zu, schienen aber von meiner Geschichte nicht überzeugt zu sein. Sie wiesen mich darauf hin, dass Alexandria im Osten liege, ich aber von Westen komme. Dann wollten sie wissen, wie ich den Christen denn entkommen sei. Glücklicherweise war ich auf diese Fragen gefasst. Ich stellte ihnen lang und breit dar, dass die von Christen bewohnten Länder im Norden lägen, wo sie mich nach ihren Vorstellungen erzogen hätten. Als ich ein gewisses Alter erreicht habe, habe mich der Christ, dem ich gehörte, auf ein Schiff mitgenommen. Nach zweimonatiger Seereise seien wir an der Westküste Afrikas angekommen. »Die Weißen«, fuhr ich fort, »besitzen in diesen Gebieten kleine Dörfer, wo sie Handelsniederlassungen einrichten. Lange Zeit habe ich in so einem Stützpunkt gelebt, wo ich den Laden meines Herren betrieb, der mir voll und ganz vertraute und mich als seinen Sohn ansah. Den Fulbe, mit denen ich häufig Kontakt hatte um ihre Sprache zu lernen, verriet ich schließlich meinen arabischen Ursprung. Daraufhin schlugen sie mir wiederholt vor, die Christen zu verlassen und mich zu ihnen zurückzuziehen. Schließlich kam ich diesem Vorschlag nach. Zuvor aber wollte ich noch Geld verdienen um eine so lange Strecke zurücklegen zu können. Als ich schließlich eine entsprechende Summe zusammen hatte, machte ich mich eines Nachts mit einigen Fulbe davon, die mich in das Fouta-Djalon zum dortigen König brachten.« An dieser Stelle schloss ich meine Erzählung mit einer schwülstigen Eloge des Herrschers des Fouta-Djalon. Ich rühmte seinen Großmut und seine Gewissenhaftigkeit in der Ausübung der islamischen Religion. Diese Geschichte überzeugte sie, und sie schenkten meinen Worten Glauben. Sie zeigten Verständnis dafür, dass ich die Sprache meines Landes, das ich ja so früh hatte verlassen müssen, nicht beherrsche. Ich sagte ihnen, dass ich die wenigen arabischen Worte, die ich sprach, unterwegs gelernt habe. Sie stellten mir eine Menge Fragen über die Christen und wollten wissen, wie ich von ihnen behandelt worden sei. Besonders interessierte sie, ob ich geschlagen, mit Stockschlägen gezüchtigt und wie ein Sklave behandelt worden sei, ob man es mir verwehrt habe, das Gebet zu verrichten, und ob ich Schweinefleisch gegessen oder Branntwein getrunken hätte. Ich antwortete, dass die Christen gut und mitfühlend seien, dass sie ihre Gefangenen freundlich behandelten, dass sie aber in ihrem Land die Ausübung der islamischen Religion nicht duldeten. (Man verzeihe mir diese Unwahrheit, denn hätte ich von der Religionsfreiheit gesprochen, hätte sich unter den Anwesenden sicher jemand gefunden, der mich gefragt hätte, warum ich dann eine so mühsame Reise auf mich nehme, wo ich doch meine Religion bei diesem Volk, über das ich so viel Gutes berichtete, ausüben hätte können.) Da schrien sie alle durcheinander: »Allah akbar (Großer Gott), du hast bei den Christen das Gebet nicht verrichtet?« »Nein, als ich von zu Hause weggehen musste, war ich so jung, dass ich es noch nicht erlernt hatte, und die Christen haben es mir nicht gezeigt.« Ich gab auch zu, dass ich bei den Christen Schweinefleisch gegessen und Schnaps und Wein getrunken hatte. »Großer Gott!«, riefen sie wieder auf Arabisch, »Warum hast du so etwas getrunken?« »Weil mein Herr mich dazu zwang«, antwortete ich ihnen. Ich wies sie darauf hin, dass ich ja bei den Christen hätte bleiben können, wenn mir ein solches Leben gefallen hätte, und dass ich eine so lange und gefährliche Reise nur deshalb auf mich nähme, um nicht weiter sündigen zu müssen. »Da hat er Recht«, sagten sie. Sie gingen sogar so weit, mich zu fragen, ob es wahr sei, dass die Christen ihre Sklaven essen. Die Mauren aus dem Tafilalt wirkten recht gebildet, und es waren auch nicht sie, die eine so dumme Frage stellten. Sie kam vielmehr von einigen maurischen Nomaden, die nur aus Neugier stehen geblieben waren und dem Gespräch zuhörten. Die Mauren aus dem Tafilalt warfen ihnen einen verächtlichen und überheblichen Blick zu und sagten ihnen lachend, dass die Weißen keine Menschenfresser seien. Diejenigen, die die Frage gestellt hatten, lachten auch, sie hatten wohl nur Spaß gemacht. Ich beeilte mich, ihnen zu erklären, dass die Europäer keine Sklaven mehr hielten. Sie wollten wissen, warum dies so sei. »Weil«, antwortete ich, »sie der Meinung sind, dass alle Menschen vor Gott gleich sind und es keine Sklaven geben darf.« Sie stimmten zu, dass dies wohl wahr sei, und dass es für die Christen beachtlich sei, so zu denken. »Warum aber«, so fragten sie nach, »hat man dich dann als Sklaven festgehalten?« Ich ließ sie wissen, dass man mich nicht festgehalten habe, dass ich am Ende des Krieges wie meine Landsleute in meine Heimat zurückgekehrt wäre, mich aber mein Herr wie seinen Sohn behandelt habe und mich deshalb nicht hatte gehen lassen wollen. Aber auch sein Reichtum habe mich nicht zurückhalten können, gegen die Aussicht auf ein glücklicheres Leben, Mohammeds Paradies, stelle irdischer Reichtum nur einen geringen Wert dar. Die Mauren drückten ihre Anerkennung über meine Gesinnung aus. Dann wollten sie wissen, wie sich die Weißen ernähren, in welche Himmelsrichtung sie den Kopf des Rindes oder Schafes, das sie schlachten, drehen und ob sie das Tier mit einem Schlag ins Genick töten oder es ausbluten lassen. Weiter fragten sie, ob die Christen mit den Fingern essen und sich auf den Boden setzen. Kurz, ich würde zu keinem Ende kommen, wenn ich alle Fragen, die sie mir stellten, aufzählte.

Als das »Verhör« beendet war, forderte der *chérif* meinen Gastgeber auf, mich nun zum Stadtoberhaupt zu bringen. Zusammen mit meinem Führer, der mich überallhin begleitete, machten wir uns auf den Weg. Bald betraten wir den Flur eines einfachen Hauses. Man führte uns in einen ersten Raum, in dem schon viele Menschen auf eine Audienz warteten, und brachte uns eine Rinderhaut, auf die wir uns setzen konnten. Am Ende des Ganges sah ich eine geschlossene Tür, hinter der eine Treppe in den ersten Stock führte. Man kündigte mich dem Stadtchef an. Er kam sofort herunter und setzte sich am unteren Ende der Treppe auf eine Stufe. Die Türe blieb geschlossen. Der Häuptling sprach kein Arabisch. Er ließ mich fragen, ob ich Mandingo oder Bambara beherrsche. Meine Begleiter erklärten ihm, was mich zu ihm führte. Ein Mann, der an der Tür stand, wiederholte die Worte mit lauter Stimme, damit der Häuptling, der wohl etwas schwerhörig war, sie verstehen konnte. Einer der Mauren, die ich beim *chérif* gesehen hatte, kam hinzu. Man kündigte seine Anwesenheit an, und sogleich öffnete sich die Tür, sodass die Anwesenden den geheimnisvollen Häuptling sehen konnten. Er war schon alt und sehr dick. Er sagte, dass ich beim *chérif* bleiben solle, bis sich eine Gelegenheit ergebe, nach Timbuktu zu reisen. Der *chérif* werde mich gut behandeln, schließlich sei er reich und ein Verwandter des Propheten. Bevor ich ihn verließ, wollte der Häuptling meine Geschichte, die ich am Morgen erzählt hatte, hören. Ich fasste also die Ereignisse noch einmal zusammen. Der Häuptling bestimmte einen seiner Männer, um mich zu meinem neuen Gastgeber zu führen und ihm seinen Willen kundzutun. Ich hatte das Gefühl, sie könnten jederzeit von meinem Gesicht ablesen, dass ich sie anlog. Doch nichts passierte.

Der Mann, der mich begleitete, unterrichtete den *chérif* darüber, was der Häuptling bestimmt hatte. Mein neuer Gastgeber, der mir vornehmer als die anderen Anwesenden zu sein schien, war ganz offensichtlich nicht allzu glücklich, sich um mich kümmern zu müssen. So richtete er auch das Wort nicht an mich, sondern stellte den Mauren mehrere Fragen, die sie für mich sofort wiederholten. Um uns herum hatte sich eine beachtliche Menschenmenge angesammelt, die sich nun langsam auflöste. Ich blieb zusammen mit zwei Mauren sitzen, die mir recht gesellig zu sein schienen. Einer von ihnen hieß Al-Haggi-Mohammed. Er rief eine seiner Sklavinnen herbei, gab ihr einige Kauris und schickte sie los, vier kleine Brote oder Fladen, Reis, Butter und Honig zu kaufen. Sie verrührte den Honig mit der Butter und setzte ihn uns in einer sauberen Zinnschüssel europäischer Herstellung vor. Haggi-Mohammed ließ alles in sein Haus tragen und lud mich zum Essen ein. Ich aß nur wenig, und als ich ihm für seine Aufmerksamkeit danken wollte, sagte er, ich solle mich nun ausruhen, denn ich sei sicher von der langen Reise müde. Er führte mich in ein Haus, das gleichzeitig Unterkunft für seine Sklaven und Warenlager war. Er ließ einen Gang freiräumen, eine Matte auf die Erde legen und sagte mir, dass dies nun meine Wohnung sei. Er selbst bewohnte mit seinen Kindern ein schöneres Haus. Mein Regenschirm hatte seine Aufmerksamkeit erregt. Er bat mich, ihn ansehen zu dürfen, und machte ihn mehrmals auf und zu, wobei er den Vorüberkommenden die Seltenheit dieses Gegenstandes darstellte. Auch den *chérif* rief er herbei, um ihm den Schirm zu zeigen. Dieser kannte Regenschirme und meiner schien ihm sehr zu gefallen. Zahlreiche Neger blieben stehen um ihn zu betrachten, und konnten gar nicht glauben, was sie sahen.

Ich sagte dem Mauren, dass ich eine Tasche und einige andere Dinge auf meiner Reise mit mir trüge. Er forderte mich auf, diese Dinge zu holen, und gab mir jemanden als Begleiter mit. Ich kehrte also zu meinem früheren Führer zurück um mein Gepäck zu holen. Ich hatte es in meinem Zimmer, zu dem es keine Türe gab, gelassen und hätte diese Unvorsichtigkeit leicht bedauern können. Aber ich hatte das Glück, alles unversehrt vorzufinden. Mein alter Wirt fragte mich, ob ich mit meinen Gastgebern zufrieden sei, denn ich hatte ja nun derer zwei. Ich bejahte und lud ihn ein mich zu besuchen.

Als ich in meine neue Unterkunft zurückgekehrt war, wollte Haggi-Mohammed wissen, was in meiner Tasche sei. Falls es sich um Waren handele, tue ich gut daran, so riet er mir, diese schon in Djenné zu verkaufen, da ich in Timbuktu keine so hohen Preise erzielen werde. Ich trug meine Tasche in mein Zimmer und öffnete sie, denn ich wollte Vorsorge treffen für den wahrscheinlichen Fall, dass die Mauren mein Gepäck durchsuchen wollten. Ich entfernte das Geld aus meinem Gürtel und mischte meine mit Bleistift angefertigten Aufzeichnungen unter einige Blätter aus dem Koran, sodass man mein Heft für ein Gebetbüchlein halten konnte. Falls meine Notizen gefunden werden sollten, hatte ich vor zu sagen, dass es sich dabei um den Bericht meiner Erlebnisse bei den Christen handele, den ich meinen Eltern zeigen wollte. Aber trotz dieser Vorsichtsmaßnahmen war mir nicht recht wohl bei der Sache.

Ich besichtigte das Haus, in dem ich nun einige Tage wohnen sollte. Der erste Stock bestand aus mehreren Gängen, die alle so ähnlich aussahen wie der, in dem ich untergebracht war, zwei kleinen Räumen, in denen Tonkrüge mit Wasser standen, einer äußerst schmutzigen Toilette und einer Terrasse. Das Erdgeschoss war genauso angeordnet und diente als Lager für Reis und Hirse sowie als Pferdestall. Die Lagerräume hatten teilweise Tageslicht, das von einem hinter dem Haus gelegenen Hof kam. Der Gang,

Die Große Moschee in Djenné bietet heute noch den gleichen Anblick wie zur Zeit Cailliés

den ich bewohnte, war der wohnlichste und der sauberste. Zwei Treppen aus Lehm führten hinauf, die beide viel solider waren als die meiner ersten Herberge in Djenné. Die eine Treppe nahm ihren Ausgang gleich bei der Eingangstür, die andere ging vom Hinterhof aus. Haggi-Mohammeds Lagerräume waren voll von Waren. Einige Türen waren mit einem Vorhängeschloss europäischer Herstellung gesichert.

Gegen Mittag brachte mir ein Sklave eine große Schüssel mit gutem Reis, der mit Fleisch und vielen kleinen Zwiebeln angerichtet war. Diese Gemüsepflanze gedeiht sehr gut in der Umgebung von Djenné. Haggi-Mohammed erkundigte sich nach meiner Gesundheit. Da ich nur eine kleine Portion gegessen hatte, fragte er mich, ob ich krank sei. Er versuchte mich zu beruhigen, ich müsse nun keine Angst mehr haben, jetzt, da ich bei den Mauren sei, werde es mir an nichts mehr fehlen und mit Gottes Gnade würde ich bald meine Heimat wiedersehen. Dann setzte er sich zu mir und fragte, wie ich nach meiner Ankunft in Alexandria vorgehen wolle, da ich meine Eltern ja nicht wiedererkennen könne. Zunächst würde ich mich wohl schwer tun, antwortete ich, fragte ihn dann aber, ob er einen Sohn, der bei Fremden weile, vergessen würde. Nach meiner Rückkehr nach Alexandria wolle ich also meinen Vater aufsuchen.

Und wenn meine Eltern und Großeltern schon gestorben sein sollten, würde ich sicher einen Bruder finden, der mich erkennen werde.

Da ich eine starke Erkältung hatte, kam er meinem Wunsch nach und ließ für mich getrocknete Okra-Blätter kaufen. Man kochte sie und fügte viel Honig hinzu. Es war ein gutes Heilmittel gegen meine Erkältung, an der ich nun schon seit einem Monat litt und die mittlerweile auch die Lunge angegriffen hatte. Ich brachte kaum mehr einen Ton heraus, sodass die vielen Fragen, auf die ich antworten musste, eine enorme Anstrengung für mich bedeuteten und mein Wohlbefinden deutlich litt.

Ich wollte Haggi-Mohammed die Kauris, die er für mich ausgegeben hatte, zurückerstatten, doch er lehnte ab und verbot mir, irgendetwas zu kaufen. Ich solle nur sagen, wenn ich etwas brauche, und er werde es mir besorgen. Sogleich ließ er einen Barbier kommen, der mir den Kopf rasierte. Der Mann verstand sein Geschäft. Er verletzte mich nicht, während ich gefürchtet hatte einige Schrammen abzubekommen. Die Klinge seines Rasiermessers war in Europa hergestellt worden, der Stiel hingegen war einheimischer Machart. Die Barbiere haben ein kleines Lederetui, in dem sie ihre Rasiermesser aufbewahren. Seife verwenden sie keine – wofür ich dankbar war, denn die Seifen, die ich in der Gegend schon gesehen hatte, hatten einen äußerst unangenehmen Geruch. Sie waschen den Kopf einfach mit kaltem Wasser.

Nachdem ich meinen Turban wieder um den Kopf gewickelt hatte, ging ich auf den Markt, um zu erkunden, was es da so alles gab. Zunächst war ich erstaunt, wie viele Menschen sich hier tummelten. Es war ein ständiges Kommen und Gehen, Fremde und Bewohner der umliegenden Dörfer verkauften ihre Waren und erwarben Salz und andere Güter. Der Markt bot alles, was zum Leben nötig ist. Um sich vor der glühenden Sonne zu schützen, hatten manche Händler kleine Palisaden aus Stroh errichtet, über die sie ein Baumwolltuch spannten. Ihre Waren lagen in Körben. Um den Markt herum findet man Läden mit Waren aus Europa, vor allem aus England, für die hohe Preise erzielt werden. Ich habe auch einige französische Gewehre gesehen, die sehr begehrt sind. Außerdem werden Glaswaren, unechter Bernstein, falsche Korallen, kleine Schwefelstangen und Kanonenpulver feilgeboten. Auch einige Metzger gibt es auf dem Markt. Sie präsentieren ihr Fleisch wie in Europa und bereiten Fleischspieße zu, die sie räuchern und einzeln verkaufen. Frischen und getrockneten Fisch findet man überall, ebenso wie Tontöpfe, Kalabassen, Matten und Salz. In den Straßen preisen unzählige Händler ihre Waren an: einheimische Stoffe, Kleider, Kolanüsse, Honig, Pflanzenfett, tierische Butter, Milch und Brennholz. Letzteres ist hier äußerst selten. Auch das Stroh der Hirse wird auf dem Markt verkauft. Während meines Aufenthalts in Djenné sah ich jeden Abend Negerinnen, die für zehn Kauris etwas von diesem Brennstoff kauften, um damit das Abendessen zu kochen. Das durchschnittliche Bündel kostet 120 Kauris, was etwa zwölf Sou entspricht. Zum Glück ist es in diesem Land nicht kalt.

Die Mauren, die sich in Djenné niedergelassen haben, halten sich nie in ihren Geschäften auf. Sie haben Vertraute oder sogar Sklaven, die auf ihre Rechnung die einzelnen Waren verkaufen. Die Mauren selbst sitzen auf einer Matte vor der Tür, wo sie gut sichtbar mehrere Salzblöcke hinstellen, und warten darauf, dass Leute kommen, die kaufen oder verkaufen wollen. So erwerben sie ohne große Mühe Elfenbein, Gold, viel Reis und Hirse, Honig, Wachs, Kleider und zahlreiche kleine Zwiebeln. Sie bringen all diese Waren in ihre Lager um sie dann nach Timbuktu aufzugeben, wo sie Handelspartner haben, die ihnen dafür Salz, Tabak und Waren aus Europa schicken.

Auch die Neger von Djenné treiben Handel, aber ihr Umsatz ist wesentlich geringer. Sie handeln nicht mit wertvollen Gütern, aber viel mit Gewürzen – Tamarindenschoten, Pimente, Pfeffer – sowie mit Blättern und Früchten des Affenbrotbaumes und des Hibiskus, mit Okra, Pistazien, Bohnen und einer Menge kleiner Dinge, die die Volksstämme der Umgebung nach Djenné bringen. Außerdem schicken sie Kalabassen und Tontöpfe zum Kochen nach Timbuktu.

Die 30 bis 40 maurischen Händler aus Timbuktu bewohnen die schönsten Häuser in der Nähe des Marktplatzes. Sie tun sich zu mehreren zusammen und schicken große Schiffe voller Waren nach Timbuktu.

Frühere Reisende nannten Djenné das »Goldland«. Zwar gibt es in der Umgebung keine Goldvorkommen, aber Händler aus Bouré und die Mandingo aus dem Kong-Gebiet bringen häufig welches mit. Sie sind es auch, die Sklavenhandel treiben. Ich konnte beobachten, wie Männer diese Unglücklichen in den Gassen zur Schau stellten. Sie waren ganz nackt, und interessierte Käufer boten schreiend 25, 30 oder 40000 Kauris für sie – je nachdem, wie alt die Sklaven waren. Ich litt darunter, sehen zu müssen, wie hier die Menschenrechte mit Füßen getreten wurden. Dennoch waren diejenigen unter ihnen, die bei den Mauren in Djenné lebten, nicht die Unglücklichsten. Man gibt ihnen ausreichend zu essen und ordentliche Kleider und sie müssen nicht viel arbeiten. Wenn da nicht der Verlust der Freiheit wäre, der durch nichts auszugleichen ist, wäre ihr Schicksal dem mancher Bauern bei uns in Europa vorzuziehen. In der Regel sind sie so etwas wie Hausangestellte, die das Vertrauen ihrer Herren genießen und bei deren Abwesenheit das Haus hüten oder die Waren einpacken und sie an Bord der Schiffe bringen. Ich habe beobachtet, dass ihre Herren ihnen des Öfteren einmal einige Kauris zusteckten, damit sie kaufen konnten, was ihnen gefiel. Dieses Verhalten trägt dazu bei, dass die Sklaven ihren Herren treu sind und sie nicht bestehlen. Deshalb vertraut man ihnen manchmal auch ganze Säcke mit Kauris an, die gezählt werden müssen.

Djenné hat einen Umfang von vielleicht zweieinhalb Meilen. Die Stadt umgibt eine ziemlich schlechte Mauer aus Lehm, die mehrere winzige Tore hat. Die Häuser sind aus Ziegelsteinen gebaut, die in der Sonne gebrannt werden. Der Sand der Insel, auf der Djenné liegt, ist etwas tonhaltig. Aus ihm werden runde Ziegel hergestellt, die recht solide sind. Die Größe der Häuser entspricht etwa der, die die Häuser in den europäischen Dörfern haben. Wie auch das von Haggi-Mohammed haben die meisten ein Stockwerk. Zur Straße hin gibt es keine Fenster, nur vom Innenhof aus dringt Licht und Luft in die Zimmer. Eine Tür aus dicken Brettern, die mir zurechtgesägt schienen, bildet den einzigen Eingang. Von innen verschließt man diese Türen mit einer doppelten Eisenkette, außen ist ein Holzschloss angebracht (manchmal ist es auch aus Eisen). Die Zimmer sind lang und schmal. Da die Menschen hier keinen Kalk haben, verputzen sie die Wände vor allem außen mit Sand. Eine Holztreppe führt zur Terrasse, die jedes Haus hat. Kamine gibt es keine, sodass die Sklaven häufig im Freien kochen. Für eine Stadt, die keine Kutschen kennt, sind die Straßen ziemlich breit. Acht oder neun Leute können gut nebeneinander hergehen. Die Straßen werden fast täglich gefegt und sind sehr sauber.

Baumloses Sumpfland umgibt Djenné. Die Felder in der Ebene pflügt man kurz vor der Regenzeit. Dann sät man Reis, der mithilfe des Flusswassers gedeiht. Der Ackerbau obliegt den Sklaven.

Sie pflanzen am Flussufer etwas Okra, Tabak und Kürbisse an. Man hat mir gesagt, dass sie während der Regenzeit auch Kohl, Karotten und weiße Rüben aus Europa ernten. Die Samen für diese Pflanzen bekommen sie aus dem Tafilalt. An Stellen, die vor den Überschwemmungen des Niger sicher sind, baut man Hirse und Mais an.

Djenné ist eine laute und geschäftige Stadt. Tagtäglich kommen zahlreiche Karawanen an, die alle Sorten von nützlichen Waren mitbringen. Die aus Lehm erbaute Moschee hat zwei massige, recht niedrige Türme. Obwohl sie sehr groß ist, ist ihr Bau anspruchslos und ohne Sorgfalt ausgeführt. Tausende von Schwalben nisten ständig in und an der Moschee, was einen entsetzlichen Gestank erzeugt und dazu führt, dass die Gebete in einem kleinen Hof abgehalten werden. Ich begab mich oft in die Moschee und sah in ihrer Nähe viele alte und blinde Bettler sowie andere unglückliche Menschen, die irgendein Gebrechen hatten.

Ein paar Affenbrot- und Dattelbäume sowie Mimosen und Delebpalmen (*Borassus aethiopum*) spenden der Stadt etwas Schatten.

In Djenné haben sich viele Fremde niedergelassen: Mandingo, Fulbe, Bambara und Mauren. So hört man auch die Sprachen dieser vier Völker, und dazu noch *kissour*, eine Sprache, die bis nach Timbuktu verbreitet ist. Die Einwohnerzahl mag sich auf 8 000 bis 10 000 belaufen. Früher war Djenné unabhängig, während es heute zu einem kleinen Königreich gehört, dessen Herrscher Ségo-Ahmadou heißt. Dieser Fulbe ist ein fanatischer Moslem und ein großer Eroberer: Mit wenigen seiner Leute hat er mehrere Landstriche des südlichen Bambara-Gebietes unterworfen und sogleich den Islam durchgesetzt. Er erwartet absoluten Gehorsam. Wer es ablehnt, die Religion des Propheten anzunehmen, muss Abgaben zahlen, die freilich nicht sehr hoch sind. Zunächst war Djenné die Hauptstadt. Aber der eifrige Adepte des Propheten befand, dass das geschäftige Treiben dieser Stadt die Ausübung der Religion störe und die Andacht der wahrhaft Gläubigen erschwere. So schuf er eine neue Hauptstadt am rechten Ufer des Niger, die er El-Lamdou-Lillahi (zum Ruhme Gottes) nach dem ersten Vers eines Gebets im Koran nannte.

In öffentlichen Schulen erhalten alle Kinder kostenlosen Unterricht. Auch die erwachsenen Männer besuchen je nach ihrem Bildungsstand verschiedene Schulen. Der fromme Herrscher ist der Bruder des Königs von Massina, das am linken Nigerufer liegt.

Ségo-Ahmadou erhebt keine Steuern auf die Waren der Händler, die in Djenné ihre Geschäfte machen. Auch fremde Kaufleute, die sich in der Stadt niedergelassen haben, zahlen nichts, ebenso wenig die Einheimischen. Sie machen dem Herrscher und dem eigens in Djenné eingesetzten Kommandeur aber hin und wieder ein Geschenk.

Die Einwohner von Djenné sind fleißig. Sie haben nichts gemein mit den unzivilisierten Negern weiter im Süden. Die Reichen unter ihnen treiben Handel, die Ärmeren sind Schneider, Schmiede, Maurer, Schuster und Fischer. Manche packen Waren ein oder transportieren sie. Jeder macht sich nützlich. Die Waren werden mit Blättern der Delebpalme eingepackt, die von den Bewohnern der benachbarten Dörfer zurechtgeschnitten und dann nach Djenné gebracht werden. Wertvollere Waren umgibt man zusätzlich noch mit Rindsleder.

Alle Einwohner Djennés sind Moslems, wobei die Fulbe die fanatischsten unter ihnen sind. Ungläubigen wird der Zutritt zur Stadt verwehrt. Wenn heidnische Bambara nach Djenné kommen, müssen sie das Gebet verrichten, andernfalls würden sie von den zahlenmäßig überlegenen Fulbe unweigerlich misshandelt werden. Die Einheimischen sind freundlich und zuvorkommend gegenüber Fremden – jedenfalls wenn es sich auch um Moslems handelt – und erleichtern ihnen sogar das Geschäftemachen. Sie haben mehrere Frauen, die sie, im Gegensatz zu den Negern weiter im Süden, nicht schlecht behandeln. Die Frauen sind nicht verschleiert, essen aber nicht mit ihren Männern, ja nicht einmal mit ihren Söhnen. Wenn die Mädchen ein gewisses Alter erreicht haben, helfen sie ihren Müttern bei der Hausarbeit, sei es beim Kochen, sei es beim Wäschewaschen. In ihrer Freizeit spinnen sie Baumwolle, die sie auf dem Markt kaufen, denn in der sumpfigen Umgebung der Stadt wird keine angebaut.

Die Einwohner von Djenné ernähren sich gut. Sie essen viel Reis mit frischem Fleisch, das es täglich auf dem Markt zu kaufen gibt. Couscous wird mit frischem oder getrocknetem Fisch zubereitet. Sie würzen ihre Speisen oft gut und kräftig und Salz ist so reichlich vorhanden, dass es von allen zum Kochen verwendet wird. 25 bis 30 Kauris geben sie pro Kopf und pro Tag aus. Fleisch ist nicht teuer, für 40 Kauris bekommt man ein Stück, das für eine Mahlzeit für vier Personen reicht. In der Regel nehmen sie zwei Mahlzeiten pro Tag zu sich. Dann setzen sie sich um eine große

Schüssel herum und holen das Essen mit der Hand heraus, so wie es alle Völker im Inneren Afrikas tun.

Ihre Häuser sind mit keinerlei Möbeln ausgestattet. Ihre persönlichen Dinge bringen sie in Ledertaschen unter, die sie manchmal an einem Seil aufhängen, das quer durch das Zimmer gespannt ist. Sie schlafen auf Matten oder Rinderhäuten, die auf dem feuchten Boden liegen, sodass sie nicht selten rheumatische Beschwerden haben. Brennholz ist nämlich rar, weshalb sie nachts kein Feuer machen. Erwachsene wie Kinder tragen saubere Kleidung, die aus einer weißen *coussabe* – Weiß ist ihre Lieblingsfarbe – und einer Hose, die bis zu den Knöcheln reicht, besteht. Barfuß geht hier niemand, nicht einmal die Kinder oder die Sklaven. Ihre Schuhe, die es in allen Farben gibt, ähneln europäischen Pantoffeln. Das Leder, das maurische Händler nach Timbuktu bringen, stammt aus Marokko. In Djenné selbst habe ich keine Gerbereien gesehen.

Die eleganteste Kopfbedeckung besteht aus einer roten Mütze, um die ein Stück Musselin zu einem Turban geschlungen wird. Die Frauen flechten ihre Haare. Sie tragen Halsketten aus Glas- oder Bernsteinperlen oder Korallen und goldene Ohrringe. Manche haben auch einen Nasenring. Weitere Schmuckstücke sind runde Armreife aus Silber sowie flache, versilberte Reife, die die Knöchel verdecken.

Eine gewöhnliche *coussabe* kostet etwa 2000 Kauris, eine Hose 1000, und ein Paar Schuhe ist für 300 Kauris zu haben. Der Preis hängt auch von der Machart und der Farbe der Stoffe ab. Die Läden der maurischen Händler sind gut bestückt mit europäischen Waren. Sie genießen bei den Negern eine große Autorität und gelten als viel reicher, als sie es in Wirklichkeit sind. Die armen Mandingo-Händler hingegen haben große Mühe, ihre Kolanüsse zu verkaufen, die sie auf einem zwei Monate dauernden Marsch hierher gebracht haben. Man isst in der Gegend zwar viele Kolanüsse, die Händler schaffen aber auch riesige Mengen aus dem Süden herbei, sodass sie sie nur für acht oder zehn Kauris verkaufen können, was – in Anbetracht der vielen Ausgaben, die sie unterwegs haben – keinen Gewinn bedeutet.

Da es in der Gegend keine Herbergen gibt, suchen Fremde bei Privatleuten eine Unterkunft. Die Miete wird mit Waren bezahlt. Für die Zubereitung der Mahlzeiten kaufen sie Brennholz auf dem Markt. Da in der Stadt Lebensmittel sehr teuer sind, schicken sie ihre Sklaven in die benachbarten Dörfer um dort Getreidekörner zu kaufen, die dort etwas billiger sind. Fischer fangen viele kleine Karpfen in den Sümpfen der Umgebung. Sie räuchern die Fische, indem sie sie auf trockenes Stroh legen, das sie anzünden. So haltbar gemachter Fisch wird vor allem von den Armen gekauft.

Ségo-Ahmadou, der Herrscher der Stadt und ihrer Umgebung, bekriegt weiterhin die Bambara aus Ségo. Er will sie zum islamischen Glauben zwingen, die Bambara sind aber widerspenstig und wehren sich. Der Krieg beeinträchtigt spürbar die Handelsgeschäfte in Djenné, da er jegliche Verbindung mit Yamina, Sansanding, Bamako und Bouré (aus dem das Gold stammt, das in ganz Innerafrika im Umlauf ist) unterbindet. So gilt Djenné heute nicht mehr als die wichtigste Handelsstadt. Diesen Platz nehmen inzwischen Yamina, Sansanding und Bamako ein. Mauren und Neger aus dem Westsudan meiden Djenné, das auch unter seiner großen Entfernung zu Bouré leidet. Vor dem Krieg fuhren die kleinen Schiffe der Stadt dorthin und kehrten mit Gold beladen wieder zurück. Obwohl Händler und Geschäftsleute von Djenné sehr unter dem Krieg leiden, würden sie sich niemals offen darüber beklagen. Und ich glaube, dass das auch gar nichts ändern würde.

Ich stieg oft zu der Terrasse meines Hauses hinauf. Um die Stadt herum gab es nur Sümpfe, so weit das Auge reichte. In großer Entfernung erblickte man einige Delebpalmen und da, wo die Uferböschung etwas höher war, standen Tamarindensträucher. Ansonsten war die Landschaft ganz und gar baumlos. Djenné liegt im östlichen Teil der Insel, die durch zwei Flussarme gebildet wird, und sieben oder acht Fuß höher als der Rest, was die Stadt vor den regelmäßig wiederkehrenden Überschwemmungen des Flusses schützt.

Der alte Kai-mou besuchte mich. Er hatte eine schöne Wolldecke gekauft, die die verfrorenen Neger sehr schätzen. Die Mauren hingegen hängen sich solche Decken nicht um. Sie haben schönere, die aus Marokko kommen. Mein Führer sagte mir, er habe seine Kolanüsse noch nicht verkaufen können. Ich lud ihn ein, mit mir nach Timbuktu zu kommen, wo er einen besseren Preis für sie erzielen könne. Doch er lachte und antwortete, dass er sie alle aufgegessen haben würde, noch bevor wir die Stadt erreichten. Ich schenkte ihm ein paar Glasperlen, und er verließ mich zufrieden.

Ich unterhielt mich täglich mit den Mauren und stellte bald fest, dass sie sich den Negern gegenüber als weit überlegen empfanden. Oft sagten sie zu mir: »Neger sind Wilde, die von nichts eine Ahnung haben. Wenn sie einen Mauren sehen, denken sie stets, er sei sehr reich, wo doch oft das Gegenteil der Fall ist. Sie glauben, dass wir das Gold zwischen der Haut und dem Fleisch stecken haben.«

Drei Tagesreisen nord-westlich von Djenné liegt das Königreich Massina, das von Fulbe islamischen Glaubens bewohnt wird. Diese flechten ihre Haare zu ganz feinen Zöpfchen. Sie kommen häufig nach Djenné um hier Handel zu treiben. Hauptsächlich verkaufen sie Schafs- und Rinderhäute. Ihre Schafe sind die schönsten, die ich im Inneren Afrikas gesehen habe. Sie sind groß und ihre Wolle ähnelt der europäischer Schafe. Massina ist ein fruchtbares Land, in dem Reis, Hirse, Pistazien, Wassermelonen, Kürbisse und Zwiebeln gut gedeihen. Die Einwohner züchten viel Geflügel und schöne Pferde. Alle Mauren, die die Insel bewohnen, haben ihr eigenes Pferd. Massina wird von einem König regiert, der Bruder und Verbündeter Sego-Ahmadous ist. Mit Ausnahme des Musselin-Turbans ist ihre Kleidung dieselbe wie die der Einwohner Djennés. Die Männer tragen einen runden Strohhut mit breitem Rand und sind mit Pfeil und Bogen sowie mit drei oder vier Speeren bewaffnet, die sie stets in der Hand halten.

Da ich bei der ersten Gelegenheit weiter nach Timbuktu reisen sollte, holte ich aus meinem Gepäck eine Reihe von Waren hervor, um sie noch hier an Ort und Stelle zu verkaufen. Ich wusste nicht, wie viel sie wert waren, und übergab sie deshalb dem *chérif* und Haggi-Mohammed, damit sie sie zu meinem Vorteil verkauften. Sorgfältig zählten sie die Glasperlen und vermaßen den Stoff in meiner Gegenwart. Der *chérif* hielt alles auf einem kleinen Stück Papier fest. Sie erledigten meinen Auftrag gut. Das Geschäft war zu ihrem Vorteil, denn sie selbst kauften den größten Teil meiner Waren. Immerhin fragten sie mich zuvor, ob ich mit dem gebotenen Preis einverstanden sei. Natürlich war mir klar, dass dieser Preis sehr niedrig war, aber ich brauchte sie noch und war deshalb mit allem einverstanden. Da Haggi-Mohammed sicher war, dass ich noch andere Dinge besitze, suchte er mich in meinem Zimmer auf um in meiner Tasche nachzusehen, ob ich noch etwas zu verkaufen habe. Er fragte mich eindringlich, ob ich Gold oder Silber bei mir habe, und fügte hinzu, dass ihn das beruhigen würde, da diese Schätze meine Rückkehr in die Heimat erleichtern würden. Ich versicherte ihm, dass ich weder Gold noch Silber mehr besitze, und leerte sogar vor ihm meine Tasche aus, aus der ich vorher meine Notizen und mein Geld entfernt hatte. Denn ich hatte eine solche »Inspektion« wohl vorhergesehen. So sah er lediglich zahlreiche kleine Glasperlen, Bernstein und Korallen, die ich mir für den Notfall aufbewahrt hatte. Trotzdem versicherte er mir von neuem, dass ich all diese Waren vor meiner Abreise verkaufen solle, da die Waren ja aus Timbuktu kämen. Einige Zeit leistete ich Widerstand, aber schließlich gab ich seinen aufdringlichen Worten nach. Vor allem der Bernstein gefiel ihm sehr. Er sicherte sich die gesamte Menge für 200 Kauris pro Maßeinheit. Dies entsprach nur einem Viertel der Summe, die ich dafür in Sierra Leone bezahlt hatte. Für die Korallen, die er kaufte, bekam ich noch weniger. Auch der Preis für Stoffe und Glasperlen war niedrig angesetzt, aber immerhin erhielt ich etwas mehr dafür. Ich zeigte ihm eine gewisse Menge Korallen der Größe vier. Er bot mir dafür 200 Kaurimuscheln. Zu diesem Preis wolle ich sie behalten, sagte ich ihm. Doch da hatte er sie mir schon aus der Hand genommen und in die Tasche seiner *coussabe* gesteckt. »Ich gebe dir 1000 Kauris«, sagte er schnell. Auf diese Weise entwand er mir mein Einverständnis. Ich bin aber sicher, dass er sie mir zurückgegeben hätte, wenn ich es verlangt hätte. Haggi-Mohammed war zufrieden mit dem Geschäft, das er soeben gemacht hatte, und schenkte mir deshalb ein halbes Dutzend Datteln und später noch eine hübsche weiße *coussabe*, die mir sehr gelegen kam, denn meine hing schon in Fetzen herunter. Außerdem gab er mir noch Stoff, damit ich mir einen Turban machen könne.

Während meines ganzen Aufenthalts in Djenné zeigten sich die Mauren mir gegenüber überaus aufmerksam und behandelten mich sehr gut. Ich brauchte nicht für meine Nahrung aufkommen, und man las mir jeden Wunsch von den Augen ab. Beim Verkauf meiner Waren hatten sie mich übervorteilt, aber sonst konnte ich mich über ihr Verhalten nicht beklagen. Oft saß ich mit ihnen zusammen auf einer Matte im Schatten vor der Tür und beobachtete ihre Geschäfte. Vorüberkommende Neger küssten dem *chérif* die Hand. Er gab ihnen viele Kaurimuscheln, von denen er immer ein Säckchen bei sich trug. Ein junger Maure namens Hassan riet mir, mich von Timbuktu aus über das Tafilalt-Gebiet und Fez nach Algier zu begeben, von wo aus ich dann den Weg nach Alexandria nehmen könne. Von ihm erfuhr ich auch, dass ein Christ nach Timbuktu gekommen sei, den man auf der Straße angehalten und niedergeschlagen habe. Anschließend sei er lange Zeit in der Stadt geblieben um sich zu erholen, schließlich aber gestorben. Auf welche Weise, konnte mir der junge Maure nicht sagen. Ich fragte ihn, aus welchem Grund dieser Christ wohl nach Timbuktu gereist sei. Er antwortete mir, dass er das »Land habe schreiben wollen«. Ich vermutete, dass dieser Europäer Major Laing gewesen war, von dem ich wusste, dass er von Tripolis aus durch die große Wüste nach Timbuktu losgezogen war. Ich beklagte das schreckliche Los dieses unerschrockenen Reisenden und dachte mit Unbehagen daran, dass mich dasselbe Schicksal ereilen würde, wenn meine Verkleidung durchschaut werden sollte.

Am 16. März hieß man mich gegen vier Uhr zum *chérif* Oulad-Marmou kommen. Der Verkauf meiner Waren hatte ihn etwas freundlicher gestimmt. Bisher war ich nicht in seinem Haus gewesen. Ich trat in ein großes Zimmer mit hohen Wänden ein. Tageslicht drang durch eine Öffnung im Gewölbe. An einem Seil war eine Lampe befestigt, in der man Pflanzenbutter verbrannte. Die Ausstattung bestand aus einer Matratze, einem europäischen Kerzenständer aus Kupfer mit einer Kerze, so wie man sie hier in der Gegend herstellte, und einem kleinen, in die Wand eingelassenen Schrank mit Schlüssel und Schloss. In einer Ecke standen Säcke mit Getreide. Eine breite Treppe führte zu einer Terrasse, wo ich mehrere kleine Kämmerchen ohne ein einziges Möbelstück sah. In einem war ein Seil gespannt. Es diente dem *chérif* als Garderobe, seine Kleider waren an dem Seil aufgehängt. Man forderte mich auf, mich auf ein rundes Lederkissen zu setzen. Ich befand mich in Begleitung von sieben Mauren und einem Neger, alles Händler aus Djenné.

Der *chérif* ließ einen kleinen runden Tisch in unserer Mitte aufstellen, den ich zunächst für einen Spieltisch hielt, da er symmetrische Intarsien aus Kupfer und Elfenbein aufwies. Als aber eine große Zinnschüssel herbeigebracht wurde, in der ein ansehnliches Stück gedünstetes Schaffleisch lag, begriff ich, dass man mich zum Essen eingeladen hatte. Neben dem *chérif* stand ein Korb mit Deckel, in dem viele kleine runde Brote aus Weizenmehl und Hefe lagen, jedes ungefähr 250 Gramm schwer. Er zerbrach mehrere in kleine Stücke, von denen er jeweils einige an unseren Platz legte. Obwohl diese Mahlzeit etwas Europäisches hatte, benutzten wir weder Messer noch Gabel, sondern aßen mit den Fingern. Das Brot fand ich ganz köstlich, zumal ich auf ein solches Essen am heutigen Tag nicht gefasst war. Die Gespräche waren recht lustig, wenn auch wiederum auf Kosten der Christen. Man fragte mich erneut, ob ich wirklich Schweinefleisch gegessen und Branntwein getrunken habe. Ich gab dieselbe Antwort wie zuvor und sie lachten laut über die Europäer.

Nach dem Essen wurde Tee serviert. Der *chérif* nutzte die Gelegenheit, um zu zeigen, welch schöne Dinge er besaß. Er konnte es sich nicht verkneifen, dem Neger seine Überlegenheit zu zeigen. Wir wurden von einer jungen, schönen Sklavin bedient. Man brachte eine Schachtel herbei, in der sich Porzellangeschirr befand, das er auf ein Kupfertablett stellte. Die Tassen waren winzig klein. Wir nahmen vier Tassen Tee mit weißem Zucker zu uns. Nach dem Essen machten wir einen Spaziergang am Ufer des Niger. Wir setzten uns einige Zeit auf die Böschung, um die vorbeiziehenden Pirogen zu betrachten. Dann verrichteten wir zusammen das Gebet, denn es war zu spät, um noch in die Moschee zu gehen. Anschließend zogen sich alle nach Hause zurück. Ich fand, dass es ziemlich große Unterschiede zwischen den Mauren aus Djenné und den Brakna-Mauren gab, bei denen ich ja acht Monate verbracht hatte.

Am 18. März feuerte man zu Ehren des Neumondes mehrere Musketerie-Salven ab, am 19. begann die Fastenzeit des Ramadan. Haggi-Mohammed fragte mich, ob ich in dieser Zeit fasten wolle. Ich wagte nicht, dies zu verneinen. Aber dieser Ramadan machte mir deutlich weniger zu schaffen als der im Jahr 1824, denn damals hatte mir lediglich ein Zelt als Schutz gedient, während ich hier in einem kühlen Haus war, das niemals Sonnenlicht empfing. So war ich auch nur selten durstig. Gegen acht Uhr abends brachte man mir eine riesige Schüssel Reis mit Schaffleisch und um ein Uhr morgens bekam ich nochmals eine ebenso reichhaltige Mahlzeit. Ich fand, dass die Umdrehung der Tages- und Nachtgewohnheiten gar nicht schlecht war, denn ich wurde nachts viel besser behandelt, als es tagsüber der Fall gewesen war. Dererlei Bußübungen, die darin bestanden, etwas länger aufzubleiben um gut zu essen und anschließend in den Schlaf hinüberzugleiten und so die Fastenstunden zu überbrücken, schienen mir ganz und gar erträglich. Auch die Sklaven müssen fasten, aber auch sie finden in den nächtlichen Mahlzeiten die Entschädigung für die Enthaltsamkeit bei Tageslicht.

Am 20. März entschloss ich mich, dem *chérif* meinen Regenschirm zu schenken. Ich glaubte ihm dies schuldig zu sein, denn er sollte mir ja ein Schiff nach Timbuktu beschaffen. Er schien sich über das Geschenk sehr zu freuen. Was Haggi-Mohammed betraf, so war ich der Meinung, dass er durch den günstigen Preis, zu dem er meinen Bernstein und meine Korallen gekauft hatte, für seine Dienste hinreichend entschädigt war. Um mir sein Wohlwollen zu sichern, schenkte ich ihm aber trotzdem noch eine Elle indischen Kattunstoffes, den ich für mich zurückbehalten hatte.

Bei Sonnenuntergang gab mir Oulad-Marmou eine Hand voll Datteln und eine köstliche Melone. Letztere ließ er mir von nun an jeden Abend bis zu meiner Abreise zukommen. Das Geschenk, das ich ihm gemacht hatte, sicherte mir fortan seine Gunst. 30 000 Kauris hatte der Verkauf meiner Waren eingebracht. Der *chérif* kaufte für dieses Geld einheimische Stoffe für mich; er sagte, ich könne in Timbuktu einen guten Preis dafür erzielen. Außerdem gab er mir vier Kerzen aus gelbem Wachs, die mir unterwegs auf dem Schiff als Beleuchtung dienten.

Am 22. März teilte man mir mit, dass ich am nächsten Tag nach Timbuktu abreisen könne. Am Tag darauf rief mich der *chérif* zu sich. Meine Tasche und mein Bündel Waren – die Stoffe hatte man in Baumwolltücher eingerollt – ließ er an Bord der Piroge bringen. Dann bereitete er vor meinen Augen eine schöne Menge Hirsemehl zu, dem er noch Honig hinzufügte. Das Gemisch sollte ich in Wasser auflösen und als Getränk zu mir nehmen. Es sollte mir viel Gutes tun auf einer Reise, auf der ich, wie wir noch sehen werden, zahlreiche Misshandlungen zu erdulden hatte. Der junge Maure, dem ich eine Schere geschenkt hatte, gab mir eine große Ration gebackenes Weißbrot und zeigte mir auch, wie man es aß: Die Einheimischen tauchen es in etwas Wasser und essen es dann mit viel Butter und Honig. Der *chérif* ließ mich wissen, dass er dem Eigentümer der Piroge 300 Kauris gezahlt habe, damit dieser meine Mahlzeiten während der gesamten Reise sicherstelle. Er begleitete mich zusammen mit Haggi-Mohammed und dem jungen Mauren an Bord des Schiffes, das uns zu der viel größeren Piroge bringen sollte, für die der Seitenarm des Flusses um diese Jahreszeit nicht genügend Wasser führte und die folglich mitten auf dem Niger die Reisenden aufnahm. Das Schiff war mit Waren und etwa 20 Sklaven beladen, Männer, Frauen und Kinder. Die älteren von ihnen lagen in Ketten und waren deshalb viel trauriger als ihre Gefährten. Als wir abfuhren, hatten sich am Ufer eine Menge Menschen versammelt um uns nachzusehen.

Kapitel 5

Auf dem Weg nach Timbuktu

Einschiffung nach Timbuktu am 13. März – Beschreibung der Flussufer – Sklaven, die in Ketten gelegt sind – einwohnerreiche Dörfer – Schiffe – In Isaca: Einmünden eines Flussarmes, der zuvor bei Ségo abzweigt – Flussschifffahrt – Dörfer des Banan-Gebietes – Charakter der Mandingo – Leiden des Reisenden – Beschreibung des Debo-Sees – Inseln Saint-Charles, Henri, Marie-Thérèse – Tongom, Dorf im Land der Dirimans – Der Handelshafen Sa – Frachtschiffe – Die Tuareg, ein räuberisches Nomadenvolk – Baraconga – Lelel – Garfola – Filinca – Baracondié – Tircy – Getränk, das aus dem kondou gewonnen wird – Alcodia, Hauptstadt der Dirimans – Bräuche der Einwohner – Salacoila – Cora – Coratou – Der Fluss teilt sich in zwei Arme – Ankunft in Kabara, dem Hafen von Timbuktu – Beschreibung des Ortes

Endlich! Gegen halb zehn Uhr verließen wir den Hafen. Das Abschiednehmen dauerte nicht lange. Meine Freunde sahen zu, wie ich an Bord ging, wünschten mir eine gute Reise und riefen mir beim Weggehen zu: »Salam alécoum, Abdallah.« Der *chérif*, der mir, seit ich ihm meinen Regenschirm geschenkt hatte, sehr günstig gestimmt war, verwies mich an seinen Handelspartner, dem er mich in besonderer Weise empfahl: Er hatte dem Frachtverwalter einen Empfehlungsbrief für mich mitgegeben. Ich war ihm ob dieser weisen Voraussicht wirklich dankbar, denn ihr verdankte ich den freundlichen Empfang, den man mir bei meiner Ankunft in der westlichen Hauptstadt des West-Sudan bereitete.

Obwohl die Temperaturen in die Höhe kletterten, blieb ich auf Deck, denn die Piroge war ziemlich überfüllt. Der Fluss macht mehrere Windungen, seine Strömung ist schnell, und da er nicht tief ist, mussten wir mehrmals das Boot von der Ladung befreien, um über die Sandbänke hinwegzukommen. Alle Neger der Umgebung halfen, die Piroge vorwärts zu schieben und sie wieder zu beladen – eine Prozedur, die uns jedes Mal sehr lange aufhielt.

Gegen zwei Uhr erreichten wir den imposanten Niger, der langsam von Nord-West-Westen her dahinströmt. Er ist an dieser Stelle sehr tief und ungefähr dreimal so breit wie die Seine am Pont-

Neuf. Seine Ufer sind flach und unbewachsen. Zwischen Djenné und dem Strom liegen schätzungsweise zehn Meilen. Nachdem er in südlicher Richtung eine zwei Meilen lange Windung beschrieben hat, fließt er nach Nord-Nord-Osten. Gegen vier Uhr erreichten wir Cougalia, wo ich den Fluss kürzlich schon überquert hatte. Meiner Schätzung nach legten wir mit der Strömung im Rücken zwei Meilen in der Stunde zurück.

Kurz vor Sonnenuntergang fuhren wir an Kéra vorbei, ein hübsches kleines Dorf am rechten Flussufer mit vielleicht 300 Einwohnern. Es liegt ungefähr sieben Meilen von Cougalia entfernt. Kurz davor macht der Fluss eine Schleife nach Nord-Osten. Zur Linken liegt eine kleine Insel, die während der Regenzeit überschwemmt wird. Der Niger ist an dieser Stelle genauso tief, aber viel breiter als vor Cougalia. Ich sah mehrere Sklaven die Äcker in der Ebene umpflügen. Sie hatten Hacken, die denen der Bambara sehr ähnelten. Wir fuhren bis gegen Mitternacht weiter. Da ich keinen Kompass benutzen wollte, orientierte ich mich nachts am Polarstern um herauszubekommen, in welche Richtung wir fuhren. Am Abend ging es – mit immer noch rund zwei Meilen pro Stunde – Richtung Nord-Osten.

Als wir Halt machten, fingen die Neger, die das Sagen an Bord hatten, Streit mit mir an. Sie wollten mir nicht erlauben im Boot zu schlafen. Sie behaupteten, ich hätte ihnen nichts gegeben, ich müsse sie aber bezahlen, andernfalls würden sie mich an Land setzen. Ich erkannte nur zu gut, dass sie mir Angst einjagen wollten, um etwas von mir zu bekommen. Ich ließ sie reden und blieb gegen ihren Willen auf dem Schiff, denn die niedrigen nächtlichen Temperaturen störten mich in Verbindung mit der hohen Luftfeuchtigkeit sehr. Ich richtete mich so gut ich konnte auf einem Gepäckstapel ein, wo ich zusammengekauert und ohne mich bewegen zu können sitzen blieb. Ich konnte die ganze Nacht kein Auge zumachen. Die Neger belästigten mich unablässig, um mich vom Schiff zu vertreiben. Sie beleidigten mich und fügten hinzu, dass sie mich schon am nächsten Morgen hinauswerfen würden, wenn ich ihren Forderungen nicht nachkäme. Ich litt sehr unter diesen Schikanen, aber letztendlich erreichten sie nichts. So sind die Sitten der einfachen Leute dieser Landstriche: Wenn sie einen Fremden sehen, der ihre Sprache nicht spricht, glauben sie, ihn ungestraft beleidigen zu können; man braucht aber nur eine gewisse Entschlossenheit zu zeigen, um sie handsamer zu machen. Ich bekam zum Abendessen etwas gekochten Reis – dieselbe Nahrung wie die Sklaven. Den ganzen Tag hatte ich noch nichts zu mir genommen, denn wir hatten wegen des Gedränges auf der Piroge nichts gekocht.

Am 24. März, um vier Uhr morgens, fuhren wir Richtung Nord-Osten. Die Matrosen schoben unser Schiff mit einer großen Stange vorwärts. Wenn das Wasser zu tief wurde, benutzten sie Paddel. Manchmal zogen sie es auch vom Ufer aus mit einem Schleppseil. Der Fluss ist an dieser Stelle eine halbe Meile breit und sehr tief. Seine Ufer sind flach und mit einer Art von kümmerlichem Mimosenbusch bewachsen. Gegen sieben Uhr früh machten wir Rast auf der Höhe von Soufara, ein Dorf, das auf einer Anhöhe liegt, die es vor Überschwemmungen schützt. In unmittelbarer Nähe dieses Dorfes gibt es einen Bach, der nach Osten fließt. Wir gingen an Land um das Frühstück einzunehmen. An diesem Ort wird kein richtiger Markt abgehalten, aber einige Händler ziehen in den Straßen umher und verkaufen Pistazien und andere kleine Früchte des Landes. In dem Dorf leben vielleicht 250 Menschen. Man sieht nur elende Hütten aus Lehm, die so wie die der Bambara gebaut sind und an die Perfektion der Häuser von Djenné überhaupt nicht heranreichen. Die Einwohner sind Fischer. Sie fangen viele Fische mit Baumwollnetzen, kennen aber auch den Gebrauch der Angel.

Als ich zurück an Bord der Piroge war, gab mir der Neger, der die Sklaven und die Schiffsladung bewachte, einen halben Kuchen zum Frühstück. Zum Glück hatte ich weitere Kuchen an Land gekauft, denn sonst wäre dies eine kärgliche Mahlzeit geworden. Die Neger belästigten mich aufs Neue, um einige Kauris zu bekommen, aber ich blieb standhaft und gab ihnen nichts. Um halb acht fuhren wir weiter. Der Niger fließt an dieser Stelle Richtung Norden. Er ist weiterhin von großer Breite und zehn bis zwölf Fuß tief. Mithilfe der großen Stangen, mit denen die Matrosen das Boot anschoben, konnte ich seine Tiefe gut einschätzen. Es war ungefähr elf Uhr, als wir an Cabia vorbeikamen. Auf Höhe dieses Dorfes liegen drei kleine Inseln. Hier ändert der Fluss seine Richtung nach Nord-Osten und verengt sich etwas. Gegen zwei Uhr fließt er nach Norden, um halb vier nach Nord-Osten. Breite und Tiefe ändern sich nicht. Seine Ufer sind flach und völlig unbewachsen. Auf beiden Seiten öffnen sich weite Ebenen, deren Eintönigkeit nur von einigen Delebpalmen unterbrochen wird, die

Tuareg im Gespräch

sich majestätisch auf über 80 Fuß in die Lüfte erheben und als Orientierungspunkte am Horizont dienen. Gegen fünf Uhr abends erblickten wir das am linken Flussufer gelegene Dorf Taco.

Bei Sonnenuntergang erblickte ich im Osten zwei Hügel, die ungefähr sechs Meilen von den Ufern des Niger entfernt sind. Der Fluss fließt an dieser Stelle nach Norden. Wir hielten gegen sieben Uhr abends vor dem Dorf Couna an, das von Fulbe bewohnt wird, die nur Strohhütten besitzen. Im Hafen lagen sechs Schiffe, die alle nach Timbuktu fahren sollten. Von dieser Stelle aus sieht man sehr gut die beiden Hügel, von denen ich soeben gesprochen habe, und etwas im Nord-Osten erblickt man drei andere von etwa gleicher Höhe. Wir verbrachten die Nacht in diesem Dorf, das ebenfalls am linken Flussufer liegt.

Am 25. März sagte man mir, dass die große Piroge, die uns nach Timbuktu bringen sollte, im Hafen liege und wir uns einschiffen sollten. Sie war über und über mit Matten belegt und mit Reis, Hirse, Baumwolle, Honig, Pflanzenfett und unendlich vielen anderen lokalen Produkten beladen. Das Schiff schien mir nicht sehr solide zu sein: Es wurde mit Seilen zusammengehalten und hatte eine Tonnage von 60 Tonnen. Wir brauchten den ganzen Tag, um die Waren, die die kleine Piroge transportiert hatte, auf das Schiff zu bringen. Am Ufer liefen viele Menschen durcheinander, die alle mit irgendetwas beschäftigt waren. Da die Hitze sehr stark war, stellte man Zelte auf. Die Neger schafften Nahrungsmittel herbei, die wir ihnen abkaufen sollten. Ihr Anblick erinnerte mich an die Märkte am Ufer des Senegal. Das Dorf liegt auf einer kleinen Anhöhe. Einige Delebpalmen und eine Mimose spenden nur wenig Schatten. So herrscht auch hier drückende Hitze. Ich besichtigte den Markt, den ich ziemlich schlecht bestückt fand, wahrscheinlich weil wir im Ramadan waren. Es gab etwas Milch, Pistazien, frischen und getrockneten Fisch und andere bescheidene Nahrungsmittel. Alle blickten mich gleichgültig an. Die jungen Mädchen schienen sehr liebenswürdig zu sein und boten mir ihre Waren an. Ich kaufte jedoch nichts, denn in der Nähe waren Fulbe, die noch fanatischer als die Mauren sind und mich vielleicht als Ungläubigen beschimpft hätten, wenn sie gesehen hätten, dass ich etwas aß. Meine Gastgeber in Djenné hatten mich hingegen angehalten, während der Reise nicht zu fasten. Ich könne dies, so hatten sie gesagt, in Timbuktu ausgleichen, indem ich so viele Tage, wie ich mich unterwegs nicht an das religiöse Gebot gehalten hätte, nichts zu mir nehme. Ich setzte mich einen Moment unter den Baum am Ufer des Flusses und beobachtete amüsiert einige junge Neger und Negerinnen, die badeten, tanzten und herumsprangen und sich ganz einer unbefangenen Ausgelassenheit hingaben.

Etwas nördlich der Stadt hemmt eine Sandbank den Lauf des Flusses. Auf ihr saßen eine Menge Wasservögel aller Art. Ihr weißes Gefieder sah aus, als ob eine Schneefläche mitten im Fluss liege. Die Wasserrinne, durch die die Schiffe fahren können, befindet sich in der Nähe des rechten Ufers. Die umliegende Landschaft ist sehr eintönig und weist keinerlei Bewuchs auf. Sie besteht eigentlich nur aus riesigen Sümpfen, die bei Hochwasser überschwemmt werden. Die Böschung ist so niedrig, dass man ständig fürchten muss, dass das Wasser über die Ufer tritt.

Ich begegnete in diesem Dorf einem maurischen Händler, der auf einer der üblichen, mit Salz beladenen Pirogen aus Timbuktu kam. Er hatte, erzählte er mir, einen Monat gebraucht, um die Strecke zwischen Kabara und Couna zurückzulegen. Ich lud ihn ein, an Bord unseres Schiffes zu kommen um sich mit etwas *dokhnou* und Wasser zu erfrischen. *Dokhnou* ist ein Gemisch aus Hirsemehl und Honig, das man mit Wasser anrührt, um es zu trinken. Er forderte mich auf bis zum Sonnenuntergang zu warten, denn wenn uns die Fulbe trinken sähen, hätten sie eine schlechte Meinung von uns. Er drehte in der Zwischenzeit eine Runde im Dorf und ich sah ihn dann nicht mehr wieder.

Im Hafen lagen viele Fischerboote. Wenn die Einheimischen mit dem Netz oder mit der Angel Fisch gefangen haben, lassen sie ihn in der Sonne trocknen und verkaufen ihn den Schiffen, die dauernd bei ihnen Halt machen. Auch in Djenné verkaufen sie ihren Fisch. Um zwei Uhr nachmittags sagte man mir, das Essen sei fertig. Man fragte mich, ob ich meinen Anteil haben wolle, denn die Sklaven mussten nicht fasten und man zählte mich zu ihnen. Ich wollte von niemandem gesehen werden und begab mich deshalb in das Innere des Schiffes um ungestört diese Mahlzeit einzunehmen. Sie bestand aus ein wenig ungewürztem Hirsebrei. Nach diesem einfachen Essen kettete man die Sklaven los und ich genoss einen Augenblick die Freude, die diese Unglücklichen darüber empfanden, für kurze Zeit von ihren fürchterlichen Ketten befreit zu sein. Sie versuchten zu gehen, hatten aber große Mühe einige Schritte zu machen: Die eisernen Fesseln, die sie seit Djenné trugen, hatten ihre Füße verletzt.

Da uns nichts mehr in dem Dorf zurückhielt, brachen wir gegen zwei Uhr bei ruhigem Wetter Richtung Norden auf. Das große Schiff kam nicht so schnell voran wie das kleine, das wir zurückgelassen hatten, sodass wir nur etwa zwei Meilen in der Stunde zurücklegten. Gegen fünf Uhr abends kamen wir an Taguetia vorbei, das am linken Flussufer liegt. Vor diesem Dorf sieht man einen Bach, der nach Westen fließt. Er ist vielleicht 25 bis 30 Faden breit. An einem seiner Ufer befindet sich das Dorf Sangouno. In der Mündung dieses Flussarmes liegen zwei kleine Inseln von vielleicht einer Viertel Meile Umfang, auf der einige Fischerhütten stehen.

Um zehn Uhr abends hielten wir vor Sankha-guibila. Der Fluss macht an dieser Stelle eine kleine Wendung nach Westen, um dann wieder nach Norden weiterzufließen. Die Bewohner richteten einen kleinen Markt ein. Sie brachten Milch und getrockneten Fisch herbei, den die Neger auf den Schiffen mit der Kaurimuschel bezahlten, dem einzigen gebräuchlichen Geldmittel an den Flussufern bis Timbuktu. Bald strömten von allen Seiten Menschen mit Tontöpfen, Kalabassen, Matten und verschiedenen anderen Waren herbei. In diesem Dorf leben vielleicht 400 Fulbe, Mandingo und Bambara aus Djenné.

Am 26. März verließen wir um drei Uhr in der Früh Sankha-guibila, dessen Strohhütten alle ziemlich schlecht gebaut sind. Wir fuhren recht langsam Richtung Westen. Bei Sonnenaufgang sahen wir, dass sich der Flusslauf nach Norden wendete. Die Ufer des Niger sind hier mit einigen verkümmerten Sträuchern bewachsen. Um vier Uhr abends fuhren wir an Diébé vorbei, das am rechten Flussufer auf Höhe einer Sandbank liegt. All diese Dörfer sind in der Regel recht klein und ähneln sich. Auch die Bevölkerung ist ungefähr die gleiche. Wir legten eine zweistündige Pause ein, um nicht gegen den starken Nordwind ankämpfen zu müssen, der unser zerbrechliches Schiff wahrscheinlich hätte untergehen lassen können. Als er sich gelegt hatte, fuhren wir weiter. Um neun Uhr hielten wir in Isaca, wo wir die Nacht und den nächsten Tag verbrachten, da der Wind, der in der Nacht auf Nord-Ost gedreht hatte, kräftig blies. Die Ufer des Flusses sind so flach, dass der geringste Wind die Schiffe am Weiterfahren hindert: Sobald sich Wellen bilden, würden diese in die Pirogen eindringen und sie sinken lassen, was auch tatsächlich manchmal vorkommt. Die Bevölkerung von Isaca besteht wohl aus 700 oder 800 Fulbe. Ihre Häuser sind mit in der Sonne erhitzten Lehmziegeln erbaut und ähneln denen der Bambara.

Die Bewohner verkauften uns frischen Fisch, saure Milch und Butter. Die frische Butter hatte die Form kleiner runder Äpfel und kostete sechs Kauris das Stück. Ich sah in diesem Dorf riesige Mengen getrockneten Fisches. Die Bewohner bringen ihn nach Djenné und auf andere umliegende Märkte. Der große Flussarm, von dem die Neger sagen, er trenne sich vom Hauptfluss in Ségo, trifft eine Viertel Meile von Isaca entfernt wieder auf den Niger und bildet so eine riesige Insel. Dieser Flussarm ist sehr breit und scheint auch für größere Schiffe befahrbar zu sein. Seine Strömung ist nicht schnell, man hat fast den Eindruck, dass es sich um ein stehendes Gewässer handelt. Das Dorf liegt am rechten Flussufer und wird von Fulbe bewohnt, die jenen des Fouta-Djalon ähneln. Sie sind Untertanen von Ségo-Ahmadou, dessen Hauptstadt, al-Lamdou Lillahi, eine Tagesreise östlich von Isaca liegt. Die zahlreichen Viehherden bilden ihren größten Reichtum und sie bauen Reis in den Überschwemmungsgebieten an. Sie fischen viel mit Baumwollnetzen. Die Frauen stellen schöne Töpferwaren her, die sie in Djenné und an Bord der Schiffe, die nach Timbuktu fahren, verkaufen. Das Dorf liegt etwas erhöht und bietet einen großen Nahrungsmittelmarkt.

Bevor ich in meinem Bericht fortfahre, möchte ich die Pirogen beschreiben, auf denen man die Strecke von Djenné nach Timbuktu zurücklegt und die einen so florierenden Handel entlang des ganzen Flusses erlauben, dass die Schiffsverbände oft aus 60 bis 80 Booten bestehen, die alle reich beladen sind. Ein Schiff von 60 oder 80 Tonnen ist ungefähr 90 bis 100 Fuß lang, 12 bis 14 Fuß in der Mitte breit und sechs bis sieben Fuß tief. Diese Pirogen sind, ob groß oder klein, in der Regel nicht sehr solide und ich bin immer noch erstaunt darüber, dass sie so schwere Frachten transportieren können. Ihre Ladung besteht aus Reis, Hirse, Butter, Honig, Zwiebeln, Pistazien, Kolanüssen, Stoffen und verschiedenen Kleidungsstücken. Darüber hinaus transportieren sie noch 40 bis 50 Sklaven, von denen die Hälfte an Deck bleibt. Die Mannschaft besteht aus 16 bis 18 Flussschiffern, zwei Steuermännern und einem Kapitän. Die Bauweise dieser Schiffe zeigt ihre Zerbrechlichkeit: Große, circa 5 Fuß lange, 8 Zoll breite und einen Zoll dicke Bretter werden zugerichtet und mit Seilen verbunden, die man aus Hanf oder Palmenblättern macht. Diese Seile haben die Eigenschaft, dass sie im Wasser ziemlich lange halten, was ein unschätzbarer Vorteil ist, da die Menschen in dieser Gegend kein Eisen für ihre Bauten und Konstruktionen benutzen.

Die Arbeiter verbinden zunächst die Bretter mit einer ersten Naht, die immer noch viel Zwischenraum lässt, da die Bretter niemals ganz passend aneinander gefügt werden können. Man dichtet die Zwischenräume mit zu Fasern zerstampftem Stroh ab, das mit tonhaltigem Schlamm vermischt wird, der aus den umliegenden Sümpfen und vom Flussufer stammt. Wenn die Löcher so mit diesem Kitt gestopft sind, legen sie über die Naht eine ausreichende Menge frisches Stroh, das sie mit einer zweiten Naht fest anbinden.

Auf diese Weise gelingt es ihnen, eine für die Flussfahrt geeignete Konstruktion zu erreichen. Um das Ganze zu stabilisieren, bringen sie im Schiffsrumpf Latten von einer Schiffswand zur anderen an. Auch dort, wo eigentlich das Deck sein sollte, gehen solche Latten von einer Schiffsseite zur anderen. Wenn der Schiffsrumpf fertig ist, bringt man an Deck eine Art Holzgewölbe an, das rund drei Fuß hoch ist. Dazu spannen sie Holzbögen über das Schiff, deren Zwischenräume wiederum mit Holzbrettern ausgefüllt werden. Diese Konstruktion dient als Schiffsdeck, auf das Palmenmatten gelegt werden.

Auf dem Deck werden die leichteren Waren platziert. Man bindet sie an den beiden äußeren Seiten des Schiffes gut fest. Sie bilden eine Art Reling, die zwar nicht sehr hoch ist, aber ausreicht um die Sklaven, die dort schlafen, daran zu hindern, ins Wasser zu fallen.

Da sie den Gebrauch einer Pumpe nicht kennen, lassen sie in der Mitte der Piroge einen Platz frei. Hier sind zwei Männer ständig damit beschäftigt, das Wasser, das durch die Nähte eindringt, abzuschöpfen. Und obwohl sie dies sehr schnell tun, steht das Schiff dauernd einen halben Fuß unter Wasser. Wie auf unseren Schiffen auch, lösen sich diese Männer alle sechs Stunden ab. Sie bedienen sich großer Kalabassen um das Wasser abzuschöpfen. Ich habe diese Stelle der Pirogen immer mit einer Schicht Moos von schönem Grün überzogen gesehen. Hier machen die Frauen auch Feuer um für die Mannschaft zu kochen. Zu diesem Zweck haben sie Tonöfen, die sie nach Belieben transportieren können. Auf der Herdplatte, die man beheizt, ist eine Art Dreifuß angebracht, der den Topf hält, in dem der Reis für die Mannschaft gekocht wird. Mit diesen tragbaren Herden fühlt man sich sicher vor einem möglichen Brand an Bord. Bevor man die Waren an Bord bringt, bedeckt man den Schiffsboden mit großen Holzstücken, damit sie in der Feuchtigkeit nicht verfaulen.

Da die Schiffe keine Segel haben, können sie nur bei sehr ruhigem Wetter fahren. Sie sind so zerbrechlich, dass der geringste Wind, der wegen der flachen Ufer schnell Wellen hervorruft, die gegen das Schiff schlagen, zum Untergang führen kann. Diese Gefahr führt dazu, dass man sehr oft Zwischenstopps einlegen muss, was die Flussfahrt insgesamt langsam und gefährlich macht. Wenn die Ufer völlig unbewachsen sind, ziehen die Matrosen das Schiff mit Seilen vom Ufer aus. Wenn sie den Grund mit ihren Stangen erreichen können, bringen sie es vom Schiffsdeck aus vorwärts.

Auf diese Art legt man die längste Strecke zurück. Diese Holzstangen, die 12 bis 15 Fuß lang sind, erlaubten es mir, die Tiefe des Flusses zu schätzen. Da Stangen von solcher Länge sehr selten in dieser Gegend sind, fügen sie zwei kürzere an ihren Enden zusammen. Manchmal benutzen die Schiffer auch etwa drei Fuß lange Paddel, nämlich dann, wenn die Ufer bewachsen sind und der Fluss zu tief ist, als dass man mit den Stangen den Grund erreichen könnte. Zu diesem Zweck lässt man ganz vorne auf dem Schiff einen Platz frei, auf dem sich die Ruderer befinden. Manchmal rudern sie stehend, gegen die Bordwand gelehnt, ein anderes Mal sitzen sie auf den Waren. Die Piroge ist mit Waren so voll gestellt, dass sie kaum Platz haben, um sich umzudrehen. Sie sind nackt, rudern sehr schnell und im Takt. Der Chef der Ruderer steht hinten und steuert das Schiff nicht ohne Schwierigkeiten mit einer großen Holzstange, die das Steuerrad ersetzt. Oft sind auch zwei Männer nötig um das Schiff zu lenken. Ein Steuerrad, wie es die Boote haben, die die Seine hinunterfahren, wäre ihnen sehr nützlich. Aber sie kennen seinen Gebrauch noch nicht. Jedes Schiff hat einen Kapitän, der mit viel Autorität die Mannschaft führt. Ich habe aber niemals bemerkt, dass er seine Macht missbrauchen würde, was bei uns ja manchmal vorkommt, vor allem in der Frachtschifferei. Alle schwarzen Flussschiffer sind Sklaven. Ihre Herren geben ihnen die Hälfte ihres Verdienstes. Freie Männer glauben, sie würden sich etwas vergeben, wenn sie diesen Beruf ausübten.

Am 28. März legte sich der Wind um vier Uhr früh und wir fuhren weiter Richtung Norden. Der Fluss hatte immer noch dieselbe Breite und seine Ufer waren auch hier flach und unbewachsen. Gegen sieben Uhr blies der Nord-Ost-Wind wieder sehr kräftig, sodass wir auf der Höhe einer weiten Ebene weißen Sandes Halt machen mussten. Der Wind wirbelte eine Menge Sand in die Luft, was die große Hitze noch unerträglicher machte. Um die Piroge zu entlasten, ließ man die Sklaven von Bord gehen. Die Frauen, die den Reis schälten, schickte man an Land, ihre Arbeit zu verrichten. Bei Sonnenuntergang beruhigte sich der Wind. Wir hätten die ganze Nacht fahren können, aber die Neger, die alle Zeit der Welt haben, fanden es besser, bis zum Morgen zu warten.

Die Sklaven – Männer und Frauen, alle vom Bambara-Stamm – hüpften, tanzten und amüsierten sich. Ihre laute und naive Fröhlichkeit hätte uns beinahe großes Ungemach gebracht, denn die Fulbe wurden auf uns aufmerksam und kamen bei Anbruch der Dunkelheit an Bord. Es waren ungefähr 30, alle mit Bogen und Spießen bewaffnet. Sie warfen uns vor, den Sklaven während des Ramadan so viele Freiheiten zu geben und sie tanzen zu lassen; man könne ja fast glauben, dass sie die religiösen Vorschriften nicht ernst nähmen; zur Strafe müssten wir 5000 Kauris zahlen, was etwa 25 Franc entsprach. Der Mann, der die Sklaven beaufsichtigen sollte, verteidigte seinen Herrn. Es entstand eine lebhafte Diskussion, die sich einige Zeit hinzog. Sie saßen alle im Kreis auf dem Sand. Die Fulbe wollten ihre Ansprüche nicht aufgeben. Doch schließlich brachte man sie zur Vernunft und der Streit endete auf Kosten der armen Sklaven, die ihr Vergehen, in dieser heiligen Zeit getanzt zu haben, mit 5 Seilschlägen auf den Rücken bezahlen mussten. Das Urteil wurde jedoch nicht sehr streng vollstreckt und hinderte sie nicht daran, weiterzutanzen, nachdem die fanatischen und lächerlichen Fulbe abgezogen waren.

Aus Vorsicht hatte ich mich bis dahin aus diesem Streit herausgehalten, aber ich war doch neugierig zu erfahren, was der Gegenstand ihrer Auseinandersetzung war. Bevor sich die strenggläubigen Moslems zurückzogen, näherte ich mich deshalb und setzte mich neben sie in den Sand. Sie sahen mich erstaunt an, denn sie hatten mich bisher nicht bemerkt, so sehr waren sie damit beschäftigt, die 5000 Kauris einzufordern. Sie sagten dem Aufseher, dass ich sicher der Besitzer der Piroge und der Waren sei, zweifellos Gold habe und ihnen ein schönes Geschenk machen müsse. Man versicherte ihnen, dass ich ein armer Araber sei, den die Christen in frühester Kindheit seinem Land entrissen hätten, und dass ich nun auf dem Weg nach Mekka sei um dort meine Eltern wiederzufinden. Diese Erklärung stellte sie zufrieden, und sie fragten nicht mehr weiter.

Der Eigentümer unserer Piroge hatte einen Mandingo-Neger an Bord genommen, um die Schiffsladung zu bewachen. Dieser war auch damit beauftragt, sich um mich zu kümmern. Diese Aufgabe versah er sehr schlecht, denn seit Djenné hatte er mir, einem Sklaven gleich, nur gekochten Reis gegeben. Er beachtete die Regeln noch genauer als die Mauren selbst, fastete unterwegs und nahm mit mir zusammen nur eine Mahlzeit pro Tag um halb sieben Uhr abends ein. Dies war für mich der schönste Moment des Tages, denn da er es nicht für nötig hielt, etwas Eigenes für mich zu kochen, bekam ich von dem Reis, dem er für sich selbst ein wenig

Lager der Tuareg

getrockneten Fisch und Pflanzenbutter hatte hinzufügen lassen. Ich musste mit den Sklaven essen. Ich beklagte mich über diese Behandlung, bekam aber als einzige Antwort auf meine wiederholten Reklamationen, dass er sich nicht die Mühe machen werde, Feuer für eine einzige Person anzuzünden. Ich solle mich mit dem zufrieden geben, was er mir zukommen lasse. Da ich nicht mehr tun konnte, übte ich mich in Geduld. Ich war glücklich, wenn ich mir etwas saure Milch verschaffen konnte, die ich dann mit meinem Abendessen vermischte um ihm etwas mehr Geschmack zu geben.

Am 29. März brachen wir gegen drei Uhr morgens wieder auf. Nachts orientierte ich mich am Polarstern, die Position der Sterne half mir die Uhrzeit zu schätzen. Gegen neun Uhr waren wir wegen des aufkommenden kalten Windes gezwungen anzuhalten; mittags fuhren wir weiter. Gegen zwei Uhr hielten wir erneut. Die große Hitze rief bei mir einen Fieberanfall hervor, der aber glücklicherweise ohne Folgen blieb. Um fünf Uhr abends legte sich der Wind und wir konnten unsere Fahrt fortsetzen. Bei Sonnenuntergang kamen wir an Oundacora, einem am linken Ufer gelegenen Dorf, vorbei. Gegen acht Uhr abends – wir fuhren immer noch in nördlicher Richtung – kamen wir an Ouanza vorbei. Gegen ein

Uhr nachts hielten wir an einer Stelle, in deren Nähe sich kein Dorf befand. Der Fluss mag an dieser Stelle eine dreiviertel Meile breit und acht bis neun Fuß tief sein. Seine Ufer sind nach wie vor flach und unbewachsen.

Am 30. März brachen wir um sechs Uhr morgens weiter Richtung Norden auf. Gegen neun Uhr wehte ein heftiger Nord-Ost-Wind. Er zwang uns, vor dem Dorf Sancan anzuhalten. Der Fluss ist hier immer noch genauso breit, aber seine Ufer sind mit einigen Mimosen bewachsen, die nach so langer Abwesenheit jeglicher Vegetation das Auge erfreuen. Als der Wind gegen fünf Uhr abends etwas schwächer geworden war, fuhren wir in nord-östlicher Richtung weiter. Auf den Feldern beidseits des Flusses sahen wir zahlreiche Rinderherden, deren dumpfes Gebrüll weithin zu hören war. Sie gehören den Fulbe, die Dörfer in einiger Entfernung des Flusses bewohnen, und bilden deren einzigen Reichtum. Um sechs Uhr abends stießen wir auf eine Sandbank, die den Fluss aufstaut und ihn an dieser Stelle eine gute Meile breit werden lässt. Das Boot berührte die Sandbank mehrere Male, und die Matrosen mussten sich ins Wasser stürzen, um die Piroge wieder flott zu machen. Dank dieser Anstrengungen erreichten wir schließlich die Flussrinne auf der rechten Seite, in der wir die Stelle passieren konnten. Ich sah tausende von Kronenkranichen, die sich in Scharen auf den fast trockenen Sandbänken niederließen und die, wie es ihr Name vermuten lässt, mit ihren durchdringenden Schreien das Ende der Fische anzukündigen schienen, deren naturbestimmtes Schicksal es ist, ihnen als Nahrung zu dienen. Es gab auch verschiedene Entenarten, Pelikane und Reiher und unendlich viele andere Wasservögel, die diese riesigen Sümpfe bewohnen, wo sie sich in größter Sicherheit vermehren, denn die Völker dieser Landstriche stören niemals ihren Frieden. Pulver ist ein seltenes Gut und Blei kennen sie nicht. Spieße sind ihre einzigen Waffen. Wir fuhren weiter bis Mitternacht. Da die erschöpften Ruderer eine Pause verlangten, banden wir das Schiff an zwei Pflöcken fest, die man am Ufer in den Boden rammte, und gaben uns dem Schlaf hin.

Am 31. März brachen wir um sechs Uhr morgens wieder nach Norden auf. Um sieben Uhr kamen wir an dem Dorf Corocoila vorbei, das am rechten Ufer liegt und vielleicht 500 bis 600 Fulbe beherbergt. Einige Bewohner stammen auch aus Djenné. In allen Dörfern, die am Fluss gelegen sind, spricht man die gleiche Sprache wie in Djenné und Timbuktu. Man nennt sie *kissour*. Außerdem spricht man dort auch die Sprache der Fulbe. Abermals sahen wir am Flussufer viele Rinderherden.

Gegen zwei Uhr hielten wir zwei Meilen nördlich von Cobi. Zwischen diesem kleinen Dorf und Corocoila befindet sich eine hübsche kleine Insel von rund zwei Meilen Umfang, auf der herrliche Pflanzen wachsen. Ich war erstaunt, dass sie unbewohnt war. In den Abendstunden legten wir ungefähr drei Meilen in nördlicher Richtung zurück um Cona zu erreichen, das erste der Dörfer im Banan-Land. Die Neger nennen es *Banan-dougou*. In diesem Dorf leben rund 800 Einwohner, alles Neger. Es gibt hier einige Mandingo und Fulbe, die Handel treiben. Das Dorf liegt am rechten Flussufer und ist von Sümpfen umgeben.

Unsere Leute kauften viele Tamarindenschoten, Tontöpfe und nicht gegerbte Rinderhäute, die als Verpackungsmaterial dienten. Die Einwohner brachten uns Milch, Kürbisse und andere Waren. Ich machte an diesem Ort Bekanntschaft mit zwei Mauren aus Adrar, Eigentümer einer sehr großen Piroge, die mindestens 80 Tonnen Waren beförderte. Sie fuhren nach Timbuktu, um die Ware, die sie in Djenné gekauft hatten, an den Mann zu bringen. Eine andere Piroge diente ihnen zur eigenen Beförderung und zu der ihrer persönlichen Vorräte. Sie fuhr der ersten, die wegen ihrer großen Ladung nur langsam vorankam, in unterschiedlichen Abständen hinterher. Nachdem wir uns etwas kennen gelernt hatten, luden sie mich ein, in Erwartung des Abendessens ihren Reisbrei mit ihnen zu teilen und etwas Milch zu trinken. Gegen sieben Uhr abends brachen sie auf, während wir noch bis zum nächsten Morgen blieben. Mehrere Leute unseres Schiffes gingen ins Dorf und machten Einkäufe, die sie mit etwas Ramschware bezahlten.

Banan ist unabhängig von Ségo-Ahmadou. Es liegt am rechten Flussufer und erstreckt sich weit nach Osten. Seine Einwohner sind alle Moslems. Sie haben viele Sklaven, die sie auf ihren Äckern beschäftigen. Außerdem treiben sie Handel, bauen Pirogen und fahren zwischen Djenné und Timbuktu hin und her. Sie besitzen zahlreiche Rinder-, Schaf- und Ziegenherden und züchten viel Geflügel. Sie sind ziemlich fleißig und stellen Baumwollstoffe her, die sie ihren Nachbarn verkaufen. Sie bauen Baumwollstauden an, die sehr gut auf ihren Feldern gedeihen. Außerdem weben sie Stoffe aus der Wolle ihrer Schafe und treiben damit Handel. Die Einwohner, die ich gesehen habe, verlassen ihre Häuser nur mit

Pfeil und Bogen sowie mit Spießen bewaffnet. Sie haben krauses Haar, eine sehr dunkle Hautfarbe und ansonsten alle Züge der Mandingo, mit denen sie eng verwandt sind. Sie sprechen lediglich eine andere Sprache.

Gegen zehn Uhr nachts verließen wir das Dorf Cona. Das ruhige Wetter und der helle Mondschein wären für die Schifffahrt günstig gewesen, aber die Neger hielten es für angebracht, gegen elf Uhr anzuhalten. Wenn die Schiffe erst einmal zum Stillstand gekommen sind, geben sich alle dem Schlaf hin. Sie sind es nicht gewohnt, Wache zu halten.

Am 1. April machten wir uns um sechs Uhr morgens zum Aufbruch bereit. Es wehte nur ein leichter Wind. Gegen zehn Uhr blies er hingegen so kräftig, dass wir unmöglich weiterfahren konnten. Die starken Wellen hätten unseren Kahn, der bei dem schlechten Wetter mehr als sonst unter Wasser stand, unweigerlich auseinander brechen lassen. Die häufigen Unterbrechungen unserer Fahrt machten mir sehr zu schaffen, denn ich musste bei sengender Sonne an Bord bleiben. Wenn wenigstens die den Fluss umgebende Landschaft so schön gewesen wäre wie die Ufer des Senegal! Hier hingegen ermüden die unendlichen und eintönigen Ebenen das Auge des Betrachters. Der Fluss fließt stetig nach Norden und macht immer wieder kleine Biegungen. Vom Morgen des 31. März bis zum 1. April sah ich einen Bergrücken von ungefähr 250 Fuß Höhe, der sich auf der linken Seite parallel zum Fluss in etwa drei bis vier Meilen Entfernung erstreckt. Dieser Berg weist keinerlei Vegetation auf und scheint aus rotem Sand zu bestehen.

Wir erwarteten jeden Tag den Eigentümer der Piroge, der beim Aufbruch von Djenné versprochen hatte, uns innerhalb von zwei Tagen einzuholen. Er hatte mir versichert, dass ich auch in seiner Abwesenheit an Bord gut behandelt würde. Da dies aber keineswegs so war, erwartete ich ihn mit größter Ungeduld, denn ich dachte, dass seine Anwesenheit meine Stellung verbessern würde.

Seit wir Djenné verlassen hatten, litt ich sehr darunter, der einzige Weiße inmitten von Negern zu sein, deren Sprache ich nicht verstand. Dieser Umstand sowie die Tatsache, dass ich ein Fremder war, der fast nichts besaß, schienen sie zu ermutigen mich frech zu beschimpfen. Sie behandelten mich wie ihre Sklaven. Tagsüber herrschten sehr hohe Temperaturen. Ich hatte größte Mühe, einen Platz zu finden, der mich vor der sengenden Sonne etwas schützte. Die Glut wird unerträglich, wenn man zum Nichtstun verurteilt ist. Nachts lag ich auf dem Deck, denn im Schiff gab es keinen Platz für mich. So war ich den abendlichen Nebeln und den nächtlichen Temperaturschwankungen ausgesetzt. Obwohl ich mich vorsah und mich in ein Schaffell wickelte, wurde ich am 31. März von einer starken Unpässlichkeit heimgesucht: Ich hatte heftige Schwindelanfälle, die zu großer Schwäche führten. Mein Magen konnte keinerlei Nahrung mehr behalten. Infolge dieser Unpässlichkeit erlaubte man mir, mich im Inneren der Piroge aufzuhalten, aber der mir zugewiesene Platz war sehr unbequem. Ich kam zu einem Mandingo-Neger und seiner Sklavin. Sie ließen mir so wenig Platz, dass ich mich nicht einmal ausstrecken konnte, sondern mein Kopf meine Knie berührte. Genau dieser Neger war vom *chérif* Oulad-Marmou beauftragt worden für mich zu sorgen. Er nahm aber darauf keinerlei Rücksicht und war mir gegenüber genauso hartherzig wie alle anderen, die sich auf unserem Schiff befanden. Einen jungen Fulbe aus Massina muss ich hiervon jedoch ausnehmen. Er gehörte zur Mannschaft des Schiffes, und der *chérif* hatte mich ihm ebenfalls anempfohlen. Er war der Einzige, der mir gegenüber eine gewisse Gefälligkeit zeigte. Er ging an Land, wenn ich ihn darum bat, kaufte mir Milch und war mir zu Diensten, wann immer er Gelegenheit dazu fand. Wenn mich die Geringschätzung der anderen bedrückte, tröstete er mich. Oft wies er die frechen Sklaven, die, dem Beispiel der anderen folgend, mir gegenüber nicht die geringste Achtung zeigten, in ihre Schranken. Kurz: Hätte sich dieser junge Mann nicht um mich gekümmert, wäre ich viel unglücklicher gewesen.

Im Laufe meiner Reise hatte ich oft Kontakt mit den Mandingo. Mit Ausnahme derer von Cambaya im Fouta-Gebiet habe ich diese Menschen stets als arrogant erlebt, sobald sie ein wenig Macht besaßen. Sie schmeicheln, betteln, kriechen ihren Vorgesetzten gegenüber und sind feige, wenn man ihnen Widerstand leistet. Ich habe auf der Strecke von Timé nach Djenné gesehen, wie sie die armen Bambara beschimpften, als sie ihnen ihre Waren verkauften, und wie sie hart mit ihnen umgingen und sie sogar in ihrer Sprache beleidigten. Sobald sich die Bambara aber zur Wehr setzten, schwiegen sie und gaben sich unterwürfig. Die Frauen zeigen das gleiche Fehlverhalten, hinzu kommt aber noch eine unerträglich kreischende Stimme.

Am 1. April blies der Wind weiterhin heftig und wurde erst gegen vier Uhr abends ein wenig schwächer. Wir fuhren weiter

Richtung Norden. Gegen halb sieben Uhr abends hielten wir in Toi. Der Fluss hat immer noch das gleiche Aussehen: Seine Ufer sind niedrig und unbewachsen. Meist sieht man nicht das kleinste Sträuchlein. Um neun Uhr abends machten wir uns wieder auf den Weg und fuhren die ganze Nacht nach Norden.

Am 2. April war es immer noch windstill. Gegen acht Uhr morgens kamen wir an großen Inseln vorbei, die sich nicht weit von der Mündung des Debo-Sees befinden. Der Niger wird an dieser Stelle von mehreren Inseln in schmale, aber tiefe Flussarme geteilt. Zwei von ihnen sind deutlich größer als die anderen und könnten auch bewohnt werden, denn bei Hochwasser werden sie nur teilweise überschwemmt. Auf einer dieser Inseln stehen Hütten von Fischern und Hirten, die sich um die zahlreichen Herden kümmern, die in den Sümpfen weiden, wo es Nahrung in Hülle und Fülle gibt. In den riesigen Sümpfen leben zahlreiche Wasservögel der unterschiedlichsten Arten. Daneben gibt es eine Unmenge kleinerer Inseln, die von dichtem Gras bewachsen sind und zu jeder Jahreszeit überschwemmt werden. Dann stehen die Wiesen unter Wasser und der Debo-See, dessen Ufer man nicht mehr erkennen kann, erscheint viel größer. Man könnte ihn dann sogar für ein Binnenmeer halten.

Wir erreichten die Mündung dieses großen Sees gegen drei Uhr nachmittags nach einer sehr langsamen und mehrmals unterbrochenen Fahrt. Ungefähr sechs Meilen südwestlich dieser Mündung befindet sich ein Felsen, der wie ein gekappter Zuckerhut aussieht. Er steht in einem überfluteten Sumpf, wo immer grünes Gras wächst. Der riesige Felsen, der keinerlei Bewuchs aufweist, bildet einen eigenartigen Kontrast zu der frischen Farbe dieses Landstrichs. Da ihm die Eingeborenen keinen Namen gegeben hatten und dieser Ort doch sehr bemerkenswert ist, glaubte ich, ihm einen geben zu können. Ich nannte dieses Inselchen *Saint-Charles*. Neun oder zehn Meilen nord-östlich von dieser Stelle liegt eine kleine Insel im See. Ich habe auf ihr einige Bäume bemerkt, die fast keine Blätter hatten. Sie könnte durchaus bewohnt werden und es ließe sich ein schöner Hafen anlegen. Ich gab ihr zu Ehren Seiner königlichen Hoheit des Herzogs von Bordeaux den Namen *Ile Henri*. Ein wenig östlich einer gedachten Verbindungslinie zwischen diesen beiden Inseln befindet sich eine dritte – ebenfalls ein Felsen. Diese nannte ich *Marie-Thérèse* zu Ehren Ihrer königlichen Hoheit.

Zwei dieser Inseln scheinen die Mündung des Sees zu dominieren. Baute man auf einer der drei eine Festung, so würde diese die ganze Umgebung beherrschen und man könnte die ganze Flussschifffahrt kontrollieren. Nord-nord-östlich der Insel *Marie-Thérèse* erhebt sich ein Berg von 50 bis 60 Faden Höhe. Ihn bedecken rote Erde und große, löchrige, ebenfalls rote Felsen. Einige Fischer haben sich am Hang dieses Berges, der extrem trocken ist, niedergelassen.

Man kann das gegenüberliegende Ufer erkennen, außer im Westen, wo sich der See wie ein Binnenmeer ausbreitet. Folgt man seinem Nordufer, liegt links eine flache Landzunge. Sie bildet einen Engpass und scheint die Durchfahrt zu versperren. Diese Barriere teilt den Debo-See in zwei Teile, einen oberen und einen unteren. Derjenige, wo die Schiffe passieren können und wo sich die drei erwähnten Inseln befinden, ist sehr groß. Er erstreckt sich etwas nach Osten und ist von unzähligen Sümpfen umgeben. Als wir bis zur Mitte des ersten Teils des Sees vorgedrungen waren, begrüßten drei der großen Schiffe diesen majestätischen See mit mehreren Gewehrschüssen und die Mannschaft jedes Schiffes schrie aus Leibeskräften wiederholt »*Salam! Salam!*«. Wir mieden das Ostufer und fuhren sehr vorsichtig vorwärts. Das Wasser war klar und ruhig, die Strömung kaum spürbar. An der Stelle, an der wir fuhren, betrug die Tiefe 12 bis 13 Fuß. Die Pirogen kamen nur sehr langsam und ausschließlich durch Ruderer voran. Ich konnte es kaum fassen, im Landesinneren eine so große Wasserfläche zu sehen. Sie hatte etwas wahrhaft Majestätisches.

Gegen fünf Uhr abends kamen wir in Gabibi an, einem kleinen Fischerdorf am rechten Ufer des Sees. Die Hütten dieses Dorfes sind rund und aus Stroh gebaut. Seit der Flussmündung waren wir in nord-östlicher Richtung gefahren. Wir kamen ganz nahe an der Insel *Marie-Thérèse* vorbei, auf der ich sehr schönen, hellbraunen Granit bemerkte. Dann verließen wir Gabibi. Seit meinem Aufenthalt an der Küste hatte ich die Sonne nicht mehr so wie jetzt in einer Art Ozean untergehen gesehen. Wir folgten der Küste in einiger Distanz in nord-west-westlicher Richtung. Die Schiffer brachten die Piroge singend mit Stangen vorwärts. An dieser Stelle sieht man große Granitblöcke. Gegen elf Uhr abends hielten wir auf der Höhe von Didhiover. Dieses große Dorf wird von Fulbe bewohnt, die so wie die Fulbe-Hirten nur Strohhütten haben. Einige Neger gingen ins Dorf um Kürbisse zu kaufen. Wir aber konnten uns keinen Tropfen Milch beschaffen.

Am 3. April verließen wir Didhiover, das in der Nähe der Stelle liegt, an der der Niger aus dem See fließt. Der Fluss ist hier rund sechs Meilen breit. Bei Sonnenaufgang fuhren wir Richtung Norden. Im Laufe des Vormittags kamen wir an Tongom vorbei, ein vom Land der *dirimans* abhängiges Dorf, das 400 bis 500 Einwohner zählt.

Gegen ein Uhr nachmittags hielten wir an einer Stelle, an der es einige Büsche gab, um Brennholz zu schlagen. Der Fluss ist hier ungefähr eine dreiviertel Meile breit. Ich ging mit den Sklaven an Land. Die Ufergegend wird von Zeit zu Zeit überschwemmt. Man findet hier zwölf Fuß hohe Mimosen und einige andere Pflanzen. Im Laufe des Tages bat mich der Kapitän der Piroge, ihm 5000 Kauris bis zur Ankunft des Mauren zu leihen, dem das Schiff gehörte und auf dessen Erscheinen wir Tag für Tag warteten. Dieser Neger hatte mich schon einige Male betrogen und da ich fürchtete, das Geld niemals wieder zurückzubekommen – was unweigerlich geschehen wäre –, lehnte ich es ab, ihm diesen Betrag zu leihen. Er schickte mehrere Leute zu mir, die mich drängten nachzugeben. Doch ich blieb hart. Als er sah, dass ich entschlossen war, ihm nichts zu leihen, drohte er mir und ging sogar so weit mich an den Beinen zu ziehen, um mich zu zwingen, das Boot zu verlassen. Er nahm mein Gepäck und warf es auf das Deck. Dabei beschimpfte er mich mit unflätigen Worten. Er wollte mich mit den Sklaven zusammentun und er beleidigte mich noch auf vielfache andere Weise. Wenn ich an Land gehen wollte, gestattete er mir nicht, in das kleine Boot zu steigen, das zum Ufer fuhr. Ich wusste nicht, bei wem ich mich über all diese Schikanen beschweren sollte, denn es gab an Bord niemanden mit Befehlsgewalt, der mich hätte schützen können. Der junge Fulbe erreichte immerhin bei ihm, dass ich mit mehreren Sklaven das kleine Boot besteigen durfte, um an Land zu fahren. Dort setzte ich mich in den Schatten einer Mimose. Und als ich trübsinnig daran dachte, welche Unannehmlichkeiten ich auf der Fahrt noch zu erdulden hätte, wenn ich ihm nicht die Kauris lieh, die er verlangte, entschloss ich mich, dieses Opfer zu bringen. Er suchte mich an Land auf, machte mir weitere Vorwürfe und versicherte mir, dass ich ihm vertrauen könne: Er werde mir das Geld sogleich nach der Ankunft seines Herrn zurückgeben. Obwohl meine finanziellen Mittel merklich weniger geworden waren und die geringste Verschwendung zu vermeiden war, versprach ich ihm tausend Kauris, um endlich Ruhe zu haben. Von diesem

Augenblick an war der Streit beendet. Einer seiner Kollegen folgte seinem Beispiel. Diese beiden Neger nutzten meine Hilflosigkeit schamlos aus und als wir in Timbuktu angekommen waren, waren alle Versuche vergeblich, mein Geld wiederzuerlangen.

Wir wollten gerade aufbrechen – es war drei Uhr nachmittags – als die kleine Piroge, die die Sklaven vom Land zum Schiff bringen sollte, unterging, da sie zu beladen war und sich mit Wasser füllte. Die armen Frauen, die ihr Baumwollrock behinderte, schwebten in der größten Gefahr. Wir eilten ihnen zu Hilfe und alle kamen sicher an Bord. Gewöhnlich wirft man ziemlich nahe am Ufer Anker, aber als das Boot kenterte, waren wir schon losgefahren. Der Fluss beschreibt an dieser Stelle eine Schleife von ungefähr sechs Meilen nach Osten. Dann fließt er nach Norden weiter. Er ist auch hier breit und tief. Seine Ufer sind flach und trocken.

Gegen sieben Uhr abends hielten wir in der Nähe von Moujo, ein Dorf von 350 bis 400 Einwohnern, das zum Land der Dirimanen gehört. Seine Hütten sind aus Stroh und haben die Form eines Zuckerhutes. Später benachrichtigte man mich, dass Sidi-Mbark (Anm.: Abkürzung von Moubarek), der Eigentümer unseres Schiffes, angekommen sei. Ich suchte ihn sofort an Bord seines Schiffes auf und informierte ihn über das Verhalten, das seine Leute mir gegenüber an den Tag legten, aber er schenkte meinen Beschwerden kaum Beachtung. Er befand sich mit einem befreundeten Mauren in einer kleinen Piroge. Sie sollte vorausfahren um vor uns in Timbuktu anzukommen. Ich bedeutete ihm, dass ich gerne mit ihm in seiner schnellen Piroge weiterfahren würde. Aber er legte mir dar, dass sie zu klein sei, nicht genügend Platz zum Schlafen biete und im Übrigen auch schon zu beladen sei. Er übergab mich wieder dem Mandingo, der sich während der Fahrt um mein Essen kümmern sollte, und ermahnte ihn, mich besser zu behandeln. Anschließend versuchte Sidi-Mbark mich zu trösten, forderte mich auf, geduldiger zu sein, und versicherte mir, dass es bis zu unserer Ankunft in Kabara, den Endpunkt unserer Fahrt, nicht mehr weit sei.

Die Mauren aus Adrar, die ich im Banan-Gebiet gesehen hatte, hatten an der gleichen Stelle wie wir angehalten. Sie schickten Sidi-Mbark ein ansehnliches Abendessen, das aus Reis und in der Sonne getrocknetem Fleisch mit etwas Kürbis und ein paar kleinen Zwiebeln bestand. Er lud mich ein, mit ihm zu speisen – ein Angebot, das ich freudig annahm, denn es war spät und ich hatte noch nicht zu Abend gegessen. Die Mauren essen äußerst geschickt mit den Fingern, während ich selbst immer noch recht unbeholfen war, obwohl ich nun doch schon seit langem die Hände zum Essen benutzte. Ein Teil meines Couscous fiel auf den Boden, was sie sehr ärgerte und die Christen beschimpfen ließ, die mir nicht einmal beigebracht hätten sauber zu essen. Es war die erste gute Mahlzeit, seit ich Djenné verlassen hatte. Sidi-Mbark gab seinen Leuten Kolanüsse, um Vorräte einzukaufen. Ich kehrte an Bord der Piroge zurück, wo ich bald feststellen musste, wie wenig man die Befehle des Chefs beachtete, sobald er nicht anwesend war.

Bei Sonnenaufgang brachen wir wieder Richtung Norden auf. Wir legten zwei Meilen in der Stunde zurück und ließen Mbark in seinem kleinen Schiff weiterschlafen. Er holte uns bald ein, denn er hatte sechs gute Ruderer. Er fuhr an unser Schiff heran, brachte einige Waren an Bord, die ihm hinderlich waren, gab seine Befehle und verließ uns, nicht ohne alle zu ermahnen ihre Pflicht zu tun. Der Fluss biegt bald darauf nach Westen ab, seine Ufer sind immer noch genauso flach. An dieser Stelle wachsen am rechten Ufer einige Gehölze. Um zehn Uhr machte er eine Biegung in nord-östlicher Richtung, um dann wieder nach Norden weiterzufließen. Es war ungefähr halb elf Uhr, als wir an einem großen Dorf namens Co vorbeikamen, in dessen Umgebung einige Bäume wachsen; Tamarinden und Delebpalmen. Das linke Flussufer besteht aus Sanddünen. Co zählt 500 bis 600 Einwohner, alles Fulbe, die zahlreiche Viehherden haben. Auf der Höhe dieses Dorfes liegt in der Mitte des Flusses eine kleine Insel.

Von zwölf Uhr mittags bis halb fünf Uhr abends floss der Niger in nord-östlicher Richtung. Dann bog er wieder nach Norden ab. Um diese Zeit kamen wir an Do vorbei. Danach wendete der Fluss nach Westen ab. Er ist immer noch sehr breit und so tief, dass die Schiffer ihre Paddel benutzten. Um halb sieben Uhr abends hielten wir in Sa, einem großen Dorf, das eine Mauer umgibt. Einige Tamarinden *(tamarindus indica)* spenden Schatten. Seit Isaca war dies das erste Dorf an den Ufern des Flusses, das von einer Mauer umgeben war. Wir trafen in diesem Hafen auf dreißig bis vierzig große Schiffe, die alle nach Timbuktu fuhren. Viele dieser Pirogen hatten ein Fassungsvermögen von fast achtzig Tonnen. Sa ist ein Sammelpunkt für alle Schiffe, die diese Strecke zurücklegen. Sie tun sich gewöhnlich zusammen wegen eines Volkes, das ganz in der Nähe dieses Dorfes lebt und sich oft auf die Pirogen begibt um diese gewaltsam zu plündern. Die Einheimischen nennen dieses Volk *sourgouses*, die Mauren Tuareg.

Im Hafen von Sa waren 400 oder 500 Menschen – Seeleute und Einwohner – unterwegs, die die Schiffe betrachteten. Der Hafen war mit eingepackten Waren übersät, die an Bord der Pirogen gebracht werden mussten. Ich hatte nicht erwartet, im Inneren Afrikas einen so regen Handel zu finden. Auch die Größe der Flottenverbände beeindruckte mich. Die Betriebsamkeit, die hier überall herrschte, ließ einen glauben, in einem europäischen Frachthafen zu sein. Die größten Schiffe gehörten Mauren. Sie bestimmen den Handel im ganzen Land und haben richtige Handelsvereinigungen gegründet. Sie transportieren fremde Waren nach Timbuktu, wo sie in Salz oder Kauris für ihre Dienste bezahlt werden.

Bei Sonnenaufgang des 5. April setzte sich unser Schiffsverband Richtung Norden in Bewegung. Um elf Uhr bog der Fluss nach Nord-Osten ab. Man hörte von allen Seiten die fröhlichen Rufe der Schiffer, die, um ihrer Freude noch mehr Ausdruck zu verleihen, Gewehrschüsse abgaben. Wir kamen an dem Dorf Baraconga vorbei, das am linken Ufer liegt. Gegen ein Uhr nachmittags hielten wir vor Tantala, einem hübschen Dorf, in dem wir getrockneten Fisch, Milch und schöne Matten aus Palmenzweigen kauften. Sie haben eine längliche Form und sind gelb. Man schläft auf ihnen oder stellt Taschen aus ihnen her.

Wir fuhren weiter in nord-östlicher Richtung. Bei Sonnenuntergang kamen wir an einem großen, fast stehenden Gewässer vorbei, und gegen sieben Uhr abends hielten wir in Couma, wo wir die Nacht verbrachten. Der Fluss und seine Ufer waren auch hier noch immer von der gleichen Eintönigkeit.

Am 6. April fuhren wir um fünf Uhr morgens weiter. Der Niger fließt hier nach Osten, beschreibt aber zahlreiche kleine Nord-Süd-Windungen auf diesem Weg. Gegen drei Uhr nachmittags kamen wir in Lelel vorbei, einem großen Dorf am linken Ufer von 500 oder 600 Einwohnern. Etwas vorher macht der Fluss eine eineinhalb Meilen lange Schleife Richtung Norden, bevor er wieder nach Osten fließt. Um halb fünf Uhr abends fuhren wir an Garfola vorbei. Dieses Dorf ist von keiner Mauer umgeben und ähnelt dem vorherigen. Ich sah in der Umgebung unzählige Wildenten und andere Wasservögel. Um das Dorf herum liegen einige Anhöhen. Einige Affenbrotbäume, Kapokbäume, Tamarinden, Mimosen und *naucléas* beleben die Umgebung. Der Fluss ist an dieser Stelle etwa eine halbe Meile breit. Gegen sieben Uhr abends hielten wir in Dobou, wo wir die Nacht verbrachten.

Am 7. April warteten wir auf die großen Schiffe, die hinter uns zurückgeblieben waren. Gegen acht Uhr morgens waren wir bei leichtem nord-östlichen Wind in dieselbe Richtung unterwegs. Als er stärker wurde, zwang er uns gegen neun Uhr morgens in Filinca anzuhalten. Im Hafen dieses Dorfes, das vielleicht 500 Einwohner zählt, lagen viele Pirogen, die instand gesetzt wurden. Die Zimmerleute hatten kein anderes Werkzeug als kurze Äxte, mit denen sie kleine Bretterstücke, die mir alle in sehr schlechtem Zustand zu sein schienen, notdürftig bearbeiteten. Es handelte sich um Holzstücke aus alten Pirogen, die sie wieder verwendeten. Die Arbeiter legten ein Holzstück auf das Loch der zu reparierenden Piroge und nähten es mit aus Baumrinde hergestellten Seilen fest. Da die Teile nicht dicht abschlossen, stellten sie eine Art Werg aus zerstampftem Stroh her, das sie aus einem Kitt aus Lehm vermischten, um die verbleibenden Ritzen zu stopfen. Das Ganze bedeckten sie dann mit frischem Stroh, das sie mit einer zweiten Naht befestigten. Ich habe mich immer gewundert, dass diese Boote, die den Fischern gehören, nicht öfter untergehen. Ein Mann ist stets damit beschäftigt, das durch die Ritzen eingedrungene Wasser abzuschöpfen. Wenn wir in einem Dorf hielten, kamen zahlreiche Neger herbeigeeilt, um uns ihre Lebensmittel zu verkaufen. Halbnackte junge Mädchen brachten uns Milch und frische Butter.

Der nord-östliche Wind blies bis drei Uhr weiter. Erst um fünf Uhr abends machten wir uns zur Weiterfahrt bereit. Wir hatten kaum eine Meile zurückgelegt, als wir zwei große Schiffe bemerkten, die hinter uns zurückgeblieben waren. Wir hielten es für angebracht, auf sie zu warten. Zu diesem Zeitpunkt befanden wir uns auf der Höhe von Baracondié. Hier liegt eine große Insel, die bei Hochwasser überschwemmt wird. Vom Debo-See ab gehören alle Orte zum Land der *dirimans*, das sich sehr weit nach Westen erstreckt. Auch zahlreiche Fulbe-Hirten bewohnen die Flussufer. Wenn das Wasser über die Ufer tritt, ziehen sie mit ihren Herden weiter.

Am 8. April verließen wir Baracondié um fünf Uhr morgens und fuhren Richtung Westen. Gegen elf Uhr hielten wir vor Tircy, da uns der kräftige Nord-Ost-Wind die Weiterfahrt unmöglich machte. An dieser Stelle biegt der Fluss nach Norden ab. Tircy zählt rund 600 Einwohner. Es besteht aus Strohhütten, die die gleiche Form haben wie die der Fulbe-Hirten, die in der Nähe des Senegal siedeln. Ich bemerkte in den umliegenden Sümpfen viele Neger, die eine große Pflanze ernteten, die nur in Sumpfgebieten wächst. Sie nennen sie *kondou.* Nachdem sie die Pflanze in der Sonne getrocknet haben, halten sie sie über ein Feuer um die Blätter zu verbrennen. Sie behalten nur die Stängel, die sie zu großen Bündeln zusammenschnüren, dann auf dem Kopf in ihre Hütten tragen. Ich sah auch mehrere Esel, die damit beladen waren. Ich fragte meine Begleiter, wozu man diese Pflanzte nutze. Sie sagten mir, dass die Frauen sie zunächst gut wüschen und trockneten, um dann ein möglichst feines Pulver aus ihnen herzustellen. Dieses gibt man in ein großes Tongefäß mit kleinen Löchern am Boden, das eigens für diesen Zweck hergestellt wird. Darüber gießt man heißes Wasser. Das gefilterte, hellviolette Wasser enthält den gesamten Saft der Pflanze, der sehr süß ist. Dieses Getränk wird von den Einheimischen sehr geschätzt. Wer daran nicht gewöhnt ist, auf den wirkt es freilich wie ein Abführmittel. Außerdem schmeckt es fast immer leicht rauchig, was den Geschmack deutlich beeinträchtigt. Die Moslems trinken es bedenkenlos, die Mauren vermischen es immer mit saurer Milch.

Der *kondou* ist eine Kriechpflanze, seine Stängel sind so dick wie ein Schilfrohr und acht bis zehn Fuß lang. Die Blätter sind lang und schmal und haben einen gezackten Rand. Man findet sie an den Ufern des Niger in Hülle und Fülle. Die *dirimans* und einige Fulbe, die ebenfalls in Tircy wohnten, verkauften uns dieses Getränk sowie saure Milch, frische Butter, getrockneten Fisch und Matten. Für fünf Kauris bekamen wir ungefähr ein Glas Milch. Ich denke, dass die Lebensmittel in diesem Dorf knapp waren, denn sie brachten ihre Waren zum Ufer und wünschten meistens nur Hirse als Gegenleistung. Dies verwundert dann nicht, wenn man weiß, dass unter ihnen viele Fulbe-Hirten waren, die überhaupt keinen Ackerbau betreiben und deren einzige Ressource in ihrem Vieh besteht. Da sie nicht umherziehen und von jeglichem Markt weit entfernt sind, nützen ihnen die Kauris nichts, während Hirse ein Lebensmittel darstellt, das sich lange hält und so stets verfügbar ist. In der ganzen Gegend gilt, dass ein Gefäß mit Milch zwei Gefäßen mit Hirse entspricht. Junge Mädchen von zwölf bis vierzehn Jahren gingen am Ufer entlang spazieren und verkauften uns ihre Waren. Sie waren fast ganz nackt; nur um die Hüften trugen sie eine Art Lendenschurz.

Kurz nach unserer Ankunft in Tircy erfuhren wir, dass zwei große Schiffe, vom Wind getrieben, zusammengestoßen waren und eines von ihnen bald von den Wellen überspült worden war. Dieser unvorhergesehene Zwischenfall führte zu einer beträchtlichen Verspätung, denn der ganze Schiffsverband musste anhalten um dem gesunkenen Boot zu Hilfe zu kommen. Die Mannschaften der Pirogen machten sich sofort auf den Weg, doch trotz aller Anstrengungen konnte man nur einen winzigen Teil der Waren retten. Das meiste hatte die Strömung schon mitgerissen. Vom Schiffsrumpf blieben nur ein paar Bretter übrig. Für die Eigentümer bedeutete dies einen großen Verlust, denn obwohl hier reger Handel getrieben wird, ist das Prinzip der Versicherung unbekannt. Der Maure, der diesen Verlust erlitten hatte, schien aber trotzdem nicht sehr bedrückt zu sein. Den ganzen 9. und 10. April über wurden aus dem Wasser einige Säcke Reis und Hirse geborgen. Einer der Neger, die im Fluss tauchten, verlor das Leben. Alle Neger des Schiffsverbandes bemühten sich um die gesunkene Piroge: In der Regel bekommen sie einen Teil der Waren, die sie gerettet haben. Eine Ausnahme bilden die Stoffe, von denen man ihnen nichts gibt. Man bezahlt die Neger mit Reis und Hirse.

Ich sah in Tircy die beiden Mauren aus Adrar, denen ich in Banan begegnet war. Sie empfingen mich freundlich und luden mich mehrmals zum Abendessen ein. Da ich wusste, dass diese Leute gerne Geschenke sehen, gab ich ihnen einen Teil meines *dokhnou*, ein wenig im Ofen gebackenes Brot und ein Blatt Papier. Sie nahmen alles dankbar an. Einer von ihnen fragte mich, ob ich einige Kauris benötige, um Milch zu kaufen. Da ich noch 5000 oder 6000 hatte, lehnte ich ihr freundliches Angebot höflich ab.

Die Frauen, die an den Ufern des Niger zwischen Djenné und Timbuktu wohnen, also auch die der *dirimans*, tragen ihre Haare geflochten und mit ein paar Glasstückchen versehen. Sie haben Nasenringe aus Glas, manchmal auch aus Metall. Meine Begleiter sagten mir, dass diese Völker diebisch und manchmal bösartig und grausam seien. Dies scheint mir durchaus nicht abwegig zu sein, denn in den zweieinhalb Tagen, die ich bei ihnen verbracht habe, habe ich oft gesehen, wie sie sich stritten und bisweilen auch schlugen. Ihre Kleidung ist dieselbe wie die der Einwohner von Djenné. Wie sie haben sie krauses Haar, eine schwarze Hautfarbe, gute Gesichtszüge, eine Hakennase, schmale Lippen und große Augen. Sie sind mit zwei oder drei Spießen und einem Dolch bewaffnet, den sie jederzeit gebrauchen würden, wenn man sie nicht daran hinderte. Wenn sie ihre Streitereien beendet haben, gehen sie als fromme Moslems mit ernster Miene zum Beten und oft unterbrechen sie ihre Religionsausübung, um sich von neuem zu zanken. Um sich gegen ihre Feinde zu verteidigen, gebrauchen sie Pfeil und Bogen. Einige von ihnen sind mit Gewehren und sogar Säbeln bewaffnet. Sie beziehen diese Waffen von den Europäern.

Ich sah einen Mann, der am Ufer entlangging und ein Gefäß mit Salpeter verkaufen wollte. Ich wollte wissen, wie er zu diesem gekommen sei. Die Mauren erklärten mir, dass der Salpeter aus ihrem eigenen Land stamme und zur Herstellung von Kanonenpulver diene.

Nachdem die Mannschaft aus den Fluten gerettet hatte, was noch zu retten war, bereitete man die Weiterfahrt für den nächsten Tag vor. Wir verließen Tircy am 11. April um sechs Uhr morgens. Der Niger fließt hier Richtung Norden. Um sieben Uhr morgens kamen wir an Talbocoila vorbei und gegen neun Uhr hielten wir um unsere Vorräte an Brennholz zu ergänzen. Von Nord-Osten wehte ein leichter Wind. Zwei Stunden nach unserer Abfahrt fiel mir auf, dass der Fluss, der bis dahin immer ungefähr gleich breit gewesen war, sehr schmal und sehr tief wurde. Seine Ufer waren auch hier flach und unbewachsen. An mehreren Stellen bemerkt man am rechten Ufer Wanderdünen von hellgelbem Sand. Ich sah zahlreiche Rinderherden, die in den umliegenden Sümpfen weideten. Von fünf Uhr bis sieben Uhr abends floss der Niger Richtung Norden. Als wir hielten, sahen wir viele Flusspferde, die sich in einiger Distanz von uns hielten. Ich konnte nur ihre Köpfe erkennen. Die Neger sagten mir, dass sie des Öfteren welche sähen und dass die Flusspferde leicht ein Boot zertrümmern könnten, nur indem sie es berührten.

Unter der Bedingung, dass er sich für den Rest unserer Reise, das heißt bis zur Ankunft in Kabara, um meine Verpflegung kümmern würde, hatte ich zwei Tage zuvor dem Kapitän der Piroge, der etwas umgänglicher war, seit ich ihm die Kaurimuscheln geliehen hatte, ein Stück farbigen Stoff gegeben, aus dem er sich eine Mütze machen lassen wollte. Von diesem Moment an bekam ich viel besseres Essen als vorher, denn der Kapitän war wenig gewissenhaft und beachtete die Gebote des Ramadan nicht. Er selbst sprach dem Essen für die dortigen Verhältnisse sogar ziemlich gut zu. In der Nacht wurden wir durch das Gebrüll von Tieren aufgeweckt.

Am 12. April fuhren wir um fünf Uhr morgens gegen Osten weiter. Der Niger war weiterhin schmal und tief. Trotzdem war er hier fast genauso breit wie der Senegal bei Podor. Gegen acht Uhr morgens machte er eine Schleife in südlicher Richtung und wurde noch schmaler. Man könnte diese Stelle »das Gefängnis« nennen, wie man eine ähnlich enge Stelle des Senegal bezeichnet. Die Landschaft war immer noch fast völlig baum- und strauchlos und sehr sumpfig. Es gibt hier einige Inseln, die ganz aus Sümpfen bestehen und manchmal das ganze Jahr über überschwemmt sind. Außerdem bemerkte ich vier große Wasserläufe, die, Altwasser bildend, neben dem Fluss versickerten. Die Ufer des Niger waren hier so flach, dass man sogar in dieser Jahreszeit das Gefühl hatte, er könne das Land jederzeit überschwemmen. Diese Sümpfe erstreckten sich so weit das Auge reichte und wurden von einer Unmenge Wasservögel aller Art bewohnt. Rinder- und Schafherden sowie einige Pferde grasten auf den ausgedehnten Weiden und unterbrachen von Zeit zu Zeit mit ihren Schreien die Stille und Einsamkeit dieser Gegend. Die Herden gehörten Fulbe-Hirten, die an das Flussufer kamen um uns Milch zu verkaufen. Sie wollten nur mit Tabak bezahlt werden, der sich aber nicht in unserem Warensortiment befand. So mussten wir auf die Milch verzichten, denn unsere Kauris wiesen sie zurück.

Wenn der Fluss über die Ufer tritt, stehen die Sümpfe acht bis zehn Fuß oder mehr unter Wasser. Dann bildet diese riesige Ebene einen einzigen großen See. Die Fulbe-Hirten, deren Hütten sich in der Umgebung befinden, sind dann gezwungen sich weit von den Flussufern zurückzuziehen, in ein Gebiet, wo es in der Regenzeit fette Weiden gibt. Um zehn Uhr morgens bog der Niger nach Norden ab. An dieser Stelle fließt ein breiter Fluss in östlicher Richtung aus dem Niger.

Gegen elf Uhr früh kamen wir an Salacoila vorbei, einem am linken Ufer gelegenen Dorf der Fulbe-Nomaden. Sie haben ihre Hütten auf Wanderdünen gebaut. Ich ging mit einem Neger an Land um etwas Milch zu kaufen und ich sah viele gut gekleidete Frauen. Auch sie wollten unsere Kauris nicht, sondern verlangten Reis oder Hirse als Bezahlung. Diese Frauen schienen mir sehr sanft und nicht sehr schüchtern zu sein. Ich besichtigte ihre kleinen Behausungen, runde Hütten, die aus hübschen, in der Gegend hergestellten Matten bestanden. Die Matten lagen auf biegsamen, in die Erde gerammten Pflöcken, die oben zu ei-

Ansicht von Kabara, dem Hafen Timbuktus

ner Kuppel geformt waren. Sieben bis acht solcher Hütten umgab eine Hecke aus einer Pflanze, die auf den sandigen Böden in der Nähe des Senegal wächst. Die Hütten, die ich gesehen habe, waren sehr sauber und gepflegt, das Innere und der Hof waren gut gekehrt. Möbel gab es nicht. Allerdings sah ich ein paar Matten auf dem Boden, die als Bett dienten. Das Geschirr bestand aus mehreren Kalabassen und Holztellern sowie einigen Lederschläuchen, die die Milch ihrer Herden enthielten. Diese Fulbe ähneln denen der Umgebung des Senegal, sprechen aber eine andere Sprache. Die Sprache, die man in Timbuktu spricht, verstehen sie aber auch ausgezeichnet.

Das einzige Kleidungsstück, das die Frauen trugen, bestand aus einem rund fünf Fuß langen Baumwollschurz, den sie sich um die Hüften wickelten. Sie waren alle sehr sauber und ich glaube nicht, dass sie sich ihre Haare mit Butter einfetteten. Sie kamen in Scharen, um mich zu sehen. Sie schienen mir sehr neugierig zu sein und auch sehr fromm, denn als ich wegfuhr, nahmen sie schnell etwas Sand in die Hand und baten mich einige Gebete zu sprechen. Ich erfüllte ihnen ihren Wunsch gerne und murmelte ernsthaft einige

Koranverse. Daraufhin wickelten sie den Sand vorsichtig in eine Ecke ihres Baumwollschurzes ein um ihn als wertvollen Talisman aufzubewahren. Seerosen (*nymphoea coerulea*) wachsen in großer Anzahl in den riesigen Sümpfen um Salacoila herum. Die meisten haben eine hübsche blaue Blüte. Die Einwohner ernten ihre Samen und trocknen sie. Sie haben für sie eine große Bedeutung, da sie kaum Ackerbau betreiben. Korn beziehen sie von den Schiffen, die aus Djenné kommen.

Am 13. April fuhren wir früh Richtung Norden weiter. Von Zeit zu Zeit sah ich entlang des Flussufers die Köpfe einiger Kaimane stolz aus dem Wasser ragen. Sie schienen den zu bedrohen, der mutig genug wäre, sie anzugreifen. Auch hier gab es viele Flusspferde, die im Wasser herumplantschten. Die Neger jagen diese Tiere. Sie treiben Handel mit ihrem Fleisch, das sie sehr schätzen.

Nach nur drei oder vier Meilen mussten wir anhalten, um den Schiffbrüchigen einer untergegangenen Piroge zu Hilfe zu kommen. Mit großer Mühe gelang es, die ganze Ladung zu retten. Alle halfen eifrig mit die nassen Sachen zu trocknen und zu ordnen. In diesen Augenblicken größten Durcheinanders, wo alle Waren gut sichtbar am Ufer liegen, muss man immer auf Diebstähle gefasst sein, denn die Schiffer haben keine Hemmungen, eine Hose oder eine *coussabe* zu entwenden. Um solche Diebstähle zu verhindern, stellt man jeweils in einiger Entfernung Wachen auf, die die Räuber beobachten. Als die ganze Ladung geborgen und sortiert war, bezahlte man die Leute, die mitgearbeitet hatten, mit Hirse. Dann machte man sich zur Weiterfahrt fertig und ließ Besitzer und Mannschaft des untergegangenen Schiffes zurück. Sie warteten auf eine andere Piroge, die sie nach Timbuktu mitnehmen würde. Sie hatten Glück, dass sich kein Dorf in unmittelbarerer Umgebung des Unglücks befand, denn sonst hätte ein Teil der Fracht in der Tat gestohlen werden können.

Gegen Mittag waren wir in Richtung Osten unterwegs. Der Fluss war hier immer noch sehr breit und an seinen flachen Ufern wuchsen ein paar Büsche. Ich bemerkte an Land zahlreiche Elefanten-Spuren. Diese Tiere halten sich in den umliegenden Gehölzen auf, und ich wünschte jetzt, da ich sie so nah wusste, sehnlich eines von ihnen zu sehen. Doch meine Neugier wurde enttäuscht. Es ist doch bemerkenswert, dass ich auf meinen ausgedehnten Reisen im Inneren Afrikas kein einziges wildes Tier gesehen habe, wo doch mehrere andere Reisende berichtet haben, dass es unzählig viele von ihnen gebe. Bei Sonnenuntergang bog der Fluss nach Norden. Wir hielten gegen neun Uhr abends um uns die restliche Nacht auszuruhen. Es hatte ja große Hitze geherrscht.

Am 14. April fuhren wir gegen fünf Uhr morgens weiter. Eine halbe Stunde nach Sonnenaufgang kamen wir an zwei nahe beieinander liegenden Inselchen vorbei. Im Norden erhoben sich in gewisser Entfernung zwei Berge, die nicht sehr hoch zu sein schienen. Um sieben Uhr morgens bog der Fluss nach Nord-Osten ab. Gegen neun Uhr wendete er sich für vier oder fünf Meilen nach Osten, dann floss er in nord-östlicher Richtung weiter. Gegen zwei Uhr kamen wir in dem kleinen Dorf Diré an, das von Timbuktu abhängig ist. Soweit ich es überblicken konnte, zählt es 150 bis 200 Einwohner. Die Lehmhütten hatten flache Dächer. In einem nahe gelegenen Gewässer warteten sechs Sechzigtonner aus Djenné seit 16 Tagen auf uns. Die umherschweifenden Tuareg wollten sie ohne Lösegeld nicht weiterfahren lassen. Diese Räuber kamen jeden Tag an Bord der Pirogen, ließen sich zu essen geben und verlangten von den Kapitänen Zahlungen. Das Nomadenvolk der Tuareg lebt an den Ufern des Niger. Sie verstehen sich meisterlich darauf, anderen Angst und Schrecken einzujagen, und leben auf Kosten der armen Neger, die sie tributpflichtig machen. Ich werde im Folgenden noch näher darauf eingehen.

Die Schiffe, die so lange von den Tuareg aufgehalten worden waren, begrüßten uns mit Gewehrschüssen um ihre Freude zu zeigen. Die Neger aus Diré teilten uns mit, dass die Tuareg gerade nicht da seien und wir so keine Unannehmlichkeiten an Bord hätten. Zusammen mit den Schiffen, die nun zu uns gestoßen waren, fuhren wir vier Meilen in nord-östlicher Richtung. Dann bogen wir nach Osten ab. Bei Sonnenuntergang wurden wir von einem heftigen Gewitter überrascht, das von Osten herangezogen war. So schnell wir konnten, fuhren wir ans rechte Ufer und banden die Schiffe an Pfählen fest, die eigens für diesen Zweck hergestellt worden waren. Von Nord-Osten bis Süd-Westen war der ganze Himmel mit Wolken bedeckt, die ein heftiger Wind fast die ganze Nacht über vor sich hertrieb. Er wirbelte keinen Sand auf, aber er war sehr heiß.

Am 15. April waren wir um sechs Uhr morgens Richtung Osten unterwegs. Kurze Zeit später bog der Fluss nach Süd-Osten ab. Er war hier immer noch genauso breit und tief. Seine Ufer waren flach. In den Ebenen wuchsen einige kümmerliche Sträucher. Bevor ich von der Küste aufgebrochen war, hatte ich mir natürlich eine gewisse Vorstellung von der Größe des Niger gemacht. Und jetzt empfand ich es als ein Wunder, ein so großes Gewässer zu sehen, das um diese Jahreszeit gut neun oder zehn Fuß tief war. Der Senegal ist im Vergleich zu diesem gewaltigen Strom ein unbedeutender Fluss. Die Strömung des Niger ist gering, ich schätzte sie auf eineinhalb Knoten in der Stunde. Gegen acht Uhr morgens fuhren wir an einer Insel vorbei, auf der einige kleine Sträucher wuchsen. Wir kamen nur langsam voran, denn wir warteten immer wieder auf die großen Schiffe, die nicht so schnell wie unseres fuhren.

Gegen halb neun Uhr legten wir gegenüber dieser Insel eine halbstündige Pause ein. Am rechten Ufer sahen wir das kleine Dorf Khokhoula liegen, das, so wie Diré, von Timbuktu abhängig ist. Wir trafen hier auf ein kleines Schiff, das Timbuktu am Morgen verlassen hatte. An Bord waren einige dieser Tuareg, die sich bis Salacoila aushalten lassen, wo sie dann aussteigen und auf Kosten anderer Schiffe wieder zu sich nach Hause zurückkehren. Falls sie keines finden, gehen sie auf dem Landweg zurück. Der Strom macht bei Khokhoula eine kleine Biegung nach Nord-Osten, bevor er nach Norden weiterfließt. Die Tuareg warteten in diesem Dorf schon auf uns, denn man hatte ihnen von uns erzählt. Sie kamen in kleinen Pirogen, die ihnen gehörten und von Sklaven gesteuert wurden, an Bord der Schiffe. Wir beeilten uns ihnen Reis zu essen zu geben und wir brachten Wasser mit Honig herbei, ein Getränk, das sie sehr schätzen. Sie nennen es *jenné-hari* (Wasser aus Djenné). Diese Landstreicher stellen im Bewusstsein ihrer Überlegenheit immer hohe Ansprüche. Wir erlaubten ihnen nicht, unser Schiff zu betreten. Um sie loszuwerden, gab man ihnen schnell einen Sack Reis und sie zogen weiter. Wenn die Neger sie von ihren Schiffen vertreiben wollen, feuern sie in ihrer Nähe einige Gewehrschüsse ab. Dann kann man sicher sein, dass nicht viel Zeit vergeht, bevor sie bitten, dass man sie wieder an Land lässt, denn sie fürchten das Kanonenpulver und benutzen selbst niemals Feuerwaffen.

Man ließ mich von Bord der Piroge gehen, damit ich nicht von diesen räuberischen Wilden bemerkt werde, die, sobald sie einen – vor allem hellhäutigen – Mauren auf einem Schiff sehen, behaupten, dass er vermögender als die anderen sei. Als ob ihm die Hautfarbe zu Reichtum verhelfe. Ihre Forderungen sind dann noch unverschämter, und sie lassen die Schiffe erst weiterfahren, wenn der Weiße, den sie *almankoye* (reicher Mann) nennen, seinen Beitrag gezahlt hat.

An einem der folgenden Tage erzählte man mir, dass diese Wilden an Land einen Mauren von eher dunklem Teint festhielten, der so unvorsichtig gewesen war, sich nicht vor ihnen zu verstecken. Unerbittlich forderten sie hohe Abgaben von ihm. Alle Mauren, die diese Gefahr kennen, verbergen sich in den Schiffen und verlassen ihre Verstecke nur in der Dunkelheit. Nur die Neger haben das Vorrecht, an Deck zu bleiben. Sie haben einen äußerst niedrigen sozialen Status und werden als fast mittellos und Angestellte der maurischen Händler angesehen.

Um die Umgebung beobachten zu können, ohne selbst gesehen zu werden, bohrte ich einige Löcher in die Matten, hinter denen ich mich auf der Piroge verstecken musste. In dem Versteck herrschte eine unerträgliche Hitze, die mir starke Kopfschmerzen verursachte. Die maurischen Händler haben auf die Tuareg keinerlei Einfluss. Nicht ein Einziger hätte es gewagt, sie aufzusuchen und die Herausgabe der sechs Schiffe zu fordern, die sie schon so lange festhielten. Bei einem solchen Vorgehen hätten sie sicher sein können, den Tuareg selbst Abgaben machen zu müssen. Trotz dieser misslichen Lage machen sie diesen häufig Geschenke.

Jeder Schiffsverband auf dem Fluss hört auf einen Kapitän, der *amirou* genannt wird. Dieser Kapitän wird von allen respektiert. Er bestimmt die Geschwindigkeit und die Anzahl und Länge der Pausen. Es handelt sich immer um das älteste Mitglied der Mannschaft. Dieser Alte handelt die Zölle mit den Tuareg aus, die häufig zahlreich an Bord erscheinen. Obwohl er ein wenig Einfluss auf sie hat, kann er doch nichts für die Mauren tun. Und wenn die Tuareg einen solchen an Bord entdecken, kann man überhaupt nicht mehr mit ihnen verhandeln. Oft gehen diese räuberischen Moslem bis zum Äußersten, um zu erreichen, was sie wollen. »Selbst wenn du keinen einzigen Kauri besitzen würdest«, so sagten mir die Neger meiner Piroge, »würden sie doch behaupten, dass du sehr reich bist, und du müsstest ihnen irgendetwas geben – oder die Schiffe könnten nicht mehr weiterfahren.«

Um acht Uhr abends hielten wir vor dem kleinen Dorf Cora, das vielleicht 200 Einwohner zählte. Wir wurden ein weiteres Mal von den Tuareg heimgesucht. Sie begaben sich gleich an Bord des

Schiffes, auf dem der Kapitän war, und forderten Abgaben. Jede Piroge bekam den Befehl, einen Sack Hirse für ihr Abendessen an Land zu bringen. Alle gehorchten gewissenhaft. Man sagte mir, der Kapitän sei mit ihnen übereingekommen, ihnen die Zölle im nunmehr ganz nahen Kabara zu bezahlen. Die Abgaben bestanden aus Hirse, Reis, Honig, Butter, Stoffen und Kleidern. Den ganzen Abend über zuckten Blitze am östlichen Himmel. Die Hitze war groß, doch es regnete nicht.

Am 16. April wurden wir in Cora bis zehn Uhr morgens aufgehalten. Die Neger dieses Dorfes verkauften uns Milch. Als Gegenleistung bekamen sie Hirse von uns, denn oft haben sie nicht genügend Vorräte, obwohl sie viel Reis anbauen. Aber sie werden ständig von den Tuareg heimgesucht und bestohlen, die sie tributpflichtig machen und sich von ihnen verköstigen lassen.

Gegen zehn Uhr morgens fuhren wir in nord-östlicher Richtung weiter. Einige der plündernden Räuber waren an Bord geblieben, andere folgten uns am Ufer zu Pferd. Gegen ein Uhr machten wir Rast in der Nähe einiger Büsche und Sträucher und sammelten etwas Brennholz. Um zwei Uhr brachen wir wieder auf. Bei Sonnenuntergang bog der Fluss nach Norden ab. Er war hier so tief, dass die Schiffer ihre Stangen nicht mehr benutzen konnten und paddelten. Gegen acht Uhr abends hielten wir auf der Höhe eines Tuareg-Lagers. Die Wortwechsel, zu denen ihre Forderungen führten, ließen uns nur langsam und mühsam vorankommen. Ich litt besonders, da in meinem Versteck drückende Hitze herrschte. Außerdem bekam ich von dem, was sich draußen abspielte, nur das mit, was ich durch die Löcher, die ich in die Matten meines Gefängnisses geschnitten hatte, sehen konnte. Ständig wurden wir von einer Gruppe dieser Räuber geplagt. Die einen fuhren in kleinen Pirogen um uns herum, die anderen saßen auf prächtigen Pferden und stießen durchdringende Schreie aus um zu den kleinen Pirogen Kontakt zu halten und die, die sie lenkten, anzustacheln, an Bord unserer Schiffe zu gehen. So herrschte ein unerträglicher Tumult. Erst in Kabara konnten wir uns ihrer endgültig entledigen. Allabendlich lieferte ihnen jedes Schiff Reis und Hirse ab. Zum Dank schenkten sie dem Kapitän ein kleines Rind, das geschlachtet und unter allen Schiffskapitänen verteilt wurde. Die zahlreichen Gewehrschüsse, die die Neger vor dem Lager abfeuerten, erschreckten besonders die Pferde, deren Reiter aus dem Landesinneren gekommen waren um die Vorräte zu teilen.

Am 17. April brach der Schiffsverband um sechs Uhr in der Früh Richtung Norden auf. Wir hatten noch keine fünf Meilen zurückgelegt, als wir anhalten mussten um auf eines der großen Schiffe zu warten, das undicht war und jeden Augenblick untergehen konnte. Die Schiffer machten sich daran, es zu reparieren. Geschickt und behände tauchten sie hinab, um in die Nähte entlang des Kiels Werg zu stopfen. Gegen drei Uhr hatten sie das Schiff endlich so weit instand gesetzt, dass wir weiterfahren konnten. Ringsherum erblickte man nur Sümpfe, die bis zum Horizont reichten. Kein einziger Baum wuchs in dieser Landschaft. Bei Sonnenuntergang begrüßten wir den Neumond mit einigen Salven aus unseren Musketen. Die Tuareg erschreckte das Knallen derart, dass sie alle an Land flüchteten, und ich hörte, wie einige in ihren kleinen Pirogen riefen: »Möge Gott mich vor dem Pulver der Gewehre schützen!« Diese Völker sind nur mit Lanzen und Dolchen bewaffnet. Gegen sieben Uhr abends kamen wir an dem kleinen Dorf Coratou am rechten Flussufer vorbei, und gegen neun Uhr hielten wir an einem unbewohnten Ort.

Am 18. April, dem Tag an dem der Ramadan endete, unterbrachen wir unsere Fahrt gegen acht Uhr morgens für das *salam*-Gebet. Kabara sah man schon in der Ferne. Die Neger bemerkten die Dattelbäume dieses Dorfes und zeigten ihre Zufriedenheit. An diesem Tag zogen sie ihre schönsten Kleider an, versammelten sich in einer weiten Ebene und warfen sich inbrünstig nieder, um den Ewigen anzubeten. Was mich betrifft, so musste ich mich weiterhin auf der Piroge verstecken. Ich beobachtete sie durch die Löcher meiner Matte, hinter der ich immer noch unter der drückenden Hitze litt. Ich beglückwünschte mich, nicht an ihren feierlichen Handlungen teilnehmen zu müssen, und ich richtete heimlich meine Gebete an Gott, damit er meine Unternehmung auch weiterhin beschütze. Nach dem Gebet nahmen sie ein reichliches und gutes Mahl zu sich, als Ausgleich für die mehr oder weniger harte Fastenzeit. Der glühend heiße Ostwind zwang uns einen Teil des Tages an diesem Ort zu verbringen. Gegen vier Uhr abends legte sich der Wind etwas und wir bereiteten gerade den Aufbruch vor, als die Tuareg uns erklärten, uns so lange an der Weiterfahrt zu hindern, bis jedes Schiff ihnen vier Säcke Hirse abgeliefert habe – und dies unabhängig von den Zöllen, die sie ohnehin bei der Ankunft in Kabara von uns erheben wollten. Diese Forderung zog eine lange Diskussion nach sich: Die Chefs der einzelnen Pirogen versammelten sich mit den Anführern der Tuareg beim Kapitän des Schiffsverbandes und jeder legte mit viel Eifer seine Interessen und die der Schiffseigner dar. Die Tuareg beharrten auf ihrer Forderung, aber mit viel Ausdauer und wiederholten Bitten erreichte man, die Abgabe um die Hälfte zu reduzieren.

Gegen neun Uhr abends erhielten also die Schiffe den Befehl, zwei Säcke Hirse an Land zu schaffen, und man beeilte sich, diesem Befehl nachzukommen. Die Säcke waren in etwa mannshoch, ich schätzte, dass sie rund 200 Pfund wogen. Noch nie war mir ein Tag länger und langweiliger vorgekommen. Da befand ich mich vor den Toren Timbuktus und wagte nicht mich zu zeigen. Den ganzen Tag über musste ich mich verstecken. Wenn von Zeit zu Zeit einige Tuareg an Bord kamen, bestand man darauf, dass ich mich in eine große Wolldecke wickelte und so tat, als schliefe ich. Bei Anbruch der Nacht verließ ich mein Versteck, denn die Tuareg konnten nun meine Hautfarbe nicht mehr von der der Neger unterscheiden. Bis Tagesanbruch durfte ich aufatmen.

Am 19. April brachen wir um fünf Uhr morgens in nordöstlicher Richtung auf. Gegen sieben Uhr befanden wir uns in der Nähe eines Tuareg-Lagers. Es sah erbärmlich, ja Ekel eregend aus. Die Zelte der Mauren, die am rechten Senegal-Ufer wohnen, sind wahre Paläste dagegen. Die Behausungen dieser Wilden bestehen hingegen aus ungegerbten Rinderhäuten, die über drei oder vier Fuß hohe Pfähle gespannt sind. Darum herum werden ein oder mehrere Matten sozusagen als Palisadenzaun angebracht. Dabei ist es gleichgültig, ob es sich um das Zelt des Anführers oder das des rangniedrigsten Untertanen handelt. Auch innen schien mir große Unordnung zu herrschen, ganz so, wie man es aufgrund des äußeren Anblicks erwartete.

Da wir sehr nahe am Ufer entlangfuhren, konnte ich eine Frau erkennen, deren hell-kupferfarbene Haut stark an die der Maurinnen erinnerte. Sie trug auch deren Tracht und hatte die gleiche Leibesfülle. Diese hier war allerdings unglaublich dick. Sie saß auf einem Schaffell, das auf dem Boden lag, und hatte offensichtlich Vergnügen daran, die vorbeifahrenden Schiffe zu beobachten. Selbst während meiner Reise bei den Brakna, bei denen Fettleibigkeit das wichtigste Schönheitsmerkmal der Frauen ist, habe ich niemals eine Frau gesehen, die so korpulent wie diese hier war. Vier Sklaven mussten dieser Venus der Tuareg beim Laufen behilflich sein.

Der Niger floss danach nach Osten weiter. Wir kamen an einer großen Insel vorbei, auf deren Höhe wir gegen acht Uhr hielten um auf einige langsamere Schiffe zu warten. Die Insel war flach und sandig. Ich sah auf ihr ein paar Mimosen, außerdem einige *balanites aegyptiaca* und andere kümmerliche Sträucher. Wir fuhren gegen neun Uhr weiter und erreichten um zehn Uhr die Stelle, an der sich der Fluss in zwei Arme teilt. Der größere ist wohl eine dreiviertel Meile breit und fließt langsam nach Süd-Ost-Osten. Der andere ist 35 bis 40 Fuß breit und nimmt seinen Lauf in nord-ost-östlicher Richtung.

Gegen ein Uhr nachmittags erreichten wir den Hafen von Kabara. Man teilte mir mit, dass ich mein Versteck verlassen könne, da die Tuareg hinter uns zurückgeblieben seien. Schnell begab ich mich an Deck. Um mich herum sah ich nur unter Wasser stehende Sümpfe, in denen es vor Wasservögeln nur so wimmelte. Der kleinere Flussarm ist an dieser Stelle sehr schmal und die Strömung recht stark. Da er hier nach Osten abbiegt, vermutete ich, dass er sich in einiger Entfernung wieder mit dem Hauptarm vereinigen könnte. Wenn dies so wäre, würde der Fluss eine große, sumpfige Insel bilden, die bei Überschwemmungen ganz überflutet wird.

In dieser Sumpflandschaft fiel mein Blick auf Kabara, das auf einem kleinen Hügel liegt, sodass es vor Überschwemmungen sicher ist. Man versicherte mir, dass die Sümpfe in der Regenzeit zehn Fuß unter Wasser stünden, was mir angesichts der Weitläufigkeit des Gebietes enorm schien, und dass dann auch die großen Schiffe direkt vor Kabara ankerten. Zu dem Dorf führt ein kleiner Kanal, den allerdings nur mittelgroße Schiffe benutzen können. Würde man freilich die Seerosen und anderen Pflanzen, die dort wuchern, entfernen, könnten ihn Schiffe von 25 Tonnen zu jeder Jahreszeit befahren. Aber diese Arbeit ist den Negern zu mühsam.

Ich begab mich zusammen mit den Mauren aus Adrar auf eine kleine Piroge um nach Kabara zu fahren. Negersklaven zogen das Schiff an einem Seil. Stangen wären unzureichend gewesen. Wir trafen zahlreiche kleinere Boote, die die Besitzer losgeschickt hatten, um die wertvollsten Güter der Schiffe, die aus Djenné kamen, abzuholen. Kabara liegt drei Meilen nördlich des großen Hafens. Gegen drei Uhr kamen wir endlich an. Als ich das Städtchen betrat, bemerkte ich viele Strohhütten, die denen der Fulbe ähnelten. Sie werden von Sklavinnen bewohnt, die Handel treiben. Um diese Hütten herum lagen zahlreiche Seerosen-Früchte, von denen sich ein Teil der Sklaven und der Armen ernährt.

Die Straßen bevölkerten Händler und Einheimische. Die einen gingen spazieren, andere versuchten ihre Waren zu verkaufen, die aus Fisch, Milch, Kolanüssen, Pistazien und vielem anderem bestanden. Kabara erstreckt sich von Ost nach West, die flachen Häuser aus Lehm haben nur ein Erdgeschoss. Nur wenige sind wirklich gut gebaut. Meist sind es elende Hütten, denn die Reichen ziehen es vor, im Handelszentrum Timbuktu zu wohnen. Die vielleicht tausend bis zwölfhundert Einwohner von Kabara sind alle damit beschäftigt, entweder die zahlreichen Waren, die aus Djenné eintreffen, auszuladen oder sie nach Timbuktu zu bringen. Zu diesem Zweck benutzen sie Esel und Kamele. Die Sklaven tragen die Waren nicht auf dem Kopf. Das anzuordnen wäre auch nicht klug von ihren Herren, denn diese Unglücklichen wären bald völlig erschöpft, da der Weg nach Timbuktu durch Treib- und Flugsand führt, was das Vorankommen sehr beschwerlich macht. Jeden Tag findet in Kabara ein Markt statt, auf dem alle möglichen Waren aus dem Sudan feilgeboten werden. Es gibt eine kleine Moschee, die von einem Turm oder Minarett überragt wird. Westlich des Dorfes findet man einige *balanites aegyptiaca* und kleine Tabakpflanzungen. Diese Pflanze gedeiht hier freilich nur schlecht und erreicht kaum die Höhe von sechs oder sieben Zoll. Im Osten wachsen einige Dattelbäume, die man schon aus großer Entfernung sieht. Die dauernden Überschwemmungen der umliegenden Sümpfe machen den Einwohnern den Reisanbau unmöglich. Und der sandige Boden im Norden des Städtchens ist zu trocken, als dass man Hirse anbauen könnte.

Die Mauren aus Adrar, deren Schiff ich zwischen dem großen Hafen und Kabara benutzt hatte, ließen ihre Piroge entladen. Ihr Gepäck stellten sie bis zum Weitertransport in einem Lagerraum unter. Die Einwohner von Kabara vermieten den Händlern ihre Läden, damit diese ihre Waren dort deponieren können. Sie vermieten auch ihre Esel, die die Bündel nach Timbuktu tragen.

Ich besichtigte die Stadt. Die Straßen sind eng, aber recht sauber. Einer Händlerin, von denen es hier viele gab, kaufte ich ein wenig Milch und ein Weizenbrot ab, das mich 20 Kauris kostete. Damit hatte ich ein gutes Mittagessen, was mich dafür entschädigte, dass ich den ganzen Tag noch nichts zu mir genommen hatte. Die Milchverkäuferin schien mir nicht besonders ehrlich zu sein, denn sie wollte mich die Ware zweimal bezahlen lassen: Ich war so ungeschickt gewesen, im Voraus zu bezahlen. Es ist in dieser Gegend üblich, den Gegenwert des Gekauften in den Warenkorb zu legen, und die Händlerin sammelt das Geld erst ein, wenn sie das Gewünschte ihrerseits geliefert hat. Diese Vorsichtsmaßnahme spricht weder für den guten Willen der Verkäufer noch der Käufer.

Im Hafen sah ich viele Pirogen, die repariert wurden. Die Besitzer lassen sie gewöhnlich gleich nach dem Entladen ans Ufer ziehen und auf große runde Holzstücke legen. So befinden sie sich etwas oberhalb des Erdbodens. Ohne diese kluge Vorsichtsmaßnahme würden die Seile, die die einzelnen Schiffsteile zusammenhalten, sehr schnell faulen. Der kleine Hafen von Kabara erstreckt sich von Ost nach West auf etwa einer halben Meile und ist ungefähr 115 Meter breit. Er wäre sehr praktisch, wenn er etwas besser unterhalten wäre. Er ist aber sehr schmutzig und voller Schlamm. Im Hafen kommen immer viele Frauen und Männer zusammen um die Schiffe zu beladen und zu entladen. An diesem Tag feierten die Einwohner das Ende des Ramadan. Sie tanzten und gaben sich einer kindlichen Freude hin, die mich entzückte. Alle waren sehr sauber gekleidet. Ich bat eine Sklavin, die vor ihrer Hütte saß, um etwas Wasser. Sie wusch sofort ein kleines Holzgefäß aus, in dem sie mir das Gewünschte brachte. Sie war sehr freundlich.

Die Tuareg erhalten in Kabara die Abgaben, die sie von den Schiffen verlangt haben. Sie streunen oft um das Dorf herum und lassen sich ganz nach Belieben Vorräte, Kleider oder andere Güter aushändigen. Die Einwohner von Kabara schenkten mir keinerlei Aufmerksamkeit. Die Mauren aus Adrar luden mich ein, ihr aus Reis bestehendes Abendessen mit ihnen zu teilen, das ich ganz köstlich fand. Ich verbrachte die Nacht im Freien, auf einer Matte, die ich in ihrer Nähe ausbreitete. Einige Mücken, von denen es jedoch am Ufer des Niger viel weniger gibt als am Senegal, erwiesen sich als rechte Plagegeister.

Am 20. April kamen die Händler aus Timbuktu nach Kabara, um die Entladung ihrer Waren zu veranlassen. Sie ritten wunderschöne Pferde. Sidi-Abdallahi Chebir, dem mich der Prinz von Djenné empfohlen hatte, war nicht dabei, aber er schickte seine Sklaven, die allesamt gut angezogen und mit einfachen, in Tunis hergestellten Gewehren bewaffnet waren. Sidi-Mbark, der Eigentümer der Piroge, die mich nach Kabara gebracht hatte, war einige

Tage vor uns angekommen. Er hatte Sidi-Abdallahi von mir erzählt. Dieser hatte aus religiöser Pflichterfüllung heraus (den Brief, den sein Handelspartner ihm über mich geschrieben hatte, hatte er noch nicht erhalten) seine Sklaven beauftragt mir zu meiner glücklichen Ankunft zu gratulieren und mich anzuhalten ihn sogleich aufzusuchen. Dies gab mir die Hoffnung, freundlich aufgenommen zu werden.

Kapitel 6

Timbuktu

Strecke von Kabara nach Timbuktu – Erster Anblick der Stadt, Eindruck, den er hinterlässt – Volk der Kissour – Der König; Audienz, die er dem Reisenden gibt – Lebensbedingungen der Sklaven – Beschreibung der Stadt; ihre Ausdehnung, ihre Bauweise, ihr Handel – Nahrung, Kleidung, Schmuck der Einwohner – Bousbehey, Stadt der zaouat – Toudeyni – Stamm Salah – Schrecken, den die Tuareg verbreiten; Porträt dieses Stammes – Volk der ginbala – Einzelheiten über das Unglück, das Major Laing traf – Überlegungen darüber, wie man in das Innere Afrikas vordringen kann.

Am 20. April um halb vier machten sich die Leute von Sidi-Abdallahi Chebir und ich Richtung Norden auf den Weg nach Timbuktu. Die Sklaven, die an Bord gewesen waren, kamen mit uns, sodass wir eine ansehnliche Karawane bildeten. Die jüngsten Sklaven setzten wir auf Esel, denn die Piste war sehr sandig und deshalb recht anstrengend. In der Nähe von Kabara stießen wir auf zwei kleine Teiche, an deren Ufern 5 – 6 Fuß hohe Mimosen wuchsen. Auch etwas weiter fanden wir zu unserer Freude eine, wenn auch nur spärliche Vegetation. Doch leider ist nur etwa die Hälfte der Strecke so beschaffen. Der restliche Weg verläuft in einer viel kärglicheren Gegend und der weichere Sand macht das Vorwärtskommen sehr beschwerlich.

Auf dem Weg verfolgte uns ein räuberischer, ungefähr 50 Jahre alter Targi. Er ritt ein großartiges Pferd und wollte sich eines jungen Negersklaven bemächtigen. Sidi-Abdallahi Chebirs Leute erklärten ihm aber, dass der Sklave ihrem Herrn gehöre, der ihm bei ihrer Ankunft in Timbuktu sicherlich etwas schenken werde, wenn er ihn denn aufsuche. Die Aussicht auf ein Geschenk beruhigte den Targi, sodass er endlich seine Belästigungen einstellte. Er beobachtete mich aber genau und fragte mehrmals meine Begleiter, wer ich sei und woher ich komme. Als man ihm versicherte, dass ich sehr arm sei, gab er die Hoffnung auf, irgendetwas von mir zu erhalten.

Am Abend kamen wir glücklich in Timbuktu an. So sah ich also die Hauptstadt des Sudan, die schon so lange das Ziel meiner

Träume gewesen war, zum ersten Mal im Licht der untergehenden Sonne. Ein unbeschreibbares Glücksgefühl bemächtigte sich meiner, als ich diese sagenumwobene Stadt betrat, die schon so viele europäische Nationen erforschen wollten. Niemals zuvor hatte ich eine solche Zufriedenheit verspürt. Ich war außer mir vor Freude. Um meine Fassung wiederzuerlangen, richtete ich meine Gedanken auf Gott und dankte ihm inbrünstig für den Erfolg, mit dem er mein Unternehmen jetzt gekrönt hatte. Wie sollte ich ihm je für seine nie enden wollende Hilfe bei so vielen unüberwindbar scheinenden Hindernissen und Gefahren danken?

Als sich aber die erste Begeisterung gelegt hatte, musste ich feststellen, dass sich mir ein ganz anderes Bild darbot, als ich es erwartet hatte: Ich hatte mir von der Ausdehnung und dem Reichtum der Stadt eine viel großartigere Vorstellung gemacht, als es der Wirklichkeit entsprach. Auf den ersten Blick sah ich nur schlecht gebaute Lehmhäuser und um die Stadt herum riesige, wüstenhafte Ebenen mit gelblich-weißem Sand, die bis zum Horizont reichten, der in ein blassrotes Licht getaucht war. Eine bleierne Stille lag über der traurigen Landschaft, nicht ein einziger Vogel war zu hören. Dennoch war es irgendwie beeindruckend, eine so große Stadt mitten in der Wüste erbaut zu sehen und die Anstrengungen ihrer Gründer verdienen Bewunderung. Ich vermute, dass früher der Niger nahe an Timbuktu vorbeifloss; heute nimmt er seinen Lauf 8 Meilen nördlich der Stadt.

Ich nahm meine Wohnung bei Sidi-Abdallahi, der mich wirklich väterlich aufnahm. Man hatte ihn schon über die (angeblichen) Gründe meiner Reise durch den Sudan unterrichtet. Er lud mich zum Abendessen ein, es gab ein sehr gutes Couscous mit Hirse und Hammelfleisch. Wir saßen zu sechst um den Topf herum und aßen – so sauber wie es irgend ging – mit den Fingern. Sidi-Abdallahi stellte mir keinerlei Fragen während des Essens, wie es bei den Arabern sonst üblich ist. Er wirkte sanft, ruhig und sehr diskret. Er war ein Mann von 40 bis 45 Jahren, ungefähr fünf Fuß groß und ziemlich dick. Sein pockennarbiges Gesicht und seine ganze Erscheinung strahlten eine würdevolle Ruhe aus. Er sprach wenig und setzte seine Worte mit Bedacht. Wollte man ihm etwas vorwerfen, so konnte dies einzig sein religiöser Fanatismus sein.

Nachdem ich mich nach dem Essen von meinem Gastgeber verabschiedet hatte, legte ich mich auf einer Matte, die man auf dem Boden meiner neuen Unterkunft ausgebreitet hatte, zur Ruhe. In

Ankunft einer Karawane in Timbuktu

Timbuktu sind die Nächte so heiß wie die Tage. So hielt ich es im Zimmer nicht aus, sondern richtete mich im Hof ein. Aber auch hier fand ich bei der drückenden Hitze keinen Schlaf. Kein Lüftchen brachte Erfrischung. Seit Beginn meiner Reise hatte ich mich nicht so unwohl gefühlt.

Am nächsten Morgen suchte ich zuerst meinen Gastgeber auf, der mich freundlich begrüßte. Dann unternahm ich einen Spaziergang in die Stadt, um sie näher kennen zu lernen. Sie war weder so groß noch so bevölkert, wie ich es erwartet hatte. Auch das Handelsaufkommen ist nicht so bedeutend, wie man sich erzählt. Man sieht lange nicht so viele Fremde wie beispielsweise in Djenné. Nur die Kamele, die mit den Waren beladen waren, die die Schiffe nach Kabara gebracht hatten, durchzogen die Straßen. Einige Bewohner hockten auf Matten und unterhielten sich, zahlreiche andere schliefen im Schatten vor ihrer Tür. Kurzum: Alles atmete tiefe Traurigkeit. Die geringe Aktivität, um nicht zu sagen Faulheit und Bequemlichkeit, überraschten mich. Lediglich einige Kolanusshändler priesen wie in Djenné laut schreiend ihre Ware an.

Gegen vier Uhr nachmittags, als die Hitze endlich etwas nachgelassen hatte, bemerkte ich einige Negerkaufleute, die sich zu einem Ausritt anschickten. Sie waren alle sehr gut gekleidet und ihre Pferde trugen ein reich verziertes Geschirr. Aus Angst vor den Tuareg, die ihnen übel hätten mitspielen können, entfernten sie sich nicht weit von der Stadt.

Wegen der großen Hitze findet der Markt erst am späten Nachmittag, so gegen drei Uhr, statt. Abgesehen von den Mauren vom Stamm *zaouat*, der in der Nähe von Timbuktu siedelt, sieht man nur wenig Fremde auf dem im Vergleich zu Djenné wie ausgestorben wirkenden Markt.

In Timbuktu findet man hauptsächlich Waren, die auf Booten herbeigebracht werden, die den Niger hinauf- und hinunterfahren. Waren aus Europa wie Glasperlen, Bernstein, Korallen, Schwefel, Papier und verschiedene andere Dinge sind selten. Ich entdeckte drei kleine Läden, die eine gute Auswahl an europäischen Stoffen boten. Die Händler breiten solche Stoffe nicht auf der Straße aus, sondern machen mit Salzblöcken vor ihrer Tür auf sie aufmerksam. Diejenigen, die ihren Stand auf dem Marktplatz haben, schützen sich vor der Sonne mittels kleiner Hütten, die aus einfachen Pflöcken und darüber befestigten Matten bestehen.

Mein Gastgeber Sidi-Abdallahi hatte die Freundlichkeit, mir einen seiner Läden mit europäischen Waren zu zeigen: Ich sah einige französische Gewehre mit doppeltem Lauf, unter anderem von der Marke Saint-Etienne. Unsere Gewehre werden im Allgemeinen sehr geschätzt und erzielen höhere Preise als die anderer Nationen. Außerdem bemerkte ich einige ansehnliche Elefantenstoßzähne. Mein Gastgeber sagte mir, dass er manchmal welche in Djenné, die meisten aber in Timbuktu kaufe. Es sind Tuareg, die die Stoßzähne liefern, oder auch *kissour* und *dirimans*, die am Ufer des Flusses leben. Elefanten werden nicht geschossen, sondern in Fallen gefangen. Leider habe ich eine solche Jagd niemals beobachten können.

Ich hatte Sidi-Mbark ein Stück Stoff geschenkt um ihn mir günstig zu stimmen. Am 22. April teilte er mir mit, dass in zwei Tagen eine Karawane in das Tafilalt -Gebiet aufbrechen werde und dass ich mich für die Reise in die große Wüste bereithalten solle. Dieses Angebot kam mir sehr ungelegen, denn ich war keineswegs gewillt, Timbuktu so schnell wieder zu verlassen. Und so sann ich danach, meinen Aufenthalt in der Stadt zu verlängern.

Am Abend suchte ich meinen Gastgeber auf und erzählte ihm von Mbarks Angebot. Ich fügte hinzu, dass ich von dem langen und mühsamen Fußmarsch durch den Sudan doch sehr ermattet sei und mich von den Strapazen gerne noch zwei Wochen in Timbuktu erholen wolle. Danach würde ich mich der ersten Karawane, die die Stadt verlasse, anschließen. Kaum hatte ich diesen Wunsch geäußert, unterbrach mich Sidi-Abdallahi auch schon und sagte mir freundlich: »Du machst mir eine Freude, wenn du länger bleibst, es wird dir an nichts fehlen.« Ich dankte ihm von Herzen, denn ich wusste seine Gastfreundschaft zu schätzen. Kurz darauf bedachte er mich mit einer weiteren Wohltat, für die ich ebenfalls sehr dankbar war: In dem Zimmer, das er mir zunächst zur Verfügung gestellt hatte, hatten der Mandingo, der mich unterwegs so schlecht behandelt hatte, und seine Frau Einzug gehalten. Ihre Gegenwart zwang mich, meine Aufzeichnungen in aller Heimlichkeit anzufertigen, was mich sehr störte. So brachte ich nicht die Geduld auf, noch einige Tage abzuwarten, sondern bat Sidi-Abdallahi um einen Raum für mich allein. Er machte dem Neger Vorwürfe, mein Zimmer bezogen zu haben, und stellte mir ein Haus zur Verfügung, das ihm ebenfalls gehörte und ganz in der Nähe des Marktplatzes lag, gegenüber dem Haus, das seinerzeit der unglückliche Major Laing bewohnt hatte.

Oft saß ich auf der Schwelle meines Hauses und dachte an das traurige Schicksal dieses Reisenden, der so vielen Gefahren getrotzt, so viele Mühen ertragen hatte, und dann, gerade als er sich anschickte in die Heimat zurückzukehren, hinterrücks ermordet worden war. Der Gedanke, dass ich, sollten die wahren Motive meiner Reise entdeckt werden, ein tausend Mal schlimmeres Schicksal als den Tod, nämlich die Sklaverei, erleiden würde, machte mir große Angst. So nahm ich mir vor, so vorsichtig wie möglich zu sein, um keinen Verdacht zu erregen.

In der neuen Wohnung fühlte ich mich viel wohler. Mein Gastgeber hatte in dem Zimmer, für das ich einen Schlüssel besaß, eine Matte auslegen lassen. Die Sklaven, die in dem Haus lebten, hatten den Auftrag mich zu bedienen: Zweimal täglich brachten sie mir von Sidi-Abdallahi Couscous und Reis mit Rind- und Hammelfleisch.

Die größte Bevölkerungsgruppe in Timbuktu bilden Neger des *kissour*-Volksstammes. Darüber hinaus haben sich viele Mauren in der Stadt niedergelassen, um Handel zu treiben. Man kann sie mit den Europäern vergleichen, die in der Hoffnung reich zu werden, in die Kolonien auswandern. Auch die Mauren kehren nach einiger Zeit in ihre Heimat zurück um dort in Ruhe zu leben. Sie üben einen großen Einfluss auf die Eingeborenen aus. Der König ist allerdings immer ein Schwarzer. Dieser bescheidene Prinz mit dem Namen Osman wird von seinen Untertanen sehr verehrt. Er unterscheidet sich in nichts von den anderen Bewohnern: Seine Kleider ähneln denen der marokkanischen Mauren, er selbst ist Kaufmann und seine Kinder betreiben Handel in Djenné. Sein Haus ist nicht luxuriöser als das der anderen Händler. Seine Vorfahren haben ihm ein ansehnliches Vermögen hinterlassen, was ihn in Verbindung mit seinem eigenen Einkommen zu einem reichen Mann macht. Dieser fromme Moslem hat vier Frauen und unzählige Sklaven.

Sein Würdenamt wird jeweils auf den ältesten Sohn vererbt. Der König erhebt weder gegenüber seinem Volk noch gegenüber fremden Händlern irgendeinen Tribut. Er nimmt aber Geschenke an. Auch eine Verwaltung gibt es nicht. Er ist vielmehr wie ein Familienvater, der seine Kinder regiert: Er ist gut und gerecht und hat von seinen Untertanen nichts zu befürchten. Diese einfachen und sanften Sitten erinnern an die der ehrwürdigen Alten. Im Kriegsfall sind alle bereit zu kämpfen. Im Allgemeinen erschienen mir diese Völker sehr friedfertig: Streitigkeiten kommen selten vor und wenn es eine Auseinandersetzung gibt, begeben sich die Parteien zum König, der den Rat der Alten einberuft. Dieser setzt sich immer aus Schwarzen zusammen, die Mauren besitzen nicht das Recht, an der Regierung teilzunehmen. Sidi-Abdallahi, mein Gastgeber und ein Freund Osmans, nahm manchmal an den Sitzungen des Rates teil. Die Mauren haben selbst einen Chef, unterliegen aber nichtsdestoweniger der Gerichtsbarkeit des Landes. Ich bat meinen Gastgeber mich zum König zu führen. Er willigte mit seiner üblichen Freundlichkeit ein.

Der König empfing uns inmitten seines Hofstaates. Er saß auf einer schönen Matte mit einem wertvollen Kissen. Wir setzten uns in einiger Entfernung von ihm und verharrten dort eine Weile. Mein Gastgeber sagte ihm, dass ich ihm meine Ehrerbietung darbringe, und erzählte ihm von meinen Abenteuern. Ich verstand ihre Unterhaltung nicht, denn sie verwendeten die Sprache der *kissour*. Daraufhin wandte sich der König auf Arabisch an mich und stellte mir einige Fragen über die Christen und darüber, wie sie mich behandelt hatten. Unser Besuch war nur sehr kurz, wir zogen uns bald zurück. Ich hätte mir gewünscht auch das Innere des Hauses zu sehen, aber das war mir nicht vergönnt. Dieser

König schien mir sehr liebenswürdig zu sein. Er war wohl um die 55 Jahre alt. Seine krausen Haare waren weiß. Er hatte gute Gesichtszüge, einen tiefschwarzen Teint, eine Hakennase, schmale Lippen, einen grauen Bart und große Augen. Seine Kleider waren wie die der Mauren aus europäischen Stoffen gefertigt. Er trug eine rote Kappe, um die herum ein großes Stück Musselin in der Form eines Turbans geschlungen war. Seine Lederschuhe ähnelten unseren in Afrika hergestellten Hauspantoffeln. Er suchte häufig die Moschee auf.

Viele Mauren haben sich, wie gesagt, in Timbuktu niedergelassen. Sie bewohnen die schönsten Häuser der Stadt. Der Handel macht sie alle sehr schnell reich. Man schickt ihnen Waren aus Adrar und dem Tafilalt, Tuat, Ardamas, Tripolis, Tunis und Algier, die in Timbuktu zwischengelagert werden. Sie bekommen viel Tabak und verschiedene andere Waren aus Europa, die sie auf kleinen Booten nach Djenné oder anderswohin weiterleiten. Timbuktu kann als der größte Stapelplatz dieses Teils von Afrika angesehen werden. Man lagert hier all das Salz, das aus den Bergwerken von Toudeyni stammt. Kamel-Karawanen bringen das Salz nach Timbuktu. Die Mauren aus Marokko und aus anderen Ländern, die den Sudan bereisen, bleiben sechs bis acht Monate in Timbuktu um Handel zu treiben und auf eine neue Ladung für ihre Kamele zu warten. Zusammengehalten werden die Salzplatten mit schlechten Seilen, die aus einem Gras gemacht sind, das in der Umgebung von Tandaye wächst. Das Gras ist trocken, wenn man es ausrupft. Man befeuchtet es und gräbt es in die Erde ein um es vor Sonne und Wind, also vor zu rascher Austrocknung, zu schützen. Wenn es die Feuchtigkeit aufgesogen hat, fertigt man in Handarbeit Stricke daraus, die bei den Mauren verschiedene Verwendung finden. Die Kamele befördern des Öfteren ihre Ladung zu Boden, sodass die Salzplatten teilweise zerbrochen sind, wenn sie in der Stadt ankommen. Dies würde ihren Verkauf natürlich beeinträchtigen, wenn die Händler sie nicht von Sklaven reparieren ließen. Diese fügen die Teile wieder zusammen und verpacken sie aufs Neue, diesmal allerdings mit solideren Seilen aus Rindsleder. Sie versehen die Platten mit schwarzen Zeichnungen, zum Beispiel mit Streifen oder mit Rauten. Die Sklaven lieben diese Arbeit sehr, weil sie ihnen erlaubt einen kleinen Salzvorrat für ihren Eigenbedarf zusammenzuklauben. Im Allgemeinen sind die Menschen dieser sozialen Schicht in

Timbuktu weniger unglücklich als in anderen Landstrichen. Sie haben Kleider, sind gut ernährt und werden selten geschlagen. Man zwingt sie zur Teilnahme an religiösen Feiern – was sie mit großer Gewissenhaftigkeit tun. Trotz der insgesamt guten Behandlung werden sie aber nichtsdestoweniger als Ware angesehen. Man exportiert sie nach Tripolis, nach Marrakesch und an andere Küstenorte, wo sie kein so glückliches Leben wie in Timbuktu haben. So verlassen sie diese Stadt immer mit großem Bedauern, obwohl sie das Schicksal, das sie erwartet, gar nicht kennen.

Als ich selbst Timbuktu verließ, sah ich mehrere Sklaven, die sich auf rührende Art und Weise voneinander verabschiedeten, obwohl sie sich gar nicht kannten. Das gemeinsame traurige Schicksal führt bei ihnen zu einem gegenseitigen Gefühl der Sympathie und Anteilnahme. Sie geben sich gegenseitig Empfehlungen, wie man sich richtig verhält. Die Mauren jedoch, die den Auftrag haben, sie wegzubringen, beschleunigen oft den Aufbruch und reißen sie auseinander.

Als ich mich in der Moschee befand, näherte sich mir ein älterer Maure mit ernster Miene und ließ wortlos eine Hand voll Münzen der Landeswährung in die Tasche meiner *coussabe* fallen. Er entfernte sich so schnell, dass ich nicht die Zeit fand, ihm zu danken. Ich war sehr überrascht über diese diskrete Art, ein Almosen zu geben.

Timbuktu hat wohl drei Meilen Umfang. Die Stadt bildet eine Art Dreieck. Die Häuser sind flach, aber geräumig. Bei manchen befindet sich über der Eingangstür noch ein kleines Zimmer. Runde Ziegel, die mit der Hand geformt und in der Sonne getrocknet werden, bilden das Baumaterial. Die Mauern ähneln – mit Ausnahme ihrer Höhe – denen von Djenné.

Die Straßen von Timbuktu sind sauber und so breit, dass drei Reiter nebeneinander herreiten können. Innerhalb und außerhalb der Stadt sieht man zahlreiche Strohhütten wie die der Fulbe-Hirten. Es sind die Behausungen der Armen und der Sklaven, die für ihre Herren Handel treiben. Es gibt sieben Moscheen in Timbuktu. Die beiden großen überragt ein Ziegelturm, in dessen Inneren eine Treppe nach oben führt.

Diese geheimnisvolle Stadt, die seit Jahrhunderten den Geist der Forscher beschäftigte und über deren Bevölkerung, Kultur und Handel mit dem Inneren des Westsudan man sich ganz falsche, übertriebene Vorstellungen machte, liegt in einer riesigen Ebene, die mit weißem Sand bedeckt ist, auf dem nur kümmerliche Sträucher wachsen, wie zum Beispiel *mimosa ferruginea*, der nur drei oder vier Fuß hoch wird. Diese Ebene kennt keine Begrenzung, sie ist von allen Seiten aus zugänglich. Innerhalb und außerhalb der Stadt wachsen einige *balanites aegyptiaca*, im Zentrum steht eine Delebpalme.

Timbuktu kann höchstens zehn- oder zwölftausend Einwohnern – alles Händler – Platz bieten, einschließlich der Mauren, die sich dort niedergelassen haben. Die zahlreichen Araber, die mit den Karawanen in die Stadt kommen und dort eine Zeit lang bleiben, erhöhen zeitweise die Einwohnerzahl. In einiger Entfernung der Stadt wachsen in der weiten Ebene einige Grashalme und Disteln, von denen sich die Kamele ernähren. Brennholz ist in dieser Gegend äußerst selten. Man muss schon die Umgebung von Kabara aufsuchen, um welches zu finden. Es ist ein Handelsgut, die Frauen verkaufen es auf dem Markt. Nur die Reichen verwenden Brennholz, die Armen benutzen Kamelmist. Auch Wasser wird auf den Märkten verkauft. Für eine Kaurimuschel geben die Frauen ungefähr einen halben Liter.

Obwohl Timbuktu eine der größten Städte ist, die ich in Afrika gesehen habe, lebt es einzig und allein vom Salzhandel, da der Boden für den Ackerbau ungeeignet ist. Versorgungsgüter bezieht die Stadt alle aus Djenné: Hirse, Reis, pflanzliche Fette, Honig, Baumwolle, Stoffe aus dem Sudan, verschiedene Alltagsgegenstände, Kerzen, Seife, Pimente, Zwiebeln, getrockneten Fisch, Pistazien usw. Würden die Boote nach Kabara unterwegs von Tuareg abgefangen, so litten die Bewohner von Timbuktu Hunger und Armut. Um dies zu vermeiden, achten sie darauf, dass ihre Läden stets einen üppigen Vorrat an allerlei Lebensmitteln aufweisen. So enthielten die Läden von Sidi-Abdallahi große Säcke mit Reis, der sich viel länger als Hirse hält. Die geographische Lage führt dazu, dass die Boote, die den Fluss bis Kabara hinabfahren, jede Auseinandersetzung mit den Tuareg vermeiden. Man hat mir versichert, dass, schlüge man nur einen dieser Wilden, die Tuareg sofort Krieg gegen Timbuktu führen und jede Verbindung mit dem Hafen unterbrechen würden. Die Stadt könnte also keinerlei Hilfe von außen mehr erhalten.

Im Nord-West-Westen der Stadt haben sich große Gruben geformt, die 35 bis 40 Fuß tief sind. Sie enthalten beachtliche Wasservorräte, die vom Regen gespeist werden. Die Sklaven schöpfen hier Wasser zum Trinken und Kochen. Das Wasser ist ziemlich klar, aber sehr warm und hat einen unangenehmen Geschmack. Da diese Zisternen völlig unter freiem Himmel liegen, wird das Wasser von der Sonne und dem heißen Wind aufgeheizt. Auf einem sanften Abhang bin ich in die größte Grube hinabgestiegen. Der Boden, der nicht vollständig mit Wasser bedeckt ist, lässt genug Platz, um ein wenig herumzuspazieren. Ich bemerkte einige Adern roten und harten Sandes, sonst sieht man nur grauen und grobkörnigeren Sand.

Um die Gruben herum gibt es einige kleine Tabakfelder. Die Pflanze wird lediglich fünf bis sechs Zoll hoch und gedeiht nur, wenn sie regelmäßig gegossen wird. Soweit ich gesehen habe, ist es die einzige Pflanze, die in dieser Gegend angebaut wird. Die Neger waren mit der Ernte beschäftigt. Die Tabakpflanzen trugen schon Samen. Sie trocknen ihre Blätter und zerkleinern sie in einem Mörser. So erhalten sie eine Art Pulver, das nicht einmal mehr nach Tabak riecht. Es wird auf dem Markt verkauft, aber die Reichen nehmen nur das, das aus Marokko kommt und von viel besserer Qualität ist. Die Einwohner von Timbuktu rauchen nicht, die maurischen Nomaden hingegen, die die Umgebung besiedeln, kennen den Gebrauch der Pfeife.

Die Sklaven schöpfen das Wasser mit Kalabassen. Sie füllen es in Ledertaschen, die sie auf dem Rücken ihrer Esel befestigen. Bevor sie sich an die Arbeit machen, vergnügen sie sich aber stets ein wenig beim Tanz, denn trotz ihres Sklavendaseins sind sie immer sehr vergnügt. Sobald sie zu ihren Herren zurückgekehrt sind, füllen sie das Wasser in Krüge, wo es kühlt und seinen unangenehmen Geschmack teilweise verliert. Einige Sklavinnen waschen Wäsche nahe der Gruben in großen Kalabassen.

Zwei Tagesmärsche nach Nordosten von Timbuktu befindet sich die Stadt Bousbéhey, deren Häuser aus sandigen Lehmziegeln gebaut sind. Sie gehört dem *zaouat*-Stamm, der in der gleichnamigen Wüste umherzieht. Die Einwohner von Bousbéhey treiben Handel mit Salz, das sie aus der kleinen Stadt Toudeyni beziehen. Ihre einzige Ressource sind die zahlreichen Kamele: Sie trinken ihre Milch, aus der sie auch Butter machen. Schafe und Rinder hingegen haben sie nur wenige. Die Händler aus Timbuktu kaufen ihnen Vieh ab, das ihre tägliche Ernährung sicherstellt, und geben ihnen im Gegenzug Reis und Hirse, denn diese Unglücklichen bewohnen einen ganz und gar unfruchtbaren Boden, der kaum das

Marktszene in Timbuktu

nötige Futter für ihre Kamele hervorbringt. Die gleichen Händler kaufen ihr Salz in Toudeyni. Sie bezahlen es mit Hirse, Reis, Stoffen und Gold. Da Bousbéhey und Toudeyni ausschließlich mit dem Getreide versorgt werden, das die Händler von Timbuktu aus Djenné beziehen, ist es leicht einzusehen, dass die beiden Städtchen ebenfalls schnell Hunger leiden würden, wenn der Handel zwischen Timbuktu und Djenné zum Erliegen käme.

Das Land des *sala*-Stammes, der wie der *zaouat* -Stamm ein Nomadenleben führt, befindet sich östlich von Timbuktu, ungefähr zehn Tagesmärsche entfernt. Seine Bewohner kommen häufig nach Timbuktu um Handel zu treiben. Sie haben zahlreiche Kamelherden und ernähren sich von Kamelmilch. Der Handel mit Timbuktu beschert ihnen auch etwas Getreide. Laut meinem Gastgeber besteht zwischen dieser Stadt und Haoussa keine Verbindung auf dem Wasserweg, da Schiffe nur bis Kabara verkehren.

Der Handel ist die einzige Beschäftigung sowohl der Neger als auch der Mauren. Ihre geographischen Kenntnisse sind sehr beschränkt. All jene, die ich nach dem Lauf des Flusses gefragt habe, waren sich einig, dass er durch das Haoussa-Gebiet und dann in den Nil oder in einen seiner Zuläufe fließt. Genauere Angaben konnte ich nicht erhalten und die Antwort auf die große Frage, wo der Niger mündet, wird von einem anderen Forschungsreisenden mit mehr Glück beantwortet werden. Wenn ich meine Meinung über den Flusslauf trotzdem äußern darf, so glaube ich, dass er mit mehreren Flussarmen in den Golf von Benin mündet.

Die Mauren aus Tripolis und aus Ardamas kommen nach Haoussa um Handel zu treiben. Sie bringen Waren aus Europa mit und exportieren im Gegenzug viel Gold, das aus dem reichen Ouangara kommt. Anschließend begeben sie sich mit Bündeln von hübschen Stoffen aus diesem Land nach Timbuktu. Die gewebten Stoffe sind von geringer Breite, in einem hübschen Blau gefärbt und mit arabischem Gummi glänzend gemacht. Mein Gastgeber ließ mir ein Stück zeigen, das ich besonders schön fand. Es ähnelte jenen, die weiter im Norden von Negern angefertigt werden. 1819 hatte ich welche in Galam zu Gesicht bekommen, die von den Bambara hergestellt worden waren. Sie glänzten genauso wie die, die ich in Timbuktu gesehen habe. Im Allgemeinen messen die Neger diesen Stoffen einen großen Wert bei.

Da es in der Umgebung von Timbuktu kein Weideland gibt (die Kamele finden ja kaum das nötige Futter), bezieht man viel Viehfutter aus Kabara, das die Bewohner dieses Dörfchens in den Sümpfen ernten um es dann zu trocknen und den Leuten aus der Stadt zu verkaufen, die Pferde, Rinder, Schafe oder Zicklein zu ernähren haben. Dieses Viehfutter wird auf den Dächern aufbewahrt. Timbuktu und seine Umgebung wirken so eintönig und unfruchtbar, wie ich es sonst nirgends gesehen habe. Unweit der Stadt bemerkte ich jedoch eine Herde Kamele, die hier und da einige vom heißen Ostwind ausgetrocknete Disteln fraßen, ebenso wie junge Zweige der *mimosa ferruginea*, deren lange Dornen die Tiere nicht zu stören schienen. Man sagte mir, dass die Kamele den Mauren gehören, die in Karawanen die große Wüste durchqueren.

Alle in Timbuktu geborenen Einwohner sind strenggläubige Moslems. Sie kleiden sich wie die Mauren und sie haben wie diese vier Frauen. Sie schlagen sie aber nicht, wie es die Mandingo grausamerweise tun. Die Frauen übernehmen aber auch den gesamten Haushalt. In der Tat haben die Bewohner von Timbuktu, die dauernd in Kontakt mit den halb zivilisierten Mittelmeer-Völkern sind, eine gewisse Ahnung von dem, was wir Menschenwürde nennen. Ich habe auf meinen Reisen immer festgestellt, dass die Frauen umso mehr unterjocht werden, je unzivilisierter ein Volk ist. Deshalb sollte sich das schöne Geschlecht Afrikas wünschen, dass sich die Zivilisation weiter verbreitet. In Timbuktu sind die Frauen nicht verschleiert, so wie es im Reich Marokko der Fall ist. Sie verlassen das Haus, wann immer sie wollen, und treffen sich, mit wem immer sie wollen. Die Bewohner sind gegenüber Fremden freundlich und zuvorkommend. Sie sind fleißig und kluge Händler. Die meisten Geschäftsleute sind reich und haben viele Sklaven. Die Männer sind von mittlerer Statur, recht gutaussehend, sie haben einen aufrechten und selbstbewussten Gang und eine schöne, tiefschwarze Haut. Wie die Mandingo haben sie schmale Lippen und schöne Augen, ihre Nase ist jedoch ein wenig hakenförmiger. Ich habe wirklich recht hübsche Frauen gesehen. Alle sind gut genährt, essen Reis und getrockneten Fisch. Pro Tag gibt es zwei Mahlzeiten. Die wohlhabenden Neger und die Mauren essen früh Weizenbrot und Butter aus Kuhmilch und trinken Tee. Nur die Neger einer tieferen sozialen Klasse essen pflanzliche Butter. Im Allgemeinen wohnen die Neger nicht so komfortabel wie die Mauren, die sich im Übrigen für weit überlegen halten und auf die Neger einen großen Einfluss ausüben.

Die Bewohner von Timbuktu legen größten Wert auf saubere Kleidung und eine saubere Wohnung. Ihre Haushaltsausstattung besteht aus einigen Kalabassen und Holztellern. Sie kennen weder Löffel noch Gabel und glauben, dass so wie sie alle Völker der Erde mit den Fingern essen. Außer einigen Matten, auf denen sie sitzen, haben sie keine Möbel. Ihr Bett besteht aus vier in die Erde gerammten Pfosten in einer Zimmerecke, über die eine Matte oder eine Kuhhaut gespannt ist. Die Reichen haben eine Baumwollmatratze und eine Decke, die Mauren aus der Umgebung aus Kamelhaar und Schafwolle herstellen. Ich habe eine Frau aus Kabara gesehen, die damit beschäftigt war, solche Decken zu weben.

Sie haben, wie gesagt, mehrere Frauen, zu denen viele noch ihre Sklavinnen gesellen. Sie beschäftigen sie damit, die Waren durch die Straßen zu tragen, so zum Beispiel Kolanüsse, Nelkenpfeffer usw. Sie begeben sich auch auf den Markt um dort einen kleinen Stand aufzuschlagen, während die Lieblingsfrau zu Hause bleibt um die zu überwachen, die für alle das Essen zubereiten müssen. Sie selbst bereitet alleine die Mahlzeit für ihren Mann. Die Frauen tragen sehr saubere Kleider: *coussabes* gleich denen der Männer, nur dass sie keine weiten Ärmel haben. Sie tragen ebenfalls Lederpantoffeln. Es gibt unterschiedliche Moden, was die Kopfbedeckung betrifft; sie besteht hauptsächlich aus einem *fatara* aus schönem Musselin oder einem anderen Baumwollstoff aus Europa. Ihre Haare sind kunstvoll geflochten. Der etwa fingerdicke Hauptzopf beginnt am Hinterkopf, und wird dann nach vorne gewunden. An seinem Ende wird ein rundes Stück Karneol, das in der Mitte eine Vertiefung hat, befestigt. Um den Zopf zu stützen, bringen die Frauen darunter ein kleines Kissen an und versehen das Ganze mit Flitterkram wie falschem Bernstein, falscher Koralle und kleinen Karneolstückchen. Sie reiben Kopf und Körper mit Fett ein, allerdings mit einer geringeren Menge als die Bambara und die Mandingo. Die hohen Temperaturen, die noch durch den heißen Ostwind verstärkt werden, machen dieses Vorgehen notwendig. Die reichen Frauen tragen dicke Glasperlenketten und -ohrringe und, wie in Djenné, Nasenringe. Diejenigen, die dafür nicht reich genug sind, ersetzen den Ring durch ein Stück roter Seide. Ihre Armreifen sind aus Silber, um die Knöchel tragen sie versilberte Eisenringe, die im Land selbst hergestellt werden. Sie sind nicht abgerundet wie die der Arme, sondern flach und etwa vier Finger breit und mit einigen schönen Gravuren versehen.

Die Sklavinnen der reichen Leute tragen Goldschmuck um den Hals. Anstelle von Ohrringen, wie man sie in der Umgebung des Senegal findet, haben sie Halsketten aus kleinen Plättchen. Einige Tage nach meiner Ankunft in Timbuktu begegnete ich einem Neger, der zwei solcher Sklavinnen spazieren führte. Ich erkannte die drei gleich wieder: Sie waren mit derselben Piroge wie ich unterwegs gewesen. Die Frauen hatten schon ein gewisses Alter, ihr Herr hatte sie aber sehr gut angezogen um sie für den Verkauf jugendlicher aussehen zu lassen. Sie trugen schöne weiße Kleider, an ihren Ohren hingen große Goldringe und jede hatte zwei oder drei goldene Halsketten. Ich ging nahe an ihnen vorbei. Sie lächelten mir zu und es schien ihnen überhaupt nichts auszumachen, so spazieren geführt und zum Kauf angeboten zu werden. Ich führte diese Gleichgültigkeit darauf zurück, dass sie durch die Versklavung abgestumpft sind und keine Ahnung von den Menschenrechten haben. Sie glauben ganz einfach, dass die Dinge so ihre Richtigkeit haben und sie für diesen Handel bestimmt sind.

Die Neger aus einigen am Flussufer gelegenen Dörfern kommen mit ihren Kanus nach Timbuktu. Sie verkaufen auf dem Markt Sklaven, Elfenbein, getrockneten Fisch, Töpferware und anderes und nehmen dafür Glasschmuck, Bernstein, Koralle und Salz mit.

Südlich von Timbuktu zieht sich ein Gebiet namens Ginbala weit ins Landesinnere hinein. Man sagt, dass seine Bewohner alle Moslems sind. Sie kommen nur selten nach Timbuktu, weil sie die unmittelbare Nähe der Tuareg fürchten. Sie sind sehr fleißig und bauen viel Hirse und ein wenig Reis an. Fremden gegenüber sind sie ausgesprochen gastfreundlich. Sie besitzen zahlreicher Rinder-, Schaf- und Ziegenherden und bauen Baumwolle an, aus der sie Kleiderstoffe für sich herstellen. Handel treiben sie vorzugsweise in Djenné, wo sie nichts zu befürchten haben. Die Fulbe, die in der Nähe des Flusses leben, kommen auch nach Timbuktu. Die wenigen, die ich dort gesehen habe, hatten die Physiognomie und die Hautfarbe derer aus dem Fouta-Djalon. Sie waren mit mehreren Spießen bewaffnet.

Der Handel von Timbuktu leidet spürbar unter der Nachbarschaft der kriegerischen Tuareg, die von den Bewohnern der Stadt Tribut verlangen. Um überhaupt freien Handel treiben zu können, geben ihnen Letztere fast alles, was sie verlangen, unabhängig von den Zöllen, die die Schiffe bei ihrer Ankunft in Kabara bezahlen. Würden sie sich weigern, so hätte dies böse Folgen, denn die Tuareg sind sehr zahlreich und stark genug um jegliche Verbindung zwischen Timbuktu und Kabara zu unterbrechen. Timbuktu, das selbst über keinerlei landwirtschaftliche Ressourcen verfügt, würde also ebenso wie die benachbarten Landstriche unter großer Armut und Hungersnot leiden. Die Mauren empfinden für die Tuareg tiefe Verachtung. Wenn sie mir gegenüber den ganzen Hass, den sie für dieses Volk empfinden, ausdrücken wollten, verglichen sie sie mit den Christen, die sie für ebenso große Landstreicher halten. Ich bemühte mich natürlich, diesen Irrglauben, der bei ihnen weit verbreitet ist, auszuräumen: Ich sagte ihnen, dass man die Europäer mit diesen Plünderern wirklich nicht vergleichen könne, dass Diebstahl unbekannt und jeder stets bereit sei, dem anderen zu helfen – worauf mir die Mauren entgegenhielten: »Warum bist du dann nicht bei diesen guten Menschen geblieben?« Diese Frage brachte mich etwas in Verlegenheit, aber ich antwortete, dass Gott es anders gewollt hatte, da er mir den Gedanken eingegeben hatte, in meine Heimat zurückzukehren, um dort die Religion meiner Väter auszuüben.

Das Haus meines Gastgebers war ständig voll von Tuareg und Arabern, die nicht aufhörten, dies oder das zu verlangen. Diese Leute kommen nur nach Timbuktu um den Bewohnern das zu entlocken, was sie »Geschenke« nennen, was man aber richtiger als Zwangsabgaben bezeichnen könnte. Oft habe ich beobachtet, wie sie so lange im Hof sitzen blieben und sich ernähren ließen, bis der Herr ihnen seinen Tribut abliefern ließ. Sie kommen stets zu Pferd und lassen sich für ihre Tiere Futter geben. Wenn der Anführer der Tuareg mit seinem Gefolge nach Timbuktu kommt, ist die Not groß und trotzdem versucht jeder, ihn und die seinen mit Aufmerksamkeiten und Geschenken zu überhäufen. Manchmal bleibt er zwei Monate, in denen er auf Kosten der Einwohner und des Königs zu essen bekommt. Letzterer steuert auch wertvollere Geschenke bei. Die Tuareg verlassen die Stadt erst, wenn sie Hirse, Reis, Honig und Gegenstände für den Alltagsgebrauch bekommen haben.

Die Tuareg sind Nomaden und wohnen an den Ufern des Niger, und zwar zwischen dem Dorf Diré und der Höhe von Haoussa, das nach Auskunft meines Gastgebers 20 Tagesreisen süd-ostöstlich von Timbuktu in einer weiten Landschaft gleichen Namens liegt, die der Fluss bewässert. Die Tuareg haben mit Waffengewalt alle Neger ihrer Umgebung tributpflichtig gemacht. Sie halten sie, Banditen gleich, in Schach. Wie die Araber besitzen sie prächtige Pferde, die ihnen ihre räuberischen Streifzüge erleichtern. Die Stämme, die unter ihnen zu leiden haben, haben so große Furcht, dass drei oder vier Tuareg genügen um fünf oder sechs Dörfer in Angst und Schrecken zu versetzen. In Timbuktu lässt man es nicht zu, dass sich Sklaven nach Sonnenuntergang außerhalb der Stadt begeben, so sehr fürchtet man ihre Entführung durch die Tuareg, die alles gewaltsam an sich reißen, was ihnen in die Hände fällt, und das Schicksal dieser Unglücklichen noch viel trauriger machen, als es ohnehin schon ist. Ich habe welche in kleinen Booten gesehen, sie waren fast ganz nackt und ihre Herren drohten fortwährend sie zu schlagen.

Die Tuareg besitzen viel Vieh. Sie haben zahlreiche Rinder-, Schaf- und Ziegenherden. Ihre Nahrung bilden hauptsächlich Milch und Fleisch. Ihre Sklaven sammeln den Samen der Seerose, die in den umliegenden Sümpfen häufig vorkommt. Sie entfernen die Hülle und trocknen ihn. Er ist so fein, dass er nicht zerstampft werden muss. Sie kochen ihn zusammen mit Fisch. Dieses Nomadenvolk betreibt keinen Ackerbau. Die Aufgabe der Sklaven besteht darin, sich um die Herden zu kümmern. Korn beziehen die Tuareg einzig von den Schiffen, die von Djenné nach Timbuktu

Über der Tür des Hauses, in dem Caillié während seines Aufenthalts in Timbuktu gewohnt haben soll, ist heute eine Gedenktafel angebracht

fahren. Wenn die Flüsse viel Wasser führen, ziehen sich die Tuareg etwas ins Landesinnere zurück, wo sie gutes Weideland finden. Sie besitzen zahlreiche Kamelherden, deren Milch immer eine sichere Nahrungsquelle darstellt.

Die Fulbe, die nahe des Flusses wohnen, haben sich diesen Barbaren nicht unterworfen. Diese Rasse, die den reinen Negern weit überlegen ist, ist voller Energie. Sie ist zu kriegerisch um sich so schmachvoll unterjochen zu lassen. Diese Fulbe sprechen eine andere Sprache als die im Fouta-Djalon: Sie sprechen die Sprache von Timbuktu und sie haben außerdem einen Dialekt, den sie untereinander gebrauchen. All die, die ich an den Ufern des Flusses gesehen habe, sind Nomaden.

Ich konnte einige Male beobachten, wie die Kamele der Tuareg dazu benutzt wurden, Waren von Kabara nach Timbuktu zu transportieren. Es sind die ärmsten der Tuareg, die diese harte Arbeit verrichten und daraus ihren Vorteil ziehen. Die anderen sind zu stolz um zu arbeiten. Sie verkaufen in Timbuktu einige Rinder und Schafe für den alltäglichen Bedarf der Stadt. Milch ist dort sehr teuer und nicht so gut wie am Ufer des Flusses.

Die Tuareg haben wie alle Moslems mehrere Frauen. Die dicken und fetten sind dabei die am meisten gefragten. Um in ihren Augen eine wahre Schönheit zu sein, muss eine Frau so korpulent sein, dass sie sich ohne die Unterstützung zweier Leute nicht mehr fortbewegen kann. Gekleidet sind sie wie die Maurinnen am Ufer des Senegal, aber statt eines blauen Guinea-Baumwollstoffes tragen sie blaue Kleider, die aus Djenné kommen und die ihnen Händler aus Timbuktu besorgen. Diejenigen, die ich im Vorbeigehen nahe des Lagers des Stammesführers gesehen habe, schienen mir äußerst schmutzig zu sein. Auch die Kleidung der Männer ist kaum gepflegter. Sie tragen wie die Neger in Timbuktu eine weiße oder blaue *coussabe* und eine Hose, die bis zum Knöchel reicht, so wie man es in Djenné und in Timbuktu sieht. Die Sklaven haben kurze Hosen an, die denen der Mauren am Ufer des Senegal gleichen. Die Tracht der Tuareg unterscheidet sich von der der Mauren nur durch die Kopfbedeckung: Tag und Nacht tragen sie ein Baumwolltuch, das ein- oder zweimal um den Kopf gewickelt wird, Stirn und Augen bedeckt und sogar bis zur Nase reicht, sodass sie den Kopf ein wenig nach hinten legen müssen, um gut zu sehen. Da das gleiche Band auch über die Mundpartie und das Kinn geht, sieht man von ihren Gesichtern nur die Nase. Sie nehmen es weder beim Essen und Trinken noch beim Rauchen ab, sondern heben es lediglich ein wenig hoch. Die Neger nennen es *fatara*.

Die Tuareg rauchen viel. Sie haben edle Pferde und sind gute Reiter. Diese grausamen Krieger sind mit drei oder vier Spießen und einem Dolch, den sie auf der linken Seite tragen, bewaffnet. Die Dolche stammen aus dem Mittelmeerraum. Außerdem besitzen die Männer Schilde aus gegerbtem Rindsleder, die sehr geschmackvoll verarbeitet sind. Diese Schilde, die mit schönen Zeichnungen bedeckt sind, sind so breit, dass sie einen Mann vollkommen bedecken. Einige Neger aus Timbuktu haben ähnliche Schilde, die aber viel kleiner sind. Die Tuareg kämpfen ausschließlich mit der Lanze und dem Dolch. Auch sind sie immer zu Pferd. Bogen benutzen sie nicht, da ihre Schilde ein Hindernis für einen sinnvollen Gebrauch von Pfeil und Bogen darstellen. Diese Nomadenvölker tragen das Haar lang und haben eine braune Hautfarbe, die der der Mauren ähnelt, eine Hakennase, große Augen, einen schönen Mund, ein längliches Gesicht und eine eher hohe Stirn. Sie strahlen Wildheit und Rohheit aus. Man sieht sie als eine Rasse von Arabern an und sie haben in der Tat ähnliche Gebräuche. Allerdings sprechen sie eine andere Sprache. Sie tun sich zusammen um die Karawanen aus Tripolis anzugreifen, während die aus Marrakesch durch ihre mehr nördlich verlaufende Route vor ihren Raubzügen geschützter sind. Die Tuareg haben zahlreiche Sklaven, die sie an den Flussufern zur Gummigewinnung einsetzen. Sie verkaufen sie den Händlern von Timbuktu gegen viel Elfenbein.

Es ist erstaunlich, dass so viele Volksstämme das verheerende und erniedrigende Joch der Tuareg friedlich ertragen, obwohl sie sie so leicht vernichtend schlagen könnten, wenn sie sich nur zusammentäten. Vereinigt wären die *dirimans*, *ginbalas*, *kissours* und die Mauren des *zaouat* und des *sala*-Stammes den Tuareg weit überlegen und sie würden sich für immer von ihrer Herrschaft befreien. Die Tuareg fürchten die Feuerwaffen und gebrauchen sie nicht, wohingegen alle Neger aus Timbuktu und die in Stammesverbänden lebenden Mauren mit Doppellaufgewehren bewaffnet sind.

Die Fulbe aus der Umgebung von Djenné griffen einmal unter der Führung ihres Häuptlings Ségo-Ahmadou die Tuareg an. Obwohl die Fulbe wegen der Entfernung ihres Landes und der Schwierigkeit Lebensmittelvorräte mitzuführen nur wenige waren, trugen sie doch den Sieg davon. Sie machten viele Gefangene, die sie zu Tode quälten, und nahmen eine Menge Sklaven und Rinder als Kriegsbeute mit. Diese Niederlage beweist, dass die Tuareg gar nicht so Furcht erregend sind, wie es zunächst den Anschein haben mag, und dass sie nur gegenüber denjenigen kühn auftreten, die Angst vor ihnen haben. Würden sich die von ihnen unterworfenen Stämme mithilfe der Mauren aus der Nachbarschaft daran machen, das Joch abzuschütteln, so hätten sie schnell Erfolg. Aber die Neger sind im Allgemeinen recht träge und die Mauren interessieren sich mehr für den Handel als für das Kriegshandwerk.

Ségo-Ahmadou empörte es zu sehen, dass die Tuareg, die keine sehr eifrigen Moslems sind, die Boote, die aus seinem Land kamen, mit Zöllen belegten, und er entschloss sich sie zu bekämpfen. Er ist jedoch zu weit entfernt um einen Krieg lange durchhalten zu können. Ich vermutete, dass Mungo Park tatsächlich von diesen Barbaren massakriert worden war.

Nach einem Aufenthalt von vier Jahren in Djenné oder in Timbuktu kehren die Mauren in ihre Heimat zurück. Sie führen dann ein kleines Vermögen und viele Sklaven mit sich. Die meisten von ihnen ziehen jedoch wegen der nahe gelegenen Goldmine von Bouré den Handel in Sansanding und Yamina vor. Den Vorteil, das edle Metall direkt aus der Mine zu bekommen, bieten weder Djenné und noch Timbuktu, da der dauernde Krieg von Ségo-Ahmadou mit den Bambara die Handelsverbindungen unterbricht. Die Araber aus dem Tafilalt, Adrar, Tripolis oder einer anderen Stadt bringen Weizen nach Timbuktu, aus dem man kleine Brote aus Sauerteig macht. Die runden Brote wiegen ein halbes Pfund, schmecken sehr gut und kosten vierzig Kauris. Ich glaube, ich habe schon erwähnt, dass die reichen Händler am Morgen dieses Brot essen und Tee dazu trinken. Sie haben Teekannen, die man aus Marokko für sie mitbringt. Diejenigen, die ich gesehen habe, waren aus Zinn; zu ihnen gehörten kleine Tassen wie die von Sidi-Oulad-Marmou in Djenné. Alle Neger aus Timbuktu können den Koran lesen und kennen ihn sogar auswendig. Sie lehren ihn schon frühzeitig ihren Kindern, indem sie ihnen seine Inhalte entweder selbst beibringen oder die Erziehung der Kinder den Mauren anvertrauen, die sie für gebildeter halten. Auch das Schreiben beherrschen sie, was zum Beispiel für ihren Schriftwechsel mit Djenné von Bedeutung ist.

Die Lebensmittel sind sehr teuer in Timbuktu, sodass es äußerst unangenehm für mich gewesen wäre, wenn ich mich, wie in Timé, um meine Nahrung selbst hätte kümmern müssen. Meine Mittel wären bald erschöpft gewesen. Ich verdanke also dem guten und großzügigen Sidi-Abdallahi Chebir meine Rückreise durch die große Wüste. Ich besaß lediglich Waren im Wert von 35 Piastern, die ich aber aufhob um mir ein Kamel zu kaufen. Ich wollte so das Meer erreichen und zu diesem Zweck entweder die große Wüste durchqueren oder Richtung Westen zurückkehren dahin, woher ich gekommen war. Ich gestehe, dass mich der Gedanke, die Sahara in einer so trockenen Jahreszeit zu durchqueren, arg erschreckte. Ich fürchtete, den Anstrengungen und Entbehrungen mit meinen geringen Mitteln nicht gewachsen zu sein, zumal der heiße Wind, der ständig bläst und die Hitze drückend werden lässt, die Strapazen noch vergrößert. Trotzdem entschloss ich mich nach reiflicher Überlegung schließlich dazu, den Gefahren, die die große Trockenheit mit sich brachte, zu trotzen und mich mit einer Karawane in den Wüstensand vorzuwagen. Ich dachte nämlich, dass diejenigen, die mir den Erfolg meiner Reise missgönnten, meine Ankunft und meinen Aufenthalt in Timbuktu in Zweifel ziehen würden, wenn mich meine Rückreise durch Ségo, Sansanding und unsere Handelsstützpunkte in Galam führen würde. Mein Unternehmen hatte mir schon so viele Feinde eingebracht. Wenn ich hingegen die nordafrikanischen Länder durchquerte, würde der Endpunkt meiner Unternehmung Neid und Missgunst unterbinden.

Sidi-Abdallahi lieferte mir täglich neue Beweise seiner Großherzigkeit. Er ging sogar so weit, mich dafür gewinnen zu wollen, in Timbuktu zu bleiben. Er würde mir, so sagte er, Waren geben, damit ich auf eigene Rechnung Handel treiben könne, und wenn ich Gewinne erzielt hätte, könnte ich in mein Land zurückkehren ohne irgendjemands Hilfe zu bedürfen. Die Furcht, entdeckt zu werden, und das Verlangen, meine Heimat endlich wiederzusehen, ließen mich seinen großzügigen Vorschlag ablehnen. Im Übrigen würde meine Reise in das Innere Afrikas, die ja nicht bewiesen war, in Vergessenheit geraten, sollte ich ums Leben kommen, und meine Beobachtungen wären für mein Land verloren. Aus diesen Überlegungen heraus wollte ich mich so schnell wie möglich auf den Rückweg machen. Da sich die Gelegenheit hierfür bald bieten sollte, tat ich alles um die Zeit, die mir noch blieb, so gut wie möglich zu nutzen. Ich besichtigte die große Moschee im Westen der Stadt. Sie ist größer als die im Osten, im Übrigen aber ähnlich gebaut. Das Mauerwerk ist heruntergekommen. Der Putz bröckelt durch die Regenfälle der Monate August, September und Oktober. Stets bringen Ostwinde diesen Regen, der von kräftigen Gewittern begleitet wird. Mehrere Strebepfeiler stützen die Mauern um ihren Einsturz zu verhindern. Ich bestieg den Turm, dessen innere Treppe fast ganz zerstört ist. Um meine Aufzeichnungen ungestört anzufertigen, kam ich sogar mehrmals hierher zurück, denn dieser Ort war nur wenig besucht. Auf meiner Reise achtete ich immer darauf, im Verborgenen zu arbeiten um keinen Verdacht bei den Moslems zu wecken. Ich schrieb also die Dinge, die mir bemerkenswert erschienen, im Schutz eines Gebüsches oder Felsens auf. In den weiten Ebenen der Wüste legte ich Seiten aus dem Koran, die ich abzuschreiben und zu studieren vorgab, auf meine Knie, wenn ich im Sitzen meine Beobachtungen niederschrieb.

Vom Turm der Moschee aus entdeckte ich in weiter Ferne eine unermesslich weite Ebene mit weißem Sand, wo nur kümmerliche Sträucher wuchsen: einige *mimosa ferruginea.* Dünen oder Sandhügel, die sich da und dort erhoben, unterbrachen etwas die Monotonie dieser Aussicht. Mit Staunen betrachtete ich die Stadt, die durch den Handel in dieser schrecklichen Wüste entstanden war und die über keine anderen Ressourcen verfügt als die, die sie durch den Gütertausch erlangt. Der westliche Teil der Moschee schien mir sehr alt zu sein. Die ganze Fassade dieser Seite ist verfallen. Man erkennt noch einige Arkaden, deren Putz vollständig abgebröckelt ist. Das Bauwerk ist aus in der Sonne getrockneten Ziegelsteinen errichtet. Die Mauern sind mit grobkörnigem Sand bestrichen, der dem ähnelt, aus dem die Ziegelsteine gemacht werden, und der mit Reisspelzen vermischt ist. In einigen Gebieten der Wüste findet man aschefarbene, sehr harte Erde. Aus dieser Erde sind die Mauerziegel der Moschee gemacht. Die anderen Teile des Gebäudes sind wohl wesentlich später als die Westseite errichtet worden. Obwohl sie für ein Volk, das die Gesetze der Architektur nicht kennt, recht gelungen sind, haben sie doch nicht die Qualität des ältesten Teils der Moschee. Erstaunt nahm ich drei Emporen wahr, jede von ihnen wurde von zehn Arkaden getragen. Ein Architekt hätte diese Arkaden nicht qualitätvoller errichten können: Sie sind sechs Fuß breit und zehn Fuß hoch und ihr noch recht gut erhaltener Putz wurde wahrscheinlich mit Kalk aufgehellt, wenn man nach der weißlichen Farbe urteilt, die er noch heute hat. Ich bin zu der Meinung gelangt, dass die Moschee ursprünglich nur aus diesem Teil bestand und seitdem neue Gebäude dazugebaut wurden – ein bemerkenswerter Umstand, wie ich fand.

Die Mauern der Moschee sind fünfzehn Fuß hoch und 25 oder 26 Zoll dick. Auf den Zinnen der Westfassade befinden sich Tontöpfe, die dem ähnlich sind, der auf der Kuppel der Moschee steht.

Ein weiterer kegelförmiger Turm mit massivem Mauerwerk ist ungefähr dreißig Fuß hoch. Diese Moschee hat fünf Portale unterschiedlicher Größe im Osten, drei im Süden und zwei im Norden. An der Innenseite der Ostmauer befinden sich Verzierungen aus gelber Erde: Die Zickzacklinien und dreieckigen Girlanden beginnen etwa eineinhalb Fuß über dem Boden. Auch die Pfeiler, die die gegenüberliegenden Arkaden stützen, weisen einige recht gut ausgeführte Zeichnungen aus dem gleichen Material auf. Viele sind aber schon verblasst. Eine Art Nische in der Ostmauer steht dem *marabout* zur Verfügung, der hier seine Gebete verrichtet. In einer anderen Einbuchtung befindet sich eine große Holzkanzel, zu der zwei oder drei Stufen hinaufführen. Der *marabout* besteigt diese Kanzel an den Tagen, an denen er einige Passagen aus dem Koran vorliest. Der Boden der Moschee ist von Matten bedeckt, auf denen man sich zum Gebet niederlegt.

Da ich dachte, dass die Beschreibung der Moschee allein keinen exakten Eindruck des Bauwerks vermitteln könne, nahm ich das Risiko auf mich, eine Skizze von ihr und auch vom Stadtbild insgesamt anzufertigen. Beide Zeichnungen werden den Gegenständen, die ich dem Leser näher bringen möchte, vielleicht gerechter als reine Worte. Um die Zeichnung der Moschee anzufertigen, setzte ich mich auf die gegenüberliegende Straßenseite und hüllte meine große Decke um mich. In der Hand hielt ich ein weißes Blatt Papier und eine Seite aus dem Koran. Sobald ich jemanden auf mich zukommen sah, verbarg ich meine Zeichnung unter der Decke und behielt nur die Koranseite in der Hand, so als ob ich ein Gebet studierte. Auf diese Weise verdächtigten mich die Vorübergehenden nicht nur nicht, sondern hielten mich für einen Auserwählten und lobten meinen Eifer.

Die Moschee im Osten der Stadt ist viel kleiner als die im Westen. Auch sie überragt ein viereckiger Turm, der dieselbe Form und dieselben Ausmaße hat wie die Türme der großen Moschee. Um das Bauwerk zu stützen, hat man zahlreiche Strebepfeiler angebracht. Die Moschee selbst ist dreißig Schritte lang und fünfundzwanzig breit. Kein Gebäudeteil ist wirklich verfallen, ihre unregelmäßige Bauweise lässt sie aber sehr alt erscheinen. Ich habe zwei Türen im Süden und eine im Norden bemerkt. Die Ost- und Westseite haben keine Öffnungen. Etwas östlich der Moschee sieht man eine kleine Sanddüne und einige Häuser, die vom Sand, den der Ostwind herbeiweht, bedeckt worden sind.

Mitten in der Stadt trifft man auf einen Platz, der von runden Hütten umgeben ist. Dort stehen einige Exemplare von *palma christi* und eine Delebpalme, die einzigen, die ich in der Region gesehen habe. In der Mitte des Platzes hat man ein großes Loch gegraben, das den Unrat der Stadt aufnimmt. Auch außerhalb von Timbuktu, südlich der Moschee, habe ich zwei riesige Hügel gesehen, die mir einzig aus Abfällen und Schutt zu bestehen schienen. Ich habe diese Hügel mehrmals bestiegen um von dort aus die Stadt im Ganzen zu betrachten und meine Zeichnung anzufertigen.

Eine dritte Moschee, die auch recht bemerkenswert ist, befindet sich ungefähr in der Stadtmitte. Auch sie besitzt einen Turm, der allerdings nicht so hoch wie die anderen ist. Die Fassade dieser Moschee ist mit zahlreichen Straußeneiern bestückt. Die Vögel brüten auf dem Kirchturm.

Man zählt noch fünf andere Moscheen in Timbuktu. Sie sind aber klein und sehen wie Häuser aus. Der einzige Unterschied ist, dass sie von einem Minarett überragt werden. Alle haben einen Innenhof, in dem man sich am Abend versammelt um den Gottesdienst abzuhalten. Die Muezzin, die zum Gebet aufrufen, erhalten keinen Lohn, aber zu bestimmten Zeiten erinnern sie die Gläubigen vom Minarett herab daran, dass der Zeitpunkt gekommen ist, sie für ihre Mühen zu bezahlen. Ich befand mich zu einem solchen Zeitpunkt in Timbuktu und stellte fest, dass sich alle beeilten, ihnen ein Geschenk zu machen, das aus Brot, Hirse, Reis, trockenem Fisch, Pistazien und einigen Kaurimuscheln bestehen konnte. Die Gaben wurden auf eine Matte vor dem Eingang der Moschee gelegt.

Oft traf ich Mauren, die sich für meine Lage interessierten. Sie fragten mich über die europäischen Sitten und Gebräuche aus und wollten wissen, ob ich unter den Christen sehr gelitten hätte. Ich selbst versuchte, bei ihnen etwas über die Völker in der Umgebung und über die Entfernung ihrer Heimat von Timbuktu in Erfahrung zu bringen, aber sie taten so, als ob sie mich nicht hörten, und wandten sich jemand anderem zu. Leider verfügte ich nicht über genügend Mittel um ihnen Geschenke zu machen, und so nannten sie mich *le meskine*, den Armen. Die wenigen Informationen, die ich in Timbuktu erhalten habe, stammen alle von Sidi-Abdallahi Chebir, meinem Gastgeber, und von einigen Kissour-Negerinnen. Sie waren die Einzigen, die so freundlich waren, auf meine Fragen zu antworten. Keiner von ihnen wusste genau, wo der Fluss östlich der Stadt verläuft. Mein Gastgeber hat mir versichert, dass er durch Haoussa und dann in den Nil fließe. Diese Meinung vertreten die meisten Araber, die hier wohnen. In Timbuktu trägt der Niger deshalb den Namen Bahar-el-Nil (Ufer des Nils).

Da das Haus, das man mir zur Verfügung gestellt hatte, noch nicht vollendet war, hatte ich Gelegenheit zu beobachten, wie in diesem Land gebaut wird. Gräbt man in der Stadt einige Fuß tief in den Boden, so stößt man auf grauen, mit Lehm vermischten Sand, aus dem runde Ziegelsteine geformt und in der Sonne getrocknet werden. Diese Ziegel ähneln denen in Djenné. Junge Sklaven tragen sie und den Mörtel aus dem gleichen Material in schlechten Kalabassen auf dem Kopf. Die Maurer sind Sklaven. Sie arbeiten ebenso gut wie die in Djenné. Ich fand sogar, dass ihre Mauern noch besser waren. Auch die stabilen Türen zeugen von guter Arbeit. Die Türflügel bestehen aus Brettern, die durch Querleisten und Nägel zusammengehalten werden, die aus dem Tafilalt kommen. Ihre Schlösser werden ganz ohne Eisen in der Region selbst angefertigt. Sogar die Schlüssel sind aus Holz. Nur einige Mauren benutzen Eisenschlösser, die sie vom Mittelmeerraum beziehen. All diese Schlösser schließen nur von außen, innen behilft man sich mit einer Kette oder einem Riegel. Die Dächer der Häuser, die alle ebenerdig sind, werden wie das der Moschee von Balken gestützt. Das Gebälk besteht aus dem Holz der Delebpalme, die an den Flussufern wächst und eine beachtliche Höhe erreicht. Ich habe welche gesehen, die mehr als 25 Fuß hoch waren.

Die Häuser haben eine viereckige Anlage mit zwei Innenhöfen, um die herum die Zimmer angeordnet sind. Diese sind lang und schmal und dienen gleichzeitig als Warenlager und als Schlafzimmer. Licht fällt lediglich durch die Eingangstür in die Zimmer sowie durch eine andere, kleine Türe, die zum Innenhof hinausgeht. Fenster oder Kamine gibt es keine.

Anders als im übrigen Westsudan machen die Bewohner von Timbuktu kein Feuer innerhalb des Hauses. Manche richten im

Innenhof ein kleines Zimmer aus Matten ein. Sie verbringen dort Tag und Nacht bei schönem Wetter, da es in den Zimmern viel zu heiß ist um sich dort längere Zeit aufzuhalten.

Man hatte mir eines dieser stickig heißen Zimmer gegeben. Ich ertrug die drückende Hitze kaum, die dort vor allem nachts herrscht, wenn kein Lüftlein weht. Aber wohin kann man sich in einem Land ohne Schatten spendende Bäume flüchten? Oft zog ich mich in eine der Moscheen zurück, die noch am luftigsten und kühlsten sind. Die Hitze wird durch den Ostwind verstärkt, der ganze Sandwolken aufwirbelt, den Himmel verdunkelt und den Aufenthalt im Freien äußerst unangenehm macht. Die Einheimischen halten sich während der Tageshitze in ihren Häusern auf und verlassen diese nur morgens und abends. Die Nächte sind windstill und heiß, und wenn man einmal einen Luftzug spürt, dann erinnert dieser an heißen Dampf, der die Lungen austrocknet. Ich empfand ein dauerndes Unwohlsein.

Die Karawane, die in das Tafilalt-Gebiet aufbrechen sollte, hielt sich noch einige Tage in Timbuktu auf. Da man mir sagte, die nächste werde erst in drei Monaten losziehen, beschloss ich, mich dieser anzuschließen. Obwohl mich mein Gastgeber, der, wie er sagte, es lieber sähe, wenn ich die Route nach Tripolis über Ardamas und nicht über Marrakesch nähme, immer wieder aufforderte zu bleiben, wollte ich nicht mehr so lange in Timbuktu verweilen. Außerdem führte er an, dass meine nahe bevorstehende Abreise ihm nicht genügend Zeit lasse Geld für mich zu sammeln, so wie er es in Aussicht genommen hatte. Und schließlich versicherte er mir, dass ich auch bei einem mehrmonatigen Aufenthalt keine Abhängigkeit von ihm zu befürchten hätte. Ich wusste kaum, wie ich mich seiner Freundlichkeit erwehren konnte, und war doch entschlossen, nichts an meinen Plänen zu ändern. Ich hielt ihm entgegen, dass ich nicht während der Regenzeit reisen wollte. Als Abdallahi sah, dass er mich nicht mehr aufhalten konnte, sagte er mir, er wolle für mich einen guten Führer bis in das Tafilalt-Gebiet finden.

Die Mauren, mit denen ich mich auf die Reise begeben sollte, waren lange nicht so sanftmütig und zivilisiert wie die in der Stadt. Ich hatte genug Gelegenheit sie zu beobachten, denn sie suchten mich oft da auf, wo ich mich niedergelassen hatte, und belästigten mich oder weckten mich gar auf. Die sozial höher gestellten Mauren nennen sie *zénagues* (Tributpflichtige). Sie haben nichts gelernt und kennen nicht einmal die ersten Gebete des Korans. Gottesdienste halten sie jedoch ab. Ein Fremder, der arm ist und ihre Sprache nicht beherrscht, ist in ihren Augen kaum etwas wert, ja sogar ein wenig zu verachten. Ich stellte mich deshalb darauf ein, während meiner Wüstendurchquerung viel erdulden zu müssen. Mein Gastgeber teilte mir mit, dass er für mich ein Kamel nach Tafilalt gemietet habe. Bezahlt wurde die Miete mit den 30 000 Kauris, die der Verkauf meiner Waren in Djenné eingebracht hatte.

Ich nutzte die letzten Tage in der Stadt um Erkundigungen über das traurige Ende des Major Laing einzuziehen. Ich hatte von seinem Schicksal ja schon in Djenné gehört und die Bewohner Timbuktus, die ich danach befragt hatte, hatten es bestätigt. Ich erfuhr, dass die Karawane nach Tripolis, der auch Major Laing angehört hatte, einige Tagesmärsche nördlich der Stadt von Tuareg angehalten worden war. Manche sagten auch, es seien *berbiches* gewesen, ein Nomadenvolk, das nahe des Niger umherzog. Als sie entdeckten, dass Laing ein Christ war, misshandelten sie ihn auf das Grausamste. Sie schlugen ihn mit einem Stock und hörten erst auf, als sie glaubten, er sei tot. Ich vermute, dass der andere Christ, der unter ihren Schlägen umgekommen sein soll, ein Diener des Major war. Die Mauren, die zu derselben Karawane wie Laing gehörten, richteten den Major auf und schafften es, seine Lebensgeister wieder zu wecken. Sobald er das Bewusstsein wiedererlangt hatte, setzten sie ihn auf sein Kamel. Er war so schwach, dass man ihn festbinden musste. Anders hätte er sich nicht aufrecht halten können. Die Räuber hatten ihm fast nichts gelassen und den größten Teil seiner Waren geplündert. Nach Timbuktu zurückgekehrt, genas Laing von seinen Wunden mithilfe einer Salbe, die er aus England mitgebracht hatte. Sein Gesundheitszustand besserte sich aber nur langsam. Dank der Empfehlungsschreiben, die ihm Einwohner von Tripolis gegeben hatten, und vor allem dank seines Gastgebers, der, selbst aus Tripolis, ihn bei sich aufnahm, blieb Laing aber viel Ärger mit den Einheimischen erspart. Das Haus dieses Mauren befand sich in unmittelbarer Nachbarschaft meiner Unterkunft in Timbuktu. So hatte ich oft Gelegenheit ihn zu sehen und er schien mir ein Mann voller Menschlichkeit zu sein. In seiner Güte gab er mir mehrmals Datteln und am Tag meiner Abreise schenkte er mir eine blaue Baumwollhose. Von ihm erfuhr ich, dass Laing einem alten Mauren empfohlen worden war. Da dieser ihn jedoch nicht beherbergen konnte, hatte er ihm seine Gastfreundschaft zuteil werden lassen. Er erzählte weiter, dass Laing stets seine europäischen Kleider getragen hatte. Er habe gesagt, dass ihn sein Herr, der König von England, schicke um Timbuktu und seine wunderbaren Schätze kennen zu lernen. Offensichtlich hatte der Reisende vor aller Augen einen Stadtplan angefertigt, denn der Maure erzählte mir in seiner naiven und ausdrucksstarken Sprache, dass er »die Stadt und alles, was sie enthielt, aufgeschrieben hatte.« Andere Mauren, die ich nach Laing befragte, sagten mir, dass der Major wenig gegessen und sich nur von Brot, Eiern und Geflügel ernährt habe. Natürlich hätte ich mir noch genauere Informationen über diesen Reisenden, dem das Glück nicht hold gewesen war, gewünscht. Oft, so erzählte man mir, habe man ihm arg zugesetzt, damit er anerkenne, dass es nur einen Gott gebe und Mohammed sein Prophet sei. Er aber habe stets geantwortet: »Es gibt nur einen Gott«, ohne irgendetwas hinzuzufügen. Deshalb nannten sie ihn *cafir*, Ungläubiger, beschimpften ihn aber sonst nicht weiter. Man ließ ihn glauben, was er wollte, und auf seine Weise beten. Auch mein Gastgeber Sidi-Abdallahi, den ich mehrfach fragte, ob man den Christen während seines Aufenthaltes in Timbuktu in irgendeiner Weise beleidigt hatte, schüttelte den Kopf und verneinte. Diese Toleranz erklärt sich damit, dass die Mauren in Timbuktu aus Tripolis, Algier oder Marrakesch stammen und dort schon Christen gesehen haben, sodass sie die christliche Religion und die christlichen Bräuche nicht so schnell abschrecken. Mein Gastgeber zum Beispiel stammte aus Tatta, einer Stadt in der Nähe des Kap Mogador, und war keineswegs ein Feind der Christen. Das alles macht verständlich, warum der Major die Stadt frei besichtigen und sogar die Moscheen hatte betreten können.

Nachdem Laing Timbuktu erforscht hatte, wollte er offensichtlich Kabara und den Niger kennen lernen. Da er aber, als er beim ersten Versuch die Stadt tagsüber verlassen hatte, den Gefahren durch die Tuareg ausgesetzt gewesen war, die ständig in der Umgebung von Timbuktu umherschweiften, und sich ihrer Misshandlungen nur zu gut erinnerte, entschloss er sich, in der Nacht aufzubrechen. Daran hat er zweifellos gut getan, denn die Tuareg hätten sich außerhalb der Stadt sicher an ihm gerächt und ihn zunächst geplündert und dann womöglich umgebracht. Laing nutzte also eine besonders dunkle Nacht, schwang sich auf ein Pferd und erreichte Kabara und offensichtlich sogar den Niger, ohne dass ihm etwas zustieß. Zurück in Timbuktu sei es, so sagte

T. II Pl. 4.

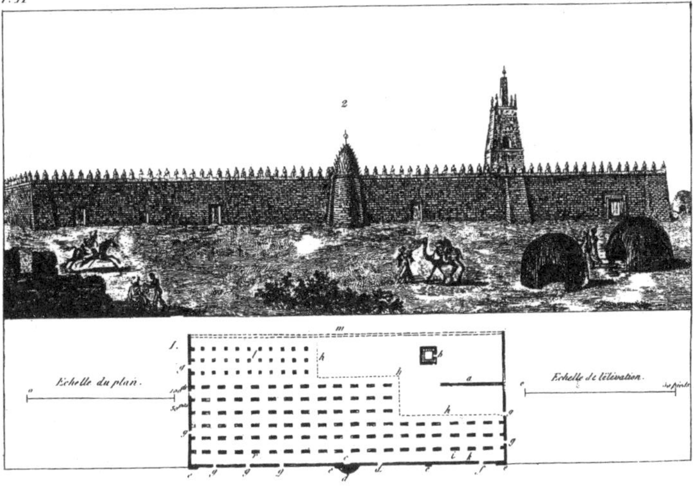

Ansicht und Grundriss der Großen Moschee in Timbuktu

man mir, sein sehnlicher Wunsch gewesen, nicht durch die Wüste nach Europa zurückzukehren, sondern auf der Route über Djenné und Ségo flussaufwärts. Er hätte auf diese Weise die französischen Handelsniederlassungen im Senegal erreicht. Kaum aber hatte er sein Vorhaben den Fulbe, die am Ufer des Niger siedelten (und auf die Nachricht hin, ein Christ sei in der Stadt angekommen, nach Timbuktu geeilt waren) mitgeteilt, erklärten alle, sie würden es niemals dulden, dass ein *nasarah* den Fuß auf ihr Gebiet setze. Sollte er es dennoch versuchen, so werde er es schnell bereuen. Als der Major sah, dass er gegen diese Fanatiker nichts ausrichten konnte, wählte er die Strecke über Araouane. Dort hoffte er, sich einer Karawane maurischer Händler anschließen zu können, die Salz nach Sansanding brachte. Aber ach! Die Karawane, mit der er Richtung Norden gezogen war, stieß nach fünftägigem Marsch auf den Scheich Hamet-oul'd-Habib, ein fanatischer Greis und Häuptling der *zaouat*, die in der gleichnamigen Wüste ein Nomadenleben führen. Scheich Hamet nahm den Major unter dem Vorwand fest, er sei ohne seine Erlaubnis in sein Gebiet eingedrungen. Dann wollte er ihn zwingen, Mohammed als Propheten Gottes anzuerkennen. Laing sollte sogar den *salam* machen. Der Major weigerte sich im Vertrauen auf den Schutz des Pascha von Tripolis, der ihn allen Wüstenscheichs anempfohlen hatte. Scheich Hamet forderte ihn daraufhin noch eindringlicher auf, sich zum Islam zu bekennen. Doch Laing blieb unerschütterlich und zog den Tod der Unterwerfung vor – eine Entscheidung, die der Welt einen ihrer besten Forschungsreisenden nahm und der Wissenschaft einen weiteren Märtyrer einbrachte.

Ein Maure aus dem Gefolge des Häuptlings der *zaouat* erhielt den Befehl, den Christen zu töten. Er sah den Scheich entsetzt an und weigerte sich den Befehl auszuführen. »Was«, sagte er, »du willst, dass ich den ersten Christen, der hierher gekommen ist und uns nichts Böses getan hat, ermorde? Das mögen andere tun, ich will mir seinen Tod nicht vorwerfen müssen. Töte ihn selbst.« Diese Antwort schob den tödlichen Befehl einen Moment auf. In Anwesenheit des Majors wurde eine Zeit lang eifrig diskutiert, ob er leben oder sterben solle. Schließlich beschloss man seinen Tod. Negersklaven wurden gerufen. Man erteilte ihnen den schrecklichen Auftrag, den der Maure so tapfer zurückgewiesen hatte. Sie ergriffen den Todgeweihten, einer von ihnen schlang ihm seinen Turban um den Hals. Dann zogen sie an beiden Stoffenden, bis der Major erstickt war. Armer Laing! Seinen Körper ließen sie in der Wüste liegen, wo er Raben und Geiern, den einzigen Vögeln, die in dieser Öde leben, als Nahrung diente.

Ab dem Moment, wo der Major als Christ und Europäer erkannt worden war, stellte der Tod ein besseres Los dar als ein wenn auch nur vorübergehender Religionswechsel, denn Letzterer hätte seine Hoffnung, nach Europa zurückzukehren, zunichte gemacht. Wäre Laing gezwungenermaßen zum Islam gewechselt, hätte er das schlimmste Schicksal, das man sich nur vorstellen kann, erlitten. Als niederer Sklave von Barbaren ohne Mitleid, den Strafen und Gefahren dieses Landes immer wieder ausgesetzt, hätte der Pascha von Tripolis vergeblich seine Freiheit gefordert. Angesichts der großen Entfernung hätte der Häuptling der *zaouat* seine Drohungen missachtet und den Gefangenen behalten. Die Entscheidung des Major Laing war wohl gleichermaßen ein Beweis von Unerschrockenheit und Weitsicht.

Bei seinem Aufbruch nach Araouane hatte der Major einige astronomische Instrumente und seine Papiere, aber nur wenig Waren mitgeführt. Der Leser wird sich daran erinnern, dass ihm die Tuareg diese fast vollständig gestohlen hatten. Dem feigen Scheich

Hamet brachte die Ermordung des Engländers folglich nur wenig ein. Er musste sogar das Wenige, was er beim Major fand, mit seinen Handlangern teilen. Ein Maure aus dem Tafilalt, der der Karawane angehörte, bekam einen Sextanten, den man, so sagte man mir, noch in der Gegend finden könne. Die Papiere und Tagebücher sind unter den Wüstenbewohnern verstreut. Dies gilt auch für alle anderen Gegenstände: Während meines Aufenthaltes in Ghourland, einem Dorf im Tafilalt-Gebiet, habe ich einen englischen Taschenkompass aus Kupfer gesehen, von dem mir niemand sagen konnte, woher er stammte. Ich vermute, dass er Laing gehört hatte. Wäre ich nicht zu großen Vorsichtsmaßnahmen unter meinem arabischen Kostüm gezwungen gewesen, hätte ich viel gegeben, um den Kompass zu erwerben. Ich unterließ es, denn ich hätte riskiert, mich zu verraten, wenn ich auch nur den geringsten Wert auf ein Instrument gelegt hätte, dessen Gebrauch ich nicht einmal kennen durfte.

Was ich erlitten habe, darf zukünftige Entdeckungsreisende nicht abschrecken. Auch ihre Versuche werden wahrscheinlich anstrengend und gefährlich sein. Bei klugem und vorsichtigem Vorgehen kann man die Schwierigkeiten jedoch meistern. Um erfolgreich zu sein, muss man meiner Meinung nach sehr einfach und ohne jeden Luxus reisen. Nach außen hin sollte man sich als Moslem und Araber ausgeben. Denn ein Neubekehrter wäre diesen misstrauischen Völkern schnell verdächtig. Auch bei den Negerstämmen würde man wohl als bekehrter Christ nicht durchkommen. Am besten durchquert man also die Sahara als Araber und führt eine ausreichende Notausrüstung mit sich, die man gut versteckt. Nachdem man einige Zeit in der Stadt gelebt hat, die man als Ausgangspunkt gewählt und in der man sich als Händler bekannt gemacht hat, um keinen Verdacht zu erregen, sollte man einige Waren kaufen und behaupten, dass man in einer anderen Gegend Handel treiben wolle. Unter allen Umständen ist die Nennung von Timbuktu zu vermeiden. Nehmen wir an, der gewählte Ausgangspunkt sei Tanger oder Rabat. Dann wird man ein Geschäft in Fez vorgeben um seine Abwesenheit zu rechtfertigen. Von dort aus wird man sich nach dem Tafilalt begeben und dann nach Timbuktu, immer noch in der gleichen Angelegenheit. Wenn man dann wieder im Tafilalt-Gebiet zurück ist, kann man ruhig von Timbuktu sprechen, denn die Reisen durch den Westsudan sind so häufig, dass keiner darauf achtet. Man sollte dort Waren kaufen, um sie als Händler zu exportieren. In Timbuktu wird man sich einige Zeit niederlassen, ein Geschäft aufbauen, jeden Anschein von Reichtum vermeiden, sich mit den Gebräuchen des Landes vertraut machen und große Vorsicht allen religiösen Fragen gegenüber walten lassen. Nach sechzehn oder achtzehn Monaten Aufenthalt in der Stadt, während der man sich einige Mandingo- oder Bambara-Sklaven, die die Sprache der *kissour* und Tuareg sprechen, herangezogen hat, sollte man sich eine gut gebaute, mittelgroße Piroge beschaffen und die nötigen Waren und Vorräte an Bord mitnehmen. Diese Vorsichtsmaßnahme ist notwendig, da man nie weiß, wie einem die Volksstämme, die am Niger siedeln, gesonnen sind und ob man sich diese Dinge bei ihnen beschaffen kann. Wenn man den Sklaven die Freiheit verspricht, wird man sie leicht dazu bewegen können, die Reise mitzumachen. Man wird behaupten, am unteren Flusslauf Handel mit Gummi, Elfenbein und anderen Dingen zu treiben. Sollte man sich flussaufwärts von Kabara bewegen, genügen geringere Vorsichtsmaßnahmen.

Um bei der Abfahrt keinerlei Verdacht entstehen zu lassen, sollte man in Timbuktu eine Anzahl von Waren zurücklassen und einen vertrauenswürdigen Sklaven damit beauftragen, sie während der eigenen Abwesenheit zu verkaufen. Man wird mit sechs Sklaven, die gut schwimmen können sollten, vorzugsweise nachts den Fluss hinabfahren um den umherstreifenden Stämmen, vor allem den Tuareg, zu entgehen. Tagsüber kann man sich ihrer mit Geschenken entledigen. Ich denke, dass ein solches Verhalten, das von Vorsicht, Urteilsvermögen und Nachdenken bestimmt ist, zu großem Erfolg führen wird und einer groß angelegten Expedition, die immer die Begehrlichkeiten und den Neid der Einheimischen erregen wird, vorzuziehen ist. Die Geschwindigkeit einer kleinen Piroge würde die Reise wesentlich weniger beschwerlich und gefährlich machen als dies auf einem großen Schiff der Fall wäre. Mein Gastgeber hat mir versichert, dass Haoussa nur 20 Tagesreisen flussabwärts entfernt sei und dass man in einem Kanu diese Strecke auch in zwölf Tagen zurücklegen könne und anschließend schnell die Mündung des Flusses erreiche, der ja ins Meer fließt. Ich halte es für deutlich weniger gefährlich, diesem Plan zu folgen, als vom Golf von Benin aufzubrechen, wo man dauernd auf große Schwierigkeiten stoßen würde, sei es aufgrund des Klimas, sei es seitens der Einwohner.

Kapitel 7

Durch die große Wüste zum Mittelmeer

Abreise aus Timbuktu am 4. Mai 1828 – Karawane mit 600 Kamelen – Eintritt in die Wüste – Drückende Hitze – Begegnung mit den Tuareg – Hilfsmittel der Araber, um sich in der Wüste zu orientieren – Aussehen der Sahara wie der Meeresgrund ohne Wasser – Einzelheiten zu den Karawanen – Ort, an dem Major Laing ermordet wurde – Die Wüstenstadt Araouane; ihre Brunnen, ihre Bevölkerung, ihr Handel – Informationen zu Tuat und Oualet – Karawane mit 1400 Kamelen – Bedrücktheit beim Anblick der riesigen Sandwüste – Stürme – Sandhosen – Wassermangel – Wanderdünen – Granitfelsen – Brunnen von Télig – Leiden unter den Mauren – Brunnen von Trasas – Brunnen von Amoul-Gragim – riesige Schlangen – Brunnen von El-Ekseif – Schluchten und Abgründe – schmerzhafter Sturz vom Kamel – das Lager von Sidi-Aly – El Harib – die Berber

Als ich mich von meinem Gastgeber verabschiedete, wollte ich mich für seine Wohltaten erkenntlich zeigen. Obwohl er mir oft versichert hatte, dass er mich nur um der Liebe Gottes und des Propheten willen bei sich aufnahm, schenkte ich ihm die Wolldecke, die ich in Kakondy gekauft hatte und die mir während meiner langen Krankheit in Timé so nützlich gewesen war. Außerdem schenkte ich ihm das Gefäß, das ich benutzte um mich zu waschen. Anders als ich erwartet hatte, wies dieser außergewöhnliche Mann die Geschenke zurück, da er meinte, ich könne sie noch gebrauchen und solle deshalb nicht auf sie verzichten. Nach einiger Zeit gab er jedoch meinen inständigen Bitten nach und nahm die Gaben an. Am Vorabend meiner Abreise schenkte er mir aber seinerseits eine große Baumwolldecke, die sicher so viel wert war wie die, die ich ihm gegeben hatte. Diesem wunderbaren Geschenk fügte er noch eine neue *coussabe* aus dem gleichen Stoff hinzu, damit ich unterwegs etwas zum Wechseln habe. Und das war noch nicht alles: Er gab mir Verpflegung mit, die bis nach Araouane, wohin er mich auf seine Kosten begleiten ließ, reichen sollte, und empfahl mich warmherzig seinem Handelspartner, der in dieser Stadt wohnte, für die Zeit meines dortigen Aufenthaltes an. Sidi-Abdallahi scheute schließlich keine Kosten um mir meine Reise erträglich zu machen: Ich bekam von ihm noch zwei Lederbeutel für meine Wasservorräte, *dokhnou*, im Ofen gebackenes Weizenbrot, das unserem Zwieback ähnelt, Butter und eine ansehnliche Menge Reis.

Die Karawane nach Araouane, der ich mich anschließen wollte, sollte sich am 4. Mai bei Sonnenaufgang auf den Weg machen. Mein Gastgeber war schon so früh auf den Beinen, dass er Zeit hatte, mich vor der Abreise zu sich zum Frühstück mitzunehmen. Es gab Tee, frisches Brot und Butter. Damit nichts den guten Eindruck trübe, den mein Aufenthalt in Timbuktu auf mich gemacht hatte, traf ich beim Verlassen des Hauses den Gastgeber des Major Laing, der mich nötigte, ein neues Kleidungsstück für die Reise anzunehmen. Sidi-Abdallahi begleitete mich noch ein Stück nach draußen und bevor er mich verließ, wünschte er mir eine gute Reise und schüttelte mir herzlich die Hand.

Das Abschiednehmen hatte mich doch ziemlich lange aufgehalten und ich musste ungefähr eine Meile durch den Sand laufen um die Karawane, die schon gut vorangekommen war, einzuholen. Drei zurückgebliebene Sklaven liefen mit mir mit. Das Hinterherrennen strengte mich so an, dass ich, als ich die Karawane erreichte, ohnmächtig in den Sand fiel. Man richtete mich auf und setzte mich auf ein bepacktes Kamel. Da saß ich zwischen einigen Bündeln und wurde ziemlich durchgeschüttelt. Ich war aber so froh, nicht laufen zu müssen, dass ich mich nicht über mein Reittier beklagte.

Am Morgen dieses 4. Mai 1828 marschierten wir um acht Uhr Richtung Norden auf trockenem Sand. Zwei Meilen von der Stadt entfernt wuchsen einige ginsterähnliche Sträucher und einige Gruppen *mimosa ferruginea*, die recht hoch waren und etwas Gummi schlechter Qualität hervorbrachten. Die Bewohner Timbuktus schicken ihre Sklaven hierher um Brennholz zu beschaffen. Die Hitze war drückend und die Kamele gingen langsam, da sie links und rechts des Weges Disteln und einige verwelkte Kräuter fraßen, die hier und da in der trockenen Ebene wuchsen. An diesem ersten Tag gab man den Sklaven und mir zu trinken so viel wir wollten, eine sehr menschliche Geste, wie ich fand. Hingegen entrüstete mich eine wahrhaft barbarische Tat, die ich seitdem nur zu oft gesehen habe: Die Mauren misshandelten einen 25-jährigen Bambara-Sklaven, indem sie ihn zwangen ohne Pause und ohne ihm etwas zu trinken zu geben, weiterzumarschieren. Der Unglückliche, der eine solche Behandlung nicht gewohnt war, jammerte herzzerreißend, stützte sich auf die Kruppe der Kamele oder legte sich auf die Erde nieder. Vergeblich bat er weinend und mit gefalteten Händen um Wasser. Seine grausamen Herren beantworteten seine Tränen und flehentlichen Bitten nur mit Stockschlägen und Peitschenhieben. In Timbuktu geben die Händler den Sklaven Hemden, damit sie sich anständig kleiden können. Die Mauren der Karawanen, die die grausamsten Männer sind, die ich kenne, ziehen ihnen unterwegs diese guten Hemden aus und geben ihnen andere, die schon ganz zerrissen sind.

Um fünf Uhr abends hielt die Karawane, die 600 Kamele zählte, in einer Schlucht mit gelbem, ziemlich festem Sand, wo die Tiere etwas Gras fanden. Es war ein wunderbarer Ort. Ein Sklave, dem man gerade die Zeit ließ, etwas Wasser zu trinken, bewachte unsere Kamele und wir hatten nichts anderes mehr im Sinn, als eine ruhige Nacht zu verbringen. Bevor wir einschliefen, nahmen wir jedoch noch ein Abendessen ein, das aus einer Kalabasse Wasser, *dokhnou* und dem Brot bestand, das mir Sidi-Abdallahi gegeben hatte. Da das Brot sehr hart war, weichten wir es in Wasser ein und strichen Butter und Honig darauf. Dieser Brei erschien uns ganz köstlich. Das Abendessen der Sklaven bestand aus *sanglé*, das mit Butter und Salz zubereitet war. Diese guten Menschen waren noch so aufmerksam, mir etwas davon anzubieten.

Am Morgen des 5. Mai machten wir uns bei Sonnenaufgang zum Aufbruch bereit. Wir marschierten weiter in nördlicher Richtung auf einem Terrain, das dem des Vortages ähnelte. Allerdings sah man ab und zu einige armselige, kümmerliche Sträucher und einige Salvadora-Büsche, die die Kamele gierig verschlangen. Gegen Mittag erreichten wir eine hügelige Gegend. Der Ostwind, der große Sandmengen aufwirbelte, machte die Hitze noch unerträglicher. Wir hatten entsetzlichen Durst. Unsere Qualen nahmen mit jeder Meile, die wir weiter in die Wüste zogen, zu. Wir stießen auf zwei Tuareg, die auf dem Weg nach Araouane waren. Wir hielten sie für die Späher irgendeiner Räuberbande. Zum Glück waren sie allein. Die beiden saßen auf einem Kamel. Sie trugen am Arm einen Lederschild, an der Seite einen Dolch und in der rechten Hand einen Spieß. Da sie wussten, dass sie uns auf ihrem

Weg treffen würden, war es ihnen offensichtlich gar nicht in den Sinn gekommen irgendwelche Vorräte mitzunehmen; sie überließen ihre Verpflegung sozusagen unserer Karawane. Diese beiden Schurken, die bei der geringsten ernsthaften Bedrohung erzittert wären, nutzten den Schrecken, den der Name und die Verbrechen ihres Volkes einflößen, aus und bekamen alles, was sie wollten. Die einen gaben ihnen Wasser, obwohl die nächste Quelle noch sechs Tage entfernt war, andere brachten eilig Nahrung herbei. Kurz: Sie bekamen unsere besten Vorräte. Nach drei Tagen zogen sie zu unserer Erleichterung endlich von dannen, sodass wir von ihrer unerwünschten Begleitung befreit waren.

Gegen vier Uhr abends schlugen wir die Zelte auf. Die drückende Stille ließ uns die nächtliche Hitze als besonders unangenehm empfinden. Es war schwül, in der ungeheuren Weite schienen einige Wolken am Himmel festgebunden zu sein. Bevor ich in meinem Bericht fortfahre, muss ich dem Leser noch mitteilen, wie ich es anstellte, Dauer und Richtung der zurückgelegten Strecke zu schätzen. In der Regel schafften wir durchschnittlich zwei Meilen pro Stunde. Nachts führte uns der Weg fast dauernd nach Norden. In meiner Angst, beobachtet zu werden, wie ich meinen Kompass hervorholte und ablas, orientierte ich mich tagsüber an der Sonne und nachts am Polarstern. Nach diesem Stern richten sich die Araber bei all ihren Wüstendurchquerungen. Die ältesten Karawanenführer gehen voraus und zeigen den anderen den Weg. Eine Düne, ein Felsen, eine andere Farbe des Sandes, einige Grasbüschel sind für sie untrügliche Zeichen, an denen sie sich orientieren. Sie besitzen eine so große Erfahrung darin, die geringsten Details wahrzunehmen, dass sie sich auch ohne Kompass oder irgendein anderes Hilfsmittel nie verlaufen, und dies, obwohl die Wegstrecke nicht markiert ist und die Tritte der Kamele augenblicklich vom Wind verwischt werden. Die Wüste ist nicht überall gleich und stellt die Karawanen folglich vor ganz unterschiedliche Schwierigkeiten. So ist sie an einigen Stellen von Felsen und Kies bedeckt, in dem man noch Spuren von Karawanen sieht, die schon vor langer Zeit vorübergezogen sind. Aber auch dort, wo weite Ebenen aus Sand und Stein vorherrschen, irren sich die Araber nur selten im Weg und kündigen meist auf eine halbe Stunde genau den nächsten Brunnen an. Ich darf dabei nicht vergessen zu erwähnen, dass diese Brunnen fast immer mit Sand zugeschüttet sind und die erste Aufgabe stets darin besteht, sie freizuschaufeln.

Djinger-ber-Moschee in Timbuktu. Sie wurde um 1325 von einem andalusischen Baumeister erbaut.

Am 6. Mai brach die Karawane um drei Uhr morgens auf und zog Richtung Norden weiter. Beschaffenheit des Bodens, Dürre und Eintönigkeit der Landschaft waren die gleichen wie in den vergangenen Tagen. Den ganzen Tag herrschte drückende Hitze. Es sah so aus, als ob es regnen würde: Die Sonne war von Wolken verdeckt und zeigte sich nur selten. Aber unsere Wünsche konnten dem Himmel keinen Tropfen entlocken. Entgegen aller Voraussagen regnete es nicht. Je weiter wir nach Norden vordrangen, desto trockener waren die Landschaften. Es gab nicht einmal mehr Disteln oder *salvadora*, die bis dahin ein trauriger Trost inmitten einer so grauenvollen Natur gewesen waren. Der Boden wies die Wellenzeichnung des Meeresgrundes auf: Die Landschaft sah aus wie ein Meeresboden ohne Wasser. Die Winde formen nämlich den Wüstensand zu gewellten Furchen, so wie die Meeresbrise Wellen hervorruft, wenn sie über die Wasseroberfläche streicht. Beim Anblick dieses Naturschauspiels, dieser trostlosen Öde vergaß ich für einen Augenblick meine Leiden und stellte mir die heftigen Umwälzungen vor, die einen Teil des Ozeans trockengelegt zu haben schienen, und dic unvorhergesehenen Katastrophen, die unseren Globus erschüttert hatten.

Um elf Uhr morgens machten wir Rast. Die Hitze war unerträglich. Wir ließen uns bei ein paar verkümmerten Mimosen nieder, und da diese blattlosen Sträucher keinerlei Schatten boten, spannten wir unsere Decken über ihnen aus. Im Schatten dieser »Zelte« bekamen wir eine Kalabasse Wasser, das wegen des heißen Ostwindes lauwarm war. Wie üblich warfen wir in das Wasser einige Hand voll *dokhnou*. Und damit wir uns um nichts kümmern mussten, schickten wir zu guter Letzt einen Sklaven los um die Kamele zu hüten, die sich beim Grasen einiger vertrockneter Gräser erholten. Dann legten wir uns zum Schlafen in den Sand, der an dieser Stelle mit kleinen Steinchen vermischt war. Dieser Halt wurde nicht aus Faulheit, sondern aus Klugheit eingelegt, denn wir mussten auf die Nacht warten um die Frische auszunutzen und unbeschwerter voranzukommen als am Tag, wo die Windstille noch unerträglicher als die glühendste Hitze war. Deshalb war es mir auch unmöglich, tagsüber ein Auge zuzumachen, während die Mauren sich eines tiefen Schlafs erfreuten. Auch in der Nacht weht in der Wüste oft nicht das geringste Lüftchen, dafür wird man aber durch die fehlende Sonne entschädigt. In den bewohnten Gegenden ist die Nacht oder besser gesagt das Ende der Nacht ebenfalls oft der angenehmste Moment. Kurz vor Sonnenaufgang entfalten die Blumen all ihre Düfte, es weht ein leichter Wind, die Vögel singen. Gleichzeitig angenehme und unangenehme Erinnerungen ließen mich meinen Blick nach Süden zurückwenden. Wie sollte ich mich nicht nach einer so schönen Natur inmitten dieser schrecklichen Wüste sehnen?

Die Karawanen, die die Wüste durchqueren, unterstehen keinem absoluten Befehlshaber. Jeder ist für seine Kamele verantwortlich, auch wenn es nur wenige sind. Manche haben fünfzehn, andere sechs oder zehn, wieder andere drei. Ich habe sogar welche gesehen, die nur zwei Kamele mit sich führten. Das sind die Ärmsten. Sie schließen sich den Reichen an, führen deren Kamele und erhalten von ihnen als Bezahlung während der Reise Nahrung und Wasser. Die Mauren stecken ihre Gewinne stets in den Kauf neuer Kamele. Ohne Kamel würde keiner von ihnen die Reise nach Timbuktu machen. Die Kamele marschieren nicht eins hinter dem anderen her, wie sie es auf unseren Straßen, die von Äckern gesäumt werden, machen könnten. Im Gegenteil: Sie bewegen sich alleine oder in Gruppen durcheinander, halten sich (auf dieser Strecke) aber stets zwischen Nord-Nord-West und Nord-Nord-Ost. Die Kamele, die dem gleichen Herren gehören, bleiben beieinander. Oft habe ich 50 von ihnen zusammen gesehen, ohne dass sie sich mit fremden vermischt hätten. Ein Kamel wird mit 500 Pfund beladen und der Transport von Timbuktu nach Tafilalt kostet zehn bis zwölf Gold-Mitkhale, die man im Voraus zu bezahlen hat. (Ein Goldmitkhal wird auf zwölf, ein Silber-Mitkhal auf vier Francs geschätzt).

Die Kamele, die Waren mit geringem Gewicht wie Straußenfedern, Stoffe oder Kleider tragen, bekommen außerdem Sklaven, Wasservorräte und Reis aufgeladen, denn da das Ladegewicht ausschlaggebend für den Preis ist, würden die Kamelbesitzer keine Gewinne erzielen, wenn sie nur voluminöse, aber keine schweren Gegenstände transportierten.

Wenn die Karawane rastet, hält man einen Abstand von 200 Schritten zwischen den einzelnen Kameltrupps ein, weil das Durcheinander groß wäre, wenn man sie zusammenlassen würde.

Kehren die Mauren in ihre Heimat zurück, nehmen sie nicht nur Straußenfedern und Elfenbein mit, sondern auch eine mehr oder weniger große Menge Gold. Ich habe mehrere gesehen, die Gold im Wert von 100 Mitkhal besaßen. Die Händler von Timbuktu verkaufen die Waren ihrer Handelspartner aus dem Tafilalt in deren Namen und schicken ihnen dann den Gegenwert in Mitkhal. Wenn wir in der Wüste rasteten, sah ich die Mauren oft damit beschäftigt, ihr Gold zu wiegen. Die kleinen Waagen, die sie dazu benutzten, ähneln den unseren und werden in Marokko hergestellt. Das Gold, das die arabischen Handelsreisenden mit sich führen, ist sorgfältig in Stoff verpackt und mit einem Etikett versehen, auf dem Gewicht und Besitzer vermerkt sind.

Als die Nacht hereinbrach, nahmen wir unsere übliche Abendmahlzeit ein, die aus Wasser, Brot, Butter und Honig bestand. Mehrere uns unbekannte Mauren luden sich sozusagen zum Essen bei uns ein und forderten anschließend die beiden Mauren, denen ich mich für die Reise angeschlossen hatte, auf doch auch von ihrem Butterreis zu essen. Obwohl sie ganz genau wussten, dass sie von meinem Brot gegessen hatten, hatten sie nicht die Güte, mich auch einzuladen, was mir deutlich zeigte, dass trotz all meiner Anstrengungen ein allgemeines Misstrauen weiter gegen mich fortbestand. Bei Sonnenuntergang wehte ein leichter Wind von Norden her, der zwar nicht besonders frisch war, mir aber trotzdem ganz köstlich erschien und viel zu meinem guten Schlaf beitrug.

Gegen elf Uhr abends machten wir uns wieder Richtung Norden auf den Weg; wir orientierten uns am Polarstern. Die Kamele kennen die Wüste so gut, dass sie, sobald sie beladen sind, instinktmäßig nach Norden losziehen, wie wenn sie ihre Erinnerung an die Brunnen, die auf dieser Strecke liegen, leiten würde. Ich glaube, dass ein einzelner Reisender keinen anderen Führer bräuchte um sicher ans Ziel zu kommen.

Die Nacht war warm und still. Der Sternenhimmel über uns ließ den Großen und den Kleinen Wagen erkennen, die beide nahe am Horizont erschienen. Da ich auf meinem Kamel nicht schlafen konnte, beobachtete ich den Lauf der Sterne. Im Osten sah ich das Sternbild des Orion, das wirklich bemerkenswert ist. Ich beobachtete ihn, bis er im Zenith fast über uns stand. Bei Tagesanbruch schien er sich in einem Ozean voller Sand zu verlieren.

Die Kamele beschleunigen niemals ihren Schritt. Wenn sie sich beeilen um schneller anzukommen, strecken sie ihren Hals weiter vor und verlängern ihre ohnehin recht ausladenden Schritte. Geführt werden sie von Leuten zu Fuß. Da dies eine sehr anstrengende Arbeit ist, lösen sie sich alle zwei Stunden ab.

Das Gebiet, das wir in dieser Nacht durchquerten, schien mir noch trockener als das der letzten Tage zu sein. Stundenlang sahen wir keinen einzigen Grashalm. Um elf Uhr vormittags war die Hitze so groß, dass wir Rast machten. An dieser Stelle gab es mehrere kleine Sanddünen. Man schickte einen Sklaven los, der ein paar Schatten spendende Sträucher suchen sollte. Aber es gab weit und breit keinen einzigen. Alles, was man sah, war die vor Hitze vibrierende Luft. Es war unmöglich, barfuß zu gehen, ohne entsetzliche Schmerzen zu empfinden. Der ganze restliche Tag war windstill und stickig. In dieser Gegend gibt es einige Hügel. In großer Entfernung findet man dort etwas Gras für die Kamele.

Wir hatten den ganzen Morgen nichts getrunken. Sobald unsere Zelte aufgestellt waren, erfrischten wir uns. Unsere Wasservorräte schrumpften allerdings in dem Maße, in dem unser Durst zunahm. Deshalb kochten wir auch nichts zum Abendessen, sondern nahmen nur etwas *dokhnou* zu uns. Gegen elf Uhr nachts brachen wir wieder auf. Bis sieben Uhr morgens marschierten wir Richtung Norden, dann wandten wir uns nach Nord-Nord-West.

Am 8. Mai legten wir bei unerträglicher Hitze gegen elf Uhr in einer hügellosen Gegend eine Rast ein. Der Boden war genauso trocken wie am Vortag. Wir beeilten uns die Zelte aufzuschlagen und setzten uns darunter zusammen. Man gab uns zu trinken. Wir waren sehr durstig, denn wir hatten seit fünf Uhr abends des Vortages nichts mehr getrunken. Obwohl das Wasser in den Lederschläuchen einen schlechten Geschmack angenommen hatte, trank ich es mit großem Vergnügen. Ich bemerkte Raben und einige Geier, die einzigen Lebewesen in dieser unermesslich weiten Wüste. Sie leben von den Kamelen, die unterwegs zugrunde gehen und die ihre Herren zurücklassen müssen. Nachdem wir uns mit einem Glas Wasser und *dokhnou* erfrischt hatten, machten wir uns um halb sieben Uhr abends wieder auf den Weg. Wir gingen die ganze Nacht Richtung Norden. Da die Kamele nichts zu fressen fanden, marschierten sie ohne anzuhalten vorwärts.

Am 9. Mai rasteten wir in einer sandigen, flachen Ebene. Wir fanden dort ein wenig Gras für die armen Kamele und erblickten in der Ferne Kamele aus Araouane.

Am nächsten Morgen, kurz vor Sonnenaufgang, zeigten mir die Mauren, die mich begleiteten, die Stelle, an der Major Laing ermordet worden war. Ich erkannte noch die Spuren eines früheren Lagers. Ich entfernte mich eilig von diesem Ort des Schreckens, um ungestört zu weinen. Dies war meine einzige Möglichkeit, dieses Reisenden, dem niemals ein Denkmal an der Stelle, an der starb, errichtet werden wird, ehrenvoll zu gedenken.

Mehrere Mauren unserer Karawane waren Zeugen dieses entsetzlichen Vorgangs gewesen. Sie sagten mir, der Major habe nur wenige Gegenstände mit sich geführt, als er von dem Häuptling der *zaouat* gefangen genommen wurde. Er habe einem Mauren 500 Piaster geboten, wenn er ihn nach Souheyrah (Mogador) führe. Der Maure hatte abgelehnt. Man nannte mir nicht den Grund dafür und ich wagte nicht, danach zu fragen. Außerdem erwähnten die Mauren noch den Sextanten, von dem ich weiter oben schon gesprochen habe.

Da unser Rastplatz in der Nähe einer Wasserstelle lag, tranken wir, so viel wir wollten. Wir kochten sogar Reis zum Abendessen. Dies entschädigte uns für die Entbehrungen der letzten Tage. Um sechs Uhr abends waren wir wieder auf sandigem, ebenem und nur spärlich bewachsenem Boden Richtung Norden unterwegs. Dieser Sand hat eine gewisse Dichte, bringt aber keinen einzigen Strauch hervor. Gegen neun Uhr abends erreichten wir Araouane, ein weiterer Warenumschlagplatz. Wir schlugen unser Lager außerhalb der Stadt auf. Ich bemerkte hier noch viele andere Zelte und man sagte mir, dass diese zu der Karawane gehörten, die demnächst aufbrechen werde. Mehrere Hunde verkündeten durch ihr Gebell unsere Ankunft, was mich daran denken ließ, dass ich in Timbuktu keine gesehen hatte.

Da ich den Gang der Kamele kaum gewöhnt war, hatte mich die Reise sehr angestrengt. Sobald ich angekommen war, breitete ich meine Decke auf dem Sand neben meinem Gepäck aus und tauchte in einen tiefen Schlaf. Die Hitze schien mir hier nicht so groß wie an den vorhergehenden Tagen zu sein. Gegen Mitternacht weckte man mich, damit ich meinen Anteil an einem ziemlich guten Couscous habe, das man uns aus der Stadt brachte.

Am Morgen des 10. Mai brachte mich mein Führer zu seinem Handelspartner namens Kalif, dem mich Sidi-Abdallahi Chebir durch einen eigenen Brief empfahl. Er nahm mich recht freundlich auf und ließ mich in eines seiner Häuser bringen, in denen auch Waren und Sklaven untergebracht waren.

Sobald ich meine neue Bleibe bezogen hatte, wollte mein Führer, der sich unterwegs ziemlich gut um mich gekümmert hatte, das Ansehen, das ich bei Kalif genoss, ausnutzen, um sich von

Die Sankoré-Moschee in Timbuktu, die schon 1440 erbaut wurde

ihm verköstigen zu lassen. Da ich aber fürchtete mich bei meinem Gastgeber unbeliebt zu machen, lehnte ich es ab, ihn darum zu bitten. Als mein Führer sah, dass er in dieser Hinsicht nichts erreichen konnte, bat er mich, ihm meine Baumwolldecke zu leihen um in der Stadt spazieren zu gehen und seine Bekannten zu besuchen. Ich gab sie ihm um ihn loszuwerden, aber am zweiten Tag hielt ich es doch für klüger sie von ihm zurückzuerbitten. Ein anderes Mal sagte er mir, man habe ihm seine Holzschale gestohlen, aus der er unterwegs trinke, und bat mich inständig eine neue von meinem Gastgeber für ihn zu erbitten. Da ich seiner dauernden Forderungen müde war und nicht recht wusste, wie ich mich dieses lästigen Menschen entledigen konnte, sagte ich ihm deutlich, dass ich nichts mehr mit ihm zu tun haben wolle, was ihn freilich nicht daran hinderte, mich noch oft aufzusuchen um mit mir mein Reis- und Couscous-Essen zu teilen. Dieser Mann ließ keine Gelegenheit aus, sich bei den Sklaven zu erkundigen, ob sie nicht etwa irgendwelche Güter oder Lebensmittel zu verkaufen hätten. Auf diese Weise verleiteten er selbst und seinesgleichen diese Elenden dazu, ihre Herren zu bestehlen.

Mein Gastgeber schickte mir gegen elf Uhr morgens ein Reisgericht mit Fleisch, das recht gut zubereitet war, und gegen acht Uhr abends bekam ich einen Teller Couscous. Das Wasser, das man mir zu trinken gab, war leicht salzig und lauwarm.

Am 11. Mai und an den darauf folgenden Tagen besichtigte ich die Stadt. Araouane liegt in einer Senke und ist von hohen Sanddünen umgeben, die sich weit nach Westen erstrecken. Die Straßen sind breiter als die Timbuktus und genauso sauber. Die Häuser sind ähnlich gebaut, aber viel niedriger und nicht so solide, da der Sand hier weniger lehmhaltig ist. Es sind vielleicht 500 an der Zahl. Jedes kann von sechs Personen einschließlich der Sklaven bewohnt werden.

Ganz wie Timbuktu hat auch diese Stadt keine eigenen Ressourcen. Sie ist ein Zwischenlager für Salz aus Taoudenni, das nach Sansanding am Ufer des Niger exportiert wird. Der Boden ist noch unfruchtbarer als der um Timbuktu. So weit der Blick reicht, sieht man nicht die geringste Vegetation. Die Kamele der zahlreichen Karawanen müssen ihr Futter in großer Entfernung suchen. Holz ist so selten, dass man nur Kamelmist verbrennt, den die Sklaven gewissenhaft aufsammeln. Es gibt kein anderes Heizmaterial um zu kochen. Die Mauren treiben ihre Kamele alle sechs Tage zusammen um sie zum Trinken zu den Brunnen zu führen, die sich in der Umgebung der Stadt befinden und in der Regel 60 Fuß tief sind. Ein Kamel zieht den Ledereimer nach oben. Wasser ist reichlich vorhanden, aber salzhaltig, sehr ungesund und immer warm. In vier Fuß Tiefe findet man einen ziemlich festen, grauen, leicht lehmhaltigen Sand. Von der weißen, kalkähnlichen Erde am Grund des Brunnens habe ich eine kleine Probe mitgenommen. Es gibt auch einige schwarze und graue Kieselsteinchen und einige wenige Kalksteine. Die Mauren benutzen sie, um um diese tiefen Löcher herum einen Brunnenrand anzulegen. Die Brunnen liegen in einer Ebene, die von großen Sanddünen umgeben ist. Ich sah dort viele Mauren, die ihre Kamele zur Tränke führten. Um den Behälter aus gegerbtem Leder, der das Wasser enthält, nach oben zu ziehen, benutzen sie ein Seil aus Stroh. Obwohl man in den Häusern das Wasser immer in einem Luftzug stehen lässt, ist es doch stets lauwarm, was es unangenehm zu trinken macht.

Viele Mauren und Neger liefen mir neugierig hinterher. Mehrere fragten mich nach Schnupftabak. Vergeblich versicherte ich ihnen, dass ich keinen hätte und auch keinen konsumiere. Sie versuchten es von neuem und beschimpften mich als Christ, was die größte aller Beleidigungen war. Sie schrien und schimpften hinter mir her. Ich fürchtete, die Geduld zu verlieren. Die Angelegenheit konnte böse Folgen haben. Ich beeilte mich meine Unterkunft zu erreichen, in die sie hinter mir eindrangen. Ein alter Maure erbarmte sich meiner. Er machte ihnen Vorwürfe sich so zu verhalten und hielt ihnen vor Augen, dass ich ein fremder Moslem sei, der unter Kalifs Schutz stehe, und dass es unwürdig sei, mich so zu behandeln. Es gelang ihm schließlich, sie wegzuschicken.

Der Unterschied zu den Mauren von Timbuktu, die mich sehr freundlich aufgenommen hatten, war beträchtlich. Die Bewohner Araouanes zeigten mir deutlich ihr Misstrauen. Sie konnten nicht glauben, dass ich, der ich meine Jugend bei den Christen verbracht hatte, jetzt auf deren Sitten und Gebräuche verzichten wollte, um wieder die meiner Eltern anzunehmen. Zum Glück sagten einige frommere und leichtgläubigere alte Männer, dass mich Gott auf dem Weg des Heils unterstützen werde, da er in mir ein so erstaunliches Ansinnen bewirkt habe. Und sie fügten auf Arabisch hinzu: »Danken wir Gott dafür, dass er unter uns ist.«

Diese Unannehmlichkeiten veranlassten mich, mich noch eifriger als bisher zu zeigen. Ich begab mich regelmäßig in die Moschee.

Wenn ich mich aber wie die Anhänger des Propheten niederwarf, richtete ich inbrünstige Gebete an Gott und bot ihm als Buße für meine religiöse Verstellung all die Qual an, die diese Verstellung für mich bedeutete.

Araouane ist keine so bedeutende Handelsstadt wie Timbuktu, von wo es all seine Vorräte beziehen muss, da Sansanding dafür zu weit entfernt ist: 25 Tagesmärsche liegen zwischen diesen beiden Städten, mehrere Mauren haben mir sogar gesagt, man brauche einen Monat um das westlich von Araouane gelegene Sansanding zu erreichen. Wie schon gesagt, schickt Araouane Karawanen maurischer Händler bis nach Sansanding und Yamina, die Salz aus den Minen von Taoudenni und Tabak, der im Tafilalt- und im Tuat-Gebiet angebaut wird, transportieren. Obwohl die Stadt von Mauren des *zaouat*-Stammes und aus verschiedenen Ländern des Mittelmeergebietes bewohnt wird, wird hier kein Markt abgehalten. Ich habe niemals einen armseligeren Ort gesehen. Innerhalb der Stadtmauern stehen wie in Timbuktu Strohhütten für die Sklaven.

Bousbéhey, eine Stadt, von der ich weiter oben schon gesprochen habe, liegt zwei Tagesmärsche von Araouane entfernt. Die Einwohner Araouanes beziehen von dort etwas Vieh, das ihnen sowohl als Nahrung dient wie auch für verschiedene Arbeiten eingesetzt wird. Hier, wie überall im Inneren Afrikas, wo es keine Märkte gibt, tötet jede Familie von Zeit zu Zeit einen Ochsen und trocknet das Fleisch in der Sonne um es haltbar zu machen. Man isst es dann mit Reis oder Couscous.

Die große Entfernung Sansandings erlaubt es den Einwohnern von Araouane zwar nicht, von dort Hirse zu beziehen, dafür bringen sie aber aus dieser Stadt wertvollere Handelsgüter wie Elfenbein, Gold, Sklaven, Wachs, Honig, Stoffe und Kleider aus Westsudan sowie etwas Reis mit. Die im Westsudan übliche Kauri-Währung gilt in Araouane nicht. Man kennt hier als Zahlungsmittel nur Gold und Silber, die nach dem Vorbild der Währung von Marrakesch in Geldstücke im Wert von einem Mitkhal unterteilt wird. Der Gold-Mithkal entspricht wie schon gesagt 12 Francs. Sein Wert steigt aber, je näher man den Küsten kommt.

Araouane ist Zielpunkt der Karawanen, die aus dem Tafilalt-Gebiet, vom Kap Mogador, aus Drah, Tuat und aus den Städten Aghdamas und Tripolis kommen. Sie bringen Waren, die in Europa hergestellt worden sind, zum Beispiel Feuerwaffen, Schießpulver und Stoffe sowie einige einheimische Erzeugnisse wie Tabak und Datteln.

Mein Gastgeber, einer der bedeutendsten Händler der Stadt, stammte aus Tuat. Er bezog aus seiner Geburtsstadt Waren, die er auf dem Niger verschiffte. Die Karawanen sind sieben Tage unterwegs, bis sie den Fluss erreichen, auf einer Route, die keinerlei Wasservorkommen aufweist. Man sagte mir, dass der Fluss an der Stelle, wo sie auf ihn stoßen, ungeheuer breit sei, und ich vermute, dass es sich um den Debo See handelt. Diese Gegend ist unbewohnt, aber etwas weiter findet man Negerdörfer, die sich bis Sansanding erstrecken.

In der Regenzeit, die in die gleichen Wochen wie in Timbuktu fällt, werden die Bewohner von den Tuareg heimgesucht, die ihre Zelte in der Nähe der Stadt aufschlagen und eine Art Handelssteuer erheben. Diese Steuern sind nicht so hoch wie die, die man ihnen in Timbuktu zahlt, und werden mit weniger Nachdruck gefordert, da ihr Stammesgebiet doch recht weit weg ist.

Die Einwohner sind alle Mauren und ziemlich fanatisch. Sie haben viele Sklaven, die sie aus Sansanding beziehen. Trotz ihrer naturgegebenen Grobheit behandeln sie sie recht freundlich, geben ihnen reichlich zu essen – ihre Nahrung besteht aus *sanglé*, das mit einer Sauce angemacht ist, die aus getrockneten und dann gekochten und gesalzenen oder mit Piment gewürzten Blättern des Affenbrotbaumes besteht – und achten darauf, dass sie gut gekleidet sind. Diese Unglücklichen leiden schon genug darunter, ein so grässliches Land zu bewohnen. Wenn hierzu noch die schlechte Behandlung käme, wie sie in einigen Wüstengegenden üblich ist, würden sie das sicher nicht überleben.

Das Oberhaupt von Araouane ist ein alter Maure namens Sidi-Boubacar. Er ist Richter bei allen Streitigkeiten, die zwischen den Einwohnern entstehen. Nach seinem Tod folgt ihm sein Sohn nach. Dieses muslimische Oberhaupt erhebt bei den Bewohnern der Stadt keine Steuern. Er selbst ist Händler und reich an Kamelherden. Wenn es in der Regenzeit mehr Futter gibt, trinken und nutzen sie die Milch dieser Tiere.

Am 14. Mai blies ein drückender Ostwind, der einen Teil der Hausdächer abdeckte und so viel Sand aufwirbelte, dass es unmöglich war, die Türen offen zu lassen. Obwohl die Sonne verdeckt war, herrschte drückende Hitze. Die Luft war voller Sand, der die ganze Nacht herabrieselte. Die Worte fehlen mir um auszudrücken, wie sehr ich während dieses ganzen schrecklichen Tages litt. Ich war gezwungen auf dem Boden zu liegen und den Kopf mit einem Tuch zu bedecken um mich vor dem glühend heißen Sand zu schützen, der durch die Türritzen drang. Um meinen brennenden Durst zu stillen, hatte ich lediglich warmes und salziges Wasser. Dieses ungesunde Getränk führte zu einer heftigen Magenverstimmung und die hohen Temperaturen verursachten mir schreckliche Kopfschmerzen.

Die Sklaven, die bisweilen barfuß im Sand liefen, hatten so unerträgliche Schmerzen, dass sie das Innere der Häuser aufsuchen mussten. In einer solchen Situation bleiben die Mauren in geschlossenen Räumen und halten ein Tuch über ihren Mund um keinen Sand einzuatmen. Ich konnte wirklich nicht verstehen, dass allein die Aussicht auf Gewinn Menschen dazu veranlassen kann, 12 oder 15 Jahre lang ein so abscheuliches Land zu bewohnen.

Die Stadt Oualet, von der Mungo Park gesprochen hat, liegt zehn Tagesmärsche in west-nord-westlicher Richtung von Araouane entfernt. Ich hatte Gelegenheit, mit einigen Mauren zu sprechen, die mir sagten, dass es auf dem Weg dorthin kein Wasser gebe und dass diese Stadt einen regen Salzhandel mit Sansanding, Yamina und Ségou treibe. Ségou liegt ihrer Aussage nach zwei Wochen südlich von Oualet. Das Salz, das das wichtigste Handelsgut der Stadt ist, wird in den Bergwerken von Ouaden abgebaut, die 15 oder 18 Tagesreisen nördlich von Oualet liegen. Dieses Salz wird wie das aus Taoudenni in Platten abgebaut, die auch ungefähr gleich groß sind. Die Bewohner züchten viele Kamele, einige Schafe und Ziegen. Die Böden um Oualet sind zum Ackerbau zu unfruchtbar, sodass die Bewohner ihr Korn aus dem Land der Bambara beziehen. Man hat mir gesagt, dass Oualet genauso groß wie Timbuktu sei. Ich habe auch einige Mauren nach Tichit gefragt, bekam aber keine konkreten Auskünfte.

Der heiße Ostwind wehte während meines ganzen Aufenthalts in Araouane und zwang mich dazu, im Inneren der Häuser zu bleiben, was mich sehr ärgerte.

Die Karawanen, die sich in Araouane versammelt hatten, trafen die nötigen Vorbereitungen um in wenigen Tagen aufzubrechen. Der Gedanke, diesen schrecklichen Ort bald verlassen zu können, stimmte mich freudig. Mein Gastgeber, ein eifriger Moslem, ließ die Vorräte für meine Reise vorbereiten. Ich verdankte diese Aufmerksamkeit weder seiner Großzügigkeit noch der Freundschaft, die er mir mittlerweile entgegenbrachte. Es handelte sich einfach um ein Opfer, das seine Frömmigkeit ihm eingab um den Propheten günstig zu stimmen. Diese Vorräte bestanden aus einem Sack Reis, der ungefähr 50 Pfund wog, einem Sack *dokhnou* des gleichen Gewichts und ungefähr zehn Pfund geschmolzener Butter. Sie reichten völlig aus um mich zwei Monate lang zu ernähren. Ich wollte mich für diese Dienste erkenntlich zeigten und schenkte Kalif einige Silberstücke, eine Schere und das letzte Stück eines farbigen Stoffs, das mir geblieben war. Der gute Moslem tat zunächst so, als wolle er mein Geschenk nicht annehmen. Er sagte, ich sei arm und könne diese Sachen im weiteren Verlauf der Reise vielleicht noch gebrauchen. Er selbst handle nur um der Liebe Gottes willen so an mir. Er beeilte sich jedoch, die Silberstücke, die in dieser Gegend nur wenig verbreitet waren, in seine Tasche zu stecken. Sie schienen ihn zu freuen. Die für mich zusammengestellten Vorräte ließ er in das Zelt Sidi-Alys tragen. Mit diesem Mauren, dem mich Sidi-Abdallahi empfohlen hatte, sollte ich mich in das Tafilalt-Gebiet begeben. Er hatte beim Aufbruch in Timbuktu 10 Gold-Mitkhale (120 Francs) erhalten um mich in der Wüste zu versorgen.

Ein in Araouane ansässiger Maure, mit dem ich mich des Öfteren unterhielt, schenkte mir einen Lederschlauch, um meine Wasservorräte zu vergrößern. Er warnte mich, dass ich auf dieser Strecke großen Durst leiden würde. Sieben oder acht Tage lang finde man keinen Brunnen. Die Beschreibung, die er von der Wüstendurchquerung in dieser Jahreszeit machte, jagte mir Angst und Schrecken ein. Ich stellte mir vor, dass ich dasselbe Schicksal erleiden könnte wie schon so viele unglückliche Reisende vor mir, die in der Wüste umgekommen waren. Ich nahm aber meinen ganzen Mut zusammen und dachte hoffnungsvoll daran, dass ich in meine Heimat den Bericht all meiner Beobachtungen mitbringen würde. So gab es bald keine Schwierigkeit mehr, die mir unbezwingbar erschien.

Sidi-Aly, den ich in Timbuktu gar nicht gesehen hatte und dem mich mein Gastgeber Sidi-Abdallahi wärmstens empfohlen hatte, zeigte mir seine außergewöhnliche Zuneigung. Er versicherte mir, er werde mich wie seinen Sohn behandeln. Er bestätigte, dass das Wasser in der Wüste äußerst rar sein werde und dass wir große Entbehrungen zu ertragen hätten. Ich solle mich aber nicht entmutigen lassen, er werde sich um mich kümmern, da ich ja nicht an die hohen Temperaturen der Wüste gewöhnt sei und den brennenden Durst, der uns oft quälen werde, nicht so gut vertrage. Dieser Mann galt in den Augen der Mauren als eifriger Moslem. Mehrere Personen versicherten mir, dass er ein gottesfürchtiger Mann sei und sich mir gegenüber so verhalten werde, wie er es versprochen hatte. Sidi-Aly hatte gewöhnlich einen zweieinhalb Fuß langen Rosenkranz in der Hand, dessen Kugeln etwa walnussgroß waren. Wenn er jemanden auf der Straße traf, so unterließ er es nie, den Blick ehrfürchtig zu senken und seinen Rosenkranz zwischen den Fingern zu bewegen. Dabei bewegte er die Lippen, wie wenn er bete. Durch diese scheinheiligen Manöver machte er mir und allen anderen etwas vor und ich glaubte, er sei wirklich ein so guter Mensch, wie er es vorgab. Ich wurde aber auf grausame Art eines Besseren belehrt. Trotz seines religiösen Eifers hielt dieser alte Tartuffe keines seiner Versprechen, wie man im weiteren Verlauf meines Berichts noch sehen wird.

Wir verließen Araouane am 19. Mai 1828 um sechs Uhr in der Früh. Aly, mein Führer, hatte seinen Sohn geschickt um sich meines Gepäcks anzunehmen und es zu dem zugewiesenen Platz in der Karawane zu tragen. Mein Gastgeber, der von meinem Aufbruch verständigt worden war, hatte mich eingeladen mit ihm zu essen. Da die Speisen aber noch nicht gekocht waren, musste ich losziehen, ohne etwas anderes als ein wenig *dokhnou* und etwas Honig zu mir genommen zu haben. Er empfahl mich aufs Neue meinem Führer und wünschte mir eine glückliche Reise. Dann verließ er mich. Es war ungefähr halb acht, als die Karawane in nord-östliche Richtung loszog. Ich erkannte voller Mitleid einige Sklaven wieder, die schon die Strecke von Djenné nach Araouane mit mir zurückgelegt hatten. Sie liefen im Sand ihren Kamelen hinterher, die schon einen kleinen Vorsprung hatten.

Unsere Karawane war groß. Sie setzte sich aus 1400 Kamelen zusammen, die mit verschiedenen Produkten aus dem Westsudan, wie Gold, Sklaven, Elfenbein, Gummi, Straußenfedern, Stoffen und Kleidern beladen waren. Wenn man Araouane verlässt, verläuft der Weg auf sandigem Terrain, das immer wieder Wanderdünen aufweist, auf denen man keinerlei Vegetation sieht. Nach sechs Meilen in dieser Richtung kamen wir nach Mourat, ein kleines Dorf, das aus fünf Häusern besteht, die denen von Araouane ähneln und aus Sandziegeln gebaut sind. Hier haben die Söhne Sidi-Boubacars, Oberhaupt von Araouane, eine Schule eingerichtet, in der die Kinder der Stadtbewohner den Koran studieren. Mourat erschien mir noch armseliger als Araouane. Die Eintönigkeit der Landschaft wird nur durch ein paar vom Ostwind mit Sand bedeckten Pflanzen unterbrochen, die die Kamele fressen.

Außerhalb von Mourat findet man einige ziemlich tiefe Brunnen, die salziges Wasser enthalten. Wir hielten an um noch einmal in langen Zügen zu trinken. Denn jetzt sollten wir in einen Teil der Wüste vordringen, wo wir acht Tage lang kein Wasser finden würden.

Inmitten dieser unendlichen Einsamkeit boten die Brunnen von Mourat, um die sich 1400 Kamele und 400 Menschen drängten, das bewegte Bild einer dicht bevölkerten Stadt. Menschen und Tiere machten einen entsetzlichen Lärm. Auf der einen Seite sah man Kamele, die mit Elfenbein, Gummi und Bündeln aller Art bepackt waren, auf der anderen Seite erblickte man welche, die mit Negern – Männern, Frauen und Kindern – beladen waren, die man auf den Märkten Marokkos verkaufen wollte. Etwas weiter weg erbaten auf dem Boden ausgestreckte Männer den Schutz des Propheten.

Dieses Schauspiel rührte und begeisterte mich. Und nach dem Vorbild der frommen Moslems sank ich auf die Knie, allerdings um zu dem Gott der Christen zu beten. Den Blick nach Norden gerichtet, auf meine Heimat, meine Eltern, meine Freunde, bat ich Gott die Hindernisse, die so vielen früheren Reisenden zum Verhängnis geworden waren, für mich zu ebnen. In meinem Eifer stellte ich mir vor, dass meine Bitte erhört worden sei und dass es mir gelingen werde, als erster Europäer diesen Ozean voller Sand von Süden her zu durchqueren. Diese Vorstellung begeisterte mich und während ringsum die Menschen traurig dreinblickten, strahlte mein Gesicht voller Hoffnung und Freude. In diesem Hochgefühl schwang ich mich auf mein Kamel um meinen Reisegefährten vorauszureiten und unerschrocken in die einsamen Weiten vorzudringen, die den fruchtbaren Westsudan von Nordafrika trennen. Ich hatte das Gefühl, eine bisher uneinnehmbare Festung zu erstürmen und die Ehre meines Landes zu verteidigen, indem ich alle Angst ablegte und den Gefahren mutig entgegentrat.

Schon breitete sich vor unseren Augen eine grenzenlose Weite aus, in der sich unseren Blicken nur noch eine ungeheure Fläche blendend weißen Sandes bot, die von einem glühend heißen Himmel eingerahmt war. Bei diesem Anblick stießen die Kamele lang gezogene brüllende Laute aus. Die Sklaven wurden trübselig. Mit zum Himmel gerichteten Blick schienen sie leidvoll an ihre Heimat und an die grünen Ebenen zurückzudenken, von denen sie Habsucht und Barbarei weggerissen hatten.

Am 20. Mai – wir waren weiter Richtung Norden unterwegs – hielten wir gegen zehn Uhr vormittags. Die Hitze war so stark, dass wir schnell unsere gegerbten Schafhäute aufspannten um unter diesem improvisierten Zelt den Rest des Tages zu verbringen. Jeder bekam eine Kalabasse Wasser, die ungefähr der Menge dreier Flaschen entsprach. Wir schütteten die lauwarme Flüssigkeit in einem Zug hinunter. Sie füllte zwar unsere Mägen, erfrischte aber nicht wirklich. Es wäre mir lieber gewesen, öfters eine kleinere Menge Wasser zu bekommen, aber die Mauren, die die Ausgabe überwachten, wollten davon nichts wissen, sondern hielten sich lieber an die alten Gewohnheiten. Für die Negersklaven, die ja aus einem fruchtbaren Land stammten, war dieses Leben sehr hart. Sie wurden aber nicht schlechter als alle anderen behandelt. Auf der anderen Seite wurde auch niemand bevorzugt.

Es war noch nicht einmal Mittag, und wir sollten bis fünf Uhr abends ausharren, ohne irgendetwas zu uns zu nehmen. Die Hitze war unerträglich, und der Ostwind wirbelte, wie jeden Tag, viel Sand auf. Wir litten entsetzliche Qualen. Als ich so darüber nachdachte, wie schlimm doch meine gegenwärtige Lage war, kam der alte Aly zu mir und sagte, die Lederschläuche, die mir Sidi-Abdallahi gegeben hatte, seien nicht groß genug. Wir würden deshalb mit unseren Wasservorräten nicht weit kommen, wenn wir nicht besser haushielten. Der Schelm hatte nicht Unrecht, denn während ich für mich alleine drei Schläuche besaß, hatten er und seine Gefährten nur jeweils zwei, die außerdem noch sehr klein waren. Trotzdem musste sichergestellt sein, dass neun Leute acht Tage lang genügend zu trinken hätten. Natürlich wäre ich im Recht gewesen, wenn ich die meinen nicht zur Verfügung gestellt hätte. Aber was hätte mir das gebracht? Man hätte mein Wasser trotzdem getrunken und behauptet der Ostwind habe es verdunsten lassen. Also antwortete ich Aly, dass ich ihm für seinen Hinweis danke und mein Verhalten danach ausrichten würde.

Gegen fünf Uhr bekamen wir eine Kalabasse mit *dokhnou*; dann ruhten wir uns bis neun Uhr abends aus. Wir marschierten die ganze Nacht. Der Ostwind hatte sich gelegt, sodass eine drückende

Windstille herrschte. Das langsame und gleichmäßige Schreiten des Kamels wiegte mich in den Schlaf.

Am 21. Mai die gleiche unerträgliche Hitze. All meine Gedanken drehten sich nur noch um Wasser, Bäche, Flüsse, Ströme. An nichts anderes konnte ich während der Fieberschübe, unter denen ich litt, denken. Ich verfluchte meine Gefährten, die Kamele, das ganze Land. Eine grauenvolle Dürre kennzeichnete den Ort, an dem wir unser Lager aufgeschlagen hatten. Nicht das kleinste Grasbüschel konnte das Auge beruhigen. Das bedrückende Gefühl, das die in der Landschaft verstreuten Kamele und die unendliche Einsamkeit und Stille der Wüste hervorriefen, kann man nicht beschreiben. Die armen Tiere lagen völlig erschöpft in der Nähe der Zelte, den Kopf zwischen den Beinen, und warteten ruhig auf das Signal zum Aufbruch. Um halb fünf Uhr schüttete Sidi-Aly, der die Zubereitung unserer Ration übernommen hatte, einige Hand voll *dokhnou* in eine Kalabasse, gab Wasser darüber und verrührte alles mit den Händen, indem er seine Arme bis zu den Ellenbogen hineintauchte. Wären wir nicht halb verhungert gewesen, hätte uns dieses eklige Schauspiel sicher abgestoßen, denn um Wasser zu sparen, hatte sich Sidi-Aly seit mehreren Tagen die Hände nicht gewaschen. Obwohl das so zubereitete Gebräu lauwarm und sehr schmutzig war, tranken wir es in langen Zügen und fanden es wunderbar.

Danach untersuchten die Mauren ihre Gepäckstücke und sahen nach, ob die Riemen nicht gerissen waren. Obwohl bei jedem Halt die Befestigung überprüft wird, verletzten sich die Kamele doch oft an ihrer Last, und die Wunden heilen dann nur schlecht. Die Mauren brennen die Wunden aus, um Blut und Eiter zu entfernen. Das verbrannte Fleisch schneiden sie ab und bestreuen die Umgebung mit Salz um Wundbrand zu verhindern.

Wenn ein Kamel krank oder am Verhungern ist, gibt man ihm etwas Wasser. Die Mauren benutzen dazu einen Trichter aus Holz, den sie in die Nasenlöcher einführen. Diese Methode, die nur im äußersten Notfall angewandt wird, ist die beste, denn obwohl die Tiere von Natur aus gefügig sind, schütteln sie den Kopf nach allen Seiten und verspritzen das Wasser, wenn man es ihnen durch das Maul einflößen will.

Am 22. Mai konnte die Karawane vor Durst um neun Uhr morgens nicht mehr weitergehen. Unsere Wasservorräte wurden immer kleiner. Allein der Wind kostete uns viel Wasser, denn er trocknete die Schläuche aus und ein großer Teil des Wassers verdunstete durch die Poren.

Während ich so auf dem Sand ausgestreckt lag, dachte ich über Möglichkeiten nach, unsere entsetzliche Lage zu verbessern. Ich schlug Sidi-Aly vor, wenn möglich zwei oder drei zusätzliche Schläuche zu kaufen, und gab ihm dafür ein paar Waren, die mir Mauren in Timbuktu gegeben hatten. Aber er antwortete, dass niemand hier um keinen Preis der Welt Wasser verkaufen werde. Ich wusste, dass das stimmte, aber ich litt zu sehr unter dem Durst um nicht darauf zu drängen. Aly schlug vor, einen Mann zu den nächst gelegenen Brunnen loszuschicken. Dies sei der beste Weg zu etwas Wasser zu kommen, mit dem man dann ein *sanglé* zubereiten könne, das unsere Kräfte wiederherstellen werde. Dieser Vorschlag erschien mir vernünftig, und ich stimmte ihm freudig zu. Sidi-Aly, der keine Skrupel kannte, behielt für sich, was ich ihm gegeben hatte, um den Mann, der zum Brunnen gehen sollte, zu bezahlen und schickte seinen Sohn. Er hätte das Gleiche getan, wenn ich nichts gegeben hätte, denn ich bemerkte schnell, dass es an dieser Stelle der Strecke offensichtlich üblich war, Wasser von den Brunnen zu holen: Aus allen Teilen der Karawane machten sich Mauren mit dem gleichen Ziel auf den Weg.

Mein Durst war so unerträglich, dass ich mich in die Zelte unserer Nachbarn begab, in der Hoffnung, einige Tropfen Wasser zu bekommen. Mit meinem Rosenkranz in der Hand ging ich von Zelt zu Zelt und bettelte »um der Liebe Gottes willen« um etwas Wasser. Aber ich fand kaum mildtätige Seelen. Ich muss zugeben, dass dies auch kein günstiger Augenblick war um welche zu finden, denn wir litten alle gleichermaßen unter dem Durst.

Die Mauren, die selbst die größten Bettler sind, mögen es nicht, dass man sie um ein Almosen bittet. Sidi-Aly sagte mir oft, ich solle die anderen nicht um Wasser bitten. Das zieme sich nicht. Hin und wieder bemerkte ich auch, dass er sich vor seinen Freunden damit brüstete, wie gut er sich um mich kümmere. Die Entbehrungen, die ich zu ertragen habe, bekümmerten ihn, so behauptete er, außerordentlich. Scheinheiliger Lügner! Von den anwesenden Mauren glaubten viele, dass er mich aus reiner Nächstenliebe mitgenommen habe, und zunächst bestärkte ich sie auch in dieser Meinung. Als sie mir aber schließlich präzise Fragen zu diesem Thema stellten, klärte ich sie über den wahren Sachverhalt auf und sie versicherten mir, dass ich meinen Führer viel zu teuer bezahle.

Ich wusste das nur zu gut, aber was konnte ich machen? So blieb mir nichts anderes übrig, als mich in mein Schicksal zu fügen.

23. Mai. Niemand litt unter der Hitze und dem Durst mehr als die kleinen Negersklaven, die weinend um Wasser bettelten. Die Unglücklichen fielen zu Boden und konnten nicht mehr aufstehen. Aber die Mauren ließen sie unterwegs nicht lange liegen. Ohne Mitleid zerrten sie sie auf die Beine und schlugen sie so lange, bis sie ihre Kamele, die schon weit voraus waren, eingeholt hatten.

Was mir an diesem Tag am meisten zu schaffen machte, waren die Sandhosen, die uns jederzeit unter sich begraben konnten. Die größte von ihnen fegte direkt durch unser Lager, warf alle Zelte um und wirbelte uns wie Strohhalme herum. Wir wussten nicht mehr, wo wir waren. Die Sichtweite betrug gerade noch 30 Zentimeter. Wie dichter Nebel umhüllte uns der Sand, Himmel und Erde waren nicht mehr zu unterscheiden.

Während die Kräfte der Natur so über uns hereinbrachen, hörte man von überall her Wehgeschrei. Viele riefen Gott an und schrien aus Leibeskräften: »Es gibt nur einen Gott, und Mohammed ist sein Prophet.« Inmitten der Schreie und Gebete hörte man durch das Heulen des Windes hindurch die Klagelaute der verstörten Kamele, die weit mehr als ihre Herren zu beklagen waren, denn sie hatten seit vier Tagen nichts mehr gefressen. Während der ganzen Zeit lagen wir regungslos auf dem Boden, durstig, Sturm und Sand ausgesetzt. Wenigstens hatten wir nicht mehr unter der Sonnenhitze zu leiden. Ihre Scheibe war hinter einem dichten Sandschleier verschwunden und wirkte matt und strahlenlos.

Ich weiß nicht, was aus uns geworden wäre, wenn sich der Sandsturm nicht gegen drei Uhr gelegt hätte. Sobald wieder Ruhe eingekehrt war, bereiteten wir uns zum Aufbruch vor. Man bereitete ein *dokhnou* zu und gab uns zu trinken. Wie sehnlich warteten wir auf diesen Augenblick. Um meine Ration Wasser noch intensiver zu genießen, steckte ich meinen Kopf in die Kalabasse, um in langen Zügen trinken zu können. Ich gönnte mir nicht einmal die Zeit zu atmen.

Auf dem weiteren Weg dachte ich über die göttliche Weisheit nach, die an alles gedacht hatte: War das Kamel nicht eines der größten Wunderwerke der Natur? Wie hätte man ohne diese erstaunlichen Tiere, die acht Tage ohne Futter und sogar Wasser auskommen, in diese Wüstengebiete vordringen können? Gibt es einen einzigen Sterblichen, der sich ohne Kamel in die Wüste vorwagen würde? Wenn dies ein besonders Waghalsiger versuchen würde, müsste er diesen Wagemut zweifellos mit dem Tod bezahlen. Natürlich waren diese Überlegungen nicht neu, aber in meiner Lage kamen sie ganz von alleine. Und ich bin der Ansicht, dass ich dem Leser meine Gedanken ebenso wie meine Gefühle und Schmerzen mitteilen sollte.

Den Tag des 24. Mai verbrachten wir wieder in der angstvollen Hoffnung auf Wasser. Die Mauren bemerkten unsere Niedergeschlagenheit und versuchten uns Mut zu machen, indem sie die baldige Rückkehr der Männer, die auf der Suche nach Wasser losgezogen waren, in Aussicht stellten. Aber vergebliches Warten. Niemand kam zurück. Allgemeine Verzweiflung machte sich breit. Um uns etwas aufzumuntern, gab man uns eine winzige Ration Wasser und sagte, die verspätete Rückkehr unserer Leute sei nicht auf versiegte Quellen zurückzuführen, sondern darauf, dass diese nur wenig Wasser hervorbrachten und so das Füllen der Schläuche mehr Zeit in Anspruch nehme. Und als letztes Argument führten sie an, dass die Männer längst zurück wären, wenn die Brunnen ausgetrocknet wären. Aber ach! Sie täuschten sich, wie sich bald herausstellten sollte.

Um keine weitere Zeit zu verlieren, brachen wir gegen vier Uhr abends auf und marschierten die ganze Nacht hindurch. Am 25. Mai hielten wir gegen neun Uhr morgens in einer Ebene mit festem Sand, in der hier und da etwas Gras wuchs, das die Kamele bald hinuntergeschlungen hatten. Uns verblieben nurmehr eineinhalb Schläuche Wasser für elf durstige Münder, denn es hatten sich noch einige Leute angeschlossen. Wir litten unbeschreiblichen Durst. Nachdem wir ein paar Tropfen Wasser zu uns genommen hatten, legten wir uns hin in Erwartung derer, die sich auf die Suche nach Wasser gemacht hatten. Gegen zehn Uhr kehrten die Unglücklichen halb verdurstet ins Lager zurück. Als sie sich – soweit es unser Wasservorrat erlaubte – etwas erfrischt hatten, erzählten sie uns, sie hätten zunächst schon große Mühe gehabt, den Brunnen überhaupt zu finden. Als sie ihn dann entdeckten, mussten sie der bitteren Wahrheit ins Auge sehen, nämlich dass der Brunnen ausgetrocknet war. Sie seien so durstig gewesen, dass sie sich schließlich entschlossen hätten ein Kamel zu töten, um sich das in seinem Magen enthaltene Wasser zu teilen. Dieses half ihnen freilich nicht viel weiter: Nicht nur, dass es verdorben war, es gab auch nicht viel davon. Es wäre wesentlich hilfreicher gewesen, das Blut des Tieres zu trinken, aber dies wollten sie nicht, aus Angst, die Vorschriften des Korans zu verletzen.

Um vier Uhr abends tranken wir den Rest des verbleibenden Wassers. Dann, am 26. Mai, stießen wir endlich auf die so ersehnten Brunnen von Télig. Sie waren mit Sand gefüllt, aber die Mauren machten sich sofort daran, sie freizuschaufeln. Die Kamele, die die Nähe des Wassers spürten, waren nicht mehr zu halten. Vertrieb man sie, liefen sie zwar weg, kamen aber sogleich wieder und ließen sich wiederkäuend um die Brunnen herum auf die Knie. Den Kopf legten sie dabei auf den frischen Sand, den man aus den Brunnen holte. Das erste Wasser, das zum Vorschein kam, war schwarz und schlammig. Doch trotz des Sandes, den es noch enthielt, stritten sich die Kamele gierig darum. Als das Wasser einigermaßen genießbar war, steckte ich meinen Kopf zwischen den der Kamele, um mit ihnen zu trinken. Ein Maure gab mir Wasser in seinem Ledereimer, denn man hatte nicht einmal die Kalabassen ausgepackt, die normalerweise als Trinkgefäße dienten. Der ganze Tag wurde dazu genutzt, die Kamele zu tränken. Sie konnten gar nicht genug bekommen und stritten sich noch um den letzten Tropfen in den Trögen. Da Wasser nun reichlich vorhanden war, kochte man ein wenig Reis, den wir mit etwas Butter aßen – es war die erste Mahlzeit seit dem Abend des 19. Mai!

Bevor wir die Brunnen von Télig verließen, mussten wir zwei Kamele töten, die sich vor Schwäche nicht mehr auf den Beinen halten konnten. Das Fleisch wurde an alle verteilt, die etwas davon wollten. In der Fleischbrühe kochte man Reis, der den schlechten Geschmack des Kamelfleisches annahm und mir ganz widerlich war. Die Mauren verschlangen gierig die Fleischstücke und versicherten mir, es schmecke sehr gut. Diese Meinung konnte ich nicht teilen, denn ich fand das Fleisch sehr hart und die geringe Menge, die ich davon zu mir nahm, führte dazu, dass mir die ganze Nacht unwohl war. Vielleicht war daran aber auch das brackige Wasser schuld, von dem ich getrunken hatte. Trotzdem war die Nacht eine der angenehmsten, seit ich mich in der Wüste befand. Ich legte mich neben einen kleinen Strauch, die Hitze schien mir etwas geringer zu sein, was ich auf die Nähe der Brunnen zurückführte.

Obwohl ich mir alle Mühe gab, die Sitten und Gebräuche der Mauren nachzuahmen, bemerkten sie, dass es mir nicht wie ihnen gelang, den Reis in der Hand zu einer kleinen Kugel zu formen und diese mir dann in den Mund zu werfen. Wenn sie mich beleidigen wollten, sagten sie immer wieder, ich esse wie ein Christ.

Mein Führer Sidi-Aly war ein kleiner Mann, der vielleicht 1,50 Meter maß. Er hatte ein faltiges Gesicht, böse, schwarze Augen, einen kurzen grauen Bart, ein längliches Kinn und einen großen Mund, der ihn noch abstoßender machte. Er aß abseits der anderen um als vornehmer Mann zu erscheinen. Trotz der schönen Versprechungen, die er mir gemacht hatte, brauchte ich nicht lange, um zu erkennen, wie viel sie wert waren. Sogar das Allernötigste und vor allem ausreichend Wasser verweigerte er mir, obwohl er im Voraus fürstlich bezahlt worden war. Selbst die Sklaven wurden besser behandelt. Ihnen verwehrte man es nicht, Wasser zu trinken, wann immer sie wollten, denn dank der Brunnen von Télig war dieses nun wieder reichlich vorhanden. Zum Glück waren die Hitze nicht mehr so stark und mein Durst nicht mehr so groß, sei es wegen der Nähe der Brunnen, sei es, weil wir nach Norden vordrangen. Was auch immer der Grund dafür war – ich fühlte mich körperlich wohler, dafür machte mir nun das Verhalten der Mitreisenden zu schaffen. Als nämlich die Mauren in der Gefolgschaft von Sidi-Aly sahen, wie wenig rücksichtsvoll er mit mir umging, gaben auch sie alle Zurückhaltung auf. Sie gaben mir lächerliche Spitznamen, wie zum Beispiel den Namen des Kamels, auf dem ich ritt. Dauernd machten sie sich über mich lustig und da ich mich nicht wehrte, stachelten sie die Sklaven an, ihrem Beispiel zu folgen. Auch diese quälten mich nur zu gerne. Die Form meines Gesichtes war ein ständiger Anlass für ihr Gelächter. In ihrer Boshaftigkeit bewarfen sie mich sogar mit Steinen, sobald ich ihnen den Rücken zudrehte. Ihre Herren unternahmen nichts gegen dererlei Schikanen. Im Gegenteil: Sie gaben ihnen sogar dornige Zweige um mir damit die Augen zu verletzen. Oder sie forderten sie auf, mir ein Holzstück an der Nase zu befestigen, wie sie es mit den Kamelen machen. Lachend und tanzend sprangen so die Sklaven um mich herum und drohten mir mit diesen Marterwerkzeugen. Auf dem ganzen Weg von Télig nach Tafilalt war ich unzähligen solcher Schikanen ausgesetzt. Die Mauren sagten mir oft voller Verachtung: »Siehst du diesen Sklaven dort? Ich schätze ihn mehr als dich. Daran kannst du sehen, wie viel du mir bedeutest!« Solch freche Worte wurden von unbändigem Lachen begleitet.

Ich fraß Ärger und Wut in mich hinein und erzitterte bei dem Gedanken, was diese Menschen wohl mit mir angestellt hätten, wenn sie meine wahren Gefühle gekannt hätten. Ich dachte an die Qualen, die der arme Major Laing hatte erdulden müssen. Wie sehnte ich die Ankunft im Tafilalt-Gebiet herbei, die mich von dieser ganzen widerwärtigen Gesellschaft befreien würde!

Als einziges Eigentum waren mir meine Decke und eine neue *coussabe* verblieben, die mir mein großzügiger Gastgeber in Timbuktu geschenkt hatte. Außerdem hatte ich noch ein Vorhängeschloss für meine Tasche, ich der ich meine Notizen aufbewahrte. Kein Tag verging, an dem diese Gegenstände nicht die Begierde meiner Reisebegleiter weckten. Wenn ich um Wasser bat, sagten sie: » Gib uns deine Coussabe und dein Schloss und du bekommst etwas zu trinken.« Sie spannten mich auf die Folter um zu erreichen, was sie wollten, aber ich widerstand ihnen und sie bekamen gar nichts.

Da wir auf unserem Weg nun häufiger auf Brunnen stießen, beschlossen wir, auch tagsüber zu reisen. Am 31. Mai wurde bei Sonnenuntergang Alarm geschlagen: Kameltreiber, die sich in einiger Entfernung von unserem Lager aufhielten, hatten Mauren gesehen, die sie für Diebe hielten. Sie rannten zur Karawane zurück und schrien: »Zu den Waffen!« Augenblicklich war die ganze Mannschaft auf den Beinen. Jeder griff zu seinen Waffen und alle liefen dem vermuteten Feind entgegen. Ich bemerkte, dass mehrere unserer Leute zitterten, was mich vermuten ließ, dass die Gefahr wirklich groß war. Im Lager blieben nur drei oder vier alte *marabouts*, die Sklaven und ich zurück. Sie fingen sofort zu beten an. Einer von ihnen rief mich herbei und gab mir etwas Wasser und ein Stück gekochtes Kamelfleisch, wohl um den Himmel günstig zu stimmen. Ich war ebenso besorgt wie die Mauren: Was sollte aus uns werden, wenn man uns unsere Kamele wegnahm? Ohne ihre Hilfe bestand keine Chance, die Wüste zu durchqueren. Wir würden also in diesem schrecklichen Land sterben, denn wir waren viel zu weit weg von Menschen, die uns zu Hilfe hätten eilen können. Einige Kamele waren zwar ins Lager zurückgekommen, aber die meisten grasten außerhalb. Zu meiner großen Freude kamen unsere unerschrockenen Kämpfer aber nach einer Stunde zurück und verkündeten stolz, dass die Diebe verschwunden seien. Die Nacht war unruhig, man fürchtete, dass die Räuber die Brunnen besetzen könnten, die wir am nächsten Tag aufsuchen wollten. Man beschloss im Umkreis von einer Meile Wachposten aufzustellen.

Am nächsten Tag stießen wir in der Nähe der Brunnen von Trasas auf die »Räuber«: Es waren Tajacante-Mauren, denen wir einen ebenso großen Schrecken eingeflößt hatten wie sie uns. Die Mauren hatten bei unserer Ankunft in Trasas zwei Brunnen schon freigeschaufelt, sodass wir das Glück hatten uns sogleich bedienen zu können. Als Dank bereiteten ihnen Sidi-Aly und Sidi-Molut, der ebenfalls zu unserer Karawane gehörte, ein gutes Abendessen zu.

Da unser Zelt noch nicht aufgestellt war, suchte ich in dem der Tajacante-Mauren Unterschlupf. Sie tranken gerade ein *dokhnou* und unterhielten sich über ihre Geschäfte. Sie erkannten schnell, dass ich kein Afrikaner war, und ihr Blick verhieß nichts Gutes. Einer fragte mich, wer ich sei. Ein Maure aus unserer Karawane, der mit mir gekommen war, ergriff das Wort für mich und erzählte ihnen meine Geschichte in allen Einzelheiten. Sie zeigten jedoch auf mein Gesicht, in dem sie nichts Arabisches entdecken konnten, obwohl es in all der Zeit sehr dunkel geworden war. Freilich hatte mich der Skorbut völlig entstellt. Die Mauren stellten mir einige Fragen über die Christen und forderten mich auf, einen Vers aus dem Koran zu rezitieren, den ich zum Glück auswendig kannte. Dann luden sie mich ein mit ihnen zu trinken.

Am 5. Juni zogen wir um drei Uhr morgens weiter Richtung Norden. Unser Weg führte uns über hohe Sanddünen, an deren westlicher Flanke dornige Pflanzen wuchsen, die die Kamele fraßen. Die armen Tiere schleppten sich nur noch langsam vorwärts, wir kamen höchstens eine Meile in der Stunde voran. Mittags hielten wir an den Brunnen von Amoul-Gragim. Wie alle anderen waren sie mit Sand gefüllt. Diese hier hatten aber nur eine Tiefe von sieben oder acht Fuß. Ihr Wasser war schlammig und salzig, aber doch besser als das von Trasas.

Die Nacht kam mir kühler vor als die vorhergehenden. Allerdings störte meine Ruhe eine Schlange. Als ich sie bemerkte, schickte sie sich gerade an auf meinen Kopf zu kriechen. Ich sprang auf und der Lärm, den ich dabei machte, erschreckte sie. Sie zog sich sogleich in ihr Loch zurück, das ganz in der Nähe war. Dieses Reptil war etwa fünfeinhalb Fuß lang und so dick wie der Oberschenkel eines zwölfjährigen Kindes. Das Wissen um einen so unerfreulichen Nachbarn ließ mich die ganze Nacht nicht mehr einschlafen. Auch meine Reisegefährten erhielten ähnlichen Besuch und erschreckten sich nicht weniger als ich.

Blick über die Dächer Timbuktus

Der ganze 6. Juni wurde darauf verwendet, die Kamele zu tränken. Wir suchten ihnen ein paar Äste des Tamarindenbaumes, der in einiger Entfernung der Brunnen wuchs. Sie hatten sie schnell aufgefressen. Auch in der kommenden Nacht sah ich riesige Schlangen.

Am 7. Juni marschierten wir um vier Uhr morgens in Richtung Nord-Nord-Westen weiter. Wir durchquerten eine Ansammlung von Dünen, die *helk* genannt werden. Sie waren aber nicht so hoch wie die, die wir am Tag zuvor überwunden hatten. Sidi-Aly, dem ich immer wieder Fragen stellte und der sich manchmal auch herabließ mir zu antworten, versicherte mir, dass er auf keiner seiner bisherigen Reisen durch den Westsudan so hohe Dünen gesehen habe. Da der Weg weniger beschwerlich als am Vortag war, legten wir mindestens zwei Meilen in der Stunde zurück.

Am 8. Juni bewegten wir uns zunächst auf sandigem und ebenem Boden. Mittags rasteten wir in einer Ebene, die über und über mit Kieselsteinchen, aber auch mit scharfen Steinen bedeckt war, die flach wie Schiefer waren. Die Ebene war von niedrigen Dünen umgeben. Wie sehnte ich mich danach, diese schrecklichen

Wüstengegenden zu verlassen, die nur durch ein paar grazile, pfeilschnelle Gazellen belebt wurden. An mehreren Stellen sah ich von der Sonne ausgetrocknete Skelette dieser Tiere, die wahrscheinlich verdurstet waren.

Wenn es nach mir gegangen wäre, wären wir am 11. Juni nicht schon um vier Uhr morgens, sondern erst bei Sonnenaufgang aufgebrochen, denn das ständige frühe Aufstehen ermüdete mich sehr. Ich war so verschlafen, dass ich mich kaum auf meinem Kamel halten konnte. Die einzige Chance, unterwegs nicht zu sterben, bestand darin, immer weiter zu marschieren. Dieser Gedanke hielt mich bei der Stange und belebte meine erschöpften Kräfte. Trotzdem gebe ich zu, dass ich diejenigen beneidete, die zu Ruhm und Ansehen gelangen, ohne dafür dauernden Gefahren ausgesetzt zu sein.

Auch am 12. Juni erklomm ich noch ganz schlaftrunken mein Kamel. Gegen neun Uhr früh stiegen wir auf einem schmalen Pfad in eine tiefe Schlucht hinunter, die von riesigen Felsen aus rosa Granit umgeben war. Die Kamele, die der schlechte Weg sehr anstrengte, hatten große Mühe, den Abstieg zwischen den Felsen zu meistern. Um zehn Uhr hielten wir an den Brunnen von El Ekseif, die am Ende der Schlucht liegen. Ein zauberhafter Dattelhain spendet Schatten und bildet einen angenehmen Kontrast zu den vegetationslosen und trockenen Sandwüsten, die wir bis hierher durchquert hatten. Auch etwas Schilf wächst an dieser Stelle. Diese Pflanzen geben dem Ort, der, wie gesagt, von großen, kahlen Granitfelsen umgeben wird, etwas gleichzeitig Anmutiges und Wildes. Die ganze Szenerie ist wirklich malerisch.

Das Wasser der Brunnen von El-Ekseif ist von sehr guter Qualität. Es war ein Hochgenuss, dieses klare, reine Wasser zu trinken. Da ich des ständigen gekochten Reises überdrüssig war, begab ich mich zu einem Mauren, der mich recht gut behandelt hatte. Ich erzählte ihm von den Entbehrungen, die ich zu ertragen hatte. Er schien sich für meine schlimme Lage zu interessieren, ermahnte mich zur Geduld und lud mich zum Abendessen ein, das aus Reis mit in der Sonne getrocknetem und mit Nelkenpfeffer gewürztem Fleisch bestand, das er aus Djenné mitgebracht hatte. Der Maure hatte mehrere Jahre in dieser Stadt gelebt um dort Geschäfte zu machen. Ich hielt es für angebracht, ihm ein kleines Geschenk zu machen, damit er mich noch öfter zum Essen einlade. Ich gab ihm also eine 20-Sou-Münze, die er zwar gerne annahm, die ihn aber seiner Meinung nach zu nichts verpflichtete, denn er lud mich nie mehr ein.

18. Juni. Eine Besonderheit, die mir erzählenswert erscheint, ist die Tatsache, dass meine Gesundheit während der Wüstendurchquerung stabil blieb, obwohl ich wie alle anderen Mangel litt und allerlei Entbehrungen ertragen musste. Meine größte Sorge bestand darin, zu verdursten. Auch der Gedanke, wir könnten uns verirren und uns von den Brunnen entfernen, machte mir Angst. Aber die Vorsehung wollte zweifellos, dass ich überlebe, denn ich entkam auch dieser Gefahr, die vielleicht die größte in diesen schrecklichen Wüstengegenden ist.

Am 27. Juni hörten wir während des Abendgebetes gegen sechs Uhr in der Ferne einen Gewehrschuss. Der Knall erschreckte uns nicht, denn wir wussten, dass Sidi-Aly vorausgeeilt war um den Ort ausfindig zu machen, an dem wir das Lager aufschlagen sollten, und wir gingen davon aus, dass er jemanden schicken werde um uns dorthin zu führen. Mehrere Mauren liefen sofort in die Richtung, aus der der Schuss gekommen war. Sidi-Aly hatte in der Tat einen Mauren losgeschickt. Er teilte uns mit, dass wir in zwei Tagen die Lager der Mauren von El-Harib erreichen würden. Mehreren Leuten der Karawane brachte er Briefe mit. Sie erfuhren darin, welche Lage in dem Gebiet herrschte, welchen Preis man mit welchen Waren erzielen konnte und wie viel die verschiedenen Lebensmittel kosteten. Einen Teil des Abends verbrachte man damit, die Briefe laut vorzulesen, sodass alle Reisenden aus den Informationen Nutzen ziehen konnten.

Am 28. Juni, als wir den Lagern von El Harib bereits recht nahe gekommen waren, richteten einige Mauren ihre Kleider her, um am nächsten Tag schon vorauszueilen. Sie konnten es sicher nicht mehr erwarten, ihre Familien wiederzusehen. Einer von ihnen, ein Sohn Sidi-Alys, tat mir schon seit einigen Tagen schön, damit ich ihm meine Baumwolldecke leihe, denn seine war zerrissen. Da er mir unterwegs weniger übel als seine Freunde mitgespielt hatte, überließ ich sie ihm.

Wir marschierten zunächst in nord-westlicher Richtung, dann nach Nord-Osten weiter. Gegen Mitternacht erreichten wir eine Schlucht, die wir durchqueren mussten. Links und rechts ragten hohe Berge in den Himmel. Riesige Felsen drohten herabzustürzen und uns unter sich zu begraben. Mein Kamel scheute an einer Stelle und rannte los. Ich fiel nach hinten herunter und kam mit dem Rücken auf den Steinen auf. Ein ungeheurer Schmerz durchdrang meinen Körper, sodass ich dachte, mein letztes Stündlein sei gekommen. Ein Maure eilte mir zu Hilfe. Er nahm mich in die Arme und drückte mich fest an sich. Diese Anteilnahme tröstete mich. Er half mir mein Kamel einzuholen, das einige Karawanenmitglieder angehalten hatten, und veranlasste es, sich hinzulegen, damit ich leichter aufsteigen könne. Doch ich hatte so starke Schmerzen, dass ich unwillkürlich laut vor mich hinstöhnte. Ich hatte das Gefühl, mein Schädel sei zertrümmert. Auch sah ich kaum etwas und mir war schwindelig. Erst am übernächsten Tag hatte ich keine Kopfschmerzen mehr, während mir der Rücken immer noch wehtat. Bücken konnte ich mich nur mit großer Mühe. Insgesamt litt ich zwei Monate lang an den Folgen dieses Sturzes. Der Maure, der mir wieder auf die Beine geholfen hatte, setzte mich auf das Kamel, denn alleine hätte ich es nicht geschafft.

Um die Schlucht zu verlassen, mussten wir einen steilen, ausgesetzten Hang hinaufsteigen. Wir folgten dazu einem engen, gewundenen Pfad, der uns vor einige Schwierigkeiten stellte, sodass alle Reisenden von ihren Kamelen abstiegen. Ich war der Einzige, der auf seinem Kamel sitzen blieb, denn ich war so mitgenommen, dass ich unmöglich auch nur die kleinste Strecke zu Fuß hätte zurücklegen können. Dies brachte mir zahlreiche Beschimpfungen seitens einiger Mauren ein, die sogar drohten, mich mit Steinen zu bewerfen, um mich von meinem Kamel herunterzubringen. Diejenigen, die Zeugen meines Unfalls gewesen waren, ergriffen aber meine Partei, sodass man mich schließlich in Ruhe ließ.

Die Kamele, die von den Anstrengungen der Reise erschöpft waren, gingen nur widerwillig vorwärts. Nach zwei oder drei Schritten blieben sie stehen und wandten den Kopf mühsam nach links und rechts, wobei sie dumpfe, stöhnende Laute hervorstießen. Sie schienen die Strapazen zu ahnen, die ihnen noch bevorstanden. Ich litt darunter, auf meinem Reittier sitzen bleiben zu müssen, denn die armen Tiere taten mir Leid. Die Mauren gingen hinter ihnen her und wiederholten ihre ermutigenden Worte in verschiedenen Tonlagen. Die Tiere schienen diese Art Gesang zu verstehen.

Der Pfad war oft so schmal, dass ich uns schon in den schrecklichen Abgrund stürzen sah. Schließlich erreichten wir aber mit großer Mühe den oberen Rand der Schlucht. Vor uns lag eine weite Ebene, deren harter Boden aus grauem Sand und Kies bestand und von vielen dünnen, flachen Steinen, die wie Schiefer aussahen, übersät war.

Am 29. Juni kamen uns die Bewohner des Lagers schon entgegengeeilt. Die Frauen führten ihre Kinder mit sich, worüber sich die Väter aufrichtig zu freuen schienen. Sie drückten sie nacheinander an sich und erwiderten deren Liebkosungen. Diese anrührende Szene ging mir zu Herzen und ich verglich sie unwillkürlich mit der zurückhaltenden Kälte, mit der Brakna-Maure Mohammed-Sidi Moctar von seiner Frau und seinen Kindern empfangen worden war.

Gegen neun Uhr morgens erreichten wir das Haus Sidi-Alys in einem anderen, nahe gelegenen Lager. Meine Freude war groß, mich endlich wieder an einem bewohnten Ort zu befinden, und die Aussicht trinken zu können, so viel ich wollte, ließ mich die Strapazen der letzten Zeit vergessen. Zu meinem Erstaunen reichte mir mein alter Führer die Hand zum Zeichen des Friedens und erkundigte sich besorgt nach meinem Wohlbefinden. Er brachte mich sogar im Zelt seiner alten Schwester unter, die nicht wagte sich mir zu nähern, so schüchtern war sie. Bald besuchten mich zahlreiche Frauen und Männer, denn Aly hatte seinen Landsleuten erzählt, welche Umstände mich hierher führten. Die Frauen waren viel neugieriger als die Männer und eine rechte Plage: Alle sprachen durcheinander, und ich wusste nicht, wem ich zuhören sollte. Um meine Aufmerksamkeit zu erregen, schlug mich die eine auf die Schulter, eine andere auf den Kopf, und eine dritte zerrte an meiner *coussabe*. Sidi-Salah, dem ich am Morgen meine Decke geliehen hatte, schenkte mir ein paar Datteln, die jedoch so hart waren, dass ich nur wenige davon aß. Trotzdem schmerzte mein Kiefer wieder, nachdem ich sie gegessen hatte.

Aly ließ für zwei *marabouts*, die mit uns gereist waren, ein Couscous zubereiten. Ich ging davon aus, dass er auch mir eine kleine Portion davon geben werde, denn ich hatte an diesem Tag nur die paar schlechten Datteln gegessen. Aber ich wurde eines Besseren belehrt und musste weiterhin geduldig warten. Bei Sonnenuntergang ließ Aly ein schönes Schaf schlachten um damit die *marabouts* zu verköstigen. Die Leber und die fetten Teile wurden auf einem Spieß aufgereiht und über die Kohlen gehalten. Man aß sie aber noch halb roh. Aly gab mir ein kleines Stück zu kosten. Die ganze Verwandtschaft teilte sich die Eingeweide, die ebenfalls auf die Kohlen gelegt wurden. Mit den restlichen Fleischstücken bereitete man ein reichliches Abendessen zu. Gegen neun Uhr abends bekam ich eine große Portion Couscous aus Gerstenmehl, dem man ein kleines Stück Bauchfleisch hinzugefügt hatte. Obwohl dieses Couscous ziemlich abscheulich schmeckte (was auf die fehlende Würze ebenso wie auf den großen Fettanteil zurückzuführen war), aß ich es mit gutem Appetit.

An den folgenden Tagen bekam ich nur Datteln. Ich wies Sidi-Aly darauf hin, dass sie mir nicht bekamen, und führte als Grund meine schlechten Zähne an, die es mir nicht erlaubten, ohne große Schmerzen zu kauen. Aly antwortete, dass ihm dies Leid tue, dass er aber kein *sanglé* für mich habe. In dieser Gegend esse man tagsüber nur Datteln und abends ein Couscous. Das, was von dem Reis, den man mir in Araouane geschenkt hatte, noch übrig war, ließ er in sein Zelt bringen. Er aß ihn mit seiner Familie, ohne dass er mir je etwas davon angeboten hätte. Nun, da ich nicht mehr erreichen konnte, begnügte ich mich notgedrungen mit den Datteln, die mir freilich große Schmerzen zufügten. Schnell machte sich im Gaumen eine Wunde bemerkbar. Da ich Angst hatte, wieder so krank zu werden, wie ich es gewesen war, verzichtete ich auf die Datteln und entschloss mich um etwas Kamelmilch in den benachbarten Zelten zu betteln. Doch meine Bitten fanden wenig Gehör.

Aly hatte mehrere Töchter. In seinen Zelten gingen deshalb junge, verliebte Männer ein und aus, für die man *sanglé* kochte. Obwohl alle wussten, dass mir die Datteln große Schmerzen bereiteten, gab man mir kein einziges Mal von dem *sanglé*. Nach drei Tagen begann mich Alys Familie zu verfolgen. In keinem Zelt ward ich gelitten. Sobald ich mich hinlegte, spielten sie mir Streiche um mich zu verjagen: Sie piksten mich mit einem Stück Holz, zogen mich an den Füßen, nahmen mir die Decke weg und schütteten mir Wasser ins Gesicht. Schließlich hatte ich genug und flüchtete mich in das Zelt eines freundlichen Schmiedes, der schon nach Mekka gereist war, was ihm eine gewisse Ehrenstellung gab. Seine alte Mutter war sehr fromm, sodass sie mich freundlich empfing. Sie gab mir Milch und Wasser, damit ich mich erfrischen konnte. Die gute Alte glaubte, vor Gott ein gutes Werk zu tun, indem sie mir versicherte, dass ihr Zelt das meine sei und ich jederzeit dort schlafen könne. Obwohl sie eine gottergebene Muslimin war, war sie lustig und scherzte oft.

Am 2. Juli suchte mich eine Schwester von Sidi-Aly zu früher Stunde auf. In ihren schmutzigen Händen hatte sie etwas *sang-*

lé, in dem sich eine Menge Haare befanden (sie hatte die gleiche Butter benutzt, um sich den Kopf einzureiben und dieses Essen zuzubereiten). Obwohl ich großen Hunger hatte, brachte ich es nicht fertig, davon zu essen. Die Frau, die ungefähr 60 Jahre alt war, nahm mich beiseite und sagte leise: »Hör zu, Abdallahi, du bist von Christen erzogen worden. Sie kennen alles außer dem Weg, der zum Heil führt. Du musst also genauso viel wissen wie sie. Ich bitte dich um ein *grigri* für eine meiner Nichten, die einen Mann finden möchte. Wenn du einverstanden bist und dein *grigri* erfolgreich ist, werde ich dir zwei Tage lang *sanglé* zubereiten.« Sie schwieg einen Augenblick, um meine Antwort abzuwarten. Dann fügte sie hinzu, sie habe schon mehrere *grigris* von maurischen *marabouts* aufschreiben lassen und diese auch bezahlt, sie hätten aber keinerlei Wirkung gehabt. Sie hoffe, dass meine besser seien. Meine Lage erlaubte es mir nicht, dieses »Geschäft« abzulehnen. Ich bestand allerdings darauf, ein *sanglé* ohne Butter zu bekommen. Die Alte holte daraufhin unverzüglich Tinte und einen Strohhalm, der als Schreibwerkzeug diente. Zunächst sagte sie mir die Namen des auserkorenen Mannes und seiner Eltern, dann ermahnte sie mich, das Geheimnis für mich zu behalten. Da sie kein Papier hatte, stellte ich ihr ein kleines Stück zur Verfügung und schrieb in ihrer Gegenwart den Zauberspruch, den sie begehrte. Um dem Ganzen noch mehr Bedeutung zu verleihen, befahl ich, das Papier der jungen Frau um den Hals zu hängen, was auch gleich geschah. Und um die Beteiligten mit meinen magischen Künsten zu beeindrucken und von meiner Gefälligkeit zu überzeugen, ritzte ich auf ein kleines Brettchen einen anderen Spruch, ordnete an, ihn abzuwaschen und das Wasser der Nichte zu trinken zu geben.

Als alle meine Anweisungen befolgt worden waren, fragte mich die junge Frau, wie viel Zeit vergehen werde, bevor der Zauber anfange zu wirken. Da ich wusste, dass ich nur noch wenige Tage in der Gegend bleiben werde, antwortete ich ihr, dass sie wahrscheinlich binnen 20 Tage verheiratet sei. Ihre Tante Ayché (das war der Name der Alten) hielt Wort. Am nächsten Tag brachte sie mir in einer schmutzigen Kalabasse ein mit Gerstenmehl zubereitetes, ungewürztes *sanglé*. Die Töchter von Aly hörten auf mir nachzustellen, seit sie um meine Fähigkeiten wussten, heiratswillige Männer zu beschaffen. Sie brachten mir jetzt sogar frische Kamelmilch.

Die gute alte Tante aber, die mich so eindringlich um Stillschweigen gebeten hatte, erzählte ihren Freundinnen von meinen glückbringenden Fähigkeiten und bald lächelten mich alle Frauen der umliegenden Lager freundlich an: Jede erhoffte von mir einen Zauberspruch, der ihren Töchtern einen Mann beschaffe. Sie wollten mir sogar Geld für meine Dienste geben. Natürlich wies ich ein solches Angebot zurück, dafür nahm ich aber ohne Gewissensbisse Milch und *sanglé* an. So profitierte ich von meiner harmlosen List und bekam jeden Tag etwas Brei und etwas Milch. Bevor mir dieser Zufall zu Hilfe gekommen war und mir das Notwendige zum Leben beschaffte, hatte ich meinem Gastgeber eine kleine *coussabe* geschenkt mit der Bitte, mir doch wenigstens am Morgen etwas *sanglé* bringen zu lassen. Der alte Heuchler behielt mein Geschenk, dachte aber gar nicht daran, mir irgendetwas dafür zu geben. Als ich ihm dies eines Tages vorwarf, war er beleidigt und gab mir meine *coussabe* zurück. Ich tauschte sie gegen ein Paar Ledersandalen ein, denn ich lief zu dieser Zeit barfuß umher.

Die Söhne Sidi-Alys waren nicht auf meine Heiratsvermittlungsdienste angewiesen und trieben deshalb weiter ihr Spiel mit mir. Sie gingen sogar so weit, ganz nackt vor mir zu erscheinen und dabei obszöne Gesten zu machen. Ihr Vater schien sich über ihr Verhalten zu amüsieren.

Die Araber von El-Harib haben unter den Verfolgungen der Berber derart zu leiden, dass sie sich nicht einmal in ihrem eigenen Land ohne Begleitschutz auf Reisen begeben. Denn wenn die unglücklichen Araber auf Berber treffen würden, würden diese sie ausrauben und womöglich zusammenschlagen. Aus diesem Grund konnten auch wir uns ohne Begleitschutz nicht in das Tafilalt-Gebiet begeben. Wir warteten also auf einen Berberhäuptling, der in einem Dorf namens Draha lebte.

Am 3. Juli kam er in unserem Lager an. Aly empfing ihn sehr freundlich. Sie vereinbarten den Preis für den Transport der Waren auf der Strecke zwischen El-Harib und dem Tafilalt, denn der Berber sollte die Lasttiere stellen. Sie hielten ihre Vereinbarungen schriftlich fest, und der Berber versprach, in acht Tagen mit den Kamelen wiederzukommen.

Da ich des langweiligen Lagerlebens überdrüssig war, beschloss ich den *marabout* eines in der Nähe angesiedelten Stammes aufzusuchen. Man hatte mir viel Ruhmreiches über seine Heiligkeit erzählt. Ich begab mich also in das etwa drei Meilen entfernt liegende Dorf. Der heilige Mann verließ gerade sein Zelt. Mehrere Alte begleiteten ihn. Sie hatten schon von mir gehört und teilten ihm zunächst mit, dass ich unglücklich und vor den Christen geflüchtet sei. Gleichgültig und scheinbar ohne Interesse für meine Person antwortete er: »Na gut! Man muss Gott dafür danken, dass er auf den Weg des Heils zurückgekehrt ist.« Ich setzte mich mit ihm und ein paar anderen Mauren, die ihm um die Wette schmeichelten, auf den Boden. Er befahl einem der Mauren ihm etwas Wasser herbeizuschaffen, damit er darin Salz auflösen könne, das ihn von einer Unpässlichkeit befreien sollte. Er behauptete, dass ihm ein solches Gebräu Erleichterung verschaffe. Da das Gefäß, das man ihm brachte, bis zum Rand mit Wasser gefüllt war, wollte der *marabout* etwas Wasser ausschütten. Einer der Mauren, der offensichtlich Durst hatte, schlug vor, davon zu trinken. Aber der stolze *marabout* fragte ihn hochmütig, für wen er sich halte um aus seiner Schüssel trinken zu wollen. Derjenige, der um diese Gunst gebeten hatte, verdiente sie wohl, denn kaum hatte er seinen Namen genannt, als ihm der *marabout* auch schon das Trinkgefäß reichte. In der kurzen Zeit, die ich in dem Dorf verbrachte, baten den Priester zahlreiche Mauren um ein Heilmittel gegen diese oder jene Krankheiten. Seine ganze Heilkunst bestand darin, bedeutungsvoll seine Hand auf das kranke Körperteil aufzulegen, es sanft zu massieren und dabei ein Gebet zu sprechen. Diese bedeutende Persönlichkeit fungierte auch als öffentlicher Schreiber und als Lehrer für die Kinder. Sein ganzes Wissen bezog er aus dem Koran. In Afrika ist diese Kenntnis Gold wert: Man brachte ihm Baumwollkleider, Stoff für ein Zelt, es fehlte ihm weder an Reittieren noch an Gerste. All das bekam er für seine *grigris.*

6. Juli. Sidi-Alys Frau, die mich bis dahin wie der Rest der Familie schlecht behandelt hatte, kam freundlich auf mich zu und bat mich, ihr Augenleiden mit einem Zauberspruch zu behandeln, wobei sie mir alles Erdenkliche als Belohnung versprach, wenn ich sie nur heilen könne. Um sie loszuwerden, murmelte ich gleich einen Vers. Ihr Geld wies ich zurück, aber die Milch, die sie mir anbot, nahm ich gerne an. Als nach einigen Tagen der Zauberspruch noch keine Wirkung zeigte, machte sie mir heftige Vorwürfe und sagte, dass meine Sprüche auch nicht besser als die der *marabouts* seien. Da sie von ihrem Mann wusste, dass ich im Besitz einiger Medikamente war, fragte sie mich nach einer Medizin. Ich war unschlüssig, was ich tun sollte, denn ich fürchtete, dass sich ihre Augenkrankheit durch meine Maßnahmen noch verschlimmern könnte. Und dennoch musste ich sie zufrieden stellen, wenn ich

nicht als unhöflich angesehen werden wollte. In der Überzeugung, dass Sauberkeit das beste Heilmittel sei, löste ich etwas Chininsulfat in ausreichend Wasser auf und riet ihr, sich damit zu waschen. Doch sie verlangte, dass ich selbst Hand anlege. Unglücklicherweise gelangte ihr etwas Wasser in die Augen und verursachte ein leichtes Brennen. Da wurde sie wütend, beschimpfte mich laut und verfluchte Arzt und Medikamente. *Sanglé* bekam ich keines mehr von ihr.

Dieser Zwischenfall erschütterte das Vertrauen in meine Zaubersprüche keineswegs. Im Übrigen hatte der Alte dieses Vertrauen noch durch eine Lüge verstärkt: Er erzählte, dass beim Verlassen von Timbuktu mein Bauch ganz angeschwollen gewesen sei und dass ich deshalb einen eigens geschriebenen Text abgewaschen und das Wasser getrunken hätte und so wieder gesund geworden sei.

Eine alte Frau stellte mir seit Längerem nach, damit ich ihrer Tochter einen Mann verschaffe. Sie zerrte mich in ihr Zelt, wo ich die junge Frau sah, der ihr mütterlicher Einsatz galt. Sie war ungefähr 20 Jahre alt und von abgrundtiefer Hässlichkeit. Ihre Kleider waren wahre Lumpen, genauso schmutzig wie ihr Gesicht. Auf ihrer linken Wange verlief eine Narbe. Außerdem hatte sie eine Augenentzündung. Kurz: Man kann sich keine abstoßendere Erscheinung vorstellen. Mir war schnell klar, warum ihre Mutter auf Zaubersprüche zurückgreifen musste um sie zu verheiraten, aber ich verstand auch sofort, dass es keinen geben werde, der ein solches Wunder bewirken könne. Um mich zu Höchstleistungen anzuspornen, bot mir die gute Frau ein Stück getrocknetes Fleisch an, das sie aus einer großen Ledertasche holte. Es lag dort sicher seit der Geburt ihrer reizenden Tochter, denn es ging bereits in Verwesung über. Obwohl ich meinen Ekel deutlich zeigte, bestand die Frau darauf, dass ich das Fleischstück annehme, und behauptete, es schmecke ganz köstlich. Mein Widerwille war aber unüberwindlich und so wollte ich mich zurückziehen. Dies gelang mir allerdings erst, als ich ihr einen Zauberspruch aufgeschrieben hatte. Dann ergriff ich die Flucht.

In keiner anderen Gegend habe ich so schmutzige Frauen wie im El-Harib-Gebiet gesehen. Die mangelhafte Hygiene ist sicher auch ein Hauptgrund für ihre chronischen Augenentzündungen und anderen Infektionen, unter denen sie und ihre Kinder häufig zu leiden haben. Mein Ruf als Arzt führte zu einer Menge unangenehmer Begegnungen: Mütter brachten mir in Scharen ihre Kinder und fragten mich nach Heilmitteln. Oft waren sie so Ekel erregend, dass ich laut aufstöhnte. Ich verbarg mein Gesicht, was sie aber noch aufdringlicher werden ließ. Sie zwangen mich ihre abscheulichen Kinder zu untersuchen. Mir blieb nichts anderes übrig, als sie zur Sauberkeit anzuhalten, aber von solchen Ratschlägen wollten sie nichts wissen. Das schien ihnen zu einfach zu sein. Was sie erwarteten, war vielmehr ein Zauber oder ein Wunder.

Am 11. Juli trafen die Berber ein, die uns bis zum Tafilalt-Gebiet begleiten sollten. Ich war erleichtert bei dem Gedanken, am nächsten Tag diesen ungeliebten Aufenthaltsort verlassen zu können. Doch bevor ich die weitere Reise erzähle, möchte ich das El-Harib-Gebiet noch kurz beschreiben: Seine Bewohner verteilen sich auf mehrere Nomadenstämme. Sie züchten Kamele in großer Menge und leben in der Regenzeit von deren Milch. Alle Mauren des Gebietes treiben Handel mit Timbuktu, Araouane und Sansanding. Ihre Reisen durch den Westsudan nehmen im Jahr neun oder zehn Monate in Anspruch.

Die Mauren dieser unwirtlichen Gegend werden dauernd von den Berbern verfolgt und ausgeplündert, obwohl sie ihnen hohe Abgaben zahlen. Da sie als Nomaden keinen Ackerbau betreiben, müssen sie sich oft nach El-Drah begeben um dort Gerste und Datteln zu kaufen. Sie lassen sich dann immer von einigen Berbern begleiten, die sie dafür – wenn auch nur gering – bezahlen. Letztere sind stets bewaffnet, sie durchstreifen das Land, lassen sich von den Mauren aushalten und nehmen ihnen oft ihr Vieh weg. Die Bewohner des Landes sind so arm, dass sie nur minderwertige Lebensmittel kaufen können. Sie ernähren sich vorwiegend von Datteln. Auch diejenigen, die herunterfallen, bevor sie völlig reif sind, werden sorgfältig aufgelesen und in der Sonne getrocknet. Danach gibt man sie in Ledersäcke, wo sie unglaublich hart werden. Man muss schon sehr gute Zähne haben um sie mühelos essen zu können. Tagsüber ernähren sich die Mauren von diesen Datteln, abends gegen acht oder neun Uhr gibt es ein Gersten-Couscous. Sie haben einige Schafe und wenn sie eines davon schlachten, was nur sehr selten vorkommt, dann trocknen sie das Fleisch und bewahren es bis zu sechs Monaten in Ledersäcken auf. Die Kleidung der Berber unterscheidet sich von der der Mauren nur in einem farbigen Band, das sich Erstere um den Kopf herum in Form eines Turbans schlingen. Die Berber haben prächtige Pferde. An der Ferse tragen sie einen Sporn, der von einem am Spann befestigten Lederbändchen gehalten wird.

Insgesamt bewohnen elf Stämme das El-Harib-Gebiet. Während die Männer im Westsudan unterwegs sind, stellen die Frauen Seile aus Pflanzen her, mit denen das Gepäck befestigt wird. Sie spinnen das Fell der Kamele und weben aus den Fäden den Stoff für ihre Zelte, sie gerben Leder und stellen daraus Sandalen für ihre Männer her. Wie in allen islamischen Ländern essen auch sie nicht mit ihren Männern zusammen.

Kapitel 8

Das Ende der Reise

Beschreibung von Fès – Märkte – Bauwerke – Gärten – Polizei – Méquinaz – Der Reisende erfährt dort keine Gastfreundschaft – Meeresarm Sbo – Arbate oder Rabat, das alte Salé – Besuch bei einem Konsulatsbeamten – Der Reisende vermeidet das Lager des Kaisers von Marokko – Er schreibt dem Vize-Konsul Monsieur Delaporte – Larache – Er kommt am 7. September in Tanger an, ist sterbenskrank, von den vielen Anstrengungen, dem Elend und dem Fieber entkräftet – großzügiger Empfang von Monsieur Delaporte – Angst des Reisenden – Er wird nachts im Konsulat aufgenommen und dort versteckt – Monsieur Delaporte bekommt vom Kommandanten des Seefahramts von Cadiz ein Schiff, um ihn nach Frankreich zu transportieren

Am 12. August kamen wir gegen Mittag in Fès an. Da ich die Stadt nicht kannte und auch kein Empfehlungsschreiben hatte, bezog ich mit meinem Maultiertreiber in einem *fandac* Quartier. Da ich so schnell wie möglich weiterreisen wollte, tauschte ich am nächsten Tag zwei englische Münzen um. Damit wollte ich ein Reittier mieten, um mich nach Rabat zu begeben, wo ich einen französischen Konsul zu finden hoffte. Zunächst wandte ich mich mit meinem Anliegen an einen arabischen Händler, von dem es hieß, er sei sehr gottesfürchtig. Er ließ meine Münzen wiegen und bot mir wesentlich weniger dafür, als sie wert waren. Gerade als ich es ablehnte, sie ihm zu überlassen, kam ein jüdischer Schmied vorbei. Trotz des schlechten Rufes, den seinesgleichen in dieser Beziehung hat, trieb er weniger Wucher als der Moslem. Nachdem er die Münzen in einer Waage, die er immer bei sich trug, gewogen hatte, bot er mir einen wesentlich höheren Preis, als es der eifrige Anhänger Mohammeds getan hatte. Also verhandelte ich mit ihm, allerdings hatte er kein Geld bei sich. Um mich nicht warten zu lassen, bat er den Mauren mir die vereinbarte Summe abzuzählen. Dieser kam der Bitte auch sogleich nach, allerdings gab er mir minderwertige Münzen, die nur hier Gültigkeit besaßen, sodass ich beim Tausch ein Viertel des Wertes verlor. So sind sie, die mildtätigen Heuchler, die ungestraft die Unwissenheit und Arglosigkeit eines beklagenswerten Fremden ausnutzen!

Da ich fürchtete, dass mir ein längerer Aufenthalt in Fès schaden könnte, schickte ich mich an nach Méquinaz abzureisen. Man wies mich darauf hin, dass dies nicht der Weg nach Algier sei, ich aber wollte mich nicht zu sehr von Rabat und Tanger entfernen. So behauptete ich, dass ich hoffte, in Méquinaz den Sultan zu treffen. Ihm wolle ich mein ganzes Elend vor Augen führen, sodass er mir aus Mitleid sicher die nötigen Mittel zur Verfügung stellen werde um mich nach Algier zu begeben. Von dort könne ich dann gut den Weg nach Alexandria einschlagen. Diese Argumentation überzeugte und ich war glücklich einen Vorwand gefunden zu haben, unter dem ich mich der Küste nähern konnte. Natürlich hatte ich nicht die geringste Absicht, den Sultan wirklich zu sehen.

Fès ist die schönste Stadt, die ich in Afrika gesehen habe. Ich werde versuchen sie so genau zu beschreiben, wie es mir die Kürze meines Aufenthalts erlaubt.

Fès ist eine große Stadt des marokkanischen Kaiserreiches und war früher seine Hauptstadt. Sie liegt in einer Art Trichter, der von hohen, dicht bewaldeten Bergen geformt wird. Mehrere größere Bäche fließen die Hänge hinab, befeuchten die Landschaft und liefern der Stadt ein exzellentes Wasser. Es gibt in allen Moscheen Becken mit fließendem Wasser und in mehreren Straßen Springbrunnen, die die Vorübergehenden erfrischen sollen. Man findet auch mehrere Wassermühlen, die das Getreide mahlen. Die Stadt hat wohl einen Umfang von vier Meilen, soweit ich dies vom Gipfel eines in der Umgebung liegenden Berges aus beurteilen konnte. Sie erstreckt sich von Osten nach Westen und wird von einer doppelten Mauer aus Ziegelsteinen umgeben, die sehr solide aussieht und hier und da einen Giebel als Verzierung aufweist. Ihre Höhe beträgt vielleicht 12 oder 13 Fuß. Man betritt die Stadt durch ein großes Tor, dessen regelmäßige Ausführung mich erstaunt hat. Es bildet eine Art Triumphbogen, unter dem sich damals viele Lebensmittelhändler niedergelassen hatten. Innerhalb der ersten Stadtmauer, der so genannten Vorstadt, befinden sich einige Gärten und kleine, niedrige Häuser. Ich habe hier Steingut- und Ziegelfabriken gesehen. Die Häuser haben wie in Timbuktu eine Terrasse und sind aus guten, im Ofen gebrannten Ziegeln erbaut. Im Allgemeinen haben sie über dem Erdgeschoss noch ein

Straße in Timbuktu

Stockwerk. Luft dringt nur durch den Innenhof ein. Das Mauerwerk ist nicht sehr gut ausgeführt. Kleine, viereckige und mit Gittern versehene Fenster gehen auf die Straße hinaus. Außen sind diese mit Kalk geweißelten Häuser schlecht gepflegt. Die Straßen sind gepflastert, aber eng, gewunden, dunkel und sehr schmutzig. An einigen Stellen habe ich Hunde und Katzen gesehen, die schon lange tot waren und einen widerlichen Gestank verbreiteten. Die Straßen sind im Grunde lange Galerien, die mit Wein-Spalier oder Mauerwerk nach oben abgedeckt sind, sodass die Luft nicht zirkulieren kann und die schlechten Gerüche festhält, was die Stadt sehr ungesund macht.

Man stellt in Fès Wolldecken und Kanonenpulver her. Es gibt Handwerker, die Pflüge und Holzschaufeln für den Ackerbau anfertigen. Außerdem sieht man Schlosser, Messerschmiede, Schuster, Schneider, Maurer, Waffenhändler. Schmiede beschlagen die Pferde. Die Gewehre erreichen bei Weitem nicht die Qualität der unseren. In den meisten Vierteln findet man Läden, in denen alle möglichen Lebensmittel verkauft werden, wie Brot, Fleisch, Butter, Kuchen, Obst und Gemüse. Reisende, die sich in der Stadt nicht auskennen, haben keine andere Möglichkeit, als sich in diesen Läden ihr Essen zu kaufen und es in der Moschee oder im *fandac* zu verzehren, denn es gibt keine Gasthäuser. Markt wird jeden Tag abgehalten. Hier strömen viele Fremde von weither zusammen um ihre Waren zu verkaufen. Aus dem Tafilalt bringen sie große Mengen Datteln und gegerbtes Leder und die Gebirgsbewohner liefern Honig und Wachs. Aus Letzterem stellt man Kerzen für den Hausgebrauch und für den Export in die Städte am Meer her.

Um die Sicherheit der Läden zu gewährleisten, lässt man jede Nacht Hunde in den Straßen los, wo der Markt stattfindet. Die Tiere, die für diese Aufgabe besonders ausgebildet werden, versehen ihren Dienst mit einer solchen Leidenschaft, dass sie Passanten, die zufällig oder wegen eines bestimmten Geschäftes in dem ihnen zugewiesenen Schutzbereich vorbeikommen, glatt zerreißen würden, wären da nicht Männer, die in der Nähe ruhen und sie überwachen.

Es gibt in Fès kein einziges bemerkenswertes Gebäude, das an den früheren Glanz dieses Landes und an die Prachtentfaltung der Sieger über Spanien erinnern würde. Man zählt in der Stadt viele Moscheen, die alle von einem viereckigen, rund 100 Fuß hohen Turm überragt werden, auf dem man zur Stunde des Gebets eine weiße Fahne hisst. In Begleitung des guten Negers von Méquinaz besichtigte ich mehrere von ihnen.

Zwei kleine Forts befinden sich außerhalb der Stadt auf zwei Hügeln. Sie haben Schießscharten, aber keine Kanonen. Das eine befindet sich ungefähr im Süd-Westen, das andere im Nord-Westen. Mir fiel auf, dass in dem nord-westlichen Gefangene waren.

Zwei oder drei Meilen um die Stadt herum finden sich zahlreiche bewirtschaftete Flächen. Dort wachsen Oliven- und Feigenbäume, Kakteen, Wein, Apfel- und Birnbäume. An den Stadtmauern ranken sich Brombeerstauden in beachtliche Höhe empor. Ich habe Gärtner gesehen, die auf dem Markt dieselben Blumen verkauften, die unsere Beete in Frankreich schmücken. In einiger Entfernung der Stadt befindet sich eine Menge kleiner Mausoleen, die die Asche der edelsten *chérifs* beherbergen.

Vier Justizbeamte und ebenso viele Stellvertreter wachen über Recht und Ordnung in der Stadt. An der Spitze der Regierung steht ein *bacha.* 5000 Soldaten in den Diensten des Sultans bilden die Garnison der Stadt. Fès zählt rund 20 000 Einwohner, die meisten sind Händler oder Arbeiter. Sie treiben einen umfangreichen Handel mit Stoffen aus Europa, die sie ins Tafilalt-Gebiet und nach Timbuktu sowie in einige Gebirgsregionen der Umgebung exportieren.

Am 14. August verließ ich um sieben Uhr morgens den *fandac* und durchquerte mit meinem Lederrucksack auf dem Rücken die Stadt. Nachdem ich eine lange Straße hinaufgegangen war, kam ich am westlichen Stadttor an, wo ich ein Maultier mietete, das mich nach Méquinaz bringen sollte. Nachdem ich noch etwas Reiseproviant gekauft hatte, verließen mein Führer und ich die Stadt und wandten uns nach Nord-West-Westen. An einem kleinen Fluss, der von den Bächen, die die Umgebung von Fès bewässern, gespeist wird, bemerkte ich zahlreiche Zelte arabischer Nomaden. Beiderseits des Weges sieht man einige Berge von geringer Höhe und großer Trockenheit. Wir überquerten mehrere gut gebaute Brücken.

Gegen zwei Uhr ruhten wir uns unter einer Brücke aus, wo wir vor der Sonne geschützt waren. Bei uns waren zwei Frauen, die, da sie nicht bewacht wurden, nur halb verhüllt waren. Ihre Haut war sehr weiß und sie waren recht hübsch. Eine saß auf der Kruppe meines Maultieres. Ich vermute, dass ihr meine Zuvorkommenheit gefiel, denn sie bot mir eine Scheibe Melone und ein Stück Brot an, die ich gerne annahm. Als unsere schönen Reisenden erfuhren, dass der Kaiser nach Rabat aufgebrochen war, kehrten sie nach Fès zurück, und ich setzte meinen Weg mit meinem Führer alleine fort. Unsere Maultiere schritten fleißig voran, ich schätze, dass wir etwa vier Meilen in der Stunde zurücklegten.

Um fünf Uhr abends erreichten wir Méquinaz. Die Straßen dieser Stadt sind genauso eng und schmutzig wie die von Fès. Ich begab mich in ein *fandac* und bat um die Gunst, in einem Stall übernachten zu dürfen, eine Bitte, die mir vom Wirt auf ziemlich grobe Art abgeschlagen wurde. Ich verließ umgehend diesen Ort, wo man die Gastfreundschaft gegenüber beklagenswerten Fremden so wenig hochhielt und flüchtete mich in die Moschee, Asyl der Leidgeprüften. Ich hoffte, mich hier in Frieden bis zum nächsten Morgen ausruhen zu können. Aber ach! – wie täuschte ich mich! Gegen zehn Uhr abends suchte mich ein alter *baouâb* (Pförtner) auf, trat mich grob mit dem Fuß und forderte mich mit heiserer Stimme auf, aufzustehen und die Moschee zu verlassen. Er wolle die Tür nun schließen. Ich hielt ihm vor Augen, dass ich fremd sei und nicht wisse, wohin ich gehen könne, und bat ihn, mich die Nacht in diesem Raum verbringen zu lassen. Er aber nahm keine Rücksicht auf meine Lage und warf mich hinaus. Eigentlich hätte ich mich über dieses Verhalten nicht wundern dürfen: In diesem

Teil Afrikas wie auch in anderen, zivilisierteren Ländern beurteilt man die Leute nach ihrer Kleidung und ich muss zugeben, dass die meine nicht für mich sprach. Aber ich hätte es für unklug gehalten, mich besser zu kleiden: In meinen Lumpen erregte ich keinerlei Aufmerksamkeit.

Ich besaß einige Silberstücke und vier goldene Spangen, die aus den Goldgruben von Bouré stammten. Aber es wäre gefährlich gewesen, sie zu zeigen. Also schulterte ich meinen Rucksack und verließ die Moschee ohne zu wissen, wo ich meinem kranken und völlig erschöpften Körper Ruhe gönnen könnte. Eine Zeit lang streifte ich durch die Stadt und dachte dabei über die schlimme Lage, in der ich mich befand, nach. Die Erinnerung an all die Erniedrigungen, Strapazen und Entbehrungen, die ich durchgemacht hatte und noch durchmachte, überwältigte mich. Als ich so an meine Not dachte, musste ich einige Tränen vergießen. Möge man mir diese Schwäche angesichts meiner Hilflosigkeit verzeihen. In dem Moment, in dem ich mich schon im Hafen wähnte, drohte ich Schiffbruch zu erleiden. Mit diesen traurigen Gedanken suchte ich unter dem Stand eines Gemüsehändlers Zuflucht, dem meine Nachbarschaft zunächst unerwünscht war, da er mich für einen Berber hielt. Als ich ihm aber versichert hatte, dass ich Araber sei, ließ er mich in Ruhe. Ich legte mich auf die Erde nieder, als Kopfstütze diente mir die Ledertasche, in der sich meine Aufzeichnungen befanden, und ich schlief für kurze Zeit ein. Bald aber weckte mich die Kälte, und ich konnte die ganze Nacht nicht mehr einschlafen.

Da ich diese Stadt so schnell wie möglich verlassen wollte, machte ich mich am Morgen des 15. August um sechs Uhr mit meinem Rucksack auf den Weg nach Rabat. Dabei hatte ich nur wenige Vorräte für unterwegs dabei. Als ich die Stadt verließ, kam ich an einigen Gärten und Hanffeldern vorbei. Schnell merkte ich, dass ich unmöglich bis nach Rabat zu Fuß gehen könne, denn meine Beine trugen mich nicht mehr und die Schmerzen in der Milzgegend nahmen mit der Anstrengung zu. Ich legte in der Nähe einer Mauer eine kurze Rast ein um darüber nachzudenken, wie ich mich weiter verhalten solle. Ich entschied mich, in die Stadt zurückzukehren. Als ich meinen Geldbeutel aus der Ledertasche holte, bemerkte ich zu meinem Bedauern, dass sich meine Mittel deutlich verringert hatten. Ich entnahm ihm einige Schillinge und ich nahm mir vor, diese in Méquinaz umzutauschen um mir ein

Salzverkäufer auf dem Markt

Reittier beschaffen zu können. Aus Unachtsamkeit legte ich mein Messer und meinen Taschenkompass neben mich und vergaß sie dann, was mich, als ich es später bemerkte, sehr traurig stimmte. Obwohl ich aus der Stadt noch einmal an diesen Ort zurückkehrte, fand ich sie zu meinem Leidwesen nicht mehr. Auf dem Rückweg sah ich eine Menge Mauren, die mehreren Spaniern folgten, die an der Küste Schiffbruch erlitten hatten. Ein Begleitkommando mit Stöcken bewaffneter Soldaten hielt die Menge zurück. Man führte sie zum Kaiser. Zu meiner Freude stellte ich fest, dass man sie nicht misshandelte. Ein Spanisch sprechender Jude diente ihnen als Übersetzer. Ich folgte ihnen eine Zeit lang, doch da ich nicht zu ihnen vordringen konnte, kehrte ich zum Markt zurück und setzte mich auf die Türschwelle eines Barbiers. Dieser fragte mich, als er mich mit leidender Miene sah, was mir wehtue und wer ich sei. Ich erzählte ihm meine Geschichte. Er schenkte ihr Glauben, wie alle seine Landsleute. Als ich ihm meine Absicht mitteilte, ein Reittier zu mieten um mich nach Rabat zu begeben, in der Hoffnung, dort den Kaiser zu sehen und ihn zu bitten, mir bei meiner Rückkehr in die Heimat behilflich zu sein, da forderte mich der gute Barbier auf, meine Tasche in seinen Laden zu stellen und versprach mir, mit mir die Maultierhändler aufzusuchen und mir dabei zu helfen, das Gewünschte zu erlangen.

Im Laufe des Tages besuchte ich die *fandacs.* Ich traf dort einen Mann aus dem Tafilalt, der mir einen Esel vermieten wollte. Dieser sollte mich nach Rabat tragen. Ich nahm den Mann mit zum Barbier, und zusammen kamen wir überein, dass der Mietpreis eindreiviertel Piaster betragen sollte. Ich leistete eine Anzahlung und wartete bis zum nächsten Tag, um aufzubrechen. Abends kaufte ich für meinen Führer und mich einige Früchte und Brot.

Am 16. August bestieg ich um sechs Uhr morgens meinen Esel. Ich benötigte dazu die Hilfe meines Führers, denn ich war so schwach, dass ich es allein nicht schaffte. Zunächst gingen wir ungefähr eine Stunde Richtung Norden, dann wendeten wir uns bis neun Uhr gegen Nord-Westen. Der Weg führte immer wieder um kleine Hügel herum. Gegen zwei Uhr legten wir im Schatten eines *zizyphus lotus* eine Pause ein um die größte Hitze zu vermeiden. Gegen drei Uhr machten wir uns wieder auf den Weg und gingen bis halb fünf Uhr Richtung Norden. Anschließend wandten wir uns wieder nach Nord-Westen. Unterwegs stießen wir auf einen Reiter, dessen Pferd soeben gestorben war. Dieser Mann befand sich in größten Schwierigkeiten, denn nicht nur, dass er nun zu Fuß weitergehen musste – er hatte auch noch seinen Sattel bis zum nächsten Dorf zu tragen. Mein Führer hatte Mitleid mit ihm und legte den Sattel hinter mich auf den Esel, was mir sehr gelegen kam, denn ich war so geschwächt, dass ich mich nur mit Mühe aufrecht halten konnte, und der Sattel diente mir als Rückenlehne.

Um sechs Uhr abends stießen wir auf einen Bach. Wir hielten an, um uns zu erfrischen. Ich hatte fast den ganzen Tag bei sengender Hitze Fieber gehabt. Um mich etwas auszuruhen, legte ich mich auf den Boden. Während unserer Rast ließ der Maure, dem das gestorbene Pferd nicht selbst gehört hatte, einen amtlichen Ordnungshüter ein Protokoll anfertigen. Dieser befragte mich so wie alle anderen, die Zeugen des Vorfalls gewesen waren. Aufgrund unserer Erklärungen stellte er einen Schein aus, der bestätigte, dass das Pferd ohne Verschulden des Reiters zu Tode gekommen war.

Nachdem wir ein paar Feigen gegessen hatten, die uns einige Berber gaben, zogen wir bei Sonnenuntergang weiter. Gegen acht Uhr abends fanden wir ein Lager, in dem ein Zelt stand, das als Moschee diente, aber auch Reisende aufnahm. Dorthin begaben wir uns, und die Bewohner dieses Camps brachten uns etwas zum Abendessen. An diesem Ort wuchsen überall stachelige und dornige Pflanzen.

Wir verließen dieses gastfreundliche Lager am 17. August um zwei Uhr morgens. Eine halbe Stunde lang rannten etwa dreißig Hunde hinter uns her, die unaufhörlich bellten und sogar unsere Reittiere bissen. Um fünf Uhr bogen wir nach Nord-Westen ab. Wir marschierten auf einem vollkommen ebenen Boden, der schöne Pflanzen hervorbrachte. Gegen acht Uhr legten wir eine Rast in der Nähe eines Brunnens ein, wo wir unser Frühstück einnahmen: frisches Brot und Wassermelonen, die wir auf den Feldern gefunden hatten. Nach diesem Frühstück im Freien tranken wir von dem ziemlich guten Brunnenwasser. Wir schöpften es mit der Hand, denn der Brunnen war nicht sehr tief. Dann zogen wir Richtung Nord-Westen weiter. Um elf Uhr machten wir abermals eine Pause, denn die Hitze war sehr groß geworden. Unter einer Gruppe Feigenbäume schliefen schon andere Reisende. Wir blieben bis Mittag. Mein Führer war recht zuvorkommend und nahm auf meinen schlechten Zustand Rücksicht. Nachdem wir uns etwas ausgeruht hatten, gingen wir in nord-östlicher Richtung weiter. Um halb drei Uhr hielten wir in einem Soldatenlager, das zu meinem Erstaunen ziemlich gut organisiert war. Die Soldaten, die auf dem Weg zum Kaiser waren, hatte ihre Zelte in der Nähe eines Meeresarmes aufgestellt, der nach Auskunft meines Führers Sbo heißt. Die Wachen, die in einiger Entfernung voneinander aufgestellt waren, schliefen die ganze Nacht. Die Anführer wohnten in schönen Zelten, an deren Eingang ein Wachtposten stand; Frauen der Umgebung brachten den Soldaten Brot.

Am 18. August brachen wir um drei Uhr morgens auf. Wir durchquerten das Lager, in dem noch alle schliefen; nur ein Soldat schreckte aus dem Schlaf auf und rief: »Wer ist dort?« Wir gingen weiter ohne anzuhalten. Etwas weiter stießen wir auf die Vorhut, die ebenfalls schlief. Da wir nicht gerade lautlos an ihnen vorbeigingen, wachten sie auf und fragten uns, wer wir seien und wohin wir gingen. Auf unsere Antwort hin gaben sie den Weg frei, der mitten durch sie hindurch führte. Es gab keine andere Möglichkeit. Dann mussten wir über eine Brücke gehen. Wir marschierten auf einer schönen Straße nach Süd-Westen. Der Boden besteht dort aus grauem Sand und ist recht fruchtbar. Um acht Uhr morgens hielten wir um eine leichte Mahlzeit einzunehmen: Brot und einige Walnüsse, die wir in Méquinaz gekauft hatten und nun friedlich in der Nähe eines Brunnens aßen. Später trafen wir auf einen Meeresarm, den wir überqueren mussten um nach Rabat zu gelangen. Hier verkehrten einige portugiesische Schiffe. In der Umgebung von Rabat sieht man bewirtschaftete Felder und sehr viel Weinanbau.

Sobald wir die Stadt betreten hatten, suchte ich mit meinem Führer den *fandac* auf, wo ich mich einige Zeit ausruhte. Dann ging ich in der Stadt spazieren. Ich wollte versuchen den Wohnsitz des französischen Konsuls zu finden, denn ich vermutete, dass es einen solchen in Rabat gebe. In der Hand hatte ich ein paar Schillinge, um das Konsulhaus zu finden, ohne Gefahr zu laufen erkannt zu werden: Ich bat mehrere Mauren, sie mir umzutauschen, und ich war überzeugt, dass sie es nicht tun würden (denn sie sind wenig hilfsbereit), sondern mich zu einem Christen schicken würden, mit dem ich durch diese kleine List sprechen könnte, ohne Verdacht zu erregen. Und in der Tat verwies mich der erste Maure, an den ich mich mit der Bitte wandte, mir etwas Geld in der lokalen Währung zu geben, an die Christen. Ich nutzte die Gelegenheit um nach dem französischen Konsul zu fragen, indem ich ihm sagte, dass es sich um französisches Geld handele. Da er keinerlei Verdacht gegen mich hegte, teilte er mir umgehend die Lage seines Wohnsitzes mit. Ich klopfte an die Tür und bebte vor Freude bei dem Gedanken, einen Franzosen zu sehen.

Ein Jude, der ziemlich gut Englisch sprach, öffnete mir die Tür. Er sagte mir, dass der Konsul beim Sultan sei, aber bald zurückkehren werde. Ich entfernte mich eine Zeit lang. Als ich wiederkam, stellte mich der Jude, der mir die Türe geöffnet hatte, dem Konsul von Frankreich in Rabat vor. Großer Gott! Wie verwirrt war ich aber, als ich erkannte, dass dieser selbst auch ein Jude war! Ich war derart niedergeschmettert, dass ich eine Zeit lang gar nichts sagen konnte. Er sprach mich jedoch in einem ziemlich guten Französisch an und fragte mich, was ich ihm zu sagen habe. Als ich mich von meiner Bestürzung etwas erholt hatte, zeigte ich ihm meine Schillinge und bat ihn sie mir umzutauschen. Ein englischer Händler, der sich beim Konsul aufhielt und dem ich mein Geheimnis anvertraute, versicherte mir, ich könne gefahrlos dem Konsul den eigentlichen Grund meines Hierseins mitteilen. Ich bat ihn also, ihn einen Augenblick unter vier Augen sprechen zu dürfen. Er forderte mich auf, in sein Warenlager einzutreten und mich auf ein Brett auf dem Boden zu setzen. Dort erklärte ich ihm, dass ich Franzose sei, aus dem Westsudan komme, nun in mein Land zurückkehren wolle und deshalb den Schutz erbitte, der einem Untertan des Königs von Frankreich zustehe. Der Jude fragte mich, ob ich Papiere habe und ob mich die Regierung geschickt habe. Als ich all seine Fragen beantwortet hatte, öffnete er ein Geographiebuch in französischer Sprache und zeigte mir auf der Landkarte den Senegal und mehrere andere Länder, wohl um sein Wissen vor mir auszubreiten. Anschließend ließ er mir einen Brief von Monsieur Sourdeau, Generalkonsul des Königs von Frankreich, zeigen. Dieser Brief enthielt seine Nominierung als Konsul von Rabat. Er gab mir aber zu verstehen, dass er dafür nicht bezahlt werde und ich von ihm nicht viel zu erhoffen habe. Dann entließ er mich mit der Empfehlung, mich nicht zu erkennen zu geben, wenn ich nicht einen Kopf kürzer gemacht werden wolle, denn, so fügte er hinzu, die Mauren verstünden keinen Scherz, wenn es um die Religion gehe. So kehrte ich in den *fandac* zurück, wobei ich dem Konsul meine zehn Schillinge überließ, die mir der Jude nicht umtauschen wollte. Er gab mir jedoch einen Vorschuss von drei Drachmen, damit ich in den nächsten Tagen das Nötigste kaufen könne. Ich beauftragte meinen Führer ein Stück gebratenes Schaffleisch und zwei kleine Brote zu kaufen, die wir zusammen aßen. Es war die letzte Mahlzeit, die ich zusammen mit diesem Mann einnehmen wollte: nicht, dass dieser mir gegenüber weniger freundlich gewesen wäre; er war aber überzeugt, dass mein größter Wunsch darin bestand, seinen Herrn, den Sultan, zu sehen, und drängte mich deshalb unablässig, diesen aufzusuchen. Bis dahin hatte ich alle möglichen Vorwände angeführt, die gegen dieses Vorhaben sprachen. Und ich wollte mich hüten mich dem afrikanischen Monarchen vorzustellen, der vielleicht misstrauischer, wahrscheinlich aber hellsichtiger als seine Landsleute gewesen wäre.

Ich verließ den *fandac* und verbrachte den Tag an einer Straßenecke. Da ich nicht wusste, wo ich Zuflucht suchen sollte, nahm ich mir vor, die Nacht hier genauso ruhig wie den Tag zu verbringen. Ich wickelte mich in meine große Decke ein und legte mich hin. Ich sehnte den Schlaf, Freund der Unglücklichen, herbei, als sich ein Dutzend Hunde mit wütendem Gebell auf mich stürzte. Sie hätte mich unweigerlich in Stücke zerrissen, wenn mir nicht umgehend einer der Männer zu Hilfe geeilt wäre, die man nachts in den Straßen postiert um die Passanten vor den Hunden zu schützen. Dieser Mann fragte mich, wer ich sei. »Ich bin Araber und fremd hier«, antwortete ich ihm. »Und ich kehre nach Alexandria zurück, woher ich stamme.« Auf diese Auskunft hin ließ er mich in einer kleinen Bodenvertiefung Platz nehmen, in deren Nähe er selbst schlief, und bewaffnete mich mit einem großen Bambusstock um die Hunde vertreiben zu können, falls sie mich noch einmal belästigen sollten – eine weise Vorsichtsmaßnahme, denn diese Tiere schienen zu ahnen, dass ich ein Fremder war, und quälten mich die ganze Nacht mit ihrem Furcht erregenden Gebell. Ich hätte mich gerne in einen *fandac* begeben um dort zu schlafen, aber dort musste man zahlen und lief außerdem noch Gefahr von den Maultiertreibern beleidigt zu werden. In Anbetracht meiner geringen Mittel und der Tatsache, dass ich keine Ahnung hatte, wann ich mithilfe seitens des französischen Konsuls rechnen könne, entschloss ich mich, unter freiem Himmel zu schlafen um meinen Geldbeutel zu schonen. Ich suchte Ruhe in einem Friedhof, der etwas westlich der Stadt am Meeresstrand gelegen war. Dort legte ich mich friedlich am Fuße eines Mausoleums nieder und wurde weder von Menschen noch von Hunden gestört. Tagsüber hielt ich mich in den Straßen und manchmal in den Moscheen auf um meine kärglichen Mahlzeiten einzunehmen, die aus etwas Brot und Weintrauben bestanden. Von Zeit zu Zeit gönnte ich mir ein Stück frittierten Fischs.

So sah das Leben aus, das ich während meines gesamten Aufenthalts in Rabat führte, während ich auf eine Gelegenheit wartete, nach Tanger zum Konsul zu kommen. Von Zeit zu Zeit sah ich Ismâyl, den jüdischen Konsulatsbeamten. Er gab mir etwas Kleingeld in der lokalen Währung, das er auf die Schillinge, die ich ihm gegeben hatte, anrechnete. Eines Tages fand ich ihn gerade beim Mittagessen. Er forderte mich auf, mich auf den Boden zu setzen, und bot mir etwas von seinem Tee an. Ich bat ihn mir ein Reittier zu vermieten, das mich nach Tanger bringen sollte, und versprach ihm, ihm das Geld zu geben, sobald ich beim Konsul angekommen sei. Aber der Jude lehnte schroff ab, wahrscheinlich weil er Angst hatte, dass seine Vorgesetzten damit nicht einverstanden wären. Als ich merkte, dass ich bei diesem Mann nichts erreichen könne, ja nicht einmal die Gunst, mich auf einem portugiesischen Schiff nach Gibraltar unterzubringen, beschloss ich dem Generalkonsul von Marokko, Monsieur Sourdeau, zu schreiben. In dem Moment, in dem ich meinen Brief verfasste, erhielt Ismâyl ein Schreiben aus Tanger, das ihm den Tod eben dieses Generalkonsuls verkündete. Ich adressierte also meinen Brief an Monsieur Delaporte, den Vizekonsul. In der Zeit aber, in der ich auf eine Antwort wartete, bot sich eine Gelegenheit, nach Tanger zu kommen. Ich mietete einen Esel um mich tragen zu lassen, denn ich konnte mich nicht mehr auf den Beinen halten.

Am 2. September brach ich zusammen mit dem Besitzer meines Esels von Rabat auf. Es war der böseste Mensch, den ich in diesem Land getroffen habe. Das arme Tier, das mich auf seinem Rücken tragen sollte, war schon so schwer beladen, dass es fast unter dem Gewicht zusammenbrach. Da es am Meeresufer auf feuchtem Sand lief, sank es bis zur Kniekehle ein und ich sah mich gezwungen abzusteigen. Ich schaffte es kaum, mich aufrecht zu halten. Dennoch lief mein schändlicher Führer einfach vorne weg. So legte ich die Hälfte der Strecke zu Fuß zurück, obwohl ich dafür bezahlt hatte, mich tragen zu lassen. Durch die Anstrengungen und damit verbundene Erschöpfung bekam ich Fieber. Als wir an einem Rastplatz angekommen waren, setzte ich mich unter einen Baum. Dort überkam mich, der ich mich in meine große Decke gewickelt hatte, ein heftiger Fieberanfall. Gegen sieben Uhr abends brachte mir mein Führer eine Hand voll Couscous, das ihm Araber, in deren Nähe wir lagerten, im Vorbeigehen gegeben hatten.

In Larache sah ich zwei Schiffe, die auf Kreuzfahrt waren: eine Korvette und einen Schoner. Ich konnte damals nicht wissen, dass mich Letzterer aus diesem schrecklichen Land bringen würde! Nur mit Mühe erklomm ich die Berge in der Umgebung von Tanger. Endlich – am 7. September – kam ich krank und am Ende meiner Kräfte bei Einbruch der Dunkelheit in der Stadt an. Da ich die Stadt zu Fuß betrat, stellte der Wachposten keine Fragen, was mich davor bewahrte, mich dem Statthalter gegenüber erklären zu müssen – eine Erklärung, die meine Abreise wesentlich erschwert und vielleicht sogar meinen Untergang herbeigeführt hätte. Ich begab mich in den *fandac* um meine Tasche abzustellen und machte mich noch an diesem Abend auf die Suche nach dem französischen Konsulat. Ich lief also in der Stadt umher und sah zahlreiche Fahnenstangen; da es aber dunkel war, konnte ich die Fahne meines Landes nicht erkennen. Es war ein kritischer Moment für mich: Ich wagte es nicht, mich an die Moslem zu wenden, die mich natürlich gefragt hätten, welche Geschäfte ich mit den Christen machen wolle. Wenn sie mein Vorhaben erkannt hätten, hätte ich alle Hoffnung aufgeben müssen, meine Heimat jemals wiederzusehen. Ich schlief im *fandac* und verbrachte eine sehr unruhige Nacht.

Am nächsten Morgen ging ich in der Straße spazieren, in der ich die Fahnenstangen gesehen hatte. Ich bemerkte eine offene Tür. Ein Christ stand ganz in der Nähe. Ich vergewisserte mich, dass mich niemand sah, und fragte ihn dann auf Englisch, wo der Sitz des britischen Konsuls sei. »Sie befinden sich davor«, antwortete er mir. Da ich fürchtete, dass ein zu langes Gespräch vor dieser Tür die Aufmerksamkeit der Neugierigen wecken würde, wollte ich in das Haus eintreten um ihn nach dem Sitz des französischen Konsuls zu fragen. Da aber stieß mich der Mann, der wohl ein Hausangestellter war, entsetzt zurück, so schmutzig und entstellt war ich. Ich fragte ihn nach dem Sitz des französischen Konsuls und er antwortete mir unwirsch: »Er ist tot.« Gleichzeitig aber rief er einen Juden herbei, der mir die Tür des Vize-Konsuls zeigte und mich neugierig fragte, wer ich sei und was ich von einem Christen wolle. Ohne ihm zu antworten, entfernte ich mich etwas, immer noch in der Angst, entdeckt zu werden. Als sich die Schaulustigen entfernt hatten, kehrte ich zur Tür des Konsuls zurück und da sie nur angelehnt war, trat ich ein. Eine Jüdin rief nach Monsieur

Delaporte, der mich bereitwillig empfing und mich die Treppe in eine Wohnung hinaufschickte, wo mich niemand sehen konnte. Ich begriff die ganze Tragweite der Gefahr, in der ich schwebte, als mir Monsieur Delaporte die Schwierigkeiten darstellte, mich überhaupt aus dem Land zu bringen. Bald aber ließ er seine Sorgen über meine Lage beiseite und verlieh seiner übergroßen Freude darüber Ausdruck, dass ich auf so wunderbare Weise all den Gefahren einer so anstrengenden Reise entkommen war. In seiner Begeisterung ging er so weit, mich zu umarmen und an sich zu drücken, ohne dass er sich vor meiner Person oder den schmutzigen Lumpen, die ich trug, geekelt hätte. Kurz: Ich kann nicht genug die wohlwollende Aufnahme preisen, die mir dieser großzügige Mann zuteil werden ließ. Er war auch so freundlich mir etwas zu essen bringen zu lassen. Trotz all dieser Annehmlichkeiten musste ich zu meinem Bedauern sein Haus verlassen, ohne dass wir schon irgendein Vorgehen vereinbart hätten, wie ich mich aus meiner misslichen Lage befreien könne. Als ich wieder auf die Straße trat, traf ich zu meinem Missvergnügen auf meinen Maultiertreiber, der mich, als er mich so aus einem fremden Haus treten sah, fragte, woher ich komme. Ich wusste zunächst nicht, was ich antworten sollte, bald aber fing ich mich und sagte ihm, dass mir in diesem Haus ein guter und wohltätiger Marabout zu essen gegeben habe. Ich kehrte in den *fandac* zurück und ging an diesem Tag nicht mehr aus, da ich die Aufmerksamkeit nicht weiter auf mich lenken wollte.

Ich grübelte die ganze Nacht, auf welche Weise ich den Vize-Konsul wiedersehen könne. Am Morgen forderte der Wirt des *fandac* das Geld für die Nacht, die ich in seinem Stall verbracht hatte. Dann packte er mich an den Schultern und stieß mich vor sich her: Ich solle mich zur Moschee begeben um Gott und dem Propheten meinen Dank abzustatten.

Bei Einbruch der Dunkelheit suchte ich abermals Monsieur Delaporte auf. Als ich eintrat, erkannte mich die Hausangestellte nicht wieder. Sie wich zurück und stieß einen lauten Schrei aus. Sogleich stürzte der Soldat des Vize-Konsuls, der vor dem Haus saß, herein, legte mir die Hand auf die Schulter und fragte, was ich wolle und wer ich sei. Ich war völlig außer Fassung. Monsieur Delaporte war auf den Lärm aufmerksam geworden und kam die Treppe herab.

Er erkannte mich wieder, tat aber so, als ob er sehr wütend sei und richtete sogar einige harte Worte an mich, um keinen Verdacht zu erregen: »Lassen Sie diesen bettelnden Hund gehen. Was will er eigentlich? Raus mit dir!« Der Soldat fragte mich immer noch, was ich wolle. Um mich aus meiner unangenehmen Lage zu befreien, schaute ich das Haus an wie jemand, der sich getäuscht hat, und sagte: »Wohnt hier nicht Sidi-Mohammed? Ich glaube, ich habe mich geirrt.« Nach diesen Worten zog ich mich zurück. Der Soldat folgte mir noch einen Augenblick, aber da es dunkel war, konnte ich ihn leicht abschütteln. Als ich mich wieder im *fandac* eingefunden hatte, legte ich mich hin um mich von dem Schrecken zu erholen, den mir dieser unangenehme Zwischenfall eingejagt hatte. Eine Stunde später kehrte ich in die Straße zurück, in der Monsieur Delaporte wohnte, in der Hoffnung, dass er mir jemanden nachgeschickt hätte, um mich zu beruhigen. Aber ich sah niemanden. Ich verbrachte eine unruhige Nacht, in der ich nur wenig schlief. Als es tagte, begab ich mich vor das Haus des Vize-Konsuls: Ich wollte versuchen Klarheit zu erlangen, denn die Ungewissheit, in der ich mich befand, war mir unerträglich. Ich postierte mich gegenüber der Tür eines ärmlichen Schuhmachers und wartete auf einen günstigen Augenblick, um unerkannt in das Konsulat zu gelangen. Die jüdische Hausangestellte, die am Vorabend solche Angst gehabt hatte, erkannte mich diesmal wieder. Sie benachrichtigte Monsieur Delaporte und bedeutete mir, dass ich eintreten solle. Der Vize-Konsul drückte sein tiefes Bedauern über den abendlichen Vorfall aus. Er verbarg nicht, dass ihn meine Lage mit Sorge erfüllte, hatte aber auch keine Idee, wie er mich retten könne, was mich natürlich noch viel ratloser machte. Ohne seine Unterstützung konnte ich dieses Land niemals verlassen. Als Monsieur Delaporte sah, dass ich alles daran setzte, mich aus meiner Notlage so schnell wie möglich zu befreien, nannte er mir eine nächtliche Stunde, zu der ich mich im Konsulat einfinden könne um es erst wieder zu verlassen, wenn ich mich nach Europa einschiffe. Ich kehrte in den *fandac* zurück, wo ich den restlichen Tag verbrachte. Den Leuten, die mein plötzliches Verschwinden hätte verwundern können, sagte ich, dass ich mich in das an der Straße nach Algier gelegene Taone begeben wolle. Als es völlig dunkel war, wickelte ich meine Tasche in die Decke ein, damit sie niemand sehe, und begab mich zu der vereinbarten Stelle. Kurz darauf sah ich Monsieur Delaporte und einen Juden, die mich abholten um mich in das Versteck zu bringen, das sie für mich ausgesucht hatten. Ich betrat das Konsulat durch eine rückwärtige Türe.

Man wies mir ein schönes Zimmer zu. Monsieur Delaporte ließ mir sogleich europäische Kleider bringen, und ich entledigte mich mit Vergnügen der schmutzigen Lumpen, die ich bis dahin getragen hatte. Anschließend suchte er mich in meinem Zimmer auf und drückte seine Zufriedenheit darüber aus, dass er mich nun in Sicherheit wisse. Nachdem ich Gott gedankt hatte, legte ich mich in das komfortable Bett und beglückwünschte mich, dass ich mich dieser durch Unwissenheit und Fanatismus abgestumpften Gesellschaft hatte entziehen können. Obwohl es mir an nichts fehlte, konnte ich die ganze Nacht kein Auge zutun, so sehr war ich noch aufgewühlt durch die Erinnerung an all die Gefahren, denen ich entkommen war. Während meines Aufenthalts im Konsulat besuchte mich Monsieur Delaporte mehrmals am Tag und unterhielt sich mit mir. Er behandelte mich wie seinen eigenen Sohn.

Ich kann die Gefühle, die ich empfand, als ich mich meiner arabischen Kleider für immer entledigte, nur schwer ausdrücken. Vor meinem geistigen Auge liefen die Bilder mit all den Entbehrungen und Strapazen ab, die ich erduldet hatte, die ganze lange Wegstrecke, die ich in einem riesigen Land, das tausend Gefahren bereithielt, zurückgelegt hatte. Ich pries Gott, im sicheren Hafen angekommen zu sein, fragte mich aber, ob dies alles nicht nur ein Traum sei und ich wirklich bald meine Heimat wiedersehen solle. Oder gab ich mich einer Illusion hin?

Monsieur Delaporte tat alles um meine angeschlagene Gesundheit wiederherzustellen. Ich bekam gutes Essen, was zu einer deutlichen Besserung meines Zustandes beitrug. Trotzdem wurde ich oft von starken Fieberanfällen geschüttelt und war nach wie vor sehr schwach. Ich nutzte die Zeit meines Aufenthalts im Konsulat um meine Aufzeichnungen zu vervollständigen. Außer dem Vize-Konsul, dessen häufige Besuche mir sehr angenehm waren, sah ich auch einen jüdischen Diener, der in das Geheimnis meiner Anwesenheit eingeweiht war. Obwohl er Franzose war, zeigte sich dieser Mann doch ganz durchdrungen von den Prinzipien seiner Sekte und kannte nur seinen eigenen Vorteil. Er dachte zweifellos, dass dies auch für mich gelte, und riet mir die Früchte meiner Entdeckungsreise nach England zu bringen. Er stellte mir vor Augen, dass diese Nation eine hohe Belohnung für die Reise nach Timbuktu ausgesetzt hatte. Weit davon entfernt, mein Ohr einem so verachtenswerten Vorschlag zu leihen, entgegnete ich ihm, dass ich Franzose sei, und fügte hinzu: »Die Belohnung meiner Regierung wird sicher nicht so hoch sein, aber ich werde nicht eine Sekunde zögern meinem Land und meinem König meine bescheidenen Arbeiten zu widmen.«

Monsieur Delaporte beeilte sich, dem französischen Kommandanten in Cadiz zu schreiben. Er stellte lebhaft die Gefahren dar, denen ich bei einem noch längeren Aufenthalt in Tanger ausgesetzt wäre. Das war, wie meine bisherigen Worte schon gezeigt haben, nicht der einzige Dienst, den mir dieser öffentliche Diener, der Frankreich inmitten der Barbarei so würdig repräsentierte, erwies. Ich verdanke es seiner klugen Umsichtigkeit und vor allem seiner Großherzigkeit, dass ich dem unglaublichen Fanatismus der Moslems in der vielleicht fanatischsten Stadt in ganz Afrika entkommen bin. Er hat mich während meines Aufenthalts im Konsulat mit Aufmerksamkeiten überhäuft und mir viel Gutes getan. Und als ob er gefürchtet hätte, dass dies nicht genug sei, empfahl er mir bei meiner Abreise eindringlich, die Freundschaft seiner Familie und das Wohlwollen seiner Freunde zu suchen. Möge er hier öffentlich meinen allergrößten Dank empfangen!

Der Kommandant kam seinem Drängen nach und schickte einen Schoner des Königs nach Tanger um mich nach Toulon zu transportieren. Am 27. September 1828 stellte man mir kurz vor Sonnenaufgang eine Matrosenkleidung zu, damit ich mich in dieser Verkleidung gefahrlos an Bord begeben könne. Ein Maure wollte wissen, wer ich sei, er habe mich nicht mit den anderen an Land gehen sehen. Der Jude, der mich begleitete, antwortete, dass ich Franzose sei, aus Tétouân komme und nun nach Frankreich zurückkehre. Daraufhin sagte der Maure nichts mehr.

Ich kam mit Fieber und Schmerzen auf dem Schoner an. Kommandant Jolivet ließ mir alles Notwendige bringen. Am 28. September segelten wir um sechs Uhr morgens bei günstigem Wind los, und zu meiner großen Freude hatten wir Tanger bald aus den Augen verloren. Die Pflege durch Monsieur Jolivet hatte positive Auswirkungen auf meine Gesundheit. Bald hatte ich kein Fieber mehr und die frische Meeresluft stellte mich fast ganz wieder her. Nach einer zehntägigen glücklichen Reise kamen wir in Toulon an.

Nur diejenigen, die ihr Land lange verlassen haben und Angst haben mussten niemals zurückzukehren, können sich vorstellen, was ich empfand, als ich die geliebte Heimat wiedersah. Während meiner Quarantänezeit schrieb ich Monsieur Jomard, dem Präsidenten der Zentralkommission der *Société de géographie*, um ihn über meine Reise zu informieren. Kurze Zeit später erhielt ich als ersten Beweis für das wohlwollende Interesse dieser gelehrten Gesellschaft die Summe von 500 Francs um mich leichter nach Paris begeben zu können. Bald darauf wurden mir Ruhm und Ehre zuteil: Die *Société* lobte meinen Eifer und gestand mir die Belohnung zu, die für den ersten Reisenden ausgelobt war, der in die geheimnisvolle Stadt Timbuktu gelange und von dort wertvolle und sichere Informationen mitbringe. Die Regierung nahm den Bericht, den die Gesellschaft über meine Reise anfertigte, wohlwollend auf und ehrte mich bald mit ihrer Wertschätzung und Fürsorge.

Ich erlaube mir an dieser Stelle dem Vicomte Lainé, Pair von Frankreich, meinen tiefen Dank für seinen väterlichen Empfang und seine großzügige Unterstützung auszudrücken. Ihm verdanke ich, dass mir der Vicomte de Martignac – der damalige Innenminister – seine wohlwollende Fürsorge zuteil werden ließ. Durch seine ermutigenden Worte habe ich mich daran gemacht, weitere, mir noch fehlende Kenntnisse zu erwerben. Weiter möchte ich Frankreich hier mitteilen, wie gütig sich der Baron Hyde de Neuville, an dessen ruhmreiche Zeit als Marineminister man sich lange erinnern wird, mir gegenüber gezeigt hat. Kaum war ich – noch unbekannt und krank infolge all der Strapazen – in Paris angekommen, suchte mich dieser großherzige Mann in meiner bescheidenen Wohnung auf und überbrachte mir eigenhändig die Zeichen der königlichen Gunst und Freigebigkeit. Seit diesem Tag habe ich seine Herzensgüte ständig gespürt und es ist mir ein Bedürfnis, hier meine Dankbarkeit gegenüber dem Minister sowie meine Bewunderung für den edlen Menschen und Bürger auszudrücken.

Da viel Gutes aber stets auch etwas Schlechtes nach sich zieht, riefen meine Erfolge einige Neider auf den Plan: Die einen behaupteten, ich sei gar nicht bis nach Timbuktu vorgedrungen, andere sagten, ich habe an der nordafrikanischen Küste Schiffbruch erlitten und wolle einige vage Informationen nun als meine eigenen Beobachtungen ausgeben. Die Ereignisse, die ich in diesem Buch erzählt habe, sowie die offizielle Anerkennung meiner Reise dementieren hinreichend diese böswilligen Gerüchte. Man ging sogar so weit zu behaupten, dass ich meine Religion leichtfertig gewechselt habe. Auf diese hinterhältige Anschuldigung kann ich nur antworten, dass ich die Verehrung Mohammeds nur äußerlich mitgemacht habe, da dies der einzige Weg war, die Landschaften, die ich bereist habe, kennen zu lernen. Aber wie dem auch sei, ich gestehe ein, dass mich diese ungerechten Angriffe auf meine Person mehr mitgenommen haben als all die Strapazen, Entbehrungen und Krankheiten während meiner Reise in das Innere Afrikas.

Editorische Notiz der Übersetzerin

Der vorliegenden Übersetzung liegt die französische Ausgabe *Journal de voyage à Temboctou et à Jenné dans l'Afrique Centrale en 1824, 1825, 1826, 1827 et 1828 par René Caillié, Edition nouvelle préparée pour le Club des Editeurs par J. Malicroît (1961)* zugrunde, die ihrerseits auf der Erstveröffentlichung durch C. Jomard im Jahre 1830 basiert. 1996 erschien bei den *Editions La Découverte, 9 bis, rue Abel-Hovelacque, 75013 Paris,* die Taschenbuchausgabe *René Caillié, Voyage à Tombouctou, Tome I et Tome II (1996),* in der die Orthographie behutsam der heutigen Schreibweise angepasst ist, die im Übrigen aber – von einigen Druckfehlern abgesehen – eine verlässliche Neuauflage des Ursprungstextes ist. Diese zweibändige Taschenbuchausgabe ist heute in den meisten französischen Buchläden zu finden und zählt in Frankreich zu den Klassikern unter den Reiseberichten.

Cailliés Reisebericht umfasst im Original 27 Kapitel, an deren Anfang jeweils einige Stichpunkte zu den im Folgenden erzählten Ereignissen stehen. Inhaltlich gliedert er sich in vier Teile, mit denen ein gewisser Rhythmus zwischen Ruhe und Bewegung, Stagnation und Fortkommen, Aufenthalt und Reise korrespondiert. Am Anfang steht Cailliés Aufenthalt bei den Brakna-Mauren (Original-Kapitel I bis V). Hier macht er sich mit der islamischen Welt vertraut und legt die Basis für sein großes Ziel, das Erreichen Timbuktus. Dann folgt eine erste lange Wanderung: Caillié dringt in das Innere Afrikas vor. Zwar zwingt die schreckliche Skorbut-Krankheit den Franzosen zu einer längeren Pause, doch wird dieser Teil des Berichts von der Bewegung, der Reise, dem Erschließen neuer Gebiete beherrscht. Sorgfältig beschreibt der Autor, was den Reisenden unterwegs erwartet: Bodenbeschaffenheit, Landschaften, Dörfer, Volksstämme, Sitten und Gebräuche der Einheimischen und vieles andere mehr werden von Caillié ausführlich im chronologischen Ablauf seiner Reise dargestellt. Hier wird zum ersten Mal Cailliés Ziel deutlich, nachfolgenden französischen Geschäftsleuten eine genaue Vorstellung von den erkundeten Landstrichen zu vermitteln. Diese Ereignisse werden im Original in den Kapiteln VI bis XX dargestellt. Dann der Aufenthalt in Timbuktu, der nur ein einziges der 27 Kapitel beansprucht, obwohl doch Cailliés jahrelanges Sinnen und Streben auf die wenigen Tage in der sagenumwobenen Stadt ausgerichtet ist. Den vierten Teil der Reise bildet wiederum eine Wanderung, nämlich die von Timbuktu durch die große Wüste bis an die Mittelmeerküste Afrikas (Kapitel XXII bis XXVII). Zusammengehalten wird der Bericht zum Einen – wie gesagt – durch die Ausrichtung auf Timbuktu, zum Anderen durch die immer wichtiger werdende Frage, ob die Verstellung Cailliés letztlich entdeckt werden wird. Die Gefahr, als Betrüger entlarvt zu werden, der, als Moslem verkleidet, die einheimische Bevölkerung im Hinblick auf koloniale Interessen der eigenen Nation ausspioniert, wächst von Monat zu Monat und bildet sozusagen das »spannende« Element der Erzählung.

Wenn diese Übersetzung die Kapiteleinteilung des Autors verändert hat, so liegt das ausschließlich daran, dass sie nur etwa zwei Drittel des Originaltextes enthält. Der Grund hierfür liegt wiederum im Charakter des Ursprungstextes: Über weite Strecken ist Cailliés Reisebericht eine recht mühsame Angelegenheit. Zahlreiche, teilweise fast wörtliche Wiederholungen des Gesehenen und Erlebten stören den Lesefluss. Widersprüchlichkeiten irritieren. Die Lektüre der Fahrt auf dem Niger, die einen breiten Raum einnimmt, wird angesichts der Beschreibung jeder Flusswindung, jedes Uferabschnitts zur Geduldsprobe. Herausgeber und Übersetzerin haben sich deshalb dafür entschieden, die Vollständigkeit zugunsten der Lesbarkeit zu opfern. Das »Herzstück« des Berichts – von der Einschiffung nach Timbuktu über den Aufenthalt in der Stadt bis zum Erreichen Araouanes (Kapitel XIX mit XXII) – ist dabei nahezu vollständig übersetzt. Dies soll dem Leser erlauben sich ein Bild von der Art der Darstellung des französischen Autors zu machen. Von den anderen Teilen der Reise sind hingegen jeweils nur die markantesten Ereignisse in den deutschen Text aufgenommen worden, was zu einer Straffung und letztlich zu einer anderen Kapiteleinteilung geführt hat.

Und noch eine zweite grundsätzliche Frage stellte sich für die Übersetzung ins Deutsche: Caillié schreibt zwar ein für seine Herkunft und seine Ausbildung gutes Französisch (so manche Verbform dürfte heutigen französischen Schulabgängern zumindest in ihrer aktiven Beherrschung einiges Kopfzerbrechen bereiten), dennoch ist sein Reisebericht oft sprachlich ungeschickt und schwerfällig sowie nicht selten fehlerhaft: Wortwiederholungen, ungenaue oder falsche Verwendung von Wörtern, falsche Artikel, falsche Zeiten – Schwierigkeiten bereitet immer wieder die consecutio temporum – Konstruktionsbrüche. Auch die Stringenz der Gedankengänge, der logische Aufbau von Beobachtungen und Schlussfolgerungen, von Ursache und Wirkung ist zuweilen nebulös. Wollte man den Stil des französischen Autors dem deutschen Leser näher bringen, so würde das Ergebnis eine ganz und gar unerquickliche Lektüre für Letzteren bedeuten. Da Cailliés Verdienste unbestreitbar in der Darstellung von Sachverhalten und nicht im Stilistisch-Sprachlichen liegen – worauf er selbst in seinem eigenen Vorwort ganz ausdrücklich hinweist –, er also mehr »Sachbuchautor« als »Schriftsteller« ist, schien es mir legitim zu sein, in der Übersetzung Holprigkeiten und Fehler des Originals leicht zu glätten.

Was mag ihm der heutige Leser, der im Zweifel viel weitgereister ist als unser Franzose, noch abgewinnen? Da ist natürlich die völkerkundlich bedeutsame Darstellung des Lebens der afrikanischen Völker, die Caillié auf seiner Reise besucht: der Bau ihrer Hütten, ihre Essgewohnheiten, ihre Sitten und Gebräuche. Von größerer Bedeutung ist aber wohl noch, dass uns mit Caillié ein Mensch entgegentritt, der sozusagen das naive Denken des Kolonialismus verkörpert. Er ist überzeugt, dass seine Landsleute, als deren Vorreiter er sich betrachtet, den wilden und unzivilisierten Stämmen nicht nur bessere Lebensverhältnisse, sondern auch aufgeklärtes europäisches Denken bringen werden. In der Person Cailliés vereinen sich beste Absichten zum Wohle der »rohen Wilden« mit der Überheblichkeit des weißen Mannes. Über allem aber steht der lukrative Aspekt: Caillié betont immer wieder, seinen Landsleuten die besten Voraussetzungen für erfolgreiche Handelsgeschäfte schaffen zu wollen. Man darf argwöhnen, dass ihn ohne diesen wirtschaftlichen Beweggrund die bereisten Landstriche und ihre Bewohner kaum interessiert hätten – auch hierin ist der Franzose ein typischer Vertreter des Kolonialismus. Dem Aspekt des authentischen Blicks des Weißen auf die »Eingeborenen« trägt die Übersetzung insofern Rechnung, als Wörter und Ausdrücke, die heute mit Sicherheit als »rassistisch« stigmatisiert würden, weitgehend dem Original entsprechend wiedergegeben wurden.

Susanne Zanker, München 2006

Worterklärungen

almamy	In der Fulbesprache Häuptling, Herrscher, Oberhaupt
Bambara	Negroide Stammesgruppe am oberen Niger
Baumwollüberwurf	Nach Caillié ein gängiges Gewand aus einem sechs Fuß langen und zweieinhalb Fuß breiten Baumwollstoff, der in verschiedenen westafrikanischen Ländern hergestellt wird
Cayor	Eigentlich das Küstenland am Senegal (s.d.), aber auch die dort lebende Bevölkerung
chérif	Auch Scherif. Titel für einen Abkömmling des Propheten Mohammed (erkennbar an seinem grünen Turban)
coussabe	Langer ärmelloser Umhang
Couscous	Gebräuchliches arabisches Gericht aus Gries oder Hirse mit Fleischbrühe, Gemüse, Hammel- oder Hühnerfleisch
dokhnou	Gemisch aus Hirsemehl und Honig, das mit Wasser angerührt wird
Faden	Altes Längen- bzw. Seemaß. Je nach Ort 1,62 bis 1,83 Meter
fandac	Arab. Fonduk = Unterkunft. Kauf- und Lagerhaus, oft auch als Herberge genutzt
foigné	Getreideart
Fulbe	Bedeutende Stammesgruppe im Westsudan und in Zentralafrika, vorwiegend Rinderhirten. Sie traten aber auch als Eroberer und Staatengründer hervor
grigri	Auch Grisgris. Zauberspruch, Fetisch, Amulett
Guadeloupe	Inselgruppe der Kleinen Antillen (Westindien)
haggi	Auch: Hadsch (Hadji) Arabische Bezeichnung und Anrede für einen Mekkapilger
Institut de France	Das 1795 gegründete Institut setzt sich aus fünf »Akademien« zusammen. Seine Mitglieder bilden seit jeher die geistige Elite Frankreichs

Jamswurzel	Auch: Yamswurzel. Tropische Nutzpflanze, in Afrika auch als »Brotwurzel« angebaut, deren Knollen verzehrt werden
Kalabasse	Auch: Kalebasse. Ein aus einem Flaschenkürbis hergestelltes Trinkgefäß
Kakondy	Dieser Ort entspricht wahrscheinlich dem heutigen Boké
Kapokbaum	Tropische Baumart, deren Samen das Kapoköl liefert
Kante-Butter	Pflanzenbutter aus der Nuss des Sheabaumes, heute vorwiegend zur Hautpflege verwendet
Kaurimuschel	Gehäuse der Kaurischnecke. Altes Zahlungsmittel in Westafrika (Kauri)
Kolanuss	Frucht des in den Waldgebieten Afrikas heimischen Kola-Baumes. Enthält Koffein und weitere anregende Stoffe, gilt bei der einheimischen Bevölkerung als Delikatesse, manchmal auch als tägliches Nahrungsmittel
Mandingo	Auch Mande. Negroide Bevölkerungsgruppe in den Savannen und Steppen des Westsudan
marabout	Marabut. Arab. Einsiedler, Bezeichnung für einen Derwisch
Meile	Längenmaß verschiedener Größe. Die bei den meisten Reisenden gebräuchliche englische Meile ist 1600 Meter lang
Mitkhal	Münzeinheit. Goldmitkhal entspricht 12, Silbermitkhal 4 Francs
Piroge	Plankenboot
Robinson Crusoe	Titelheld des gleichnamigen Romans von Daniel Defoe (erschienen 1719), eines der berühmtesten Werke der Abenteuerliteratur
sanglé	Eine Art Brei
saracolets	Vereinigung von reisenden Händlern im Westsudan, fälschlich manchmal auch als Volk bezeichnet
Sbo	Fluss Sebu
Senegal	Westafrikanischer Fluss, der von Futa-Djalon kommend nach einem Lauf von 1050 km in den Atlantik mündet

Sidi	Arab. Herr
Sudan	Großlandschaft im nördlichen Afrika zwischen Sahara und dem tropischen Regenwald vom Senegal-Becken im Westen bis zum Äthiopischen Hochland im Osten. Gegliedert in den Westsudan mit dem Nigerbecken, den Zentralsudan mit dem Tschadseebecken und den Ostsudan mit dem Obernilgebiet
Tailelt	Oasengruppe in Südmarokko
Tuareg	Nomadenstämme berberischer Abstammung in der Zentralsahara (»Blaue Ritter der Wüste«)

Weiterführende Literatur

Empfehlungen für Leser, die mehr über René Caillié und Timbuktu wissen möchten:

Barth, Heinrich: Reisen und Entdeckungen in Nord- und Zentralafrika in den Jahren 1849–1855, 5 Bde., Gotha 1857/58 (Reprint 2005).

Caillié, René: Journal de voyage à Temboctou et à Jenné dans l'Afrique Centrale en 1824, 1825, 1826, 1827 et 1828, Edition nouvelle préparée par J. Malicroît, Paris 1961.

Davidson, Basil: The lost Cities of Africa. , Boston 1959.

Gardner, Brian: The Quest for Timbuctu, London 1968.

Hamilton, Paul: Seas of Sand, London 1971.

Hassert, Kurt: Die Erforschung Afrikas, Leipzig 1941.

Kerjean, Alain: Ziel Timbuktu. Abenteuerreise durch geheimnisvolle Länder zur »Verbotenen Stadt«, Stuttgart o. J. (1987).

Lenz, Oskar: Timbuktu. Reise durch Marokko, die Sahara und den Sudan, 2 Bde., Leipzig 1884.

Pleticha, Heinrich –. Schreiber, Hermann: Lexikon der Entdeckungsreisen, 2 Bde., Edition Erdmann 1999.

Schiffers-Davringhausen, Heinrich: Stumme Front. Männer und Mächte im Banne der Sahara, Leipzig o.J.

Welch, Galbraith: The Unveiling of Timbuctoo, New York 1939 (neu 1991).

T. III.